골프 표준참고서 (5권 클럽 & 부상, 부록)
Golf, Standard Practice Pt. 5 CLUB & INJURY, SUPPLEMENT

저자 최원규

특기(Remarks)

☆ 골프는 알면 알수록 '왜?'라는 질문이 쌓이는데, 이 책은 그 모든 것을 파헤쳐 놓아서 접해보지 않았던 내용과 어려운 설명이 많습니다.

제목(Title)에 이미 핵심의 50%가 포함되어 있습니다. 먼저 제목과 그림 및 표에 집중하고, 책 내용 전부를 알고 이해하려 할 필요는 없으며, 내용 중에 어려운 '심화' 사항은 과감하게 Skip과 Pass를 하면 될 것입니다.

쉬운 것만 찾다가 골프를 영영 못 치고 궁금증만 쌓을 것인지, 이 책을 보고 전체(거시적) 식견을 얻을 것인지는 선택입니다.

☆ 이 책은 골프를 인체 신경 및 근육학, 역학(동역학, 재료역학, etc), 수학(기하, 확률)을 이용하여 분석한 내용들로 기술되어 있습니다. 두리뭉실한 내용은 최대한 배제되었습니다.

☆ 이 책에 있는 많은 수치는 대략적인 근삿값들로써, 이해를 돕고자 사용된 것입니다. 골프는 신경과 신체 근력, 그리고 실력, 스윙과 장비 사양이 상대적으로 달라서, 골퍼마다 결과도 조금 상대적입니다.

☆ 이 책은 오른손잡이 골퍼를 기준으로 설명되어 있습니다.

☆ 전체 5권으로 구성되어 있으며, 3권에 전권의 서문과 에필로그가 있습니다.

☆ 몸에 맞는 클럽은 경기력을 향상하게 해주고, 부상 방지에 도움을 줍니다.

골프 부상은 반복적으로 찾아오는데, 이것은 인간의 망각과 욕심 때문입니다.

골프를 이해하는데, 신경과 근육, 힘, 확률에 대한 지식이 필요하고, 용어에 대한 기준도 필요합니다.

본 5권은 이런 것에 관한 내용들로 구성되어 있습니다.

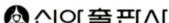

목차

서문	6

1장 클럽 사양 정렬 (무게, 토크, 휨, CPM)   9
    1절 클럽 무게   13
    2절 토크 변형량   31
    3절 클럽 강도(CPM)와 휨   40
    4절 클럽 CPM과 굽힘 진동   55
    5절 CPM 피팅 (선택 방법)   76
    6절 기타 클럽 사양   91
    7절 스윙 연습기구 (보조 기구)   95

2장 골프 부상   99
    1절 손·팔 부상   102
    2절 몸통 부상   127
    3절 하체 부상   145
    4절 기타 부상   153
    5절 골프의 건강 효과   159

부록 A 골프와 신경 (감각신경, 뇌, 운동신경)   163
    A-1) 인체 동작 vs 제품생산 흐름 과정 비교   167
    A-2) 동작   169
    A-3) 감각과 들 신경   183
    A-4) 뇌의 동작 메모리   199
    A-5) 골프에서 요요 현상   205

부록 B 골프에서 힘 (변위, 속도, 가속도, 시간, 모멘트, MOI, 변형) 213

    B-1) 변위, 속도, 가속도, 힘, 시간   222

    B-2) 토크   231

    B-3) 힘의 사용   235

    B-4) 샤프트의 변형, 휨, 비틀림   240

    B-5) 힘과 에너지 크기   252

    B-6) 능력 (Ability)   256

    B-7) 미래 기술   257

부록 C 골프에서 확률 261

    C-1) 확률이란   263

    C-2) 골프에서 확률   266

    C-3) 영향   271

    C-4) 판정   283

    C-5) 선입견, 선입관, 편견, 착각, 의심   293

    C-6) 명제   301

    C-7) 골프에서 나비 효과, 증폭 작용   309

    C-8) 신페리오 확률 (New Perio Method 좋은 점수 얻는 법)   312

    C-9) 그린 공략의 최적 에이밍   316

부록 D 템포, 타이밍, 리듬, 밸런스   323
    D-1) 템포   324
    D-2) 타이밍   326
    D-3) 리듬   329
    D-4) 밸런스 (균형, 맞는 비율)   332

부록 E 명칭의 사용 (방향, 신체, 클럽, 용어)   335
    E-1) 좌표 방향의 정의   336
    E-2) 신체 부위 명칭   338
    E-3) 클럽 부위 명칭   340
    E-4) 타격 각도 (Angle)   341
    E-5) 비구 방향성   342
    E-6) 타점과 궤도   344
    E-7) 용어   346
    E-8) 오일러 각도 공식 (각 변환)   349

부록 F 연습장 vs 시뮬레이션 게임 vs 필드 차이점   355

서문

이것저것 섞으면 잡탕이 된다.
1권 퍼팅 요령, 2권 어프로치 방법, 3권 스윙 이론, 4권 샷 변화에서 골프에 연관되는 부가적인 사항들을 분리하여, *본 5권에서* 정리 설명한다. 내용은 진보된 골프(Advanced Golf)를 위한 지식이다.

1장에서는 골프 클럽, *2장에서는* 골프 부상에 대해 서술한다.

좋은 클럽은 몸에 잘 맞는 클럽이다.
 - 클럽의 어떤 것이? 왜? 어떻게 몸에 맞아야 하나?
 - 몸에 맞는 클럽을 구성하는 방법은?
 - 사양이 좀 안 맞더라도 그럭저럭 사용하는 방법은?

골프 부상은 반복해서 찾아온다.
 - 골프 부상은 어떤 것이 있으며, 왜 발생하게 되고, 어떻게 대응해야 하는가?
 - 골프가 건강에 좋은 이유는?

부록 A, B, C, D, E & F에서는 골프를 이해하는데 기초가 되는 내용들을 서술한다.

골프 스윙 및 스트로크 동작은 근육을 사용하여 만들어지고, 근육을 움직이게 하는 것은 신경계이다.
 - 근육은 어떤 구조이며, 그것을 움직이는 신경 작용은 어떻게 작동하는가?
 - 감각은 어떻게 느껴지고 반응하는가?

골프 스윙은 극한의 인체 힘이 사용된다. 평균 남성 골퍼 기준, 임팩트 시점에 3마력(말 3마리가 하는 일) 정도의 순간 동력이 사용된다.
 - 힘은 무엇이고, 스윙 동작에서 몸에는 어떤 힘이 작용하고, 그때 클럽에는 어떤 변화가 발생하는가?
 - 어떤 힘이 얼마만 한 역할을 하는가?

골프는 확률 게임이다. 골프 실력 향상도 품질관리처럼 확률 접근 방법을 사용해야 한다.
- 단순한 성공 실패 관점이 아니라, 현상 파악, 방법 찾기, 선택, 옳고 그름을 판정하는 기준에서 확률을 이용하여 접근하고 분석하는 방법은?
- 옳은 것을 그르다고 판정하고, 그른 것을 옳다고 판정하는 것들은?

그 외 부록은 다음 질문 사항에 대한 설명이다.
- 템포 타이밍 리듬 밸런스는 무엇인가?
- 골프에서 사용되는 명칭의 구분 및 차이?
- 연습장, 시뮬레이션 게임, 필드 플레이의 차이점은 무엇인가?

"세상 모든 것들은 서로 연결되어 있다." 라는 철학적인 말이 있다.
본서 내용은, 수학 물리 생명과학 및 기계공학을 통해 골프에 접근하여 최적의 답을 찾을 수 있는 것을 알려준다. 이것을 이용하는 것은 수평적 지식을 가지고 응용하여 해답에 최단 거리로 가장 빠르게 접근하는 방식이다.
"자식과 골프는 뜻대로 안 된다." 라는 말에서 이제는 *"골프는 뜻대로 되는 것이다."* 라는 결론에 도달하게 될 것이다. 더불어 이 책의 내용은 골프뿐만 아니라 여타 분야에도 신선한 활로와 영감을 제공하는 실마리가 될 것이다.

이 책의 내용이 골퍼들에게 사랑받게 된다면, 엉뚱한 방향에서 헤매고 답을 찾고자 하는 비효율적인 노력은 줄어들고, 흐릿했던 골프에 대한 이해가 명쾌해질 것이다.

2024년 3월
저자 최원규(W.G.Choi)

자신에 맞는 클럽이 좋은 클럽

클럽 사양 정렬 (무게, 토크, 휨, CPM)

클럽은 다음과 같이 4가지 특성이 있다.
제원 하나를 바꾸면 다른 것도 바뀐다.
- 무게(스윙 웨이트)

    W = m(질량) × g(중력가속도) -------------- 중력장에서 무게

    M = a(선형 가속도) × m(질량) × L(거리) ---- 선형 가속 관성 모멘트

    T = Ö(회전 각가속도) × m(질량) × L^2 ----- 회전 각가속 관성 토크

    하중(Load) 느낌 = 근육의 수용체가 느끼는 M & T의 저항 및 생성 동작
- 토크 변형 (샤프트가 비틀어지는 것)
- 휨 변형   (샤프트가 휘어지는 것)
- 진동 변형 (샤프트가 탄성 변형했다가 복원되려는 것)

① 스윙 웨이트 (근력이 견디는 한계)	② 토크 변형 (비틀림 변형)
④ 진동 변형 (주기 vs 릴리즈 타이밍)	③ 휨 변형 (가속력으로 휘는 양) * 법선력으로 휨 감소

* 가속에서는 진행 방향의 반대로 가속 관성력이 걸린다는 것을 알아야 한다. 그 관성력은 위 ①②③④ 사항을 만든다.

클럽 피팅을 한다. 무엇을 어떻게, 왜 하는 것인가?
클럽 사양이 스윙 퍼포먼스에 어떤 결과를 가져다준다는 것인가?

Remarks

#1. 전체 클럽의 스윙 웨이트와 강성에서 모난 클럽은 그것과 그것의 인접 클럽의 스윙 동작에 혼선을 준다.

#2. 클럽의 휨 강성(CPM)이 본인 스윙에 맞으면 샤프트 휨이 스윙에 도움을 주지만, 맞지 않으면 스윙을 방해한다. 마치 '2인 3족 달리기' 게임과 같다.

#3. 법선력이 걸리는 조건에서 샤프트 휨 진동 CPM 값은 커진다. 이것은 다운스윙 시간과 CPM의 관계를 수치상으로 맞춰 해석하는데 필요한 지식이다.

#4. 본 장 설명은 100% 스윙할 때의 클럽 사양에 관한 내용이다.

본 장은 굉장히 심화한 내용이다. 특히 CPM과 진동에 대한 사항은 심화한 학부 과정과 같다. 그러나 릴리즈와 연관되어서 골프에서 이해가 필요한 내용이다.
클럽 사양이 스윙 퍼포먼스에 어떤 영향을 끼치는 것인지, 그리고 그 영향이 어떻게, 왜 발생하는지 알고 싶다면 관심을 가지고 봐야 하며, 그렇지 않다면 어려운 내용이므로 Skip 하는 것도 고려해봐야 한다.
　* 다양성 때문에, 클럽 사양 차이가 스윙 결과를 바꾸는 양을 수치상으로 정확히 구체화하기는 힘들다. 그래서 이론적인 경향을 기술한 내용이다.

골프 클럽에 몸을 맞출 것인가? 아니면 몸에 클럽을 맞출 것인가?
일반 골퍼에게 있어서 클럽 피팅의 의미는 자신의 스윙 능력에 맞는 클럽의 선택이고, 선수들에게 있어서 피팅의 의미는 스윙과 체형, 그리고 구사하고자 하는 Shot의 목적에 맞는 스윙 웨이트, 강도, 라이 각, 로프트 각, 헤드 특성 등을 조절하여 맞춘다는 뜻일 것이다.

가볍고 약한 클럽은 슬라이스 난다.
특정 클럽이 그렇다면 클럽 교체가 필요한데, 아쉬운 대로 그 클럽을 사용하려면 뭔가를 바꾸어서 샷을 해야 한다. 단, 그 영향은 전체적인 스윙 품질을 떨어트린다.

무겁고 강한 클럽은 엎어 맞는 캐스팅 형태, 또는 헤드가 따라오지 못해서 만들어지는 낮은 헤드 스피드의 Push & Slice 구질이 나타난다. 그리고 손목, 팔꿈치 부상이 따를 가능성이 매우 크다. 이 경우 반드시 클럽은 교체되어야 근본 문제(스윙 효율 저하 & 부상)가 해결된다.

그래도 아쉬운 대로 사용하려면 짧게 잡고 치거나, 작은 스윙으로 살살 치는 형태로 사용해야 한다. 오른손 4th & 3rd 손가락 그립을 조금 꽉 잡고 스윙하는 방법은 있으나, 일시적이고 제한적이라 하겠다.

골반과 어깨의 회전 시차를 짧게 해서 릴리즈 시작 타이밍을 빨리 가져가는 방법도 있는데, 오른 팔꿈치 부상 위험은 더 증가한다.

백스윙 오른 골반 접기를 빨리 되게 해서 손목 강도를 키워 스윙하는 방법도 있으나, 이때는 왼 손목 부상 위험이 증가한다.

인체 중에 가장 약한 부분은 손목인데, 손목 역할은 그림과 같이 3개 구간으로 나누어 생각해야 한다.

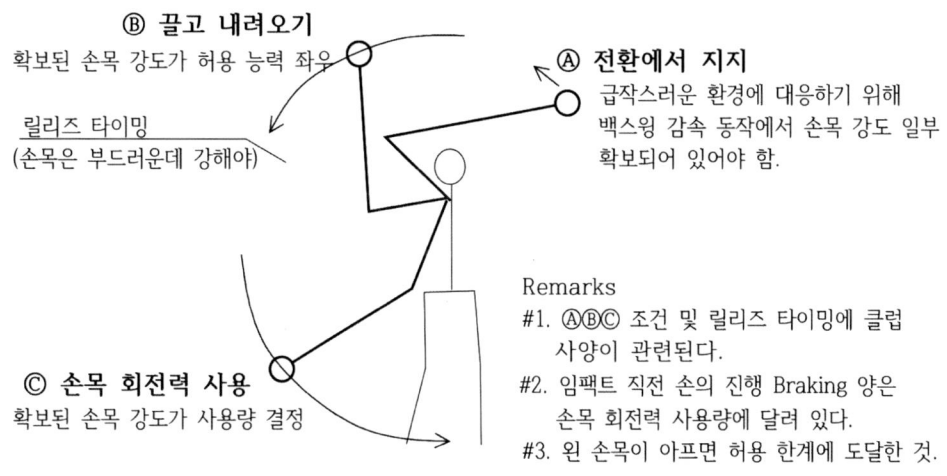

〈골프가 어려운 이유〉

-. '몸~(손목)~클럽'의 2-절 링크, 또는 '골반~(허리)~몸통~(어깨)~팔~(손목)~그립~(샤프트)~헤드'의 5-절 링크 회전 운동을 하므로 제어에 어려움 있다.

-. 샤프트가 비틀림 & 휨 변형(진동 포함)을 일으키고, 또 그것들은 눈에 보이지 않을뿐더러, 깨닫는데도 오랜 시일이 걸리고, 제어에 어려움이 있다.

-. 손목 폄 근육이 지지하고 버티고 돌릴 수 있는 데는 한계가 있다. 한계에 부딪히면 이상 반응 및 동작이 나타난다.

-. 스윙 동작은 좌측 다리 vs 우측 다리, 몸통 좌측 vs 몸통 우측, 좌측 팔 vs 우측 팔에서, 좌·우측 근육이 반대로 사용된다.
　욕심을 부려서 6개 모두를 100% 사용할 수는 없다. 짝을 맞추어 사용해야 하는데, 마음과 의지가 근육 움직임을 쉽게 이해하기 어렵게 만든다.
　퍼팅 스트로크 동작, 어프로치 스윙, 95% 스윙, 100% 스윙이 같지 않다. 특히 100% 스윙은 손목 폄 근육과 무릎 폄 근육이 한계치에 있는 조건이다.

근력 한계, 신경 작용, 작용과 반작용

1.1 클럽 무게

1) 길이와 무게, 스윙 웨이트

a) 길이

샤프트 길이 0.5인치(12.7mm)는 스윙 웨이트 3등급 정도에 해당한다. 짧게 잡으면 돌리기 쉽고, 길게 잡으면 돌리기 버겁게 된다.
큰 의미로는 길이가 짧으면 스윙 효율이 떨어지고, 길이가 길면 스윙 정확도가 떨어진다고 봐야 하는데, 클럽의 길이는 대략 엇비슷하므로 크게 고민의 대상은 아니다.
각 클럽 업체들이 표준 체격에 가장 효율적인 클럽의 길이를 출시했을 것이라 상상하자. 체형이 작은 사람은 좀 짧게 잡을 수 있는 옵션이 있다.

그립 잡는 위치, 손의 크기, 팔의 길이는 골퍼마다 같지는 않다. 클럽이 선택되고 나서, 아주 세세한 것에서는 몸을 클럽에 맞추는 것이다.

* 그립의 두께와 방향성 : 두꺼운 그립은 손의 접촉 면적이 크고, 얇은 그립과 짧게 잡아 얇게 잡힌 그립은 손의 접촉 면적이 작다.
손의 접촉 면적이 작게 되면 부분 면압이 높아서 신경이 민감하게 되고, 반사신경과 날 신경 반응이 커지는 조건이 되어 페이스가 닫히는 경향을 보일 수 있다.
그리고 왼손 검지에 악력이 세질 수 있어서 손목 각이 커지면 자연 로테이션이 커져서 훅 방향성을 보일 수 있다.
단, 짧게 잡은 그립은 스윙 웨이트 감소와 라이 각 감소에 의한 슬라이스 방향성이 좀 더 우세하게 나타난다고 봐야 한다.

b) 무게

무거우면 휘두르기에 힘들다는 것은 누구나 아는 사실이다.

가벼우면 휘두르기는 편하지만, 클럽 헤드의 운동에너지가 적게 저장되어서 볼 Speed가 떨어진다.

클럽 헤드의 무게는 스윙 효율이 가장 높은 것이 좋다고 하겠다.

샤프트의 무게는 강성을 고려하지 않는다면 가벼운 것일수록 좋다고 할 수 있다. 그러나 강성을 고려하면 제작 기술이 필요하므로 평가가 복잡해진다.

클럽 헤드 무게의 정렬은 중요하다. 무게는 길이와 함께 스윙 웨이트를 결정하며, 스윙 웨이트는 골퍼 자기 신체 각 부위 회전 근력(특히 손목 근력) 능력에 맞아야 하기 때문이다.

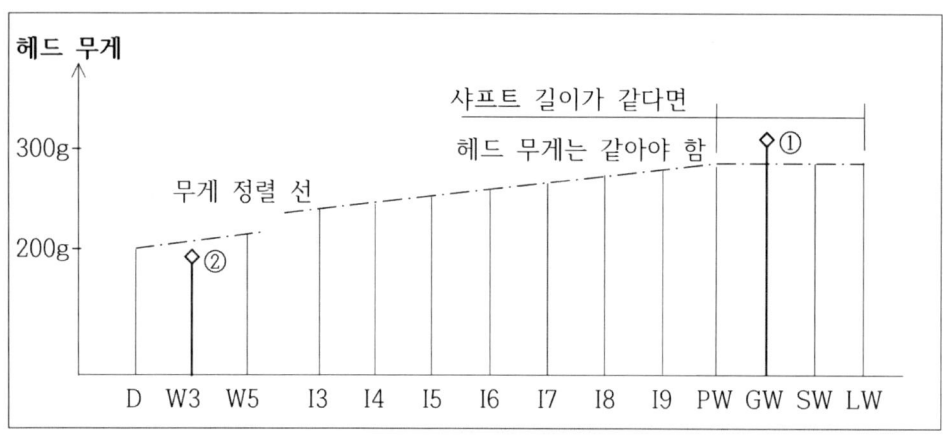

그림 5.1.1 헤드 무게 정렬 (예시)

그림은 골프 백에 들어있는 각 클럽 헤드 무게를 그래프로 표시한 것이다.

① 만약 GW의 헤드 무게가 인접 클럽의 무게보다 무거운 경우, GW 클럽의 스윙뿐만 아니라 인접한 I9, PW, SW 클럽의 스윙에도 영향을 끼친다.

헤드가 무거운 GW의 스윙 때는 스윙 템포와 임팩트 타이밍이 느려진다. 이유는 몸의 회전력 대비하여 클럽 헤드의 관성 저항이 커져 헤드 회전이 느려지기 때문이다. 반면 릴리즈 타이밍은 상대적으로 빨라진다.

결과는 클럽이 못 따라와 페이스가 열리는 슬라이스가 발생할 것이다. 또는 손목 반사신경이 작동되어버리면 캐스팅이 발생하게 된다.

이것은 GW 스윙에 끝나지 않고, 인접 I9, PW, SW 스윙의 정교함을 떨어트린다. 근육 동작 메모리가 확신이 없이 흐릿하게 짜지기 때문이다.

② 다른 예로, W3의 클럽 헤드 무게가 가볍다면, 인접한 W5의 스윙 동작에 혼선이 있게 될 것이다. 헤드가 가벼운 W3는 빠른 스윙 템포와 임팩트 타이밍을 갖게 되고, 상대적으로 늦은 릴리즈 타이밍을 만들어 슬라이스 구질이 나타날 가능성이 큰데, 손목을 더 사용하여 강제로 릴리즈와 로테이션을 한다면 좌향 방향성으로 바뀔 수 있는 환경이 된다.

유사한 스윙 형태를 보이는 인접 클럽의 스윙에서, 근육 동작 작동 System이 클럽 헤드 무게 차이에 기인하는 스윙 변화를 제어하기 어렵다고 봐야 한다. 가볍지 않은 W5에서는 원하는만큼 손목으로 강제 릴리즈를 만들기는 쉽지 않다.

W3와 W5는 다른 스윙 형태를 나타내며, 결과도 다른 구질을 만들게 된다. 온갖 정성과 노력을 다해서 W3와 W5를 같은 방식으로 치고 같은 결과를 얻고자 해도 소용없게 된다.

이런 이유로 모든 클럽 헤드의 무게(샤프트를 포함한 무게)는 그래프의 정렬 선상에서 모나지 않는 클럽 구성이 필요하다고 하겠다.

Remarks

#1. 특정 클럽이 잘 스윙 되고, 나머지 클럽들이 맞지 않는다면, 아마도 잘 맞는 그 클럽이 본인 몸에 맞고, 나머지 클럽들이 적합하지 않을 수 있다는 의심을 해 봐야 한다.

또한, 샷 종류별로 특정 클럽의 방향성이 특이하게 나타난다면, 그것의 스윙 웨이트와 강도가 정렬 선에서 벗어나 있을 가능성이 매우 크다고 하겠다.

#2. 낱개로 구매한 특정 웨지가 너무 무거우면, 그 웨지로 뭔가 다른 이득을 조금 볼 수는 있을지언정, 나머지 웨지에서는 샷의 정확도가 떨어질 수 있음을 연관 지어서 생각해봐야 한다.

웨지는 무게와 CPM이 같은 것을 사용하고, 그것이 I9번과는 한 단계 정도의 차이를 갖게 해야 한다.

* 웨지는 I9에 비하여 대략 길이는 (-)0.5인치 짧고, 헤드 무게는 +10g 이내로 무겁고, CPM은 +10CPM 이내에서 큰 것이 추천된다.

c) 스윙 웨이트
(헤드 무게와 클럽 길이의 조합)

골프를 하게 되면, 스윙 웨이트(Swing weight)란 말과 C7, C8, D0, D2란 코드(사양)를 듣게 된다. 모르면 좀 답답하고, 의미를 알고자 해도 쉽지 않다. 또한 스윙 웨이트란 용어는 다음 설명과 같이 굉장히 헷갈린 부분이 있다.

① 첫 번째 헷갈리는 것 :
웨이트(무게)가 아닌데, 무게라고 이름 붙인 것이다. 실제 스윙 웨이트는 모멘트를 계측한 것이다.
모멘트 단위는 [kgf-m], [N-m]이다. 영미 단위는 [인치·온스]로 표시된다.
막대 저울(Swedish Balancer) 개념이다.

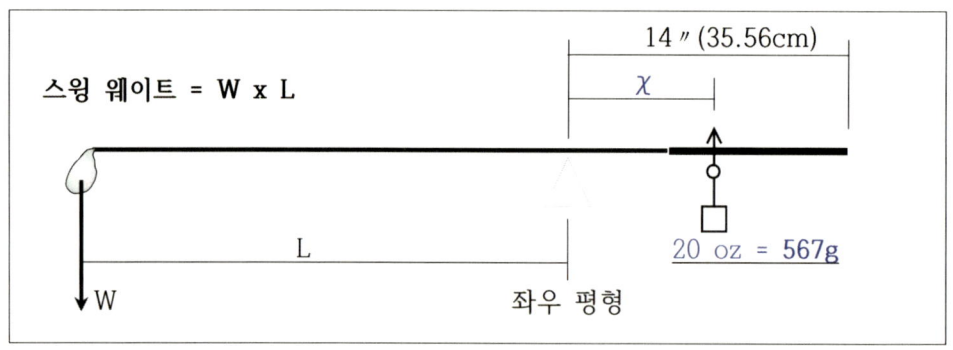

그림 5.1.2 스윙 웨이트 계측 원리

위 그림에서 미지의 W, L에 대하여 'W × L = 567 × x'라는 평형 식에 의해, 계기판에 '567 × x'에 해당하는 값을 읽어 'W × L'의 크기를 정의하는 것이 스윙 웨이트이다.

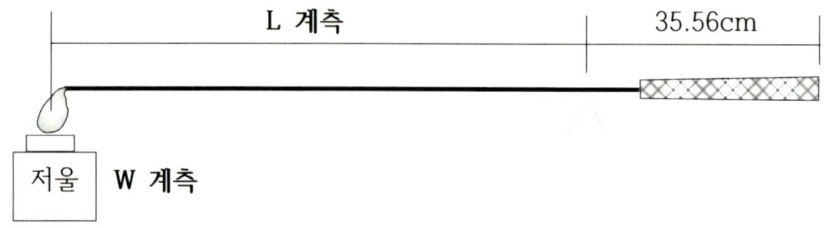

그림 5.1.3 스윙 웨이트 직접 계측

그립 끝으로부터 35.56cm 떨어진 지점에 받침을 하고, 헤드의 무게 중심(COG) 근처에 저울의 계측점이 오도록 하여 저울에 계측된 무게(W)와 거리(L)을 계측하여 'W × L'을 읽으면 그것이 스윙 웨이트이다.

  ex) I7 클럽 W=257g, L=60cm라면, 스윙 웨이트는 15,420 g-cm이다.

② 헷갈리는 두 번째 이유 :

등급이 Code로 되어있어서다.
C7, C8, C9, D0, D1에 대한 정의를 잘 모르기 때문인데, 이것은 수치표에 의해서 구분되어 진다.
D0은 6,050[in-g] = 6,060 × 2.54 = 15,367 [g-cm]가 되며 기준값이다.
이 값에, ±50[in-g] = ±127[g-cm] 차이가 1등급 차이이다.
  C9 = 15,367(D0) − 127 = 15,240 [g-cm]
  D1 = 15,367(D0) + 127 = 15,494 [g-cm]
앞 ex)에서 계측한 I7의 스윙 웨이트 15,420 g-cm는 D0와 D1의 사이에 있는 값으로써, D0에 약간 더 가깝게 있는 상태이다.

③ 헷갈리는 세 번째 이유 :

그립 끝에서 14″(35.56cm)만큼 떨어뜨려서 지지 점을 준 것이다.
왜 14인치인가? 15″나, 13″은 안 된다는 것인가?
클럽별 가장 이상적으로 스윙이 잘 되는 상태의 헤드 무게, 샤프트 길이, 샤프트 무게, 그립 무게 상태를 Check 해보니, 14″에 지점을 주고 계측한 각각의 클럽이 'W × L = 일정' 일 때, 같은 스윙 감각을 느끼게 되고 스윙이 똑같이 잘 되더라는 이야기이다.

  * 다운스윙 시작 버티는 손목 근력 vs 다운스윙 후반 돌리는 손목 근력 고려, 즉, D(드라이버)부터 Wedge까지 같은 값으로 클럽을 구성하면 된다는 기준을 만들어주는 계측 지점 거리가 14인치라는 것이다.

이런 기준은, 신체조건(근력, 키, 팔 길이)에 따라서 모두 맞다고 할 수는 없다.

그림 5.1.4 클럽별 스윙 웨이트 분포

그림과 같이 스윙 웨이트는 일정해야 하며, 골퍼는 클럽을 구매(전체 또는 낱개) 할 때, 클럽 번호와 관계없이 Code만 일치시켜 구매하면 되는 편리성이 있다.

④ 헛갈리는 네 번째 이유 :

그립의 무게가 주는 영향이다.

무거운 그립을 끼우면 오히려 스윙 웨이트가 감소하게 된다. 이것이 스윙역학에서 맞게 반영되는 것이라고 할 수는 없다.

숫자상, Code 상으로만 그렇지, 실제 무거운 그립은 클럽이 무거워져서 스윙에 도움 된다고 할 수 없다. 그립은 가벼운 것이 좋다고 하겠다.

어차피 세트로 된 클럽의 그립은 한 종류로 출시될 것이고, 낱개로 교체한다고 해도 남성 기준 50g의 그립이 보통이며, 어떤 사람도 무거운 그립을 선호하지는 않을 것이다.

대략 헤드 무게 +2g, 샤프트 길이 +0.4~0.5cm, 샤프트 무게 +8~10g 정도가 스윙 웨이트 1등급을 상승시키는 변화량이다.

  * 그립을 반 인치 짧게 잡으면, 스윙 웨이트가 2등급 정도 가볍게 된다.
   (상세 영향은 뒤 절에서 설명)
  cf) 그립은 (-)5g이 1등급을 상승시키며, (+)5g이 1등급을 낮추는데, 만약 특정 클럽에 5g 가벼운 것을 끼웠다면, 그 클럽은 수치상으로만, 1등급 높은 스윙 웨이트를 갖는 것으로 표시된다.

⑤ **다섯 번째 헷갈리는 것 :**
그럼 도대체 스윙 웨이트가 달라지면 왜, 그리고 어떤 영향이 있느냐 하는 것이다. 스윙에서 중요한 질문이 된다.

스윙 중에 그림과 같이 대표적으로, 두 위치에서 회전으로 발생하는 가속도에 상응하는 클럽 헤드 관성력을 생각할 수 있다. (심화 내용으로 Skip 고려)
- 다운스윙 시작 : 골반 회전 TB 때문에 발생하는 헤드 가속 관성력은 손목이 지지해야 하고, 지지 하중은 M1이 된다.
  법선 가속 관성(F_P)과 회전 가속 관성(F_R)이 함께 걸리는 형태다.
  * 다운스윙 중후반에서도 최대에 가까운 몸통 회전에 의한 가속 관성력이 손목에 하중으로 걸리는데, 이것은 끌고 내려오는 조건이다.

- 릴리즈 중후반 구간 : TH는 릴리즈 구간에서 강제로 손목을 펴주는 손목 능동 회전력이다.
  '전체 회전력 – 원심력가속도 성분' 만큼의 회전 가속 관성이 손목에 걸린다.

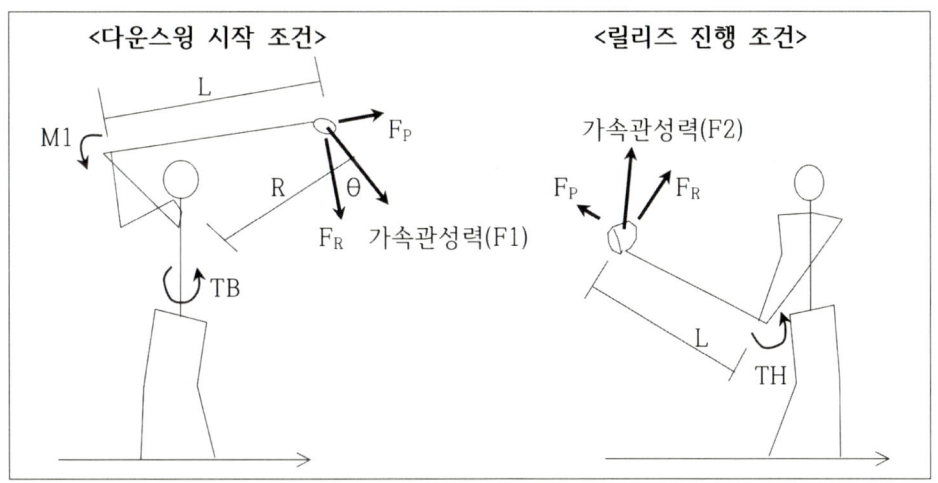

그림 5.1.5 스윙에서 회전력과 관성모멘트

인체의 회전력은 클럽 헤드를 가속한다. 식으로 표현하면 다음과 같다.

인체 회전력(T_{Body}) = TB = $\ddot{O} \times I_G$
$$= \ddot{O} \times m \times R^2$$

(I_G는 Mass Moment of Inertia이다. R은 L에 연계됨)

이 식에서 인체의 회전력은 불변이므로, I_G가 커지면 회전 각가속도($\ddot{O}$)가 작아져야 하므로, 느리게 스윙 되는 것이다.

즉 클럽 무게가 무거우면 헤드는 느리게 회전된다. 이것이 무겁고 긴(m 크고, L 긴) 클럽으로 빠르게 스윙하려 해도 안되는 이유이다.

그리고 다운스윙 시작에서 몸과 클럽이 연결된 손목에 중요한 힘으로 작용한다.

손목에는 좌측 그림처럼 회전모멘트가 걸리게 된다. 그 크기는 다음과 같다.

M1 = $F_R \times L$
$= F1 \cos\theta \times L$
$= (\ddot{O} \times m \times R^2 / R) \cos\theta \times L$
$= \ddot{O} \times (m \times R \times \cos\theta \times L)$ <--------- 손목이 버텨야 하는 능력

* 손목 힘은 버텨야 할 때와 돌려주어야 할 때 2가지가 있다.

M1은 버텨야 할 때(정적 스윙 웨이트 하중)이고, TH는 돌려주는 것(동적 m-MOI가 작용하는 관성 하중)이다.

손목이 견디는 조건은 한계가 있다. 너무 큰 M1, 즉 반사신경을 작동시켜버리는 크기의 M1이 걸리면, 반사신경은 신체를 보호하기 위하여 (손목 폄 근육에 강한 수축이 주어지게 해서) 손목을 펴버린다.

식에서 스윙 웨이트와 관계되는 것이 m, R, L 값이다. 이것들이 크다는 이야기는 M1을 키워 손목 캐스팅 발생 조건을 만든다는 것이다. 물론 회전 가속($\ddot{O}$)이 크면 M1은 크게 된다.

* 캐스팅이 발생 되는 조건은 다운스윙 초기 급가속($\ddot{O}$를 키우는 것)할 때, 보통 세게(강하게) 스윙하려 할 때이며, 또 너무 무겁고(m, L이 큰 것) 강한(CPM 큰 것) 클럽 사양으로 스윙할 때다. 또 상·하체 분리가 안 될 때다.

릴리즈 구간에서, 손목 회전으로 TH를 돌려줄 때는 클럽 m-MOI가 크면 돌리는 속도가 느려진다.

⟨ M1(Moment)-정적 모멘트 vs TH(Torque)-동적 회전 관성 모멘트⟩
 (심화 내용 – 스윙 웨이트는 손목 버팀과 손목 돌림 한계에 관계됨)

모멘트에는 'M = F × L = m × a × L' 식이 적용된다. 이것은 그립 기준 스윙 웨이트로써, 몸은 돌고, 손목은 버티는 **수동**, 즉 반력 모멘트 개념이다.

반면, 돌리는 회전 토크에는 'T = Ö × I_G = Ö × m × L^2' 식이 적용된다. 이것은 손목을 돌리는 것으로써, 손목에는 그립 기준 m-MOI, 어깨에는 회전 중심 기준 m-MOI가 적용된다. 직접 돌리는 **능동** 개념이다.
　* 버티는 수동 근력 능력과 돌리는 능동 근력 능력은 같지 않다.

일정한 스윙 웨이트 값을 가지는 클럽들에서, 잡은 그립 지점 기준으로 '헤드 무게 × 거리'의 값과 '헤드 무게 × 거리^2'의 값에 대한 클럽별 비율은 그림과 같이 다르다.
　* 기준 지점은 그립의 오른손 중지 위치부터 클럽 헤드 무게 중심까지 길이

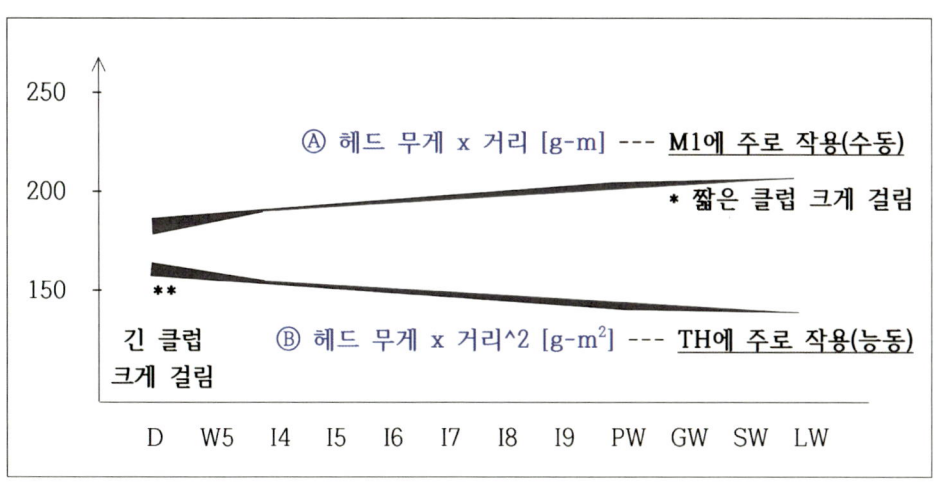

그림 5.1.6 그립 기준 m × L과 m × L^2의 차이 (스윙 웨이트 일정 클럽)

M1은 반력 모멘트 개념으로 몸의 회전 가속에 클럽 헤드의 가속 관성력을 손과 손목이 **버티는** 수축 근력이다.
TH는 손목을 직접 회전시키는 **작동 개념의** 수축 근력이다.

-. 다운스윙 시작에서, 손목에 걸리는 힘은 대략 '$\sqrt{(Ⓐ^2 + Ⓑ^2)} \approx$ 스윙 웨이드'가 된다. 이것은 손목 캐스팅 발생 여부와 연관된다.

단, 신장, 팔 길이, 근력, 스윙 형태에 따라서 스윙 웨이트가 스윙 결과에 주는 영향은 조금씩 달라진다고 봐야 한다.

Ⓐ가 우세하면, 그래프와 같이 무거운 웨지 클럽에서 악조건이 될 것이다.
  * 이 경우, 정렬된 스윙 웨이트 클럽을 가진 골퍼가, 웨지 스윙에서 캐스팅 발생하지 않으면, 드라이버에서 캐스팅이 발생할 확률은 낮다.

Ⓑ가 우세하면, 그래프와 같이 무거운 드라이버에서 악조건이 될 것이다.
  * 이 경우, 정렬된 스윙 웨이트 클럽을 가진 골퍼가, 드라이버 스윙에서 캐스팅 발생하지 않으면, 웨지에서는 캐스팅 발생할 확률은 낮다.

-. 회전 관성 모멘트 개념의 Ⓑ는 다운스윙 후반부에서 (릴리즈 구간) 임팩트까지의 손목 회전 가속의 조건을 결정한다.

그래프와 같이 길이가 긴 클럽(D, W3)이 악조건이 될 것이다. 즉, 긴 클럽에서는 클럽 헤드를 끌고 오는 힘이 조금 더 필요한데, 이것을 직접 하기는 어려우며, 원심력가속도 성분이 크게 만들어지는 환경을 조성하거나, 오히려 손목 회전력을 조금 적게 쓰는 방법이 적용되어야 한다.

* 왼 손목 부상은 긴 클럽(D, W)에서 강한 손목 회전을 주어 임팩트를 할 때 발생하는 여건이다.

Remarks

#1. Ⓐ값에서, 짧은 클럽이 더 크지만, 보통 짧은 클럽으로 갈수록 백스윙 크기가 작으므로 문제가 되지 않는다.

짧은 클럽도 백스윙을 크게 하려는 골퍼는, 그래프의 Ⓐ조건 때문에 짧은 클럽에서 오히려 캐스팅 현상을 보일 수 있다.

또, 아주 무거운 웨지를 쓰는 골퍼는 (근력이 센 사람을 제외하고는) 캐스팅 형상을 보이게 될 가능성이 크다.

* 특정 웨지의 헤드가 무거운 경우, 웨지만 무겁고 강한 샤프트(Steel)를 쓰는 경우, 다운스윙 초반 손목에 커다란 가속 관성력이 걸려, 손목 반사신경은 코킹을 자동으로 빨리 풀어버리게 된다는 것을 알아야 한다. 아무리 캐스팅 안 하려고 해도 이런 클럽을 사용하면 캐스팅이 발생하게 된다.

스윙 동작에 문제 있는 것이 아니고, 선택한 클럽이 문제이다.

#2. 웨지 클럽 오버스윙은 Ⓐ 조건의 cos θ를 키워 캐스팅을 유발하는 환경으로써, 추천되지 않는다.
　　cf) 긴 클럽(D, W)은 약간의 오버스윙이 문제 되지 않는다.

#3. Ⓑ값에서, 긴 클럽은 임팩트 직전 손목 힘을 쓰는 것에 제약이 따르게 된다. 너무 강하게 손목 회전을 하려고 해봐야 할 수 없다. 클럽 헤드가 따라오지 못해 페이스가 열려 슬라이스가 발생한다.
　　억지로 하려고 하거나, 안되는 것을 하려고 해봐야 소용없다는 이야기다.
　　릴리즈 구간 중후반에 사용되는 손목 회전력은 '클럽 사양이 가지고 있는 m-MOI(헤드 무게 × 길이^2) × 가속도 - 원심력가속도 성분 = 한계치'라는 공식의 범위에서 사용되어야 의도대로 제어된다.
　　* 릴리즈가 시작되기도 전에 큰 손목 회전력을 사용하려 해봤자, 손목 근력이 감당하지 못한다.

#4. 결론은, 역학적으로 위와 같이 복잡한 하중이 작용함으로, 이것을 '스윙 웨이트'라는 것으로 기준을 단순화한 것이다.
　　스윙 웨이트 차이에 따라서 실제 골퍼가 느끼는 감은 다음과 같이 구분할 수 있다.
　　　- 다운스윙 시작 가속에서 손에 힘 증가하는 느낌 ⟵--- 하체 회전 가속 한계
　　　- 다운스윙 중반부에 끌고 올 때 손목이 버거운 느낌 ⟵--- 몸 회전 가속 한계
　　　- 릴리즈 중후반부에 손목 회전력 사용하는 느낌 ⟵---- 릴리즈 품질
　　* 헤드 무게 방향은 법선 방향 & 접선 방향 2가지다.
　　cf) 버티는 것에서 돌리는 것으로 변경은 전환의 일종인데, 그 시점이 릴리즈 시작 시점이다.

2) 클럽 강도와 스윙 웨이트
 (클럽 강도를 스윙 웨이트로 환산)
 (캐스팅에 중요한 영향 인자)

a) 샤프트 휨 양을 스윙 웨이트로 환산
같은 헤드 & 샤프트 무게 일지라도 강도가 강한 클럽은 다운스윙 시작에서 무겁게 느껴진다.

예제) 4m 스윙 아크 중에, 다운스윙 초기 0.05sec 동안 하체 리드에 의하여 클럽 헤드가 **20cm** 이동하였을 때, 가속도는?

$a = 2S / t^2 = 2 \times 0.2 / 0.05^2 = \underline{160 m/sec^2}$ --------------- 16g

만약, 강한 클럽은 샤프트가 후방으로 4cm 휘고, 약한 클럽 샤프트는 후방으로 8cm 휘었다면, 실질적으로 클럽 헤드가 이동한 거리와 가속도는?

강한 클럽 : 20 – 4 = **16cm**

$\qquad a = 2S / t^2 = 2 \times 0.16 / 0.05^2 = \underline{128 m/sec^2}$ --- 13g

약한 클럽 : 20 – 8 = **12cm**

$\qquad a = 2S / t^2 = 2 \times 0.12 / 0.05^2 = \underline{96 m/sec^2}$ ---- 10g

200g 헤드 무게에 대해 손목이 느끼는 관성력은 다음과 같이 서로 26% 정도 차이가 발생한다.

강한 클럽 : $F = m\,a = 0.2 \times 13 = \underline{2.6 \text{ kgf}}$

약한 클럽 : $F = m\,a = 0.2 \times 10 = \underline{2.0 \text{ kgf}}$

휘지 않을 때 (몽둥이) = $0.2 \times 16 = 3.2 \text{ kgf}$

강한 클럽 사양이 'X-S'이고 약한 클럽 사양이 'R'이었다면, 무게와 관계없이, 다운스윙 초기에 손목이 느끼는 관성력(M1, 헤드 무게 하중)은 26% 차이가 난다. 스윙 웨이트 Code로 따지면 강한 클럽과 약한 클럽은 대략 30등급이 차이가 나는 것이다. 이것은 다운스윙 전환에서 클럽 강도가 스윙 웨이트에 미치는 영향이다.

 cf) 샤프트 강도는 직접적으로 4곳에 영향을 준다.
  - 다운스윙 초기 손목에 걸리는 하중 M1
  - 릴리즈 시작 타이밍
  - 임팩트 직전 샤프트 휨 모양 --- 페이스 각
  - 임팩트에서 샤프트 휨 변형

다운스윙 가속을 크게 하면서도 초기 캐스팅이 발생하지 않는 환경을 만들기 위해서는 스윙 웨이트도 중요하지만, 클럽 강도에 따라 휘어지는 영향이 매우 중요한 요소로 작용한다.

* 강한 샤프트는 클럽을 짧게 잡으면, 스윙 반경이 줄어들어서 가속량이 줄어드는 것과 스윙 웨이트(= m × L)가 직접 줄어드는 것 때문에 스윙 효율은 떨어지지만, 손목 캐스팅을 방지하는 데 도움을 조금 줄 것이다. 단, 엇나간 릴리즈 타이밍과 강한 임팩트 충격에 오른 팔꿈치 부상 가능성이 커진다.

b) CPM을 스윙 웨이트로 환산

CPM 270, 240, 210인 클럽이 있다고 하자. 헤드는 똑같고 샤프트 강도가 다르다. 무게는 같을 때, 다운스윙에서 느끼는 하중은 다음과 같이 비교된다.

$CPM = C\sqrt{(1/k)} \approx \sqrt{(1/k)}$

  k = 변형률

$270 = C \sqrt{(1/k1)}$
$240 = C \sqrt{(1/k2)}$ <--- k2 휨 변형률을 **8cm/kgf**라고 가정하면 C = 678.8
$210 = C \sqrt{(1/k3)}$
k1, k3를 구하면,
  k1 = **6.32cm/kgf**
  k2 = **10.45cm/kgf**

*a)의 예*에 k1, k2, k3를 대입하여 가속도와 관성력을 비교하면,
  a1 = 2 S / t^2 = 2 × (0.2-0.0632) / 0.05^2 = 109.44m/sec^2
  a2 = 2 S / t^2 = 2 × (0.2-0.08)   / 0.05^2 = 96 m/sec^2
  a3 = 2 S / t^2 = 2 × (0.2-0.1045) / 0.05^2 = 76.4 m/sec^2

  F1 = m a1 = 0.2 × 0.1 × 109.44 = 2.19kgf --- (+)14% <--- 15등급 무거움
  F2 = m a2 = 0.2 × 0.1 × 96   = 1.92kgf --- 기준
  F3 = m a3 = 0.2 × 0.1 × 76.4   = 1.53kgf --- (-)20% <--- 21등급 가벼움

위 계산으로부터, 270CPM은 240CPM 보다 14% 더 무겁게 느껴지고, 210CPM은 240CPM보다 20% 가볍게 느껴지면서 다운스윙이 시작된다는 것을 예측할 수 있다. 단, 실제 인체가 느끼는 것은 가가속도 개념이 가산되므로 계산 수치보다 더 차이가 날 것이다.

대략 5CPM은 2~3% 손목 하중 차이에 해당하며, 2~3등급 Code의 스윙 웨이트 차이 변화를 느끼는 정도가 된다.

Remarks

#1. 샤프트 강도가 맞아야 하는 이유가 릴리즈 타이밍을 맞추고자 하는 것도 있지만, 근력에 맞게 다운스윙 시작에서 원활한 가속을 하기 위한 것도 있다.

 * 강한 클럽으로 스윙하면서 손(손목)힘 덜 증가하게 하는 것은 쉬운 일이 아니다.

#2. 드라이버 비거리 200m인 골퍼가 270CPM 클럽으로 교체하여 사용하려 한다면 불가능에 도전하는 일이 된다. 강한 클럽은 다운스윙 시작 하체 턴에서 클럽 헤드가 사납게 따라오려 해서 손목이 견디는 한계를 초과하게 된다.

 * 더불어, 스윙 동작이 클럽의 탄성 진동 릴리즈 타이밍을 맞추지 못하는 것은 당연하다. 그리고 오른 팔꿈치에 엄청난 충격을 느껴 부상으로 이어지는 것 또한 뻔한 일이 될 것이다.

중요한 사항 중 하나는, 이런 클럽으로 스윙하면 6개월 이내에 스윙 폼이 완전히 망가지게 된다는 것이다.

결국 이 클럽하고는 이별하게 될 것이다. 스윙 폼과 몸이 망가지고 나서 사용하는 것을 포기할지? 아니면 처음부터 이런 클럽을 만나지 않을지? 클럽 강도가 스윙에 주는 영향을 어느 정도 아는 것은 유용할 것이다.

3) 스윙 웨이트 vs 클럽 강도, 무엇이 중요한가?
(비교 참고용)

스윙 웨이트에 대한 것은 앞항에서 설명하였으며, 클럽 강도(CPM)의 나머지 영향에 대해서는 다음 절에서 자세하게 설명한다.
강도에 대해서 어렴풋하게 알고 있는 단계에서 이 둘의 성격에 대하여 먼저 기술한다.

골퍼에게 있어서 스윙 기술도 중요하지만, 클럽 사양 선택도 중요하다.
몇몇 경우, 자신에게 전혀 맞지 않는 클럽으로 잘 쳐보겠다는 의지와 부단한 노력을 하고 있지만, 결과는 실력향상 없이 오히려 퇴보하는 예가 있다. 즉 클럽 사양이 맞지 않으면 부질없는 일이 되는 것이다.
　* 레슨 영상에서 설명되는 스윙 기술은 몸에 잘 맞는 클럽 사양이 선택되었다는 전제 조건이다.

대표적인 클럽 사양이 스윙 웨이트와 클럽 강도(CPM)이다.
스윙 웨이트가 헤드 중량, 클럽 길이 항목으로 구성되어 있는데, 클럽 강도는 헤드 중량, 클럽 길이를 포함하여 샤프트 재질, 샤프트 단면 모양 항목이 추가되어 구성된다.
　* 샤프트 토크는 클럽 휨 강도(CPM)와 유사한 것이며 비례관계를 가지고 있다. 그 외로, 라이 각, 로프트 각, 바운스 모양, 헤드 모양, 헤드 무게 분배 등의 클럽 사양이 있다.

스윙 웨이트와 클럽 강도 중에 어떤 것이 더 중요한가?
클럽은 일반적으로, 강하면 무겁고 약하면 가벼운데, 제작 기술 특성이면서 사용자의 신체적 특성이 어느 정도 고려된 것이다.

골퍼 자신을 기준으로, 스윙 웨이트와 클럽 강도의 분포 상태는 다음 그림과 같이 영역을 나눌 수 있으며, 이것은 마치 '성격 Test'의 MBTI와 같은 모양이다.

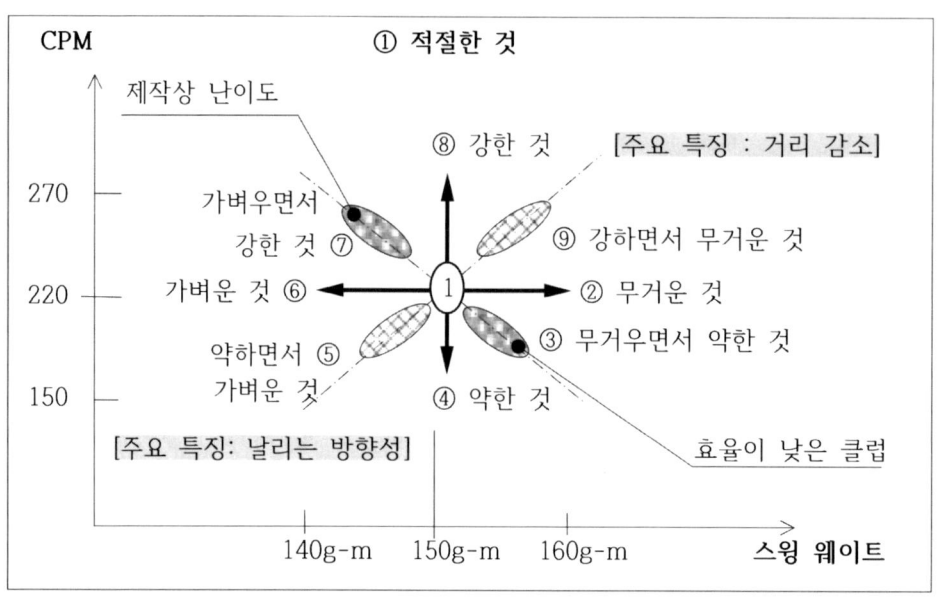

그림 5.1.7 스윙 웨이트 vs 클럽 강도, 9가지 영역

이 9가지 영역의 클럽을 사용하였을 때, 다음 표와 같은 특성을 보인다.

구역 \ 상태	스윙 템포	1st 캐스팅	릴리즈 타이밍 빠름	릴리즈 타이밍 느림	비거리 손실 (%)	부상 위험 심각성
① Even	Even				Even(0)	
② 중	+ (느려짐)	V			-6	00
③ 약/중	+ (느려짐)	V		V	-9	0
④ 약	≈ Even			V	-3	
⑤ 약/경	- (빨라짐)			V	-6	
⑥ 경	- (빨라짐)	△		V	-3	
⑦ 강/경	≈ Even		V (닫힘/열림)		-6	00
⑧ 강	+ (느려짐)	V	V		-9	000
⑨ 강/중	+ (느려짐)	V	V		-12	00000
Remark (영향요인)		- 큰 하중 - 중 & 강	As per CPM	CPM × 스윙 웨이트 작음	보통 대략 추정값	오른팔꿈치 내측 부상

표 5.1.8 스윙 웨이트와 클럽 강도가 주는 영향

골퍼의 체형이나 스윙 스타일에 따라서 약간의 차이는 있을 수 있다.
위의 표는 Score로 환산하여 다음과 같이 손실 점수를 매길 수 있다.

* 비거리 3% 감소는 1 Point이며, 부상 위험 심각성에 따른 차등, 점수는 지극히 주관적인 숫자이며 비율을 보고자 함.

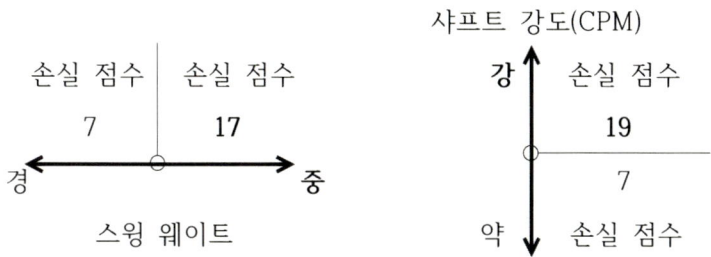

그림 5.1.9 각 골퍼의 스윙 웨이트와 CPM 불일치에 따른 손실 점수

위의 Scoring으로부터 클럽의 강도(CPM) 매칭이 스윙 웨이트 매칭보다 더 중요한 요소이며, 해로운 순서는 'CPM 강 > 스윙 웨이트 중 > CPM 약 ≈ 스윙 웨이트 경'으로 추정할 수 있다.
최악의 선택은 CPM 강한 것에 무거운 스윙 웨이트 클럽이다.
'19 + 17 = (-)36 점'의 결점을 앉고 스윙하는 것이 된다. 거리는 안 나가고 부상에 시달릴 가능성이 매우 크다.

Remarks

#1. 몸과 스윙에 잘 맞는 클럽에 비해서, 안 맞는 클럽을 소유했을 때, 대략적인 추정 손실 타수는?
- 1~2 등급 가벼운 스윙 웨이트 클럽 사용 : (+)1~2타
- 1~2 등급 무거운 스윙 웨이트 클럽 사용 : (+)2~3타
- 10 CPM 약한 클럽 사용 :   (+)1~2타
- 10 CPM 강한 클럽 사용 :   (+)2~3타
- 20 CPM 강한 클럽 사용 :   (+)3~4타
- 3등급 무겁고 20~30 CPM 강한 클럽 사용 : (+)4~6타
- 6등급 무겁고 40 CPM 강한 클럽 사용 :   (+)6~10타
* 드라이버는 강하고 아이언은 약한 경우, 또는 드라이버는 약하고 아이언은 강한 클럽을 가지고 플레이를 하는 경우 대략적인 손실 타수는 : (+) 6~10타

#2. 보통 여성이 남성 클럽을 가지고 연습을 하면, 거의 왼 손목 부상과 오른 팔꿈치 엘보 부상으로 고생

하게 된다. 필연이다.

보통 근력의 남성이 선수용 클럽 사양으로 연습하면, 위와 똑같이 왼 손목 부상과 오른 팔꿈치 '골프 엘보' 부상으로 고생하는데, 그 상태에서는 거의 +10타 정도 실력이 저하될 것이다.

* 매우 강한 클럽, 무겁고 강한 클럽을 이기는 방법은 없다. 클럽 교체가 최선이 된다.

cf) 60, 70대 나이가 되어 근력이 저하되면, 거기에 맞춰 클럽 강도가 조금씩 약한 것을 사용해야 비거리 감소량을 적게 만들 수 있다.

젊었을 때 사용하던 클럽을 고집하면 비거리 감소량은 더욱 커지게 된다.

눈에 보이지 않는 변화 (1)

1.2 토크 변형량

(심화 내용 : 재료 역학 및 회전계 동역학)
(비틀림이 만드는 페이스 각 변화)

클럽은 샤프트와 클럽 헤드가 'L자' 결합 모양이다.
백스윙 탑에서는 샤프트의 스윙 면에 클럽 헤드 무게 중심이 있지만, 릴리즈 구간에서 임팩트에 접근하면서 헤드 무게 중심은 거의 90° 위치로 변한다.

다운스윙 시작과 릴리즈 구간에서 클럽 헤드에 걸린 비틀림 관성력은 '이격 거리 × 힘 = 토크'만큼의 비틀림 힘(돌아가려는 힘)이 생성된다.
 - 비틀림 힘은 동역학적으로 로테이션(Rotation)을 만든다.
 - 비틀림 힘은 정역학과 탄성 재료 역학으로 샤프트의 비틀림 변위(Torsion)를 만든다.
이 두 가지는 <u>로프트 각</u>과 <u>페이스 각</u> 변화를 만든다.

a) 클럽 토크 사양의 의미

재료 역학에서 빔의 비틀림 변형량-토크 공식은 다음과 같다.

$\varnothing = T L^2 /(G I_P)$ [rad]

  $\varnothing$는 토크 변형량
  T는 비트는 힘 크기(토크)
  L은 빔의 길이(샤프트 길이)
  G는 재료의 횡탄성계수 <--- 재료의 특성(샤프트 재질의 기계적 성질)
  I_P는 빔의 단면 2차 극관성모멘트 <--- 샤프트 단면의 생김새

위의 식을 Degree(각도)로 바꾸면 다음과 같다. 수학에서 '라디안→각도' 변환이다.

$\varnothing = (180/\pi) T L^2 /(G I_P)$ [degree]

위의 식을 간략화하면 다음과 같다.

$\varnothing = T / k_T$ <--- k_T는 비틀림 스프링 상수 ($k_T = T / \varnothing$)

골프 드라이버 클럽 사양에서 '토크 5°'의 의미는 위 공식 우측 T 값에 '1ft(피트) × 1lb(파운드)' 비틀림 힘을 주면 'k_T'라는 스프링 상수를 갖는 샤프트에서 5°만큼의 비틀림 각도가 생긴다는 이야기이다.

   이때 k_T(샤프트 비틀림 강성)는,
   k_T = T / ∅ = (0.304m × 0.45kgf) / ∅ ------ (∅ = 5°)
   　　　　= 0.02736 kgf-m/deg
   　　　　= 15.68 N-m/rad

$1/k_T$의 값은 36.5°/kgf-m으로써, **1kgf-m의 비틀림 힘을 가하면** 36.5°가 손으로 빨래 짤 때 돌리듯 샤프트가 돌아가는 사양이라는 의미이다.
   ($1/k_T$ = 36.5°/kgf-m = 0.6376 rad/kgf-m)

Remarks

#1. 역학에서 '토크' 정의와 골프에서 '토크' 이름이 반대 개념으로 되어있어서, 본 서에서는 골프에서의 토크를 혼돈되지 않도록 '토크 변형량'이라고 하고, 비틀림을 가하는 토크의 크기를 '비틀림 힘' 또는 '토크 힘'이라고 명기한다.

#2. '토크 변형량'만 알면, *다음 b) 항(심화)에서*와 같이 가속 관성력에 의한 클럽 헤드 Loft 변화량, 비틀림 진동 CPM을 계산할 수 있다.
   역학은 다양한 현상을 수치화하여 보여주는 Tool이 된다.
   * 기계공학 학부 과정 2학년 정도에서 *다음 b)의 ①항* – 관성력에 의한 샤프트 비틀림을 계산할 수 있고, 3, 4학년에 진동학을 수강한 학생이라면, *b)의 ②항*은 계산할 수 있는 내용이다.
   *b)의 ③항*은 정역학, 동역학, 재료 역학의 복합 사항이다. 응용력이 필요한 계산 내용이다.

#3. 방향성에서, 눈에 보이는 손과 팔의 모양에 의하여 결정되는 헤드 페이스의 모양이 25%라고 하면, 힘에 의한 샤프트의 비틀림과 휨으로 결정되는 헤드 페이스의 모양이 25% 정도가 된다고 생각하면 된다.
   릴리즈 및 하체와 몸통의 이동과 회전 변위가 나머지 40% 정도 차지하고, 에이밍 및 타격점 영향과 잔디 저항이 10% 정도를 차지한다.
   * 손 모양을 *"이렇게 하라, 저렇게 하라."* 라고 해봐야 근본 해결책이 될 가능성이 작다는 이야기다. 릴리즈 및 샤프트 탄성 변형을 알아야 한다.

b) 클럽 토크 변형량이 스윙 결과에 영향을 주는 사항

(심화)
(Stress 받을 만한 내용으로, 이런 해석 접근이 있다는 정도로만 눈요기)

스윙 진행 시간순으로, 클럽 헤드에 가해지는 힘은 달라지며, 클럽 토크 변형량도 달라지고, 그것은 스윙 결과에 영향을 준다.

① 다운스윙 시작, S1(1/4 구간) 편심 토크

가속 관성 편심 토크에 의하여 그립을 꽉 움켜쥐게 하는 힘과 Twist 변형 형태로써, *3권 1장에 설명*되었으므로, 추가 설명을 생략한다.

② 다운스윙 릴리즈 시작 이후 임팩트 전, S5(5/4 구간) 가속 관성력

임팩트 직전에 클럽의 진행은 그림과 같다. 샤프트 회전면에서 클럽 헤드의 중심이 이격 되는 모양이다.

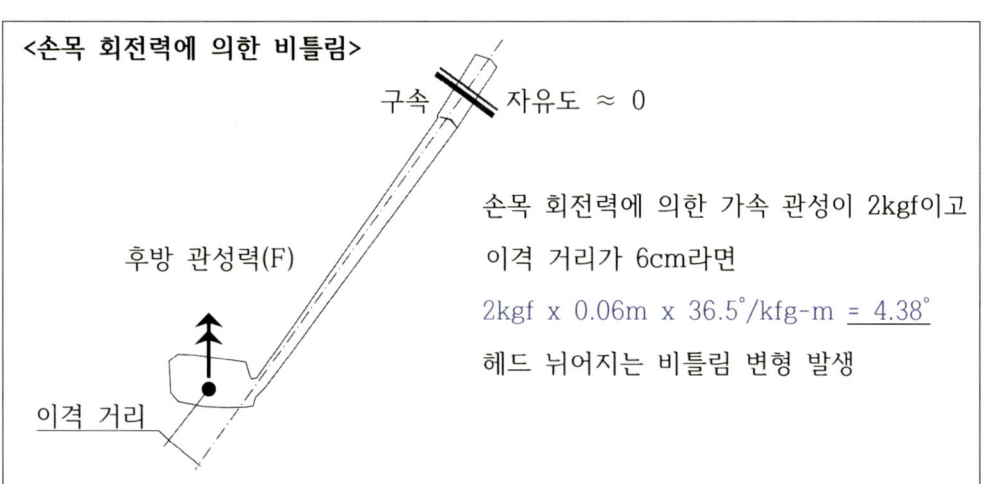

그림 5.1.10 몸(손목) 회전에 의한 샤프트의 비틀림 변형

S5 구간에서 전후방 힘은 원심력가속도 성분과 손목 회전력이 대부분을 차지하며, 이 힘은 시간(헤드 위치)에 따라서 일정하지 않고 변화한다. *(3권 3장 관련 그림 참조)*

  * 손목 회전력은 손목을 로테이션시키는 것을 말하는 것이 아니고 코킹의 반대 방향으로 풀어지는 힘을 말한다.

  cf) 손목 로테이션은, 손목 자체를 돌리기보다는 팔과 팔꿈치가 돌아가서 만들어지는 합체된 그립의 회전이다. 스윙 중에 마음이 혼란스러워지면 팔과 팔꿈치를 이용해서 로테이션하지 않고, 왼 손목을 돌려 로테이션을 만들려 한다. 되지도 않을 뿐만아니라, 손목 부상을 겪게 된다. (돌리려는 근력이 들어간 상태에서 방해받는 타격 충격 & 뒤땅 충격은 손목 근육 부상 유발)

위 그림과 같이 '원심력가속도 성분 – 손목 회전 가속 관성력 = (-) 2 kgf' 힘이 임팩트 직전에 헤드에 걸렸다면, 샤프트는 뒤로 비틀리게 되고, 그 비틀림 변형은 Loft를 키우고, 페이스를 열리게 만든다.

임팩트 직전에 강하게 타격하고자 하여, 손목 회전력을 크게 사용하면 탄도는 높고, 우측으로 휘어지는 슬라이스 구질이 발생하는 것이, 이와 같은 샤프트 비틀림 변형 결과물이다.

골프 스윙에서 나쁜 결과를 만드는 중요한 요인은, (의도와 다르게) 손목 회전력을 크게 사용했다가, 작게 사용했다가 하는 것이다. 약간의 변화만으로도 결과(탄도 & 방향성)가 크게 변하게 된다. 릴리즈 후반부의 손목 회전력 사용량은 중요한 골프 스윙 요소이다.

Remarks

#1. 많은 골퍼가 위의 비틀림 변형 현상을 모르거나 간과한다.

  방향성 변화 원인을 자신의 스윙 동작에서 찾으려 하고, 그리고는 엉뚱한 사항의 교정을 시도하려 한다.

  3권 2장 내용으로 원심력가속도 성분을 크게 하고 이용하는 방법이 잘 되었다면, 그다음으로 임팩트 직전의 손목 회전력 사용량에 따라서 만들어지는 클럽 토크 변형량이 헤드 페이스 모양을 바꾸는 가장 중요한 요소로 작용 된다는 것을 인지해야 한다.

  * 페이스 각 변화에서, 손과 팔의 모양(동작)보다 손목 회전력 사용량 변화가 2배 정도는 더 중요하다.

#2. 임팩트 직전 손목 회전력을 잘 (크게) 사용하는 사람일수록 높은 탄도 구질을 구사하게 된다.

  * 손목 회전력 사용에서 일부 강제 로테이션 근력도 사용되는데. 이것은 근력 사용 고유 형태로 봐야 한다.

#3. 강하게 치려고 할 때 나타나는 높은 탄도의 슬라이스 구질은 샤프트 비틀림 영향이 거의 2/3를 차지한다. 손과 팔 모양 영향은 1/3보다 적다.

* 기본 다운스윙 형태가 잡히지 않은 골퍼는, 강하게 치려고 하면, 초반에 캐스팅 발생하여 오히려 페이스가 닫히는 낮은 탄도의 훅이 발생한다. 즉 약간의 차이로 훅과 슬라이스 구질이 왔다 갔다 하게 되어 판단에 혼선을 준다.

#4. 이격 거리가 작은 모양(클럽 헤드가 작은, 무게 중심이 힐 쪽에 있는 헤드) 클럽은 그만큼 토크 변형량 변화가 작다.

* 헤드 모양이 작은 클럽은 타점 맞추기는 어려워도, 회전력 사용에 샤프트 비틀림이 둔감하여 방향성과 탄도 제어에 편한 것이다. 상급자의 아이언 클럽 헤드가 작은 이유가 이것이다.
반대로 헤드가 큰 아이언(무게 중심이 토우 쪽에 있는 헤드, 이격 거리가 큰 헤드)은 손목 회전력 변동이 페이스 각 변동을 크게 만든다.
드라이버, 클럽 헤드가 커서 관용성 측면에서는 이점이 있는데, 토크 변형 측면에서는 불리하다.

#5. 강한 샤프트(토크 변형량 값이 작은 샤프트)도 그만큼 손목 회전력 가속 관성에 의한 비틀림 변화가 작다.

* 강한 샤프트를 사용하는 골퍼일수록 방향성에 유리하다. 긴 거리를 보내는 장타자가 방향성에 불리할 것으로 생각하지만, 실상은 그렇지 않다.

#6. 크라운 헤드의 클럽은 이 Loft 변화가 양력(Lift) & 토우다운 현상과 연동되어서, 상하 Path 변화도 함께 만든다.
크라운 헤드의 클럽은 손목 회전력 사용을 더 일정하게 가져가야 하는 이유 하나가 이 샤프트 비틀림 현상을 최소화하기 위한 것이다.

#7. 손목 회전력 사용을 많이 하는 보잉은, 페이스 각 열리는 것만큼 보잉으로 페이스 각을 닫아주는 것이다. 보잉을 했다가 안 했다가 하면 페이스 각 변동은 더욱 커진다.

③ 비틀림 진동에 의한 트위스트 현상
(심화 내용 – 참고만, 확인 차원)

클럽 샤프트가 탄성체이므로 휨뿐만 아니라 비틀림, 즉 비틀림 진동이 스윙 결과에 영향을 주는 것인지 확인해 볼 필요가 있다.

클럽의 비틀림 진동식은 다음과 같다.
역학에서 고유진동수 계산식이며, 먼저 스윙이 아닌 일반 조건에서 계산해 본다.

$fn = 1/2\pi \sqrt{((G I_p / L) / I_0)}$
 fn은 고유진동수
 G는 재료의 횡탄성계수
 I_p는 샤프트 단면 2차 극관성모멘트 (기본 $\pi d^4 / 32$)
 L은 샤프트 길이
 I_0는 축 중심 기준 클럽 헤드 MOI (= 헤드 질량 × 이격 거리^2)

위 식을 풀 수 있는 것으로 바꾸면 다음과 같다.
$fn = 1/2\pi \sqrt{((G I_p / L^2) / (L / I_0))}$
앞항 a)에서의 'G Ip / L^2 = k = 15.68 N-m/rad'을 이용하면,

$fn = 1/2\pi \sqrt{(k / (L / I_0))}$
 k = 15.68 N-m/rad (5° 토크 변형량 사용)
 L = 0.9m (드라이버 길이 가정)
 $I_0 \approx 0.2$kg × 0.06^2 m^2 = 0.00072 kgm^2 (이격 거리 6cm 일 때로 가정)

비틀림 진동 고유진동수는,
fn = 22.3/sec = 1338 CPM (주기 T = 0.045초, 22.3 CPS)

계산된 고유진동수 값에, 헤드 MOI와 법선력(원심력)이 작용되는 환경을 고려하면 1500 CPM 정도(대략 주기 T′ = 0.04초)의 진동수로 비틀림 진동이 발생한다고 추정할 수 있다.

이 비틀림 진동의 기진력이 임팩트 직전의 비틀림 현상이라면, 다음의 이유로 크게 괘념할 필요는 없어 보인다. (변위 추정 계산은 생략)

첫째 : 헤드가 Zero to 90°로 변하면서 이격 거리가 만들어질 때, 비틀림 힘의 급변이 없어서 기진력이 작다고 볼 수 있다. (손목 회전력은 임팩트 -0.025초로 0.5T 전후)
둘째 : 진동수가 커서 변위가 있다고 해도 관리 Point가 될 수 없다.

단, 제조자는 특성을 알고 I_p 배치에 참작해야 할 필요는 있는 것 같다.

셋째 : Damping에 의해서 변위는 급감하게 된다.

만약 다운스윙 초기에 스윙 궤도면에 헤드의 중심이 있지 않은 경우라면, 가속 관성력이 토크에도 작용하여 그립을 꽉 쥐게 될 뿐만 아니라, 휘둘림 변위(Whirling)를 만들고 비틀림 진동 형태로 다운스윙 과정에서 트위스트 되는 변화를 만들어서 약간의 영향을 줄 것으로 판단할 수는 있다.

* 유능한 프로선수들의 다운스윙 시작에서 샤프트가 내려오는 모습을 보면, 반대로 휠뿐 헤드 무게 중심은 샤프트 회전면을 타는 궤도를 그려 출렁이지 않는다.

④ 임팩트 충격에 의한 샤프트 비틀림에 기인한 클럽 헤드 회전
(심화 내용 – 슬로비디오로 보이는 헤드의 움직임을 계산으로 표현)
(궁금증 해소 차원으로, Skip & Pass 고려)

클럽 헤드에 정타로 맞는 볼은 클럽 헤드를 거의 회전시키지 않는다고 볼 수 있다. 단, 실제 클럽 헤드 모양, 샤프트 강성에 따라서 눈에 보이지 않는 1° 내외의 Loft 변화가 있지만, 고유한 값이라 여기면 기준값이 된다.

〈정타 임팩트에서 샤프트 변형〉

-.동역학적 후방 밀림량(S) :

$S = 0.5\ a\ t^2 = 0.5\ F/m\ t^2 = 0.5 \times 5000/0.2 \times 0.0005^2 = 3mm$

(임팩트 시간 0.0005초라 가정)

임팩트 순간에, 강한 샤프트든 약한 샤프트든 거의 관계없이 그립의 진행량과 클럽 헤드의 진행량에 대략 3mm 정도의 Deviation이 발생한다.

이 3mm 진행 Deviation 일부분은 볼과 클럽 페이스 면이 흡수하고, 일부분은 샤프트 휨과 샤프트 비틀림의 합으로 되는 것이다. *(4권 2장 2절 7)항 내용)*

* 충돌에 관계되는 볼과 클럽 페이스 면의 탄성 변형 설명은 생략함.

-. 정역학적 변형 조건 치환 : 동역학적 변형량을 이용하여 거꾸로 변형을 일으키는 힘을 계산하여, 그 힘으로 휨과 비틀림을 계산해본다.

밀림량 0.003 = F / k_b + (T/k_T) × d

  F는 Side force

  k_b는 휨 스프링 상수 (1/k_b = 0.05m/kgf)

  T는 비틀림 Torque (T = d × F = 0.04F)

  k_T는 비틀림 스프링 상수 (1/k_T = 0.5rad/kgf-m = 29°/kgf-m)

  d는 모멘트 암 (4cm 이격 거리로 가정)

  0.003 = 0.05 F + (0.04 F × 0.5) × 0.04 = 0.0508 F

  ∴ F = 0.059 kgf의 정역학 조건 〈--- 작은 달걀 하나 무게 느낌

후방 휨 양(δ) = 0.059 × 0.05 = 0.003m ≈ 0.3° Loft 세워짐 -------- (A)

열림 비틀림량(∅) = 0.059 × 0.04 × 29 ≈ 0.07° Face회전 열림 & Loft 누임 - (B)

-. 클럽 헤드 MOI와 정 타점 높이 차이에 의한 회전 :

  (타점이 MOI보다 1cm 위라고 가정)

  θ = 1/2 Ö t^2 --- 동역학적 회전량

    Ö = T / Iy = (5000N × 0.01m) / 0.0003kg·m^2 = 166667 [rad/sec^2]

    (평균 임팩트 Force 500kgf)

∴ θ = 1/2 × 166667 × 0.0005^2 = 0.021 rad = 1.2° Loft 뉘임 --- (C)

    (임팩트 시간 0.0005sec)

임팩트에서 샤프트의 휨과 비틀림에 의한 페이스 각 & Loft 각의 변화는 '(A) + (B) + (C)'의 조합 형태이다.

가장 큰 영향을 주는 것은 MOI 중심과 타격점의 간격에 의해서 만들어진다. 이 부분은 헤드 설계 기술로써, 제조자 영역이다.

Remarks

#1. 탄도를 쉽게 높이기 위하여 아이언을 저 중심 설계했다는 것은 위의 (C)에 해당하는 내용이다.

무게 중심을 1cm 낮추면 타격 변형에 의한 Loft 각을 1도 이상 키우는 효과가 있다. 볼이 잘 뜨게 된다.

#2. 클럽 헤드가 라이 각을 가지며 꺾여 있는 형태로 타격 될 때, 그 모양으로 인해서 로프트와 페이스는 (A) (B) (C)의 조합에 의해 조금 뉘고 열리게 된다고 추정할 수 있다.

#3. 상하 타점 이동에 따른 Loft 각 변화는 위 θ 계산식으로 대략 구할 수 있다. 이 각도 변화는 Iy (y축 헤드의 MOI)에 반비례한다.
토우·힐 타점 이동에 따른 페이스 각 변화 계산도 이와 유사하다고 볼 수 있다.
"대용량의 큰 관용성", "MOI를 키운 설계" 라는 이야기는 Iz(z축 헤드의 MOI)를 키워서 타점에 의해서 발생하는 페이스 각 변화를 최소화해서 빗맞는 타점에도 방향성 변화를 작게 했다는 이야기다.

* $3000g\text{-}cm^2$ 헤드 MOI에 1cm 타점이 벗어났을 때 $1.2°$의 페이스 각 변화가 있었다면, $4000g\text{-}cm^2$ MOI 헤드에서 1cm 타점이 벗어났을 때 $0.9°$의 페이스 각 변화가 있는 것으로, 산술적 계산이 가능하다. 줄어든 양은 $0.3°$가 된다. 드라이버 200m에서 페이스 각 0.3도 변화는 대략 1~2m 정도의 방향성 오차에 해당한다.

#4. 위에서 계산한 값은 볼이 클럽 페이스 면을 떠날 때까지의 헤드 변화 움직임이다.
볼이 헤드를 떠난 이후에, 클럽 헤드는 추가로 더 많은 회전이 이루어진다. 계속 움직이려는 동적 관성력에 의한 것이다. 슬로비디오로 보면 클럽은 더 크게 한참을 비틀어져 돌다가 복원된다.
* 1cm 편심 타격 되면 볼이 타격면을 떠나는 순간 클럽 헤드 회전 속도는, 다음과 같이 400 RPM으로 회전하는 것에서 탄성 Brake가 걸려 어떤 각도까지 더 돌다가 제자리로 복원된다.
$\omega = 1/2 \times 166667 \text{ rad/sec}^2 \times 0.0005\text{sec} = 42 \text{ rad/sec} = 6.7 \text{ CPS} = 400 \text{ RPM}$

#5. 본 절의 요지를 정리하면, 비틀림 변형 영향을 최소화하기 위하여, 인지해야 하는 다음 내용을 알아본 것이다.
  - 백스윙 탑에서 샤프트 회전면에 클럽 헤드 COG가 오도록 해야 한다.
  - 릴리즈 구간에서 손목 회전력 사용은 일정하게 사용하도록 해야 한다.
    페이스 각과 Loft 각 변화가 몸과 팔 동작뿐만 아니라, 탄성 비틀림에 의해서 크게 발생한다.
  - 헤드 모양(사양)에 따라서 다르지만, 타격에 의한 비틀림이 약간 존재한다.

#6. 인간의 궁금함은 어디까지인지 알 수는 없으며 사람마다 차이가 있다.
골프에서 최고로 해석하기 난해한 부분이 *본 b) 항목과 다다음 4절 굽힘 진동 내용*이다.

1.3 클럽 강도(CPM)와 힘

회전하는 클럽 헤드에는 가속 관성력이 접선 방향으로 걸린다. 이 회전 가속 관성력은 샤프트를 휘게 만든다.
여기에, 법선력인 원심력이 작용하면, 샤프트는 '$'모양으로 휘게 된다.

가속 관성력의 변화는 샤프트 탄성에너지와 헤드 운동에너지가 서로 변환되는 탄성 진동을 하게 된다. 에너지 변화에는 '주기'가 있으며, 이것이 CPM이다. *(4절에서 설명)*
휨과 진동은 어렴풋하게 감지되나, 눈에 정확히 보이지는 않는다.

헤드에 걸리는 힘 :
- 접선 회전 가속 관성력
- 원심력의 접선 성분 = 원심력가속도 성분
- 원심력의 법선 성분
- 크라운 헤드에 유체역학적 양력 --- 속도의 제곱에 비례
- 중력 --- 미미

힘에 의한 샤프트의 탄성 변형 : 위 힘들은 샤프트를 변형시킨다.
- 전후 방향 휨(Bending)
- 상하 방향 휨(Bending)
- (힘의 변화량에 의한) 탄성 진동(Vibration)
- 비틀림(Torsion)

변형 때문에 나타나는 현상 :
- Loft 각 변화
- Face 각 변화
- 상하 타점 변화
- 헤드 스피드 변화
- 근육 신경계(감각기, 수용기) 하중 변화 ≈ 반사신경, Feedback 동작 유발

1) 클럽의 강도와 CPM

a) 간이 CPM 계산과 계측법

가지고 있는 그래파이트 샤프트 클럽의 길이와 무게에 대한 사양 Table이다.
요리용 저울, 스프링 저울, 자(Ruler)를 이용한 간이 계측한 클럽 사양이다.

클럽 (사용여부)	길이 cm	사용길이 cm	헤드쪽 무게 g	그립끝 무게 g	총무게 g	헤드무게 (추정) g	$\Delta\delta/2kgf$ (계측)cm	CPM (계산)	(ƒ) CPS
D-S (X)	108	91	230	79	306	200	12	^ 273	4.553
D-SR (X)	110	93	228	81	306	200	12	^ 273	4.553
D-R (X)	110	93	224	81	304	200	15	^ 244	4.072
D-R (△)	112	95	219	78	296	190	19	223	3.712
〃 (O)	〃	92.5	〃	〃	〃	〃	17.5	232	3.868
W3 (X)	105.5	88.5	246	79	322	216	16	^ 228	3.784
W5 (O)	104	87	248	78	326	218	14	242	4.038
W5 (O)	105	88	246	76	319	216	14	245	4.091
U4 (X)	97	80	277	68	353	247	10.5	^ 263	4.380
I4 (O)	96	79	278	79	351	248	10.7	260	4.330
I5 (O)	95	78	287	77	356	257	10.5	258	4.293
I6 (O)	94	77	295	76	359	265	10.7	251	4.189
I7 (O)	92.5	75.5	304	78	369	274	9.9	257	4.282
I8 (O)	91	74	312	80	376	282	9.0	266	4.427
I9 (O)	90	73	316	75	378	286	8.6	269	4.479
PW (O)	89	72	320	74	385	290	8	278	4.631
GW (O)	89	72	324	75	385	293	8	276	4.607
SW (O)	89	72	320	80	390	290	8	278	4.631
LW (X)	87	70	368	118	466	^ 318	4.9	^ 339	5.560
LW (O)	85	69	337	75	402	307	6.8	293	4.882
PT (O)	84	65	390	114	497	330	8	260	4.341
PT (X)	86	65	422	133	544	350	4.8	327	5.442

표 5.1.11 전체 클럽 사양, CPM 간이 측정 & 계산 (D 210m 거리 클럽 예시)

클럽 피팅 샵에서 기기를 이용하여 계측하면 공식적인 값들이 되겠지만, 스프링 저울을 당겨서 자신의 클럽 사양을 대략 표와 같이 확인(계산)할 수 있다.

사양에서 첫 번째 중요한 것은 CPM이다. 그리고 걸러내야 하는 두 번째 것은 헤드 무게이다.
- CPM이 서로 다른 정렬 상태(하나의 사선 위에 있지 않은 상태)이면, 릴리즈 타이밍이 달라져 전체 클럽에서 효율적인 스윙을 할 수가 없다.
* 또한, 같은 스윙에도, 다운스윙 시작에서 가속 관성력이 달라져서 이물감이 느껴진다. 곡식 알갱이에서 돌을 걸러내듯 사용 클럽에서 걸러내야 한다.
- 헤드 무게가 다른 정렬 상태(하나의 사선 위에 있지 않은 상태)이면, 다운스윙 가속에서 손목과 어깨가 느끼는 힘이 달라져서 다른 스윙을 하게 된다. 전체 스윙 템포가 달라진다.
* 제각각인 클럽에 몸을 따로따로 맞춰서 스윙하기는 힘들다. 헛된 노력을 할 필요는 없다.

Remarks (클럽 사양 계측 방법)

#1. 요리용 저울을 이용하여 양쪽 무게를 계측하여 클럽 헤드 무게를 유추한다.

#2. 그립의 오른손 중지 위치를 기준 지점으로 고정하고, 호젤에 스프링 저울을 걸어서 2kgf로 당긴다. 이때 목(Neck) 아랫부분의 휨 양을 바닥에 놓인 자로 잰다. 변위 정확도를 위하여 1kgf 대신에 2kgf로 당긴다.
휨의 거리와 샤프트 굽힘 강성의 관계는 $\delta = 1/k$이다.
* 고정한 곳의 그립이 소프트하여 샤프트가 휘어지는 양에 정확도가 떨어질 수 있는 것에 주의하여야 한다. 같은 지점, 같은 방법, 같은 조건으로 두 지점을 견고하게 고정하는 것이 필요하다.

#3. 진동 주파수 $f\,[Hz] = 1/(2\pi) \times \sqrt{(k_b/m)}$ 식을 이용하여 주파수, CPM을 구한다.
($k_b = (3)\,E\,I\,/\,L^3$, $I 는 \pi\,d^4/64$, k_b는 한 덩어리로 취급된다.)
CPM $= 60/(2\pi) \times \sqrt{(1000 \times 2 \times 981\,/(\text{헤드 무게 g} \times \triangle\delta\,cm/2kgf))}$
위 공식에 헤드 무게와 스프링 저울로 당겨서 변형된 거리만 Input 하면 CPM을 구할 수 있다.

#4. 드라이버, 2.5cm 그립을 짧게 하면, 대략 4% 정도 CPM이 증가한다.

#5. 헤드 무게가 정렬된 클럽, CPM이 정렬된 클럽으로 전체 사용 장비를 구성한다. 정렬에서 벗어난 클럽은 대체품을 찾아야 할 것이다.
클럽 사양 두 가지가 모두 정렬되어 있다면, 어떤 샷에서 한 가지 스윙 형태(폼, 템포, 타이밍, 리듬)로 전체 클럽을 사용할 수 있다.
- CPM 정렬 :   사선
- 헤드 무게 정렬 : 사선
- 스윙 웨이트 :   수평선

만약 정렬에서 10~20 CPM이 벗어난 특정 클럽을 사용한다면, 그 클럽만 템포와 타이밍이 0.005초 내외의 다른 형태 Shot이 될 것인데, 방향성과 거리에 대략 5%의 오차를 보일 것이다. 그렇지 않으려면, 그 클럽 하나만을 위한 특별한 스윙을 해야 하는데, 이만저만한 낭비가 아닐뿐더러, 다른 인접 클럽 스윙에서 혼란을 겪게 되어, 결과적으로 무딘 Shot 감을 소유하게 될 것이다.
* 싱글 플레이어는 ±5CPM 강도 차이를 감지, 80타대 ±10, 90타대 ±15CPM

#6. 강해서 사용하기 힘든 아이언 클럽 :

드라이버 거리가 210m 나가는 골퍼는 그것에 상응하는 아이언 클럽 강도 사양이 요구된다. 만약 너무 강한 아이언을 사용하게 된다면, 가속과 릴리즈가 비효율적으로 되어서, 거리 감소와 탄도 감소가 발생하게 될 것이다.

조금만 더 무거워도 가속하기 버거워 캐스팅이 발생할 가능성이 커진다.
CPM이 조금만 더 커도 릴리즈 타이밍 맞추기 어려워 원심력가속도 성분을 잘 활용하기 어렵게 된다.

다음 표는 근력이 약한 골퍼가 사용하기 힘든, 헤드 무게가 무겁고 CPM이 큰, 버거운 Steel Iron CPM 간이 측정 & 계산 예시이다.

근력이 뒷받침되어 몸 회전 스피드가 빠르지 않은 이상, 이 클럽으로 거리를 만들기는 거의 어렵게 될 것이다. 이때 스윙 교정이 필요한 것이 아니고, 클럽 교체가 필요하다고 하겠다. 스윙 폼이 문제가 아니라 클럽 사양이 문제다.

만약 클럽 교체하지 않고, 계속 무겁고 강한 것 사용을 고집한다면, 오른 팔꿈치 '엘보 부상'과 왼 손목 부상은 피할 길이 없을 것이다.

클럽 (사용여부)	길이 cm	사용길이 cm	헤드쪽 무게 g	그립끝 무게 g	총무게 g	헤드무게 (추정) g	$\triangle \delta$/2kgf (계측)cm	CPM (계산)	(f) CPS
I5 (X)	94	79	294	91	397	264	9.0	275	4.58
I7 (X)	92	77	320	86	412	290	8.0	279	4.65
I9 (X)	89	74	334	86	431	304	7.0	290	4.83
LW (X)	87	70	368	118	466	318	4.9	339	5.56

#7. 약해서 사용하기 힘든 클럽 :

약한 클럽을 사용하며, 볼이 날린다. 거리 손실은 작지만, 조금만 이상이 있는 스윙(타점 미스, 손목 회전력 사용 변동, 릴리즈 변동)에서 방향 편차가 심하게 된다. 특히 긴 클럽에서 큰 슬라이스로 낭패를 볼 수 있다.

#8. 헷갈리는 샤프트 강도 Naming Code :

샤프트 강도에 따라서 'L, R, SR, S, XS' 약어를 사용하여 등급을 이름 짓는데, 제조사마다 기준이 천차만별이다.

* 비유 : 의류회사별 옷 사이즈, 신발 회사별 길이와 폭이 다르듯 클럽 제조사 & 샤프트 제조사별 기준이 다르고, 신제품을 출시할 때 다를 수 있다.

만약 드라이버에서 '200m 거리는 CPM 220 R-강도, 220m 거리는 CPM 240 SR-강도, 240m 거리는 CPM 260 S-강도'라고 안내되어 있다면, 일반 골퍼는 강한 샤프트를 사용할수록 거리를 더 보낼 수 있다는 착각에 강한 클럽을 선택하는 오류를 범하고, 스윙 효율이 떨어져서 오히려 거리는 짧아지고 부상 위험은 커지고, 선택한 클럽이 좋지 않은 인식을 줄 수 있는데, 골퍼가 오인한 경우이다.

이런 심리적인 이유로 사용자를 위하여, 210CPM을 R-강도, 230CPM을 SR-강도, 250CPM을 S-강도로 CPM을 줄여 Naming Coding을 적용하는 예도 있는데, Coding으로 강도를 판단하지 말고 반드시 CPM 수치를 확인하는 것이 필요하다.

(헤드 무게, 샤프트 길이에 따라서 약간의 차이는 있지만,) 자신의 근력과 스윙 조건이 CPM과 맞아야 가장 효율적인 헤드 스피드를 얻을 수 있는데, 남성 드라이버 기준 '거리(m) + 15~25 = CPM 수치' 정도라고 봐야 한다.

#9. 보통 여성 기준으로는, 신체 길이, 스윙 아크, 근력을 고려하여, 샤프트 길이가 대략 1~1.5인치 짧고 헤드 무게가 10~25g 정도 가볍게 제작 출시되는데, 가장 효율적인 헤드 스피드를 얻을 수 있는 드라이버 CPM 값은 '거리(m) + 40~60 = CPM 값' 정도가 추천된다. 다음 예시 표에서, 여성 골퍼는 드라이버 거리 120~150m, I7거리 70~90m를 보내는 경우의 클럽 사양이다.

특징으로, UT 강도 사양이 30CPM 더 큰 상태로써, 몽둥이처럼 느껴질 것이다. 또한 UT의 스윙 웨이트는 남성용 D0에 가까워서 버거운 스윙이 될 것인데, 이 UT 클럽이 다른 클럽의 스윙 폼까지 망칠 가능성이 대단히 크다. 또한 오른 팔꿈치와 왼 손목 부상 유발 가능성도 크다. 골프 백에서 빨리 꺼내서 버려야 할 클럽이라고 봐야 한다.

클럽 (사용여부)	길이 cm	사용길이 cm	헤드쪽 무게 g	그립끝 무게 g	총무게 g	헤드무게 (추정) g	△δ/1kgf (계측)cm	CPM (계산)	(ƒ) CPS
D-R (C3, TO7)	107	92	204	52	264	179	14	189	3.15
W4	102	86.5	231	57	288	206	11.2	197	3.28
UT	95	80	280	87	367	250	7	^ 226	3.77
I7	89	75	277	58	330	250	9.5	194	3.23
I8	88	73.5	290	61	337	256	8.7	201	3.35
I9	86.5	72	296	59	340	260	8	207	3.45
PW	85.3	71	302	58	349	268	7.5	211	3.52
GW	84	70	312	57	355	275	7.2	213	3.55
SW	84	70	311	58	357	276	7.2	212	3.53
PT	79.5		430	96	527	370			

표 5.1.12 보통 여성용, 전체 클럽 사양 CPM 간이 측정 & 계산 (예시)

표에서, 스프링 저울로 당기는 힘은 1kgf이다. 변형량(휨 양)이 커서 남성용은 2kgf로 당기는데, 여성용은 1kgf로 당긴다. CPM 계산식은 다음과 같다.

$CPM = 60/(2\pi) \times \sqrt{(1000 \times 1 \times 981 / (헤드 무게 g \times \triangle\delta \text{ cm}/1\text{kgf}))}$

b) 본인의 클럽 강도 제원표 (기록용)

클럽 (사용여부)	총길이	사용 실 길이	헤드 쪽 무게	그립 끝 무게	총무게	헤드무게 (추정)	$\triangle \delta/2\text{kgf}$ (계측)	CPM (계산)	(f) CPS
D									
D									
W3									
W3									
W5									
W5									
U									
U									
I4									
I5									
I6									
I7									
I8									
I9									
PW									
GW									
SW									
LW									
LW									
PT									
PT									

표 5.1.13 독자용 클럽 제원표 (기록지)

Remarks

#1. 요리용 저울, 스프링 저울, 자를 이용하여 길이, 무게, 휨 양을 측정하고,
CPM 계산식 = $60/(2\pi) \times \sqrt{(1000 \times 2 \times 981 /(헤드 무게(g) \times \triangle\delta/2kgf)}$을 이용하여 본인 클럽의 CPM 표를 완성해본다.

#2. 클럽 제원표를 만드는 일은 반나절에서 온종일이 걸릴 수 있다.
직접 계측과 계산이 어렵다면, 피팅 샵에 의뢰하여 제원표를 만든다. 제원표를 알고 있어야 스윙 문제가 동작에 기인한 것인지? 클럽 사양에 기인한 것인지? 짐작할 수 있다. 제원표는 계속 보관하고 스윙 변화 & 결과와 연관 지어 살펴야 한다.
새로 클럽을 살 때 기존의 클럽 제원표는 중요한 비교 기준이 된다.
* 비유 : 클럽 제원표는 건강검진 결과와 같다고 생각하면 얼추 비슷하다. 이상이 있는 클럽을 가려내는 것이다.
cf) 많은 골퍼가 클럽 제원에 관심을 갖는다면, 스윙 웨이트 계측기 및 CPM 계측기는 범용화되어 쉽게 샵 또는 연습장에서 자판기(벤딩기)처럼 사용될 것이다.

#3. 헤드 무게가 특이한 것, CPM이 특이한 클럽이 있다면, 그 클럽의 스윙 결과를 자세히 확인 후에, (방향성, 탄도, 타점, 거리에) 동떨어진 현상을 보인다면 과감하게 자신의 골프 백에서 빼내서 창고에 임시 보관한다. 이런 클럽은 미련이 있어서 가지고 다녀봐야 (골프 스윙 실력향상을 더디게 할 뿐) 소용없다.
* 비유 : 나쁜 인간 가까이하면 인생이 꼬일 수 있듯, 클럽 정렬(무게, 강도)에서 벗어난 특정 클럽은 인접 클럽의 스윙까지 나쁘게 만들 수 있다.
정상(몸에 잘 맞는 클럽)까지도 스윙감을 떨어트릴 수 있으니, 꼭 클럽 정렬 확인하는 것을 추천한다.

#4. 클럽 제원에서 특히 다음 사항은 유의해야 한다.
- 무겁고 강한 드라이버는 팔꿈치 부상에 치명적인 영향을 줄 수 있다는 것.
- 낱개로 끼워 넣은 Woods, Utility는, 드라이버보다 조금 무겁고 CPM이 커야 하며, 롱 아이언보다 조금 가볍고 CPM이 작아야 한다는 것.
  * 쇠막대기처럼 단단한 Utility로는 릴리즈 타이밍을 맞추기 힘들고, 샤프트와 손목 스냅을 이용할 수 없다.
- 근력이 약한 사람이 무겁고 강한 웨지로 클럽을 구성하여 Full swing을 하는 것은 버거워서 원하는 샷 품질을 얻을 수가 없다는 것.

c) 온도(기후) 변화와 클럽 사양 변화 (Only reference)
(심화, 샤프트 재질에 따른 온도 영향)

더운 날씨에 드라이버 샷을 하면, 탄도는 조금 높고 우향의 방향성을 갖는다.
추운 날씨에 드라이버 샷을 하면 탄도는 낮고 약간의 좌향 방향성을 갖는다.

더우면 볼이 Soft 해지고 대기 조건과 어우러져 거리가 늘어난다고 하고, 추우면 볼이 딱딱해지고 대기 조건과 어우러져 비거리가 줄어든다고 한다.
  * 기온에 따라서, 몸 회전 동작과 옷의 두께와도 스윙이 연관될 것이다.
  cf) 더우면 탄성 변화로 거리가 조금 더 나가고, 추우면 거리가 조금 덜 나간다는 볼의 탄성 특성은 많이 들어봐서 익히 알고 있는 사항이다.
그러나 탄도와 방향성 변화는 온도 변화에 따른 그래파이트 샤프트의 물성 변화 영향에 기인하는 것이 더 크다고 봐야 한다.

샤프트는 고유 물성값을 가지고 있는데, 이것은 재료(Material)의 탄성 변형을 결정하는 것으로써, 휨을 바꾸는 E=종탄성계수, 비틀림을 바꾸는 G=횡탄성계수 라는 값이다.

클럽 샤프트는 크게 Steel base와 탄소섬유 base 두 종류가 있다.
Steel shaft는 상온의 온도 변화 20℃ ±20℃에서 탄성계수의 물성값 변화는 크게 고려할 필요는 없다. 재질 특성이다.
Steel shaft의 경우, 대기 온도 변화에 대해 단순히 볼의 탄성 변화가 영향을 끼치므로, 추워진 날씨에는 약간의 거리 감소와 백스핀 감소에 따른 탄도 영향이 조금 있다고 보는 것이 맞을 것이다.

반면, 탄소섬유로 되어있는 샤프트는 온도 변화에 따라서 탄성계수의 물성값 변화가 있고, 이것은 샷의 결과에 영향을 준다.
만약 +10℃ 대기 온도 증가(상승)에 3%의 탄성계수(E & G)가 감소하는 재질이라고 하면, 그것에 따라서 CPM과 토크가 변하게 되고, 이것은 거리, 방향, 탄도에 영향을 줄 것이다.

온도 상승으로, E 값이 3%(100%->97%) 줄어들면, CPM ∞ √(0.97) = 0.985 비율이 된다. CPM이 1.5% 줄어드는 것이다.
상온 20℃, 230 CPM의 그래파이트 샤프트 드라이버는, 30℃에서 226.5 CPM이 된다. 즉 조금 약한 샤프트가 된다.

이것의 결과로써,

- 방향성 : 우향 --- 대략 1~2° (휨과 비틀림 변형 값 3% 커짐)
- 방향의 일관성 : 편차 커짐 (볼의 탄성 증가, 샤프트의 탄성 변형률 증가)
- 탄도 : 변동폭 커짐
- 백스핀 : 증가
- 거리 : 감소할 가능성이 큼 (릴리즈 타이밍이 어긋나서 비효율적 스윙)

 * 더운 여름, 볼의 영향으로 증가한 거리보다, 샤프트 영향으로 감소한 값이 크다고 예상할 수 있다.

 cf 1) **겨울철**에 그래파이트 드라이버 비거리 : 대기압, 두툼한 옷에 의한 비거리 감소만 아니라면, 볼의 탄성 감소 대비 온도가 낮아진 것에 의한 샤프트의 강성 증가로 거리 증감 변화도 있다.

 cf 2) 시원한 실내에서 똑바로 가던 그래파이트 아이언이 더운 **여름** 옥외(필드)에서 약간 슬라이스 발생하는 경향을 보인다면 온도 차이 영향을 의심해봐야 한다.

Remarks

#1. 계절별로 온도 차이가 심한 지역에서, 봄에 잘 맞았던 드라이버(D), 우드(W)와 그래파이트 아이언은 더운 여름철이 되어 거리는 줄어들고, 방향은 조금 우측으로 가는 경향을 보일 가능성이 매우 크다.

 * 날씨가 더워져서 비거리가 더 나올 것이라는 상상은 금물이다. 단, 근력보다 강한 클럽을 소유한 사람은 여름철에 클럽이 약해져서 잘 맞을 수 있다.

 여름에 그래파이트 아이언을 치는 골퍼의 경우는, 이와 같은 거리와 방향성 변화를 인지하고 샷을 하는 것이 필요하다. 한여름 낮에 Good shot을 했는데, 거리도 짧고 우측으로 밀리는 결과를 보인다면 날씨에 더해져서 짜증 나는 일이 될 것이다. 잠시 현기증이 나고 자신의 샷을 의심할 수도 있다.

 드라이버 슬라이스(페이드) 구질인 사람은, 여름철에 탄도 변화가 심하고, 더 큰 슬라이스가 발생할 가능성이 있다.

#2. Steel 샤프트 아이언은 상온에서 온도 변화와 클럽의 CPM & 토크 변화가 거의 없다고 보면 된다.

 오히려 Steel은 그래파이트와는 (매우 작은 값인데, 그래파이트의 1/5~1/10 정도이지만) 반대로 물성값이 변한다.

#3. 정상보다 조금 약한 클럽 소유자는, 추운 날씨에 그래파이트 샤프트(D, W, Iron) 타구감과 방향성이 여름철보다 더 좋을 가능성이 크다.

d) Steel 샤프트와 그래파이트 샤프트
(심화, 재질별 휨과 비틀림 차이, 스틸이 좋은가? 그래파이트가 좋은가?)

드라이버, 우드는 거의 그래파이트 샤프트이다.
아이언 샤프트 재질은 그래파이트, 경량 스틸, 스틸로 되어있다.
샤프트 강성은 재질의 강도 특성(E, G)에 샤프트 지름(D)과 두께(t)로 설계하여 맞춘다. 재질의 탄성계수 차이에 따라서 휨과 비틀림 비율이 달라진다.

샤프트 재질이 다음의 두 가지가 있다고 가정하면, 휨과 비틀림 비율은 어떻게 될까?
<u>　스틸　　　　　</u> : E=21, G=7.5 ν=0.36
<u>카본 그래파이트</u> : E=6.4, G=1.8, ν=0.28 (그래파이트는 결에 따라 상이)
ν는 푸아송비(Poisson's ratio) 이며, (-)G/E 값이다.
스틸 샤프트는 휨에 비해 비틀림에 강하여 상대적으로 비틀림 변형이 적다.
반대로 그래파이트는 휨에 비해 비틀림에 약하다. 즉 비틀림 변형이 상대적으로 크다는 이야기다.
그래서 스윙 웨이트를 이겨내는 근력을 소유하고 있다면 스틸 샤프트가 유리하다고 하겠다.
만약 근력(어깨와 손목)이 약하다면, 비틀림 변형에 불리하더라도, 가벼운 샤프트를 위해서 그래파이트 재질의 샤프트를 선택해야 한다.
프로선수들이 스틸 샤프트 아이언을 선호하는 이유가 *c) & d) 항* 내용이다.

2) 휨 특성

a) 가속 관성에 의한 휨

그립을 잡고(고정하고), 클럽 헤드의 Neck 부분에 스프링 저울을 걸고 당기면 샤프트는 휜다. 이 것은 고무줄과 같은 샤프트의 탄성 변형사항이다.

만약 순수한 회전 가속만 있다면, 가속과 변형량의 관계는 다음 그래프와 같다. (물리학의 힘 ≈ 변위, 'F = k × χ' 그래프다)
회전력 사용에 있어서 가속 관성력이 작용하므로, 휨의 방향은 가속의 반대 방향이 된다.

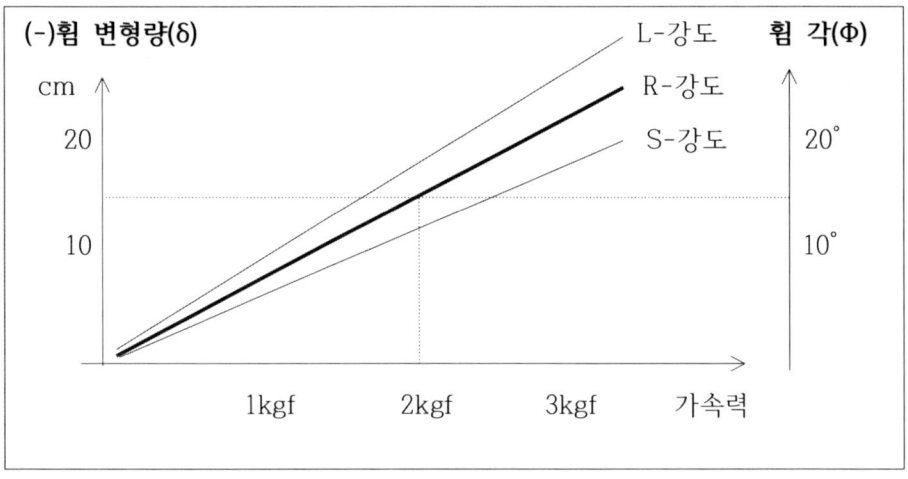

그림 5.1.14 클럽 헤드 가속력과 휨 양 & 휨 각 그래프 (예시)

임팩트 자세를 하고, 스프링 저울을 걸고서, 있는 힘껏 돌려봐야 겨우 4kgf ±2kgf를 넘지는 않을 것이다. 휨 양이 눈에 보인다. 의외로 큰 휨 변형이 발생하는 것을 알 수 있다.
샤프트 끝의 휨 변형은 휨 변형 각을 만든다.
스프링 저울을 걸어서 당겼을 때, 20cm 휘면, 샤프트 끝의 휨 각은 대략 20° 정도 된다. 이것은 페이스 각 변화를 의미한다.

골프 다운스윙 S1, S2, S3, S4 구간에서는 몸의 회전 가속력이 사용된다.
다운스윙 S5(릴리즈 구간)에서는 **원심력가속도 성분**과 **손목 회전 가속력**이 함께 작용하는데, 헤드에 걸리는 이 두 힘은 0.04sec 사이에서 급변한다.

헤드에 걸리는 힘은 '몸의 회전 가속력 - 원심력가속도 성분'인데,
- 릴리즈 초기에는 원심력가속도 성분이 월등히 크기 때문에 클럽 헤드가 **전방으로 휘는 모양**
  이 만들어진다. 시각적으로 명확히 구분된다.
- 릴리즈 후반에는 원심력가속도 성분이 급격히 줄어들고, 상대적으로 손목 회전력이 크기 때문에, 클럽 헤드 전방 휨 모양은 줄어든다.
* 단, 휨 양은 법선력인 원심력에 의하여 펴지게 되어 절반 정도로 줄어든다.

골프 스윙에서 임팩트 전 샤프트의 휨 모양은 두 가지 접선력과 원심력(법선력) 작용으로 결정된다. 그리고 클럽의 탄성 진동 변형도 작지만 작용한다.
* 짧은 두 줄짜리 문장이지만, 이것 모르고 골프 스윙을 논할 수는 없을 것이다.

b) 휨 양, 휨 각, CPM

재료 역학과 동역학 공식에서 가장 많이, 그리고 기본으로 사용되는 공식은 다음 사항인데, 이것은 골프 클럽에 그대로 다음과 같이 적용된다.

- 휨 양 공식 : $\delta = F L^3 / (3 E I)$
- 휨 각 공식 : $\varnothing = F L^2 / (E I)$ ---------------- 휨의 미분
- CPM 공식 : $CPM = 60/(2\pi) \sqrt{(3 E I /(L^3 m))}$ --- $\approx \sqrt{(1/L^3)}$
* 비틀림 양 공식 : $\varnothing = T L^2 /(G I_p)$ [rad]

길이 10% **늘면**, L = 1.1인데,
   휨 양은 1.1^3 = 1.331 배
   휨 각은 1.1^2 = 1.21 배
   CPM은 $(1/1.1^3)^{0.5}$ = 0.867 배 <--- 13% 느린 템포(타이밍) 스윙

길이 10% **줄면**, L = 0.9인데,
   휨 양은 0.9^3 = 0.729 배
   휨 각은 0.9^2 = 0.81 배
   CPM은 $(1/0.9^3)^{0.5}$ = 1.171 배 <--- 17% 빠른 템포(타이밍) 스윙

c) 휨 모양을 결정하는 것

휨 양과 휨 각을 결정하는 Input 사항은 다음과 같다.

- 사양
  - ^ 샤프트 강도 (= $L^3/(E\,I)$)
  - ^ 샤프트 강도 배치 ≈ Kick point
  - ^ 헤드 COG 이격 거리 (전후방 이격 거리, 상하 이격 거리)
- 힘
  - ^ 몸 회전 가속력 변화
  - ^ 법선력(원심력 & 폄 관성력) 변화
  - ^ 법선력의 가속도 성분 --- 래깅 각에 따라서 변함
  - ^ 탄성 진동에너지를 만드는 기진력(≈ 회전력의 변화 값) --- 주기라는 시간이 있어 템포, 타이밍 맞아야 함
  - * 기타 양력, 구심력, 몸 움직임의 관성력 등도 휨에 영향 주는데, 생략

Input으로부터 결정되는 Output은 다음과 같다.

- 헤드 속도의 증감
- 샤프트 전후 휨에 의한 각 변화
- 샤프트 상하 휨에 의한 타점 변화

휨에 원심력(법선력)이 작용하면 샤프트의 휨 모양은 다음과 같이 변한다.

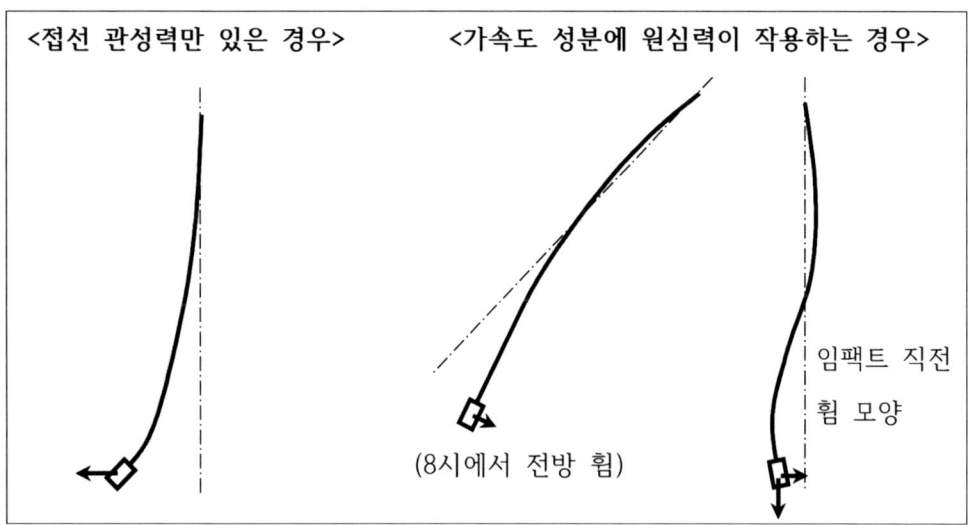

그림 5.1.15 접선력, 법선력에 의한 샤프트의 휨 모양

Remarks

#1. 임팩트 직전에 클럽 헤드를 진짜로 던지면서 돌리면, 순간 회전 반경이 커져서 원심력은 작아지므로 페이스는 열려 맞게 된다.

헤드를 던진다는 **첫 번째 의미**는 '던져진다'라는 수동의 뜻으로, 릴리즈 시작에서 클럽 헤드가 원심력의 접선 성분에 의해서 저절로 가속을 한다는 내용이며, 이것을 잘 이용(활용)하라는 것이다.

헤드를 던진다는 **두 번째 의미**는 '던진다'라는 능동의 뜻으로, 손목 회전력을 강하게 사용하는 것이다. 단, 손목 회전력 강하게 사용하려면 백스윙 감속 동작에서 미리 손목 강도를 만들어 놓아야 한다.

* 오른 골반 회전력 + 왼팔 회전력 사용조합에서 손목 회전력을 강하게 사용하기 위하여 클럽 헤드를 볼에 던져서 105% 스윙을 할 수 있다.

cf) 만약 왼 골반 회전력 + 오른팔 회전력 사용조합에서는 손목 회전력을 강하게 사용하기 위하여 클럽 헤드를 볼에 던지면, 손의 진행이 느려져서 Big hook이 발생한다.

#2. 새로 클럽을 샀는데, 그전 클럽과 사양(무게, 비틀림, 강도)이 같다면 사용하는 데 큰 무리가 없을 것이나, 사양이 달라졌다면 스윙 결과가 달라지고, 또 스윙이 바뀌게 되어 난감한 상황이 벌어질 수 있다. 몸을 클럽에 맞추는 작업을 해야 한다.

* 비유 : 몸에 맞지 않는 옷을 억지로 입는 경우와 비슷하다.

눈에 보이지 않는 변화 (3)

1.4 클럽 CPM과 굽힘 진동

(어렵지만 상식적으로 생각하는 내용)

(심화 내용 --- Skip & Pass 고려)

CPM(분당 클럽 헤드의 굽힘 진동수, Cycle Per Minutes)은 앞 *3절 클럽 사양 표*에서 어느 정도 값인지? 어떻게 계산되는지? 에 대하여 설명했다.

CPM 공식 : CPM = $60/(2\pi) \sqrt{(3 E I /(L^3 m))}$
 = $60/(2\pi) \sqrt{(k / m)}$

* 주의 : 골프 스윙에서 굽힘 진동에 관한 내용은 굉장히 심화한 이야기이다. 본 내용의 어려움 때문에 Stress 받지 말고, 가볍게 읽거나 Skip 하자.

진동은 쉽지 않은 학문 분야이다.

아무 클럽이나 사용하거나, 아무렇게나 스윙해서는 좋은 스윙을 구사할 수 없는 이유 중의 하나가 진동이 결부되어서인데, 그것을 학문적으로 설명하고자 하는 내용이다. 막연하게 가진 생각을 깨우치게 해줄 것이다.

1) 스윙 중에 CPM 변화

(법선력이 걸리면 진동은 빨라진다.)

클럽의 1절 횡진동수가 240 CPM 이라면, 60초로 나누면 4 CPS(Cycle Per Seconds)이다. 초당 4회의 진동수이다. 한번 진동하는 데 0.25초가 걸린다.

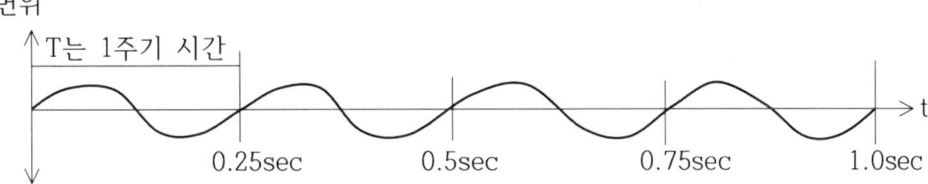

그림 5.1.16 240 CPM 진동 변위 커브

240 CPM에 법선력(원심력 & 회전 관성력의 법선력 성분)이 걸리면 진동수는 대략 1.6~1.8배 빨라지게 된다.

이것은 법선력이 클럽 샤프트의 강성을 커지게 하는 역할을 하기 때문이다.
240 CPM ---> 400 CPM으로 커지는 진동 주기 예시는 그림과 같다.

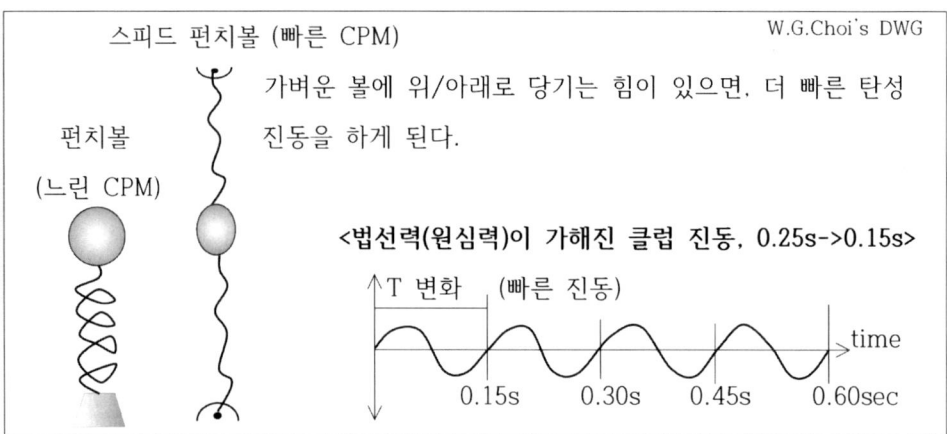

그림 5.1.17 법선력이 걸린 상태에서 CPM 빨라짐 (예시 240CPM -> 400CPM)

Remarks

#1. 골프 스윙에서 사양 그대로의 CPM 값으로 휨 진동 영향을 해석하려 하면, 도저히 시간 매칭을 할 수가 없다.
0.2초의 다운스윙 시간에 0.25초 주기의 진동은 스윙 이론을 만들 수가 없는데, 법선력이 작용할 때는 0.25초 주기가 0.15초 주기로 빨라지는 것이 해석에 있어서 Key Point가 된다.

#2. 진동 주기 빨라지는 것은, 펀치볼에서 위아래 짱짱한 탄성을 갖게 하여 매단 것이 훨씬 빠른 탄성 진동을 하게 되는 것과 이치가 같다.

#3. 핵심 : 스윙에서 샤프트의 진동 1주기는 백스윙 탑에서 릴리즈 시작까지가 1주기이며, 릴리즈 시작부터 임팩트까지가 1/4 주기이다. 그래서 다운스윙(백스윙 탑 ~ 임팩트)은 대략 1·1/4주기의 진동 템포를 가진다.
T(진동 주기) = 0.16sec --- CPM 375의 주기
1·1/4 T = 5/4 T = 5/4 × 0.16 = 0.2sec --- 다운스윙 샤프트 진동 템포
* 1주기 후에 순방향 샤프트 탄성 가속이 도래하는데, 릴리즈 시작과 맞아야 한다.

2) 클럽의 굽힘 진동이 하는 일
(심화 내용)

다운스윙 시작에서는 샤프트의 휨이 가속을 부드럽게 해주는 역할을 한다.
릴리즈 직전 샤프트는 활처럼 뒤로 휘어서 탄성에너지를 저장했다가, 릴리즈에서 원심력가속도 성분과 손목 회전력에 휨 탄성에너지가 더해져서 클럽 헤드를 더 크게 가속한다.

a) 굽힘 진동의 모양
다운스윙 중에 샤프트는 다음과 같이 탄성 휨이 생긴다(작용한다).

S1 시작 : 가속 관성력에 헤드 뒤처짐
S1~S4 : (1- Node) 1주기 진동 변위와 가속 관성력에 의한 변형의 조합
S5 시작 (릴리즈 시작 시점) : 헤드 뒤처짐 최대, 전진 휨으로 전환 시작
S5 릴리즈 구간 : 원심력가속도 성분에 의해 헤드 선행으로 전방 휨 만든다.
임팩트 지점 : 헤드 중심 이격 거리에 원심력 작용(**전방 휨 Ⓐ**), 약간의 원심력가속도 성분(**전방 휨 Ⓑ**)과 폄에 의한 법선력(**전방 휨Ⓒ**), 상체 회전 가속 관성력(후방 휨Ⓓ), 그리고 탄성 진동에 의한 휨Ⓔ 형태 5가지가 조합된다.
* ⒷⒸⒹⒺ 휨은 법선력에 의해서 대략 2/3 값으로 줄어든다.

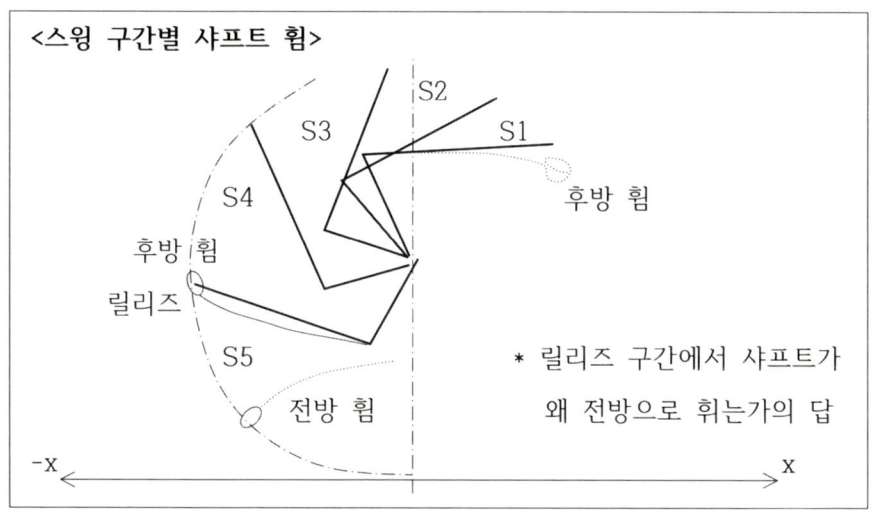

그림 5.1.18 스윙 구간에서 샤프트 굽힘(휨) 모양

다음 그림은 스윙 면 방향의 굽힘 진동 변위를, x-축을 시간으로 하고 y-축을 대표 진동 변위로 표시한 것이다. 스윙 위치와 그때의 페이스 각의 모양도 함께 표시하였다.

진동 변위는 샤프트 회전 면에 클럽 헤드가 놓인 모양 그대로 후방~전방 위치 변화하는 형태를 나타낸 것이다.

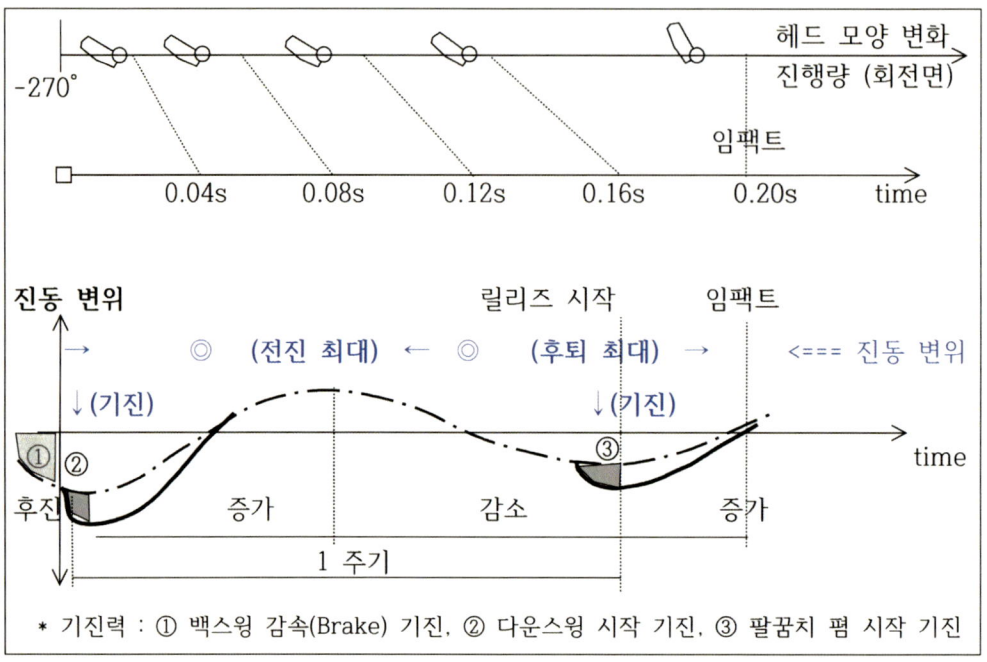

그림 5.1.19 굽힘 진동의 방향과 헤드 모양

* 중력이 샤프트를 휘게 하는 역할은 거의 미미(0.2~0.3%)하다. 무시해도 된다. 샤프트를 휘게 하는 것은 가속 관성력, 원심력가속도 성분, 기진력에 의한 탄성 진동에 더하여 휨에 작용하는 원심력과 이격 거리에 작용하는 원심력이다.

cf) 비교를 위한 상상 : 만약 중력이 없는 우주에서 발바닥을 잘 고정(부착)하고 골프 스윙을 한다면, 샤프트의 휨 모양은 지구에서와 거의 비슷할 것이라는 이야기다. 클럽이 회전하는 것에는 중력이 거의 작용하지 않는다. 겨우 0.25% 정도 영향이다.

b) 굽힘 진동의 도움과 방해 조건

-. 굽힘 탄성 진동은 다운스윙 중에 3가지 도움을 준다.
　① 다운스윙 전환에서 부드러운 가속이 되게 해준다.
　　바람의 반대 방향으로 갈대가 휘어지듯, 가속의 반대 방향으로 샤프트가 휘어진다.
　　＊ 상대적으로 강한 샤프트는 부드러운 가속을 못 하게 하는 성격이 있다.
　② S4 구간, 원심력가속도 성분 이용 직전(릴리즈 직전), 클럽 헤드를 후행시켜 래깅 각을 키워준다. 릴리즈 타이밍과 릴리즈 품질에 30% 정도 관여할 것으로 추정된다.
　　＊ 강한 샤프트는 릴리즈 타이밍이 빨리 돼버려서 릴리즈 효율이 떨어진다.
　③ 임팩트 존에서 클럽 헤드를 앞서가게 하는, 즉 헤드 스피드를 증가시키는 기능이 있다. 탄성 반동의 이용이다.

-. 만약 CPM이 기준보다 큰 것으로 스윙하면 (샤프트가 강하면) :
　^ 위 ①에서 후방 휘어짐이 적어 급가속으로 캐스팅 환경에 놓이고, 손목 힘 더 들어가서 릴리즈 때에 원심력가속도 성분의 이용이 불리하다.
　^ 위 ②에서 진동 릴리즈 시점이 빨리 만들어져, 래깅이 빨리 풀리는 현상 발생, 이후 원심력가속도 성분의 크기를 극대화하지 못하고, 릴리즈 타이밍이 (몸 분절 회전하는 것과) 어긋난다 (일치하지 않는다).
　^ 위 ③의 임팩트 존에서 뒤로 가는(후행하는) 진동 변위의 클럽 헤드 움직임이 된다. 탄성 반동이 오롯이 사용되지 못한다.
　＊ 너무 강해서, ①에서 캐스팅되어버리거나, 아니면 ①+②+③의 모든 요소가 스피드 감소와 페이스 열림 현상을 만든다.
　근력에 여유 있는 사람이 조금 강한 샤프트를 사용하면, 약간의 좌향 방향성이 되는데, 스윙 시간이 1·1/4 주기를 초과하는 강한 샤프트를 사용하면, 효율이 낮은 스윙이 되어서 약한 Push & Slice 구질이 된다.

-. 만약 CPM이 기준보다 작은 것으로 스윙하면 (샤프트가 약하면) :
　^ 위 ①에서 손목 힘은 덜 들어가나, 뒤처짐이 크게 되고.
　^ 위 ② 시점에서 클럽을 후행시키는 타이밍이 늦게 되고, (즉 릴리즈 준비 안 된 상태) 이것은 릴리즈에서 원심력가속도 성분 사용구간이 좁아진다.
　^ 위 ③의 임팩트 존에서 전진 변위 양이 적은 시점이 된다. 단, 드라이버에서 잡아채는 영향이 클 때는 법선력과 이격 거리 영향으로 페이스가 조금 닫혀 맞고, 잡아채지 않고 손목 회전력을 세게 사용하면 페이스가 더 열려 맞게 된다.

* 전체적으로 스피드 증가 효과 없이 릴리즈 효율이 저하되어서 헤드 스피드는 조금 감소하고, 페이스가 열리는 작용을 하여 슬라이스 구질이 발생하는 경향이 있다. 거리는 조금 감소하고, 탄도가 높고, 방향성이 조금 밀리며 날리는 결과를 얻게 될 것이다.

c) 다운스윙 기진력, 기진력의 감쇠, 스윙 도움

앞의 b) 항에서 굽힘 진동이 다운스윙에서 3가지 도움을 주는 것을 글로 설명하였다. 이것을 그래프로 나타내면 그림과 같다.

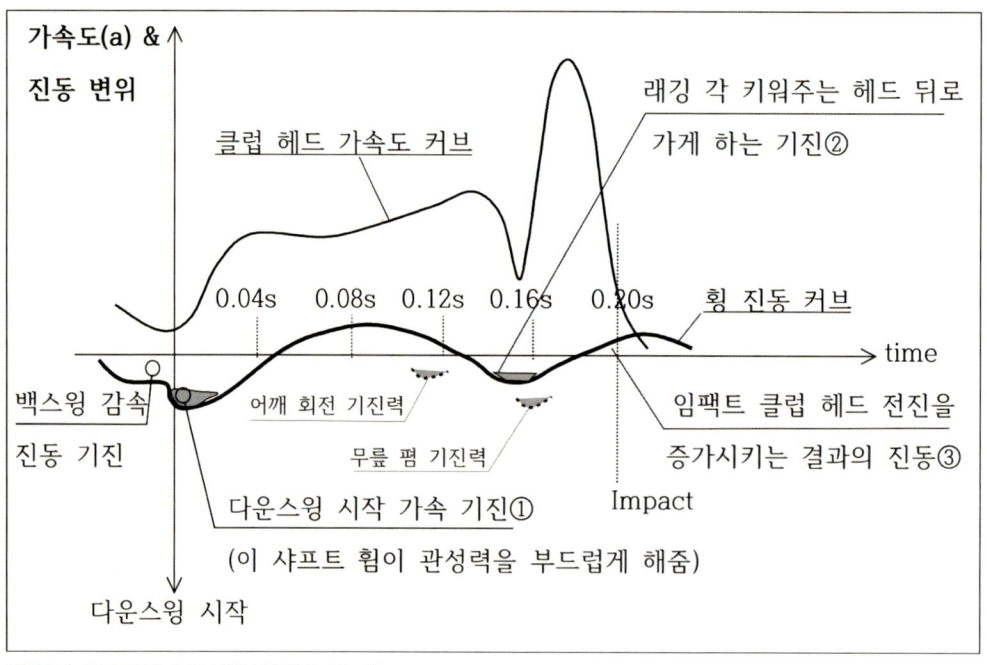

그림 5.1.20 클럽의 CPM 진동 변위가 하는 일

샤프트 탄성은 몸의 회전력 사용과 2절-회전 링크 구조에 있어서, 클럽 헤드가 최적의 가속이 만들어지도록 도와주는 역할을 한다.
단, 전제조건은 ①에서는 회전력의 크기와 샤프트의 유연성이 적당히 맞아야 하고, ②에서는 타이밍이 맞아야 한다. ①과②가 맞으면, ③은 얼추 맞는다고 봐야 한다.

위의 그래프는 클럽 헤드의 가속도와 진동 변위를 함께 표시한 것이다.
회전력과 그것에 기인된 가속 관성 기진력에 의해서 만들어지는 진동의 모양은 일정한 형태를 보이며, 대략 1·1/4 사이클의 진동 주기에 임팩트가 되는 타이밍을 가진다.

골프에서 "**임팩트 타이밍을 맞춘다.**"라는 말의 의미는 이 진동 주기 시점과 임팩트 시점 두 가지를 맞춘다는 것이며, 클럽의 휨 진동 1·1/4 주기 시간이 다운스윙 템포가 되는 것이다.

    * 또 다른 것으로, 릴리즈 양을 맞춘다는 의미가 있는데, 릴리즈도 진동 주기와 연계되므로, 임팩트 타이밍은 클럽의 진동 주기에 맞추는 것이다.

그래서 CPM이 큰 클럽으로 스윙할 때는 빠른(짧은) 다운스윙 템포를 가져야 하고, CPM이 작은 클럽으로 스윙할 때는 느린(긴) 다운스윙 템포를 갖는 것이다.

즉 어떤 CPM 클럽을 선택했다는 이야기는 본인 다운스윙 시간의 길이(템포)와 클럽의 진동을 맞춘다는 것을 의미한다.

CPM이 맞지 않는 클럽에 다운스윙 템포를 맞춘다는 것은 어려운 일이 될 것이다.

    * 혹자가 이야기하는, "**스윙 템포를 맞춰라.**", "**다운스윙 템포를 일정하게 가져가라.**"라는 말은 사용 클럽이 적절한 CPM을 갖는다는 전제조건에서 샤프트의 진동 주기에 다운스윙 시간을 맞춘다는 것의 의미이다.

템포를 맞춘다는 말에는 맞추는 대상이 있어야 한다. 어떤 것에 맞춘다는 것인지를 모르고 맞추라고 하는 이야기는 황당한 말이 된다.

    cf) 혹자가 "**페이스 각이 직각이 되었을 때 임팩트가 되도록 스윙 템포를 맞추는 것이다.**"라고 주장할 수 있다. 하지만, 페이스 각은 변화무쌍한데, 그것에 어떻게 템포를 맞추겠는가?

〈시간을 바꾸는 방법〉

-. 선택된 클럽에서 CPM을 ±5정도(3/1000 초) 바꾸는 방법은 **그립의 길이**를 반 인치 짧게/길게 잡는 것이다.

-. 클럽과 그립 길이가 선택된 후에 다운스윙 템포를 바꾸는 방법은 **백스윙 크기 변경**이다. 백스윙이 크면 동작 템포가 긴 시간이 되고, 백스윙이 작으면 동작 템포가 짧게 된다.

-. 선택된 클럽, 그립 길이, 백스윙 크기 조건에서 클럽의 진동 주기를 변형(Modify)시키는 방법은 **다운스윙 전환에서 처음 끌고 내려오는 모양새**를 바꾸는 것이다. 백스윙 Top에서 조금 멈춘 듯하다가 내려오느냐 아니면 급하게 전환하느냐에 따라서 초기 기진력 조건이 조금 달라진다.

  - 강한 클럽은 멈춘 듯하다가 내려와서 스윙 구간 시간을 줄인다.
  - 약한 클럽은 급하게 내려와서 스윙 구간 시간을 늘린다.

조금 강한 클럽이든, 조금 약한 클럽이든, 진동에 맞추는 방법은 백스윙 탑에서 정지하는 듯한 시간을 조금 더/덜 주는 방법이 사용되는데, 그래서 혹자는 "**탑에서 멈춰있다가 내려오라.**"라는 말을 하는 것이다. 강도가 잘 맞는 클럽은 멈춰있는 시간으로 템포와 타이밍을 굳이 맞추려 할 필요는 없다.

cf 1) 몸의 회전 동작 흐름 시간을 줄이거나 늘리는 방법으로, **동작 중심축 위치**를 변경하여, 골반~어깨 회전 시차를 바꾸어 동작 릴리즈 타이밍을 바꾸어준다.
cf 2) **하체 폄 대장 근육 선택** 변경으로 신경 및 근육의 작동 시간을 바꿀 수 있다. 즉 동작 릴리즈 타이밍이 바뀌게 된다.
막연하게 *"릴리즈 타이밍을 잘 맞추세요!"* 라고 이야기해 봐야 소용이 없. 조절하는 구체적인 방법을 제시할 수 있어야 한다.

〈진동 변위량 추정 --- 진동에 의한 속도 증가 & 페이스 각 변화〉
(심화 내용)
(탄성 진동이 얼마만 한 도움을 줄까?)

진동 변위는 $A \sin(\omega t + \varnothing)$ 식이며, 시간 흐름에 따라 감쇠를 한다.
진동 속도는 진동 변위 식을 한번 미분하여 $A \omega \cos(\omega t + \varnothing)$ 식이 되고, 진동 가속도는 한 번 더 미분하여 $(-)A \omega^2 \sin(\omega t + \varnothing)$ 식이 된다.
즉 진동 가속도는 그림에서 보인 변위의 역상의 모양이 된다.

심화 문제 1) 1/k가 9cm/kgf (즉 1kgf의 기진력에 9cm 변형되는 샤프트 강성), 기진력 1.5kgf, T(주기)가 0.15sec라면, 이 진동 기진력으로부터 만들어지는 반폭 최대 진동 휨(δv), 헤드 진동 평균 속도(Vv), 헤드 진동 평균 가속도(αv)의 크기는? (일단 원심력, 회전력, 감쇠 등은 고려하지 않고 계산한다)

〈풀이〉
$\delta v = 9 \times 1.5 = \pm 13.5$ cm
(페이스 각 변화 $\triangle \theta \approx \triangle \delta$ cm 이므로, ±13.5°정도의 페이스 각 변화)
($\omega = 2\pi f = 2\pi/T$)
(평균값 $\omega = 4/T$)
(최댓값 $\omega = 2\pi/T$)

$V_v = 0.09m \times 1.5kgf \times (4 / 0.15sec) = \pm 3.6 m/sec$ --- 헤드 속도 가감

$\alpha_v = 0.09m \times 1.5 / (4 / 0.15sec)^2 = \pm 96 m/sec^2$ --- 헤드 가속도 가감

ex. 2) 위의 문제에서 감쇠를 대략 π Cycle : 50%, 2π Cycle : 75%, $2 \cdot 1/2\pi$(1·1/4 주기) Cycle : 80%로 추정한다면, 다운스윙 시작 때 발생한 가속 관성의 샤프트 탄성 진동이 임팩트 때에 20%의 영향을 준다고 할 수 있다.
다운스윙 시작 가속 기진력이 만드는 헤드 변위, 페이스 각, 헤드 스피드, 헤드 가속도 변화는 얼마인가? (단, 원심력 등의 법선력 영향은 다음 항에서 고려함)

〈풀이〉
$\delta vc = \pm 13.5 \times 0.2 = \pm 2.7$ cm

$\triangle \theta vc \approx \triangle \delta vc$ cm 이므로, 최대 $\pm 2.7°$ 정도의 임팩트 페이스 각 변화)

$Vvc = \pm 3.6 \times 0.2 = \pm 0.72$ m/sec -------- 임팩트 헤드 평균 속도 가감
　* 최댓값으로 비교하면 $0.72 \times 2\pi / 4 = 1.1$ m/sec

$\alpha vc = \pm 96 \times 0.2 = \pm 19.2$ m/sec2 = $\pm 2g$ - 임팩트 헤드 평균 가속도 가감

* 다운스윙 시작 가속 관성 기진력에서 만들어진 샤프트의 휨 탄성이 임팩트 시점에 0.72m/s 헤드 스피드 (대략 비거리 5m에 해당) 가감에 영향을 줄 수 있다는 계산이다.

앞 그림 5.1.20에서 ③의 헤드 스피드 도움도 있지만, ①의 다운스윙 시작 도움과 ②의 릴리즈 조건 도움이 임팩트 헤드 스피드에 중요한 역할을 한다.
만약 클럽 CPM이 맞지 않으면, ①과②의 방해 현상으로 인하여 헤드 스피드 손실이 발생하여, ①+②+③의 합은 대략 '최대 4~5m/s 헤드 스피드 손실 ≈ 비거리 25m 정도의 손실'이 발생할 것이다.

진동에 의한 속도 증감을 탄성에너지 방법으로 계산하면 다음과 같다.
릴리즈 시작에서 가속 관성 기진력에 의한 샤프트 휨 탄성에너지 :

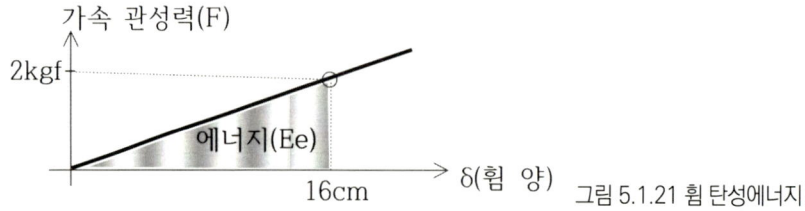

그림 5.1.21 휨 탄성에너지

Ee = 1/2 F δ
  F : 가속 관성 기진력 (2kgf 사용)
  δ : 휨 양 (8cm/kgf 사용, 2 × 0.08 = 0.16m)
Ee = 0.5 × 2kgf × 0.16m = 0.16 kgf·m = 1.6N

200m 비거리, 200g 무게 헤드 스피드 40m/s, 45g 무게 볼 스피드 60m/s 각각의 운동에너지는 160N과 80N 정도이므로, 2kgf의 가속 관성 기진력은 순수한 샤프트 탄성에너지 1.6N으로, 1/4 주기 시간 후에 1%의 '헤드 스피드 & 볼 스피드 ≈ 비거리'에 직접 기여했다고 볼 수 있으며, 해당 거리 증가는 1%, 즉 2m에 해당한다.

만약, 릴리즈 시작에서 기진력이 4kgf에 32cm 휨 양이었다면, 영향은 '기진력 × 휨 양'이므로, 4% 비거리 = 8m를 만든 것이라 볼 수 있다.

위 계산으로부터, 전체적으로 순수하게 샤프트 탄성 휨은 대략 2.5% = 5m 정도의 비거리 증가에 관여했다고 생각하는 것이 타당할 것 같다.

아울러 래깅이 증가하여 원심력가속도 성분이 더 사용된 효과는 추가로 발생하는데, 그 양은 순수한 탄성 진동이 비거리를 늘린 양의 3~4배가 될 것으로 대략 추측된다.

Remarks

#1. (심화) 진동은 기진력에 의해서 발생하며, 골프 스윙의 기진력은 회전력들에 의한 가속 관성력의 차수 성분만큼의 크기인데, 샤프트의 1절(Node)에 회전력 1차수(Order)가 보통 영향이 가장 크며, 1차수 기진력은 대략 회전 가속력 전체 크기의 30~40% 정도의 크기라고 가정하여, 4.5kgf의 다운스윙 초기 가속 관성력에 1.5kgf의 기진력을 유효한 것으로 가정하여 위의 계산을 수행하였다. 따라서, 계산의 Output은 얼추 실제와 엇비슷할 것으로 생각된다.

#2. 주의 : 기계공학 학부 전공자라 하더라도, 진동의 기진력, Node, Order, 푸리에급수 등을 쉽게 이해하기는 어려우므로, 위의 계산 예)는 확인하려 하지 말고, 그냥 이렇게 계산되고, 이 정도 크기의 영향

을 주는 것이라고 참고만 했으면 한다.

강한 클럽은, **첫째** 초기 다운스윙 때 끌려오는 것이 문제가 되고, **둘째** 릴리즈 타이밍을 어긋나게 하는 것이 문제가 되는 것이다. 이 사항을 이해하기 위하여 골프 스윙에서 진동을 상세히 설명한 것이다.

e) 진동 변위와 페이스 각 (방향성)

주가 되는 원심력가속도 성분에 의한 전진 힘은 일단 제외하고, 가속 관성력 변화에 의한 진동 휨에 원심력이 작용하였을 때, 클럽 휨 모양과 휨 각은 그림과 같이 변하게 된다.

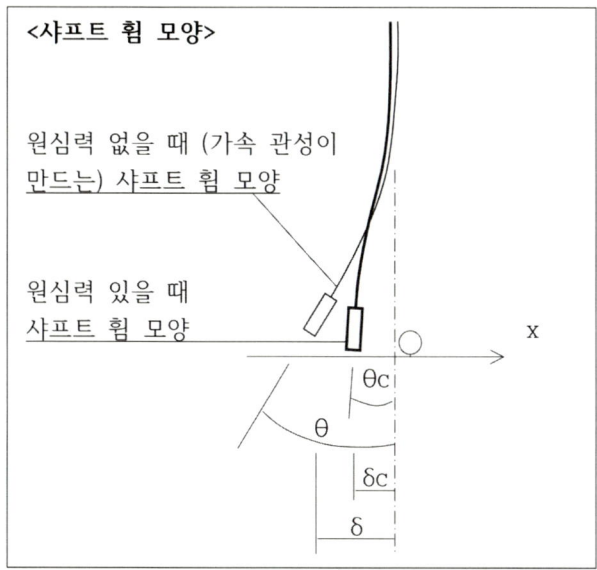

그림 5.1.22 휨 진동 변위에서 원심력 작용 하의 페이스 각 변화

클럽 헤드에 법선력(원심력)이 작용하면, 진동 휨은 그림과 같이 $\delta \rightarrow \delta c$로 작아지고 페이스 각도도 $\theta \rightarrow \theta c$로 작아진다. 원심력 방향에 수렴하는 쪽으로 휨은 줄어든다.

보통 클럽이 휠 때 ±5cm 휘면 페이스 각은 ±5° 정도 변한다. (단, Low kick은 조금 더 크고, High kick은 조금 더 작다.)

  * 클럽 제원표를 만들 때, 스프링 저울로 당겨서 휨 양을 계측하면서 각도기로 페이스 각 변화량을 재보면 이 정도 연관성으로 변함을 알 수 있다.

원심력이 법선력으로 작용하며, 대략 휨 δ값은 절반 정도로 감소하여 δc 값을 만들며, 휨 각 θc 값은 그보다도 조금 더 감소한다. (*부록 C* 계산 예 참조)

위와 비슷하게 다운스윙 초기 가속 관성에 의한 진동 영향으로 임팩트 때 페이스 각이 변화되는 영향은 대략 최대 ±1° 정도 될 것이고, 방향성 변화는 ±2° 정도 (200m 거리에서 좌우 5m 오차 범위 내) 될 것이라고 대략 추정할 수 있겠다.

기진력이 변하거나, 클럽을 바꾸어 CPM이 변하면, 다운스윙 초기 가속에 의한 진동 변위가 이 정도의 방향성에 영향을 줄 수 있다는 이야기다.

실제 2nd 탄성 진동 기진력도 있으므로, ±2~3° 방향성이 진동 영향으로 변할 수 있을 것이다. 다운스윙 시작의 가속 형태와 릴리즈 타이밍을 일정하게 가져가야 하는 이유가 헤드 스피드를 위한 것도 있지만 방향성을 확보하기 위해서 꼭 필요한 것이다.

f) 실제 다운스윙 가속도 그래프 (진동 영향)

기진력은 가속도가 급변하는 곳에 있다. 힘(회전력)이 급변했다는 이야기다.

   * 내력인 원심력가속도 성분은 기진력으로 작용하지 않는다.

골프 스윙에서 대표적인 굽힘 진동 기진력은 다음과 같다.

 - 백스윙 Top에서 Stopping
 - 다운스윙 초기 전환에서 하체 턴 가속
 - 다운스윙 중반부 어깨 턴 가속
 - 릴리즈 전 폄(익스텐션) 가속

이런 기진력에 의해 클럽 헤드의 실제 가속도 그래프는 다음과 같이 복잡한 형태를 띠게 된다. 여러 개의 진동 성분 중첩으로 만들어지는 형태이다. 마치 바다 위 파도의 중첩 형태와 같다.

────── 실제 가속도 형태 (예시)   ········· 복잡한 진동 성분을 필터링한 가속도 (예시)

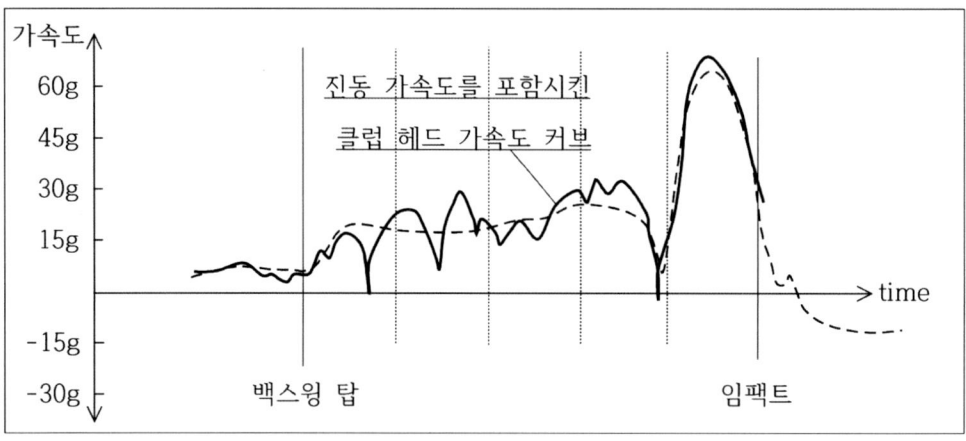

그림 5.1.23 클럽의 진동을 반영한 실제 가속도 그래프 (예시)

위의 실선 그래프는 쉽게 이해할 수 없을뿐더러, 스윙 동작의 힘에 관한 생각들을 혼란스럽게 하므로, 앞 장들에서 그려왔던 스윙에서 헤드 가속도 그래프는 복잡한 형태를 띠는 진동에 의한 가속도 변화를 생략한 것이다.

아무튼, 스윙 방식에 따라서, 신체 조건에 따라서, 클럽의 사양에 따른 진동 형태 변화로 클럽 헤드의 가속도 그래프는 달라진다. 달라진 커브는 템포, 타이밍, 스피드, Path, 페이스 각을 다르게 만든다.

  * 가장 큰 영향은 다운스윙 시작과 릴리즈 전후에서 사용된 힘의 변화다.

강성, 즉 CPM이 적당한 클럽들을 구성하여 사용한다는 것은 큰 변수 하나를 제거하는 것으로, 거리 정확도, 타점 정확도, 방향성에 굉장한 도움을 줄 것이다.

일관된 스윙을 하라는 이야기는 일정한 진동 기진력 조건이 되게 하라는 것도 포함되어 있다.

만약 자신의 클럽들이 잡다한 사양으로 구성되어 있다면, 달라진 진동 형태 때문에 좋은 스윙을 하기 힘들게 되리라는 것을 본 설명으로 짐작할 수 있을 것이다.

Remarks

#1. 스윙, 헤드 스피드 그래프는 서로 비슷해 보여서, 자세하게 설명해도 *"뭐가 다르다는 거지?"* 라는 의구심을 갖게 한다.

    반면, 실제 가속도 그래프는 너무 괴상망측한, 마치 주식의 분봉 차드와 같은 모양으로 보인다. 그래서 거의 사용, 즉 분석하고, 보여주고, 설명하는 경우가 없었던 것 아닌가 하는 생각이 든다.

    앞 장에서 계속 설명에 사용된 단순화한 가속도 그래프도 다양한 힘의 형태를 이해하지 못해서 스윙 분석 및 평가와 교정자료에 사용되지 않는 실정이다.

    * 기술이 발전하고 있으므로, 근 시일에 실제 스윙 헤드 가속도 커브로 스윙의 문제점을 진단하는 분석 기술이 상용화될 수 있을 것이고, 그런 분석가들이 교습의 주류가 될 수도 있다.

    골프 교습가가 되기 위해서는 기계, 토목 공학에서 배우는 상당 부분(정역학, 동역학, 재료 역학, 진동학)을 공부해야 하는 시대가 올 가능성이 크다.

#2. 진동에 대한 회상 : 골프에서 샤프트 진동 해석은 간단히 정의 내릴 수 있는 것쯤으로 생각하고 접근했지만, 본 절과 같이 복잡함이 숨어 있는 줄 알았다면, 감히 누가 골프 서적을 쓰겠다고 마음먹을 수 있겠는가! 또 진동을 주제로 언급할 수 있겠는가!

    아무튼 누군가는 시작했고, 어느 선까지 미심쩍고 의심쩍은 사항들을 정립해야 할 필요성이 있다.

    골프 스윙이 샤프트의 휨뿐만 아니라 탄성 진동의 지배도 받기 때문에, 관련된 진동 내용을 어느 정도 범위에서 기술하는 것이 맞을 것이다.

* 스윙을 이해하는 진척 단계 :
  ◇ 몸동작과 클럽의 기하학적 모양 생각
   ---〉 ◇ 손목의 릴리즈 형태에 관한 생각
    ---〉 ◇ 자연 로테이션 발생에 관한 생각
     ---〉 ◇ 샤프트의 비틀림과 휨 모양 생각
      ---〉 ◇ 샤프트의 굽힘 진동 모양 생각
       ---〉 ◇ 릴리즈 타이밍을 제어하는 방법 생각
        ---〉 ◇ 좌우 몸 회전력 사용조합 생각
         ---〉 ◇ 손목 강도 생성 방법
                (삼두박근 Tension 역할)

  Added 1 --- --- ◇ 반사신경과 Feedback 반응은 어떻게 나타나나?
  Added 2 --- --- ◇ 확률 적용은 어떻게?
  Added 3 --- --- ◇ 부상은 왜?
  Added 4 --- --- ◇ 몸통의 회전 중심은?

cf) 결론에 도달 상태 : 보이는 것과 들리는 것은 사실이 아니었고, 옳다고 믿었던 것은 진실이 아니었음을 깨닫는다.

3) 짧은 클럽일수록 CPM이 큰 이유

a) 짧은 클럽의 CPM
짧은 클럽은 스윙 웨이트를 맞추기 위하여 줄어든 길이에 비례적으로 W = (1/길이 비율)[1.7~1.8] 정도만큼 헤드 무게를 증가한다.
변화된 헤드 질량과 클럽 길이는 다음과 같은 연관성이 있다.
　　m × Ls ---- 스윙 웨이트 〈--- 토크(모멘트)에 버티는 개념 = 정적 회전력
　　m × L^2 --- 스윙 MOI 〈---- 가속 관성 개념 = 동적 회전력

진동 CPM 계산식은 f [CPM] = $60/(2\pi) \times \sqrt{(k/m)}$ 이다.
　　cf. 휨 변위식은 $\delta = M L^2 / (3 E I_x) = F L^3 / (3 E I_x) = F / k_b$
　　　　$k_b = 3 E I_x / L^3$ --- 재료 역학 〈--- 샤프트 제조자 항목
　　　　식의 앞 계수 3은 Taper와 중공 모양에 따라 변하는 상수
　　　　E는 재료 종탄성계수
　　　　I_x는 단면 모양 MOI (Area Moment Of Inertia = Section Modulus)

CPM은 다음 상세 식으로 표현된다.
　　CPM = $60/2\pi \times \sqrt{(3 E I_x / (L^3 m))}$

- 만약 길이와 헤드 무게 그리고 샤프트 재질이 같은데, CPM이 10% 크다면, 샤프트의 'I_x' 값이 21% 큰 상태의 단면 모양으로 제작되었다는 이야기다.

- 만약 CPM 2% 커짐, 헤드 무게 2.7% 무거워짐, 길이 1.7% 짧아진 상태라면,
　　$1.02 = \sqrt{(I_x / (1.027 \times 0.983^3))}$
　　∴ I_x = 1.015, 단면 계수 I_x를 1.5% 더 강하게 만든 샤프트란 이야기다.
스윙 웨이트를 맞추기 위하여, 보통 아이언 한 클럽당 2%의 CPM 차이가 있고, 헤드는 조금 무겁고, 길이는 조금씩 짧아진다. 각 아이언 샤프트 단면 모양은 같지 않은데, 'I_x' 값을 변화시켜 CPM 정렬을 하는 것이다.

만약 어떤 클럽의 길이를 0.5인치(1.27cm) 잘라내면, CPM은 어떻게 변할까?
그립을 짧게 잡는 경우도 같은 이야기인데, I_x 값 변화가 없다고 가정한다.

예로, 드라이버 경우 : 1.27cm / 총길이 93cm = 1.37% 길이 줄어듦
예로, PW 클럽 경우 : 1.27cm / 총길이 72cm = 1.76% 길이 줄어듦

- 드라이버 길이 반 인치 짧은 CPM = √(1 / 0.98633) = 1.021 --- 2.1% 커짐
  정상 길이일 때 230 CPM이었다면, 230 × 1.021 = 235 CPM --- 5 CPM 커짐

- PW 반 인치 길이 짧은 CPM = √(1 / 0.98243) = 1.027 --------- 2.7% 커짐
  정상 길이일 때 290 CPM이었다면, 290 × 1.027 = 298 CPM --- 8 CPM 커짐

클럽의 그립을 1/2 인치 짧게 잡던, 잘라내든 하면, 5~8 CPM 정도 커지게 된다. 그만큼 강한 클럽이 되는 것이다. (단, 스윙 웨이트는 가벼워져 휘두르기 편하게 된다.)
반대로 그립을 1/2 인치 길게 잡으면, 그만큼 CPM이 작아지게 된다. (단, 스윙 웨이트는 무거워져 휘두르기 어렵게 된다. 근력이 감당하지 못할 수도 있다.)

진동 릴리즈 타이밍은 다음과 같이 변한다.
  5 CPM 변동은, 60/(1.7배 × 235 CPM) - 60/(1.7배 × 230 CPM) = ±0.0033초

드라이버에서 5 CPM 변동은 스윙 중에 1 진동 주기(Period) 시간이 ±0.0033초 변한다는 이야기이다. 진동 변위의 릴리즈 타이밍이 '3.3/1000'초 바뀌는 조건이 되는 것이다.
손목 분절 회전력 사용 시점과 진동 변위 릴리즈 타이밍을 서로 맞추는 것이 요구된다. 손목 분절 회전력 사용 시점을 빠르게 만들려면, 동작 중심축 위치를 조금 위로 올려야 한다 *(3편 7장 5절 참조)*. 또는 하체 폄 대장 근육을 위 것으로 옮겨주어야 한다. *(3편 7장 8절 참조)*

0.0033초는 '0.0033 × 40m/s(헤드 스피드) = 0.132 m', 즉 헤드 진행 이동 거리를 13.2cm (손 반 뼘 길이) 가감하는 시간이다.
회전 중심 기준으로, 헤드 이동 거리 13.2cm는 'atan(132 / 1500) = 5°'로, 페이스 각이 5° 정도 변하는 양이다.
만약 릴리즈 시작 헤드 속도 32m/s에서 40m/s로 가속하는 과정이라면, 헤드 진행은, $\triangle t \times \triangle V$ = 0.0033 × 8 = 2.6cm 진행 거리 변동이 있고, 클럽 길이(92cm)로 각도를 구하면, 'atan(2.6 / 90) = 1.6°'로써 방향성에 2~3° 내외 영향을 줄 수 있다.
  * 위 내용을 간략하게 요약하면,
    클럽 길이 반 인치 변화 ≈ 5CPM 변화 ≈ 0.003sec 릴리즈 타이밍 변화

≈ 1.5° 페이스 각 변화 ≈ 2°~3° 방향성 변화

cf) 짧게 잡으면 (-)2~(-)3° 방향성으로 닫히는 릴리즈 조건이지만, 라이 각이 세워지며 손의 진행이 빨라지고 릴리즈 효율이 저하되는 영향이 더 커서 실제 2~3° 슬라이스 구질이 자연스럽게 발생한다.

그립을 짧게 잡고 억지로 손목 강도를 크게 형성하고 왼쪽 힙 내측 근육을 펌 대장 근육으로 스윙하면 (-)2~(-)3° 방향성을 보인다.

b) 템포의 변화

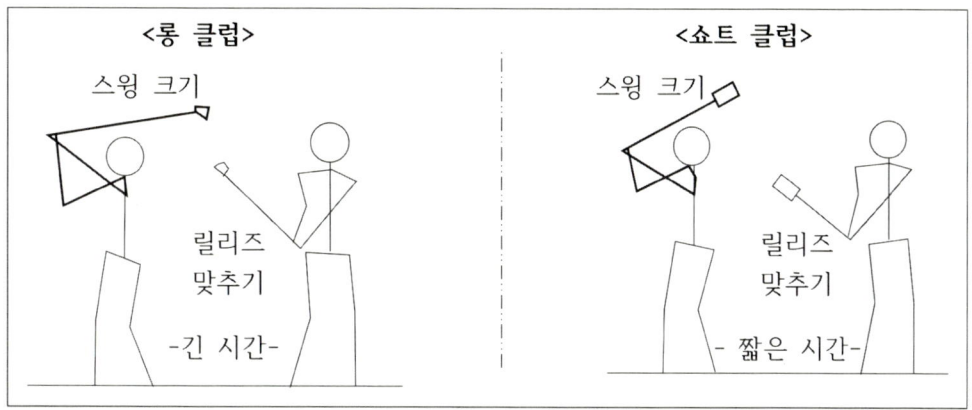

그림 5.1.24 클럽 길이(백스윙 크기)에 따른 릴리즈 템포

클럽 번호가 올라가면 샤프트 길이는 줄고, 헤드 무게는 무거워지고, 단면은 조금 더 튼튼하게 만들어서 클럽 CPM이 증가하게 제작된다.

이유는 무엇일까?

(A) 라이 각(스윙 평면 기울기)에 따라서 백스윙 크기는 조금 작아지고, 다운스윙 거리가 작아진 만큼 스윙 템포가 조금 빨라져서, 릴리즈 타이밍이 조금 빨라져야 하기 때문이다. 즉 진동 1주기(1T)가 조금 빨라지도록 CPM이 조금 커진 것이다.

(B) 임팩트 템포 1·1/4 Cycle도 조금 빨라져 그것에 상응하는 CPM이 조금 커진 것이다.

위의 (A) & (B)가 복합된 것이 짧은 클럽으로 가면서 CPM이 조금씩 증가하여야 하는 이유이다.

cf) 길이가 모두 같은 아이언을 사용하는 조건이라면, 같은 스윙을 해야 하므로 헤드 무게 및 샤프트 강도가 같아야 한다.

CPM 220과 CPM 260, 클럽의 법선력 작용하에 1·1/4 주기의 시간을 계산하면 다음과 같다. 이것은 다운스윙 임팩트 템포이다.

220 CPM : 1.25 × 60 / (220 × 1.7) = 0.200 sec
260 CPM : 1.25 × 60 / (260 × 1.7) = 0.170 sec

CPM이 큰 클럽은 다운스윙에서 0.03sec 정도 빨리 휘둘러 임팩트 되게 해야 한다는 이야기다. 만약 체력(근력)이 안 되어서 시간을 초과하게 되면, **진동 릴리즈**는 상대적으로 이른 시점에 발현되고, **회전 동작 릴리즈** 진입 전에 진동 릴리즈는 시작되어서, 래깅 각이 조금 풀어져서 릴리즈가 진행되고 회전력 사용은 조금 적게 되며, 임팩트 때 진동 휩의 도움을 많이 받을 수 없다는 이야기다.

* 강한 클럽으로 스윙할 때, 힘을 다 쓰지 못한 느낌이 드는데, 위와 같은 타이밍 변화 현상이 릴리즈 구간에서 발생한 것이다.

Reminder 1) CPM(강도)이 맞아야 하는 이유 :
   ① 다운스윙 시작에서 가볍게 내려오기 위해 = 손에 힘 덜 증가하는 것
   ② 동작 릴리즈 시작 타이밍에 진동 릴리즈를 맞추기 위해
   ③ 임팩트에서 샤프트의 탄성에너지를 더 이용하기 위해

Reminder 2) 스윙 웨이트가 맞아야 하는 이유 :
   Ⓐ 다운스윙 시작에서 가볍게 내려오기 위해 = 손에 힘 덜 증가하는 것
   Ⓑ 다운스윙 중반에 끌고 내려오게 하려고 = 손목 버티는 능력에 맞추기
   Ⓒ 릴리즈 구간에서 손목에 의한 손 진행의 Brake 양을 맞추기 위해

4) Kick Point (Low, Middle, High kick)

Kick Point는 샤프트의 강성 분포를 나타내는 용어이다.

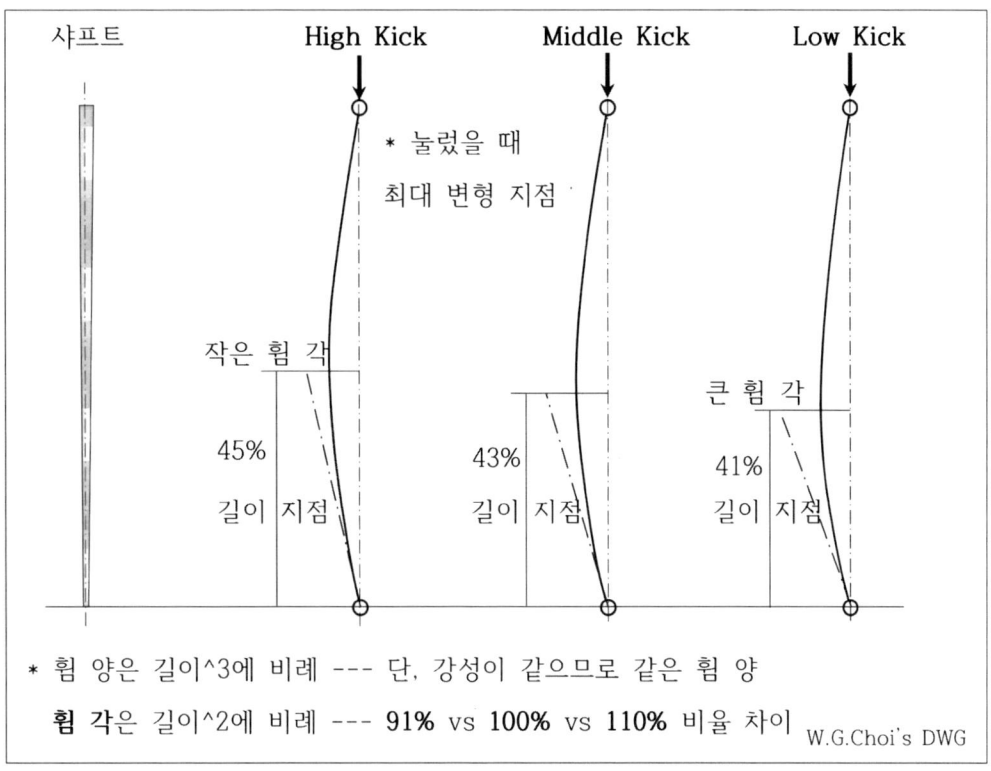

그림 5.1.25 Kick Point에 의한 휨 각 차이

같은 휨 양을 갖는 샤프트더라도 (강성이 같더라도), 그림 및 다음과 같은 면 각 변화 차이가 있다.
- 끝부분 강성이 약하고, 끝이 잘 휘어지면 Low kick이다.
  헤드 쪽 면 각의 변화가 +10% **크다**.

- 그립 쪽 강성이 상대적으로 약하고 그곳이 잘 휘어지면 High kick이다.
  헤드 쪽 면 각의 변화가 (-)9% **작다**.

동일 클럽 헤드, 동일 CPM인 클럽에서, Kick Point에 따른, 어떤 힘(클럽 헤드에 걸리는 가속 관성력, 기진력)에 대한 변위(변화) 특성은 다음 표와 같다.

휨 각 \ 휨 양	강도 14cm	강도 16cm	강도 18cm
12.5°	High Kick		
14°	큰 CPM (M-Kick)	High Kick	
16°	Low Kick	Even (Middle Kick)	High Kick
18°		Low Kick	작은 CPM (M-Kick)
20°			Low Kick
Remark	휨 양 : 샤프트가 상하, 전후로 휘어 헤드가 이동되는 양 휨 각 : 샤프트가 상하, 전후로 휘어 헤드 면의 각이 바뀌는 양 R 드라이버 미들 킥 : 대략 휨 양 = 8cm/kgf, 휨 각 = 8°/kgf		

표 5.1.26 드라이버 Kick Point에 따른 2kgf 휨 양, 휨 각 (예시)

Remarks

#1. Kick Point를 샤프트 변위로 비교하면 :

'휨 각 / 휨 양' 비율이 높으면 Low kick, 작으면 High kick

#2. (심화) Kick Point는 2절 진동 (2-Node Vibration)의 절 위치를 결정하는데, 휨 진동과 비틀림 진동에 약간의 영향이 있을 것이다.

- High kick point는 Node point가 더 그립 쪽에 있어서 어떤 힘(기진력)에 상대적으로 휨 **변위**는 크고 헤드 면의 휨 **변위 각**은 작다. 골프 스윙에서 탄성 진동 변위를 이용하기에 더 유리한데, 래깅을 키우는 효과로 원심력가속도 성분을 키워 속도를 더 키울 수 있고, 작은 헤드 변위 각으로 방향성에도 유리하다. 단, 상하 변동은 상대적으로 커져서 정타에 불리하다고 본다. 그래서 스윙 궤도에 일관성이 있는 프로들에게 추천된다.
- Low kick point는 High kick point의 반대이다. 비거리, 방향성에는 조금 불리 측면이 있지만, 상하 변동이 상대적으로 작아서 상하 정타에 유리하다.
* 이런 이유로 "프로는 *High kick*, 아마추어는 *Low kick 샤프트를 추천한다.*" 라는 이야기를 하는 것이다.

#3. Kick Point에 따른 비틀림(타격 Loft) 변화도 휨과 같은 양상이다.

스윙의 구질에 따라서 High kick은 비틀림 변화 폭이 상대적으로 작고, Low kick은 변화폭이 상대적으로 크다고 보면 된다. 휨 각과 같은 ±10% 정도 차이이다.

#4. Original 샤프트의 길이를 맞추기 위하여 자를 때, 팁(끝)에서 자를 수도 있고, 그립(Butt) 쪽에서 자를 수도 있다. 어떻게 자르느냐에 따라서,

첫째로 강성 분포가 조금 달라진다. 'Ix = 단면이차모멘트' 값이 생각보다 크게 될 수도 있고, 작게 될 수도 있다. CPM이 조금 달라지는 것이다.

둘째로, 상대적으로 Kick Point 위치가 조금 달라진다.

이때 구질의 변화는 Kick Point가 결정하는 것이 아니고 강성(CPM)이 더 큰 영향을 주는 것이다.

- 그립 쪽 커팅 : 조금 약한 강성(기본 강성), Low kick
- 팁 쪽 커팅 : 조금 강한 강성, High kick (단면이차모멘트 분포에 따름)

#5. 골프 클럽 피터가 되기 위해서는 상당한 기계공학(정역학, 동역학, 재료 역학, 진동학) 지식이 필요하다.

#6. Kick Point 위치는 강성 분포를 나타내며, 임팩트 직전의 힘(원심력, 가속 관성력) 조건에 휨 모양이 조금 달라진다. 그래서 Kick Point에 따라 Loft 각, 페이스 각, 상하 궤도 변화량에 약간(최대 10% 정도)의 차이가 발생하게 된다.

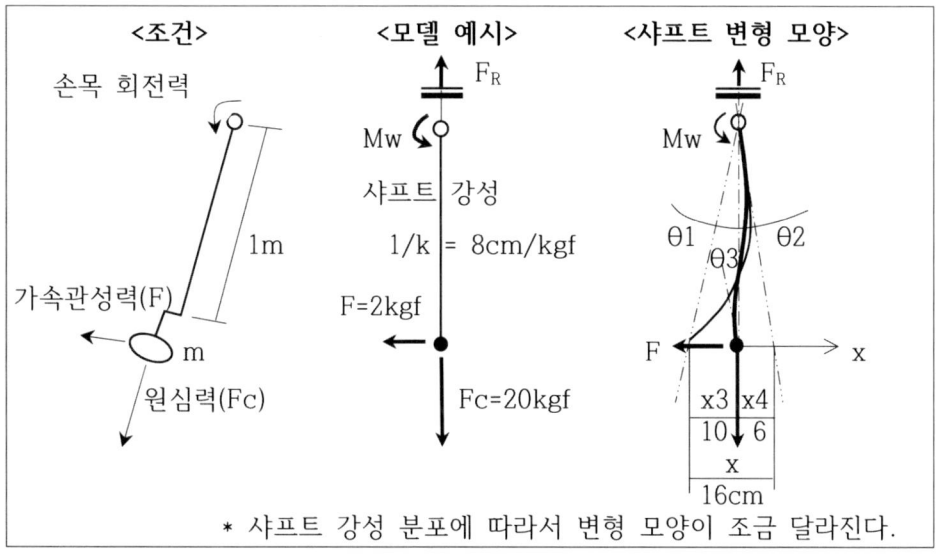

그림 5.1.27 임팩트 직전 회전력, 원심력에 의한 샤프트 변형

몸 vs 클럽 맞추기

1.5 CPM 피팅 (선택 방법)

근력에 따른 거리를 기준으로 추천되는 샤프트 강도와 스윙 웨이트를 다음 그림과 같이 표현할 수 있다. (단 체형, 스윙 아크, 샤프트 무게에 따라서 조금 변동된다.)

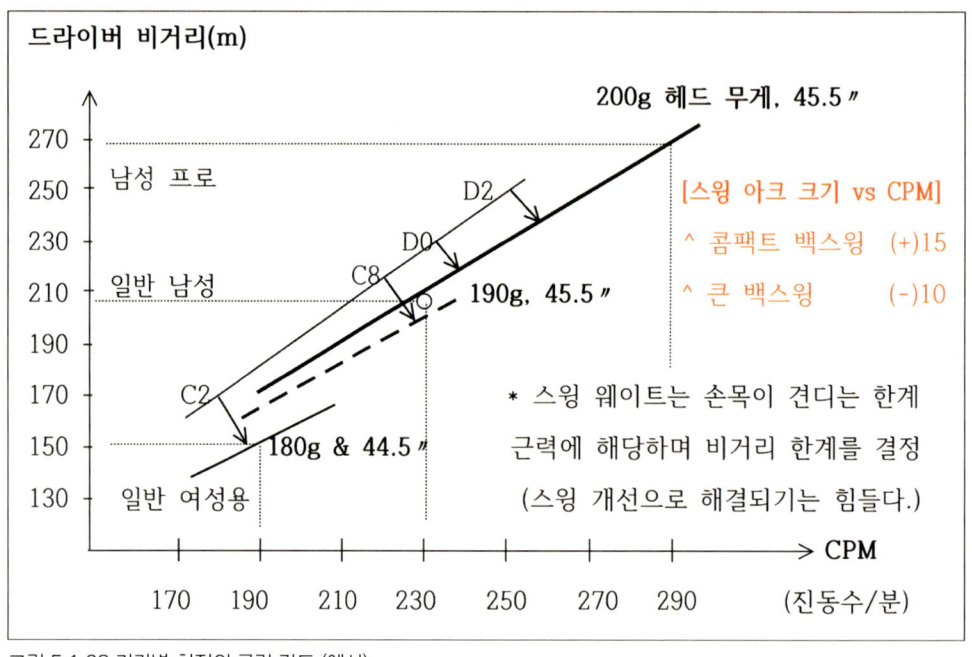

그림 5.1.28 거리별 최적의 클럽 강도 (예시)

클럽 헤드를 끌고 내려오는 초기 가속과 캐스팅 환경, 중간에 손목이 버틸 수 있는 상태, 후반에 손목 회전력을 줄 수 있는 **스윙 웨이트 조건**이 자신에게 맞는 헤드 무게와 길이다. 사용하고 있는 클럽이 이런 조건인지 자문해 보자.

샤프트 강도는 다운스윙 초기 가속에서 샤프트 탄성이 관성력을 줄여주는 역할을 하고, 진동 시간과 릴리즈 타이밍이 연관된다. 사용하는 클럽이 만족하고 있는지 자문해 보자.

골프 실력별로 클럽 사양과 몸 근력 감각 능력 차이에 따른 영향은 어림잡아서 다음 표와 같다고 추정할 수 있다. 아울러 스윙 동작에 일관성이 있으면 릴리즈 감각도 달라진다.

골프 실력	구별하는 (느낄 수 있는) CPM 차이	구별하는 (느낄 수 있는) 스윙 웨이트 차이	릴리즈 시간 제어 & 감지 차이	해당 방향 거리 편차 발생
프로선수	±3 CPM	±1등급	-/+ 0.002초	2%
싱글 플레이어	±5 CPM	±2등급	-/+ 0.003초	3%
85타	±10 CPM	±3등급	-/+ 0.005초	4%
95타	±15 CPM	±4등급	-/+ 0.008초	5%
105타	±20 CPM	±5등급	-/+ 0.010초	6%

Remarks

#1. 0.5인치 길이 변화 ≈ 5 CPM 차이에 해당 ≈ 0.003sec 릴리즈 타이밍 변화

#2. 대략적인 릴리즈 타이밍 변화에 따른 거리 & 방향 편차 :

   1/1000 sec --- 1m & 1° 편차

   2/1000 sec --- 2m & 2° 편차

   4/1000 sec --- 3m & 3° 편차 (정수배는 아니고, 지수 배율 성격)

   * (+) CPM & 스윙 웨이트는 거리 급감하고, (-)는 감소 되는 거리 오차가 반절 정도로 줄어든다. 반면 방향성은 그 반대의 성격을 갖는다.

#3. 스윙 웨이트 :

   15367 ± 127 g-cm가 1등급 차이 ≈ 헤드 2~3g ≈ 샤프트 길이 1/4 인치

   ≈ 샤프트 무게 9g

#4. 몸과 클럽 맞추기 Point :

   - 손목이 버틸 수 있나?

     ^ 다운스윙 시작, 가속하는 것

     ^ 다운스윙 중반, 끌고 내려오는 것

   * 릴리즈 구간에서 손목 회전력을 사용하는 것은 약간 다른 차원의 이야기임.

   - 몸 회전력의 릴리즈 타이밍 vs 샤프트 탄성 진동 주기 일치 여부?

#5. (+) CPM & 스윙 웨이트 클럽 사용은 부상 위험을 증폭시킨다.

표 5.1.29 실력별 CPM과 스윙 웨이트 차이 구별 능력 (대략 추정값)

스윙 문제점 일부가 클럽 사양으로부터 발생한다는 의심이 들면, 다음 피팅 방법을 생각한다. 이것들이 자신에게 효과가 있겠는가? 그리고 다른 영향은 없는가? 사항을 먼저 살펴봐야 한다.

〈직접 피팅〉
- 샤프트 강성 변경(샤프트 교체, 클럽 교체)
- 헤드 무게 변경(Tap 달기, 헤드 교체)
- 샤프트 길이 변경(Cutting)

〈간접 피팅 효과〉
- 그립 길이 짧게(길게) 잡기
- 스윙 크기(아크 각) 조절
    ex) 왼발 Open stance를 서면 스윙 크기가 줄어든다.
- 백스윙 Top에서 멈춘 시간과 초기 끌고 내려오는 모양새
- 동작 중심축 높이 조절 〈--- 가장 쉽고 은연중에 사용되고 있는 방법임.
    * 골반~어깨 회전 시차로 릴리즈 시작 타이밍 조절
- 하체 폄 주도 근육 선정 〈--- 자신도 모르게 사용되고 있는 방법임.
- 근육 경직도 변경 (하체 쿠션, 몸통 경직도, 그립 악력) 〈--- 어려운 방법임.
    * 이것은 동작 중심축의 앞뒤 위치를 바꾸는 것이다.
- 근력 키우기 〈--- 클럽 대신 몸을 바꾸는 것.

Remarks

#1. 위 방법은 스윙 웨이트 및 클럽 탄성에 관계된 릴리즈 타이밍을 변경하는 방법이다. 스윙 아크 각(스윙 크기)도 하나의 클럽 변경 요소로 볼 수 있다. 그리고 백스윙 Top에서 전환하는 패턴도 하나의 클럽 변경 요소로 볼 수 있다.

    cf. 1) Body (회전 분절) 릴리즈 타이밍을 변하게 하는 것 :
- 하체 쿠션 세기
- 폄 대장 근육 선정
- 복근, 옆구리 근육 강도
- 어깨 모양, 가슴 모양
- 오른 팔꿈치 높이, 왼팔 들림 양
- 그립 악력 (오른손 4th & 3rd 악력 변경 ≈ 팔과 클럽 연결 강도 변경)
- 백스윙 감속 패턴 변경 (손목 강도 변화)

- 기타 : 원심력, 팔 뻗음 양, 래깅 양 변화 (릴리즈 활성화 연관)

cf. 2) 그냥 치는 방법 :
- 방향 : 에이밍을 바꾸어 그냥 친다. 교각살우를 생각하고, 똑바로 가지 않는 클럽은 억지로 방향을 똑바로 보내려 하지 않고, 나오는 결과 그대로, 날아가는 대로 친다.
- 타점 : 어드레스에서 볼과 헤드의 힐~토우, 상하 정렬을 바꾼다.

ex) 그립 악력(오른손 4th & 3rd) 변경 : 강한 샤프트는 악력을 꽉 잡아서 릴리즈 타이밍을 좀 더 빠르게 하고, 약한 샤프트는 이 손가락 악력을 조금 약하게 잡아서 릴리즈 타이밍을 좀 느리게 하여 아쉬운 대로 스윙한다. 그러나 귀찮기도 하고, 제어하기도 어렵다. 더욱이 부상 위험이 커진다.
* 위 방법들은 ±10 CPM 및 스윙 웨이트 2 등급 차이 이내에서 사용할 수는 있으나, 샷감(샷 능력)은 저하될 것이다.

#2. 스윙 방법을 다르게 하는 것보다는 클럽 사양을 맞추는 것이 훨씬 효율적이라는 것을 알 수 있을 것이다.
* 스윙 감은 한 시간이 지나면 50%가 사라지고, 하루를 자고 나면 90%가 사라지고 1주일이 지나면 95%가 사라진다. 반면, 클럽 피팅 결과는 변하지 않는다. 다른 사양을 가진 클럽별로 스윙 폼을 다르게 가져가는 것은 부질없는 일이 될 것이다.
cf) 스윙 폼은 샷 종류별로 달라지고, 트러블 조건별로 달라지는데, 클럽 사양마저 달라서 수백, 수천 가지 스윙 폼을 가질 수는 없다.

#3. 클럽 사양으로부터 의도하지 않는 스윙 폼 변경(변화)이 만들어질 수 있다.

#4. 스윙 능력이 향상되어 거리가 늘어나거나, 근력이 줄어서 거리가 줄어들면, 클럽 피팅(교체)이 필요하게 된다.

a) 샤프트 교체

근력과 클럽 CPM 사양에 따라 스윙에서 나타나는 현상과 피팅 방법은 다음과 같다.
* 뭘 좀 어떻게 바꿔보면 잘 될까? 고민하는 것은 열정을 가지고 있는 일반 골퍼들의 마음 상태이다. 피터 영역이 더 활성화되어 골퍼의 고민을 덜어주어야 한다.
다음은 스윙 동작 관점이 아니라, 클럽 사양 관점에서 설명하는 피팅 방법이다.

a)-① Case : 조금 강한 클럽

클럽 헤드 무게와 길이는 스윙하는데 (몸의 회전력 대비) 무리 없는 것 같은데, **다운스윙 래깅 느낌이 부족**하고, **릴리즈(손목 풀림)가 조금 이른 시점**에 되는 것 같다. 릴리즈에서 손목에 이물감이 느껴진다.

⟨피팅 방법⟩

CPM이 큰 클럽을 사용하고 있는 경우에 해당한다. CPM이 조금 작은 샤프트로 교체하는 것을 고려해야 한다.

$$CPM = 60 / 2\pi \times \sqrt{(3 E I / (m L^3))}$$

이 식에서 m과 L은 맞는 상태이므로, I(단면 계수)가 작은(약한) 샤프트로 교체하면 CPM이 작게 되므로, 탄성 진동 릴리즈 타이밍은 조금 늦춰지게 된다.

a)-② Case : 조금 약한 클럽

클럽 헤드 무게와 길이는 스윙하는데 (몸의 회전력 대비) 무리 없는 것 같은데, **다운스윙 래깅이 많이 되고**, **릴리즈 시점이 느리며**, **클럽 헤드가 뒤처져 슬라이스가 발생**한다. 임시방편으로 자연 로테이션 & 인위 로테이션을 크게 하여 스윙하고 있다. 타점은 문제없는데 방향성이 조금 날린다.

⟨피팅 방법⟩

CPM이 작은 것을 사용하고 있는 경우이다. CPM이 조금 큰 샤프트로 교체한다.

  * CPM은 스윙에 민감하다. CPM 값 ±5의 변화에도 감이 좋은 클럽이 되기도 하고, 안 좋은 클럽이 되기도 한다.

  대략 CPM 15 변화가 샤프트 강도 등급 'XS – S – SR – R – A – L'을 구분 짓게 하는데, 입어보고 맞는지 확인하는 옷 사이즈 같이, 같은 Naming 강도 등급이라도 CPM 차이가 있으며, 그 차이에 따라서 감이 달라지는 것이다.

  백스윙 크기와 근력, 그리고 스윙 웨이트에 따라 다르겠지만, 남성의 경우 자신의 거리에 맞는 CPM은 대략 다음과 같다.

  드라이버 CPM 수치 = 드라이버 거리 + 20~30 [m]

  아이언 I8~I9 CPM 값 = 아이언 거리 × 2 [m]

b) 헤드 무게 변경

b)-① Case :
헤드가 무거워 버거운데, a)-①과 같이, 다운스윙 래깅 유지 느낌이 부족하고, 릴리즈(손목 풀림)가 이른 시점에 되는 것 같다.

〈피팅 방법〉
이 경우는 손목 근력이 약한 것이다. 즉 손목 근력에 비하여 헤드의 스윙 웨이트가 큰 경우이다. 캐스팅 현상이 유발되는 상태이다.
이때는 헤드를 조금 가벼운 것으로 바꾸고, 샤프트도 CPM이 작은 클럽으로 교체해야 한다.

b)-② Case :
헤드가 무거운 느낌인데, a)-②와 같이, 다운스윙 래깅이 많이 되고, 릴리즈 시점이 느리며, 클럽 헤드가 뒤처져 슬라이스가 발생한다. 임시방편으로 자연 로테이션 & 인위 로테이션을 크게 하여 스윙하고 있다.

〈피팅 방법〉
이 경우는 헤드만 가벼운 것으로 바꾸면, CPM이 커져 릴리즈 시점이 빨라져서 효율적인 스윙이 될 가능성이 있다.

예) 230CPM 클럽에서, 만약 5g 가벼운 헤드로 교체했다면, 바뀐 CPM은?
$CPM = \sqrt{1/m} = 230 \times \sqrt{(1/(195/200))} = 233\ CPM$

(-)5g의 헤드 무게 변경은 강성을 (+)3 CPM 증가시키고, 진동 릴리즈 타이밍을 0.002초 빠르게 만들어 줄 것이다. 또한 스윙 웨이트가 가벼워졌으므로 편하게 회전될 것이다.
이것으로 1~2° 정도의 슬라이스 개선 효과와 스윙 효율 향상으로 2~4% 정도의 거리 증대를 기대할 수 있을 것이다.

b)-③ Case :
다른 경우로서, 헤드가 가벼워 힘이 남아도는 때는 손 진행이 빨라서 Push & Slice 구질이 발생하는 경향이 있다. 이때, 백스윙 감속 구간에서 손목 강도를 키워 릴리즈에서 손목 회전력을 많이 사용하는 스윙 교정 방법이 있으나 근본적으로 피팅하는 것이 추천된다. (손목 강도를 바꾸려면 테이크어웨이 모양부터 바뀌게 되는데, 몸이 혼란스럽게 되어 등 근육 사용에 일관성이 떨어진다.)

〈피팅 방법〉
같은 샤프트에 헤드를 조금 무거운 것으로 교체하여, 조금 더 효율적인 스윙이 되도록 하여 준다. 방향성과 거리가 조금 좋아질 것이다.

* 드라이버 헤드 뒷부분 웨이트 조절 : 가벼워서 손의 진행이 빠르다면, 또는 헤드의 이격 거리가 작아 페이스가 열린다면 헤드 뒷부분 웨이트를 증가시킨다.

cf) 아이언인 경우 납, 테이프를 붙이거나 Tap을 교체하는 방법이 있다.

c) 그립을 짧게 잡기

그립을 반 인치 짧게 잡으면,
- 길이 비율만큼 스윙 웨이트가 감소하여 다운스윙 초기 가속하기가 편하다.
  캐스팅 현상을 보인다면, 그립을 짧게 잡고 치는 것도 하나의 방법이다.
  a)-①의 Case에 대하여, 임시방편으로 사용할 수 있는 방법이다.
  a)-②의 Case에 대하여, 스윙 효율은 조금 떨어지지만, 방향성을 갖게 해주는 방법이 될 수 있어서 임시방편으로 사용할 수는 있다.
- 길이 비의 자승만큼 회전 관성 질량이 작아져 릴리즈 진행 중에 손목 회전력 사용하기가 편하다. 임팩트 직전에 손목 회전이 버겁다면, 그립을 짧게 잡고 치는 것도 하나의 방법이다. 단, 오른 팔꿈치 부상 위험 커진다.
- 다른 경우로서, 잘 맞는(잘 되는) 클럽 상태에서 짧게 잡으면, CPM 증가하므로 보다 빠른 템포로 스윙해야 한다.
  만약 같은 템포로 스윙 시에는 진동 타이밍이 안 맞아서 스윙 효율이 떨어지고 약간 우향(1~2°)의 슬라이스 구질로 바뀐다. 스쿠핑은 좌향 방향성을 만든다.
  이것은 역으로 거리 조절과 방향 조절에 Control shot(Shot making)으로 이용할 수 있다. 또한 발끝 오르막 경사지와 왼발 오르막 경사지에서 유용하게 사용할 수 있다.

* 클럽의 스윙 웨이트, 강성(CPM), 골퍼의 스윙 템포가 잘 맞는지 확인하는 방법으로, 1인치, 2인치 짧게 잡았을 때 1~3°의 우측 방향성을 갖는다면, 본인의 스윙과 클럽 사양이 얼추 잘 맞는다고 볼 수 있다.
만약 좌향의 방향성으로 바뀐다면, 현재의 클럽이 본인에게 조금 강한 클럽일 가능성이 크다.

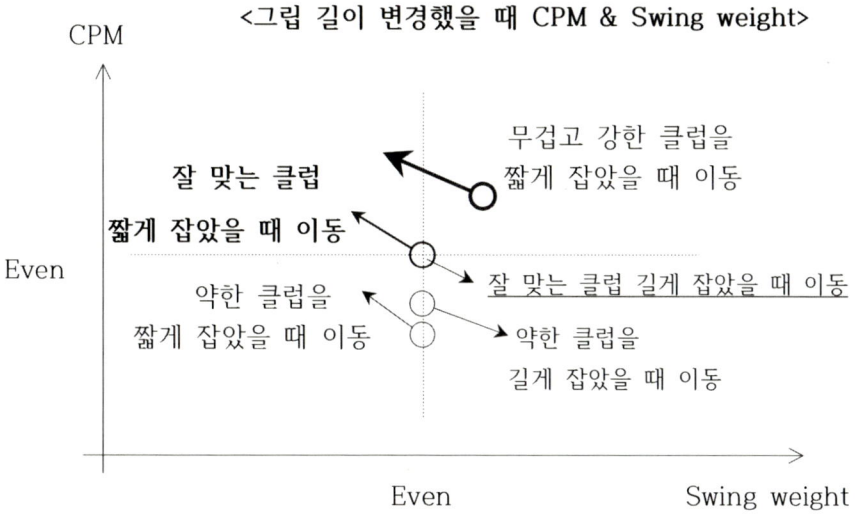

그림 5.1.30 그립 짧게 잡았을 경우 CPM와 스윙 웨이트 변화

d) 그립을 길게 잡기

그립을 길게 잡아서 좋아지는 것은 거의 없다.

d)-① 앞의 a)-① Case 클럽 상태에서 길게 잡으면 :
- 스윙 웨이트 증가 --- **더욱 불편함**, 캐스팅 유발 가능성 증대
  원심력가속도 성분 크기 줄고, 사용량 줄어듦
- CPM 감소
- 이론적으로는 릴리즈 타이밍이 느려지나, 캐스팅으로 손목 빨리 풀림
- 부상 위험 매우 증가함, 단시간에 손목, 팔꿈치 부상 위험 있음
- 스윙이 버거워서, 스윙 폼이 망가지게 될 가능성이 큼

d)-② 앞의 a)-② Case 클럽 상태에서 길게 잡으면 :
CPM은 조금 감소한다. 긴 그립으로 스윙 아크가 커져서 타이밍이 개선될 수 있는데, 타점, 방향성이 좋아지기 힘들다. 전체 스윙 결과 측면에서 추천되지 않는다. 오히려 짧게 잡는 것이 조금 좋은 결과를 얻을 가능성이 크다.

e) 스윙 크기(아크 각)로 조절

스윙 아크가 크면, 다운스윙 시간이 길어진다. CPM이 작은 클럽에서 추천된다.
　* 그래파이트 재질 샤프트를 사용하는 골퍼 경우는 보통 스윙 아크가 크다. 근력이 약한 골퍼에게 추천된다.

스윙 아크가 작으면, 다운스윙 시간이 짧다. CPM이 큰 클럽에 추천된다.
　* 스틸 아이언인 경우, 보통 스윙 아크가 작은 형태를 보인다. 근력이 강한 골퍼에게 추천된다.

백스윙 원호의 크기는 다운스윙의 릴리즈 타이밍과 연계되어 생각해야 한다.
-. 약한 클럽으로는 긴 시간 (ex. 0.2sec + 0.02sec = 0.22sec) 다운스윙 되어야 릴리즈 타이밍이 맞다.
　긴 시간 다운스윙하는 방법은 백스윙을 키우거나, 천천히 다운스윙하는 것이다. 그래서 거리가 짧은 사람은 느린 스윙이라 약한 클럽 추천되는 것이다.

-. 강한 클럽으로는 짧은 시간 (ex. 0.2sec − 0.02sec = 0.18sec) 다운스윙 되어야 릴리즈 타이밍이 맞다.
　짧은 시간 다운스윙하는 방법은 백스윙을 작게 하거나, 강한 근력으로 빠르게 회전하는 것이다.
　* 동작 중심축을 명치로 잡으면, 회전 동작 릴리즈 타이밍이 빨라진다.
　cf) 몸이 경직되어 있으면 동작 릴리즈 타이밍이 빨라진다. *"긴장하면 훅 구질이 발생한다."* 라는 이야기는 몸의 경직이 동작 릴리즈 타이밍을 빠르게 만들었기 때문이다.

f) 다운스윙 전환 패턴

클럽 헤드가 급하게 전환되면, 클럽 샤프트의 탄성 진동은 빨리 기진 되어 릴리즈 타이밍이 일찍 찾아온다. 급한 전환은 기진력(반동)도 크다.

느리게 전환되면, 클럽 샤프트의 탄성 진동은 느린 시점에 기진 되어 릴리즈 타이밍은 늦게 찾아온다. 느린 전환은 기진력(반동)이 작게 형성된다.

위와 같이 다운스윙 전환 패턴도 릴리즈 타이밍에 영향을 미친다. 이는 각 골퍼의 스윙 형태에 따라 결정된다.

Remarks

#1. 다운스윙 전환 패턴을 바꿔가면서 Shot making을 하려 해서는 안 된다. 인간의 근육 제어 능력으로 쉽게 소화하기 어렵다. 따라서 일정한 전환 패턴을 가져가야 한다. 한가지의 전환 패턴을 사용하는 것이 현명하다 하겠다. 그 패턴은 골퍼 스윙의 고유 특성이 되는 것이다.

* 중·상급자 교정에서 최후의 보루 : 1st 그립 길이 변경, 2nd 다운스윙 전환 패턴 변경

cf) 무겁고 강한 클럽은 전환(백스윙 탑에서 멈춤 시간)을 여유 있게 가져가면 슬라이스가 조금 개선된다. 또 약한 클럽도 마찬가지로 전환을 여유 있게 가져가면 슬라이스가 조금 개선된다. 클럽 강도를 맞추는 것이 최선이지만, 정렬이 맞지 않는 클럽을 사용할 시에 조금 도움이 될 수 있으나, 이런 클럽 사양 구성은 궁극적으로는 골프 실력에 방해된다고 할 수 있다.

실제 백스윙 탑 멈춤 시간을 부드럽고 길게 가져가는 이유는 타이밍 맞춤보다는 왼 손목 강도를 확보하는 차원이 더 크다.

#2. 그립을 꽉 잡고 팔이 경직되어 있으면, 부드러운 다운스윙 전환이 어렵다. 느린 전환이 안 된다는 이야기다. 탄성 진동 릴리즈 타이밍이 일찍 온다.

g) Body 피팅

헬스, 트레이닝, 기타 운동을 하여 회전 근력과 팜 근력 키우는 것을 말한다.

- *a)-① Case* : Power가 늘어나, 다운스윙 시간이 줄어들어서 진동 타이밍과 맞아들어가 모든 것(거리, 슬라이스)에 긍정적인 개선 효과를 얻을 것이다.
- *a)-② Case* : 클럽의 진동 타이밍과 다운스윙 시간의 Gap이 더욱 벌어져, 슬라이스가 심화할 것이다. 무겁고 강한 클럽으로 바꿔야 한다.

* 몸 상태에 따라서 체력(근력) 강할 때도 있고, 약할 때도 있다면, 회전력 차이 즉 회전 시간 차이가 발생하여 릴리즈 타이밍이 일정하지 않게 된다. 불규칙적으로 띄엄띄엄 근력운동을 하면 릴리즈 타이밍 측면에서 골프 스윙 결과에 득보다는 실이 많을 수 있다.

h) 복합 조절

스윙 아크, 그립 길이, 페이스 Setup 등을 복합적으로 조절하여 결과를 교정하려 하는 경우, 특히 특정 클럽의 사양이 맞지 않아, 그 클럽의 스윙에만 이것저것 보상을 적용하려 하는 골퍼가 있는데, 골프 스윙하는 데에 가장 비효율적인 노력이 아닐까 여겨진다. 각 클럽 사양이 정렬되지 않고,

여러 종류의 사양으로 구성되어 있다면, 이는 각각의 클럽에 해당하는 고유 스윙을 소유하고 있어야 하는 것이고, 이는 말로 표현하기 어려운 스윙 조건이 되는 것이다.

이런 경우에 가장 추천하는 것은, 먼저 클럽 정렬 확인 후에 필요에 따라서 과감하게 (미련을 갖지 말고) 클럽 피팅/교체하는 것이 가장 현명하고, 이것만이 이상적인 스윙을 할 수 있는 가장 수월한 방법이라고 할 것이다.

클럽 사양과 스윙 형태, 그리고 결과의 조합은 다음과 같이 비교할 수 있다.
- (A) 강도(CPM) vs 방향성 vs 거리
- (B) 강도(CPM) vs 스윙 웨이트 vs 방향성 vs 거리
- (C) 강도(CPM) vs 스윙 웨이트 vs 스윙 스타일 vs 방향성 vs 거리
- (D) 강도(CPM) vs 스윙 웨이트 & 근력 vs 헤드 모양(라이 각, 전방 꺾음 각, 페이스 크기, 중심 이격 거리(x, y, z), 리딩 에지와 바운스, 곡면 모양/그루브) vs 스윙 스타일(스윙 크기, 궤도, 가속 형태, 회전력 사용 조합, 몸통 회전 시차) vs 방향성 vs 거리 vs 탄도(발사각, 스핀)

스윙을 평가하고 피팅하는 것은 단순한 일이 아니고, 엄청나게 복잡한 것이다.
위의 (D) 사항이 골퍼가 스윙할 때, 실제 염두에 두는 것인데, 너무 복잡하여 그것들을 함께 평가하고 제어(관리)한다는 것은 거의 불가능하다고 하겠다.
(A) 사항과 (B) 사항 정도를 그래프로 표현하면 그림과 같다.

큰 건물 안 Map에서 자신의 '현재 위치' 표시와 같이, 그림에서 곡선 위의 한 점이 현재 자신의 클럽이 만드는 방향성과 거리라고 봐야 한다.
사용하는 클럽이 여러 개의 사양이라면, 각기 여러 개의 Map에서 지도 찾기를 해야 한다. 이런 비효율을 제거하기 위하여 모든 클럽 사양이 한 줄에 정렬된 것을 사용해야 한다는 이야기다.

점선으로 표시된 스윙 웨이트의 변화는 근력 조건과 만나서 더욱 복잡한 형태의 방향성 & 거리 변화를 만든다.
가장 최대 거리와 Even 방향성 대비, 어쨌든 크거나 작은 CPM과 스윙 웨이트는 스윙의 효율을 떨어트리기 때문에 거리와 방향성에 부정의 결과를 준다.
그림에서 방향성과 거리가 직선 또는 이차방정식 형태가 아니고, 타원 곡선의 형태를 보이는 이유는 스윙에서 CPM과 스윙 웨이트가 두 가지(다운스윙 초기 손목 반사신경, 릴리즈에서 손목 회전력)에 큰 변수로 작용하기 때문이다.

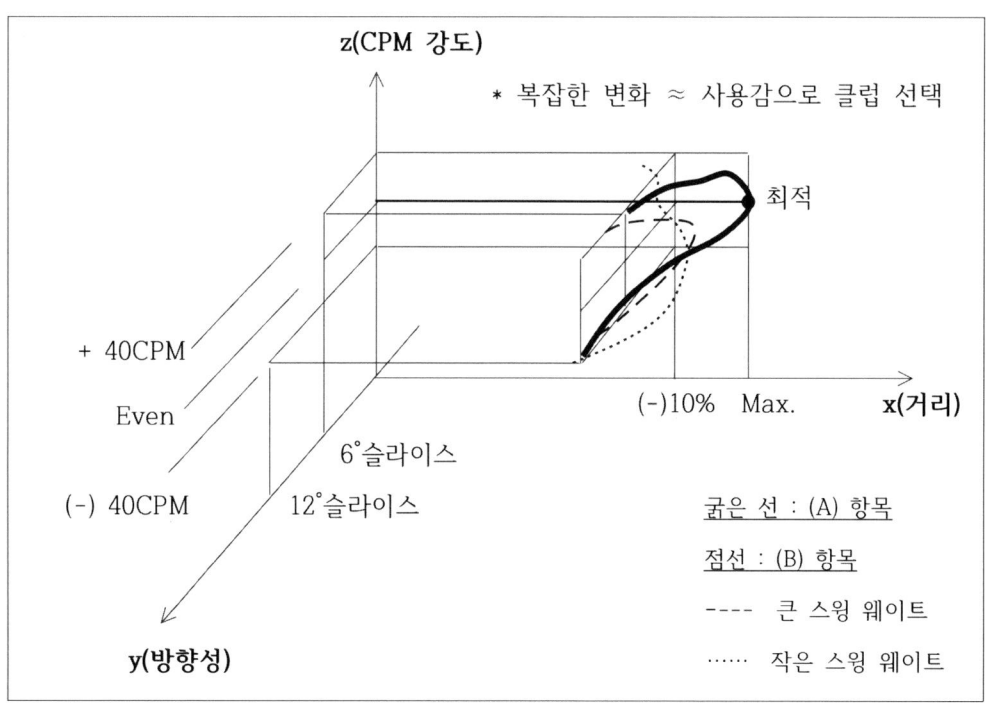

그림 5.1.31 클럽 강도 vs 방향성 vs 거리 관계 그래프 (예시)

Remarks

#1. 사용하고 있는 클럽이 최적이 아닌, 강하거나 약한 경우, 적합한 사양 쪽으로 피팅/교체했을 때는 우향 -〉 좌향의 방향성 개선과 비거리 향상을 얻을 수 있다.
그와 반대로, 더 강하거나, 더 약한 쪽으로 바꾸었을 때는, 좌향 -〉 우향의 방향성과 비거리 감소의 결과를 얻게 될 것이다.

#2. 사용하고 있는 클럽이 어느 위치에 있느냐에 따라서, 현재의 방향성과 비거리 특징을 가지게 된다. 골퍼마다 사용하고 있는 클럽에 따라서 상대적인 샷의 결과를 보일 것이다.

#3. 사양이 맞고 클럽별 정렬이 잘되어 있으면, 스윙 동작에 전념할 수 있다.

〈클럽 길이 변화 vs CPM, 휨 변형, 비틀림 변형〉
   (심화 – 역학 수식 종합 정리 --- 클럽 길이가 주는 영향)

진동 (CPM) ∝ $(1/L^3)^{0.5}$ <--------- CPM = $60/2\pi \times \sqrt{3EI/(mL^3)}$
휨 변형 양 (δ) ∝ L^3 <--------------- $\delta = FL^3/(3EI)$
비틀림 변형 양 ($\varnothing$) ∝ L^2 <--------- $\varnothing = TL^2/(GI_p)$

클럽 길이가 변하면, 클럽의 탄성 움직임이 각각 다음과 같이 변한다.

	길이가 10% 늘면	길이가 10% 줄면
- CPM = $1/1.1^{(3/2)}$	= 0.867	1.171
- δ(휨양) = 1.1^3	= 1.331	0.729
- $\varnothing$(비틀림 양) = 1.1^2	= 1.21	0.81
- 릴리즈 타이밍	= CPM의 역수	CPM의 역수

cf) 스윙 동작에서 클럽 길이 영향 :
다운스윙 초기 손목 버팀 모멘트 (M) ∝ L <---------------- M = m L
다운스윙 중반 손목 버티기 <-------------------------- (M +T) / 2
다운스윙 후반, 릴리즈 손목 회전력 사용 (TM) ∝ L^2 <----- T = $mL^2 \ddot{O}$

〈클럽 교체 후 결과〉
   (클럽을 교체할 것인가? 스윙을 교정할 것인가? 어느 것이 정답인가?)

"*클럽을 바꿨더니 잘 맞는다.*"라는 표현에는 다음 사항의 하나 또는 다수 변화가 있는 것이다.
   - 다운스윙 시작에서 가속 환경이 조금 좋아졌다. (손에 힘이 덜 증가한다)
   - 릴리즈 타이밍이 맞아서 휘두르는 느낌이 좋아졌다.
   - 페이스 각 변화가 스윙과 맞아서 방향성이 좋아졌다.
   - 가속 관성 하중이 근력과 맞아서, 편하게 휘둘러, 타점이 좋아졌다.
     더불어 거리, 방향성도 좋아졌다.
   - 라이 각이 맞아서 두꺼운 타격 조건에서 바닥 잔디 저항에 의한 방향 변화 작아졌다.
   - 무게 중심이 낮은 클럽 헤드라서, 탄도와 스핀이 커졌다.
좋은 클럽인가? 나쁜 클럽인가? 사항은 상대적이다.

클럽 교체 후에 오히려 스윙이 망가지고, 부상이 따를 수 있다.

스윙 교정 후에 안 맞던 클럽이 잘 맞을 수 있고, 오히려 더 안될 때도 있다.

부작용을 줄이기 위하여, 이론을 섭렵하든, 전문가 도움을 받아야 한다.

Remarks

#1. 좋은 클럽을 선택하는 것은, 수수께끼 문제를 푸는 것과 약간 비슷한데, 본 절의 내용은 클럽 교체의 가부 그리고 어느 부분을 어떤 쪽으로 바꿀 것인가? 판단에 대해 안내해주고자 하는 것이다. 그리고 클럽 사양이 스윙의 어느 부분과 연관이 있는지 알게 하여, 스윙 교정으로 해결할 수 있는 것인지? 아니면 클럽을 교체/피팅 해야 할 것인지? 판단에 도움을 주고자 하는 목적으로 서술되었다.

#2. 몸에 맞는 클럽(무게, 강도) 사용해야 하는 이유는 방향성, 거리, 탄도, 부상에 직결되기 때문이다. **무게는 힘**에, **강도는 시간**에 결부된다. 길이는 힘과 시간에 연관된다.

그 밖의 로프트 각, 라이 각, 헤드 크기, 헤드 무게 중심 분배, 바운스, 그립 형상 등이 스윙 품질에 약간 영향을 준다.

#3. 몸에 잘 맞는 강도의 것이 제일 좋은 클럽이다. 잘 맞는다는 것은, 동작 릴리즈 타이밍과 진동 릴리즈 타이밍이 일치하는 것이다.

* 동작 릴리즈 타이밍은 동작 중심축 높이로 골반~어깨 회전 시차를 조절하여 제어되는 항목이므로, 이것으로 릴리즈 타이밍을 조절하는 것을 해서 클럽 사양과 스윙 형태가 맞는지 평가를 해봐야 한다. 혹자가 *"저는 드로우 구질입니다."* 또는 상대방에게 *"페이드 구질이네요!"* 라고 하는 말은 틀에 구속되는 상황을 유도하는 것인데, 구질은 Output 결과물에 불과하므로 Input을 바꾸면 변한다.

cf) 방향성 상태는 첫째로 Cross 회전력 사용조합이라는 Input 변화로 확인한다.

#4. 토크 변형량(TQ)은 방향성과 탄도 구질 변화 측면에서 약간 작은 값(강한 것)이 유리하다.

#5. 최종적으로 무겁고 강한 클럽 vs 가볍고 약한 클럽 정리 :

보통, 클럽은 강하면 좀 더 무겁고, 약하면 좀 더 가볍다. (단 일부 고반발 드라이버 제외) 이유는 회전력이 강한 사람이 다운스윙 템포 빠르고, 회전력 약한 사람은 다운스윙 템포 느리기 때문이며, 또한 샤프트를 강하게 만들려면 단면 이차 모멘트를 크게 해야 하므로 샤프트 두께(t)가 조금 두툼하기 때문이다.

항목	무겁고 강한 클럽	가볍고 약한 클럽
D 헤드 무게	210g, 205g, 200g	195g, 190g, 180g
I 샤프트 무게	100g, 95g, 75g, 65g, 60g	55g, 50g, 45g, 42g
길이 vs 스윙 웨이트	스윙 웨이트는 길이에 비례	<---
CPM (클럽 휨 진동 주기)	헤드 무게 : $\sqrt{(1/m)}$ 길이 : $\sqrt{(1/L^3)}$ 재질, 단면 강성 : $\sqrt{E}, \sqrt{I}$	<---
사용자	회전력 큰 골퍼 백스윙 크기 작은 골퍼	회전력 작은 골퍼 백스윙 크기 큰 골퍼
(안 맞는 클럽일 때) 방향성	근력 작은 골퍼가 사용하면; - 캐스팅 훅 - 헤드 못 끌고 와 슬라이스 * 팔꿈치, 손목 부상 위험	근력 큰 골퍼가 사용하면; - 샤프트 후방 휨의 슬라이스 (손목 잘 풀리면 훅) - 타점에 따라 방향 오차 큼
탄도	토크 변형값 작아 낮은 탄도	토크 변형값 커 높은 탄도

(안 맞는 클럽일 때)
거리
	근력 작은 골퍼가 사용하면;
	- 헤드 속도 감소, 탄도 감소
	  하여 큰 폭 거리 감소
		근력 큰 골퍼가 사용하면;
		- 임팩트 에너지 전달 효율이
		  낮아져서 거리 조금 감소

(안 맞는 클럽일 때) 스윙 편안함	근력 작은 골퍼가 사용하면; - 힘들고 버겁다.	근력 큰 골퍼가 사용하면; 부담 없는데, 볼이 날린다.

표 5.1.32 무겁고 강한 클럽 vs 가볍고 약한 클럽 비교

1.6 기타 클럽 사양

a) 라이 각

-. 라이 각이 작을 때(Flat) : 어드레스에서 힐이 들리고 토우가 잔디 바닥에 먼저 접촉한다.
두껍게 들어갈 때, 토우에 잔디 저항이 먼저 걸려서 페이스가 열리며 타격 되어서 Push slice 구질이 나타난다.

-. 라이 각이 클 때(Up-right) : 어드레스에서 토우가 들리고 힐이 잔디 바닥에 먼저 접촉한다.
두껍게 들어갈 때, 힐에 잔디 저항이 먼저 걸려서 페이스가 닫히며 타격 되어 Full hook 구질이 나타난다. 우드는 슬라이스 방지차원에서 라이 각 큰것이 유리하다. 토우다운을 고려하여 58° 라이 각 클럽을 55°로 Setup하여 55°~56° 모양으로 임팩트 한다.
* 자기 신장과 팔 길이에 맞춰진 라이 각의 클럽은, 타격에서 잔디 저항에 의한 영향을 줄이고, 타격 되면서 디봇이 만들어질 때 잔디 저항으로부터 그립에 전달되는 토크 감각을 Even으로 만들게 한다.
cf) 키가 큰 사람은 라이 각이 세워져서, 같은 길이 클럽에서 상하 휨 변형량이 적어 유리한 면이 있다.

b) COG 배치 vs 페이스 각

클럽 헤드의 무게 중심(COG) 배치에 다음과 같은 사양이 있다.
-. COG 전후방 배치 :
- 후방으로 배치할수록 관용성이 증가한다고 하나, 샤프트 회전면과 이격 거리가 커서 관성 토크가 크게 걸리는 스윙이 될 수 있다. 타격에는 득이 되지만 스윙에는 손해가 된다. 슬라이스를 제어하지 못하는 초보에게는 유리할 수 있으나, 중·상급자에게는 Shot making에 방해되는 기능일 수 있다.
* 이상적인 스윙에서는 원심력이 페이스를 전방으로 휘게 하는 닫히는 효과가 있다.
- 반대로, 이격 거리가 작은 헤드 모양은 페이스가 열리는 임팩트가 된다.
* COG의 전후방 위치에 따라서 페이스 각이 조금 달라진다고 봐야 한다. 어드레스에서의 페이스 각에 COG의 전후방 배치에 따른 숨어 있는 페이스 각이 있는 것이다.

-. COG 상하 배치 :
- 하방 배치 : 타격에서 Loft가 눕는 쪽으로 샤프트 변형을 갖게 되므로, 탄도를 높이고 백스핀을 키우는 효과가 있다. 그리고 잔디(바닥) 저항이 발생하면 샤프트 변형을 적게 만드는 효과도 있다.
아이언 클럽 헤드 무게 중심을 낮게 배치하는 것이 이런 이유이다.
- 상방 배치 : 아이언 헤드의 무게 중심이 위쪽에 있다면 탄도을 띄우기가 여간 어렵게 될 것이다.
* 탄도를 띄울 필요가 없는 드라이버의 무게 중심은 정타 타격점 뒤쪽에 있는 것이 백스핀을 감소하는 데 유리하다고 하겠다.

-. COG 앞뒤(토우 힐) 배치 :
COG를 토우 쪽에 배치하면, 이격 거리가 커지는 효과가 있다. 로테이션이 쉽게 이루어지게 하는 장점이 있지만, 헤드에 걸리는 관성력, 원심력 법선 성분, 원심력 접선 성분의 크기와 그 값의 변화에 따라서 페이스 각 변화가 커지게 되는 단점이 있다. 중·하급자에게는 유효한 기능일 수 있으나, 중·상급자에게는 Shot making에 방해가 될 수 있는 기능이다. 거의 모든 기능에는 양면성이 존재한다.
* COG 배치, 즉 이격 거리 값이 페이스 각을 간접적으로 조절하는 역할을 하는데, 한편으로는 직접 페이스 각을 더 많이 닫히게 전진 페이스 각을 주어서 제작하는 클럽도 있다.

c) 바운스 (각)

Leading edge 기준으로 헤드의 바닥 쪽으로 튀어나온 살이다.
-. 바운스가 필요할 때 : Sand club
  ^ 플롭샷에서 유용하다. 잔디 바닥을 바운스가 훑고 지나가게 하여 탄도를 높이는 어프로치에 사용된다.
  ^ 그린사이드 벙커샷에서 모래의 저항을 이용하여 깊이 파고들지 않게 할 때 사용한다. 스윙의 형태는 플롭샷과 유사하다.

-. 바운스가 작게 있어야 할 때 : Lob wedge
  ^ 날카롭고 얇은 날로 잔디, 모래를 치고(파고) 들어갈 필요가 있는 상황에서 사용된다.
  ^ Cut shot 어프로치에서 사용되면 편하다.

d) Loft 각

로프트는 탄도와 직결된다. 아이언 클럽 번호에 따라서 로프트 각이 달라진다.
"같은 클럽 번호에 옛날보다 로프트 각을 줄이는 것으로 거리가 늘어나는 효과"라는 것이 있다. 아마도 클럽 제작 기술의 발전으로 더 적은 로프트 각으로 같은 탄도 & 스핀을 구현할 수 있는 것에 따르는 명명 형태라고 이해해도 무방할 것 같다.

e) 페이스 면, 타면 곡률 (백스핀, 타격감)

(헤드 페이스는 제조자 영역 --- 참조 내용)

-. 탄도 만드는 것 : '(접근 각 + Loft) + (샤프트 강성 + 헤드 무게 분배) × 타점 + (속도 + 타면 마찰계수 + 볼 사양)'의 조합
　단, 크라운 헤드는 면의 곡률과 탄성 변형 양이 추가로 관계됨

-. 백스핀 만드는 것 : '다이내믹 로프트 + (샤프트 강성 + 헤드 무게 분배) × 타점 + (속도 + 타면 마찰계수 + 볼 사양)'의 조합
　단, 크라운 헤드는 면의 곡률과 탄성 변형 양이 추가로 관계됨

-. 타격감 : '헤드 면의 탄성 변형 양 + 샤프트 강성 + 헤드 무게 분배 + 속도'의 조합
　헤드 면의 탄성 변형 양은 거의 타격면의 두께와 넓이에 의해서 결정됨

-. 타격음 : '헤드 모양 + 헤드 면의 탄성 변형 양 + (속도 + 샤프트 강성 + 볼 강성)'의 조합
　* 소리는 진동 주파수 형태이다.

-. 타격, 볼과 접촉 시간 : '속도 + 헤드 면의 탄성 변형 양 + 볼 강성' 조합
　볼과 접촉 시간이 길면 스핀이 커진다고 봐야 하며, 볼과의 접촉 시간이 짧으면 헤드의 에너지는 조금 적게 전달된다고 봐야 한다.
　단, 볼 탄성과 헤드면 탄성이 일치하면 반발력은 극대화된다.

　* 클럽 헤드와 관련된 사항은 제조자 영역이다. 골퍼는 결과와 느낌으로 장비를 선택하게 된다. 일반 골퍼는 최적의 장비를 선택했다고 보기는 어렵고, 주어진 환경에서 제일 나은 선택을 했

다고 봐야 한다.

cf) 임팩트에서 나타나는 현상 중에 샤프트 변형에 연관된 사항은 방향성을 이해하기 위하여 일부 한정적으로 본서에 기술하였을 뿐, 볼과 헤드의 충돌에서 나타나는 현상은 다루지 않았다.
볼과 클럽 헤드가 충돌하는 0.0005sec 임팩트 역학 자체는 골퍼가 조절할 수 있는 부분이 아니며, 볼의 비행으로 결과물이 눈에 보이므로 굳이 골퍼가 알 필요도 없을 뿐만 아니라, 골프 실력향상에 도움이 되는 영역이라고 볼 수 없다.

1.7 스윙 연습기구 (보조 기구)

스윙 연습에 도움을 얻고자 일부 보조 기구를 사용할 수 있다. 보조 기구는 각각 고유의 특정 용도가 있는데, 그 용도를 알고 이용해야 한다.
목적 이외의 것을 상상하고 사용한다면, 득보다는 실이 클 수 있다.

형태	모양	용도
얼라인먼트 스틱		회전 순발력 증대 연습 * 원래 사용 용도는 에이밍
스윙 배트	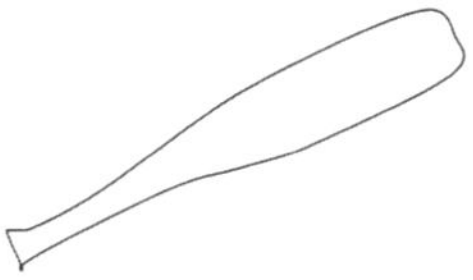	회전 근력 강화
단순화한 스윙 연습기	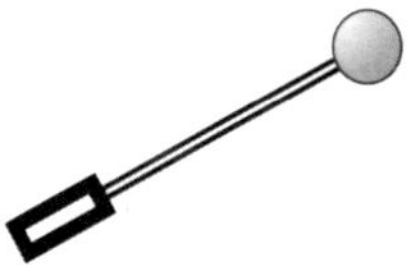	- 그립 잡는 연습 - 몸 스윙 동작 연습 - mL, mL^2 값이 클럽과 비슷하다면 릴리즈 연습
편심 관성 토크 (로테이션 연습기)		- 편심 된 헤드 무게를 이용한 로테이션 연습 - 백스윙 탑 모양 연습
탄성을 맞춘 연습기	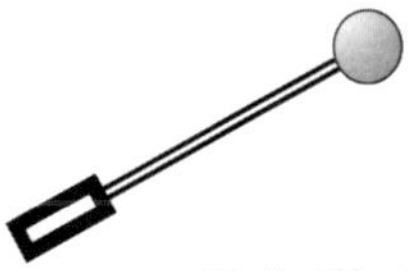 등가 $\sqrt{(1/mL^3)}$	등가의 탄성 샤프트를 이용하여 - 부드러운 가속 연습 - 릴리즈 타이밍 연습

기타 : 밧줄 형태, 부채 형태, 추가 움직이는 형태

그림 5.1.33 스윙 연습 보조 기구

Remarks

#1. 가벼운 얼라이먼트 스틱은 회전 순발력 증가시키는 연습에도 사용된다.
　* 이것으로 소리를 듣고 회전 가속 위치를 바꾸는 것, 돌아가는 모양을 보고 스윙 모양을 잡는 것 등은 교정에 도움이 된다고 생각하면 안 된다. 무게, 탄성이 다르고, 소리가 발생하는 상황도 다르다.

#2. 스윙 배트는 무겁다. 탄성이 없다. 탄성이 없으므로, 골프채와 같은 역할을 하기는 어렵다. 무거운 것으로 돌리면서 근육을 단련시키는 용도 이외의 것을 생각하면 안 된다.

#3. 짧고 단단한 샤프트에 무게가 달린, 단순 스윙 연습기는 그립 잡는 연습과 몸과 팔의 스윙 동작 형태를 잡는 것에 사용된다.

#4. 로테이션 연습이 되려면, 무게가 편심 되게 달려 있어야 한다. 그래야 팔과 손목이 돌아가는 연습이 된다.

#5. 다른 운동과 골프가 틀린 점 하나는, 휘어지는 탄성 샤프트로 샷을 한다는 것이다. 가속력의 형태에 따라서 휨이 달라지고, 릴리즈 환경이 달라진다. 본인 클럽과 맞는(등가) 탄성 조건의 연습기로 연습해야 상세한 가속 환경에 따른 동작 구현과 릴리즈 연습이 가능하다.
　* 수건이나 밧줄을 이용하여 채찍처럼 휘두르는 연습을 하는데, 이것들은 변형이 너무 커서 큰 도움을 준다고 할 수는 없다. 단지, 샤프트가 휘어진다는 개념과 릴리즈에 시간의 길이가 관계된다는 것을 익히게 해주는 데 도움을 줄 뿐이다.

#6. 골프의 가장 큰 특징이, 'L자' 모양으로 구부러진 클럽을 사용하는 것인데, 여기에는 편심 된 힘이 걸리고 그에 따라서 비틀림 변형을 한다. 로테이션 변화와 페이스 각 변화의 절반 정도가 편심 된 모양의 영향을 받는 것으로써, 스윙 연습기 사용에 있어서 이 특징을 항상 염두에 두어야 한다.

비용

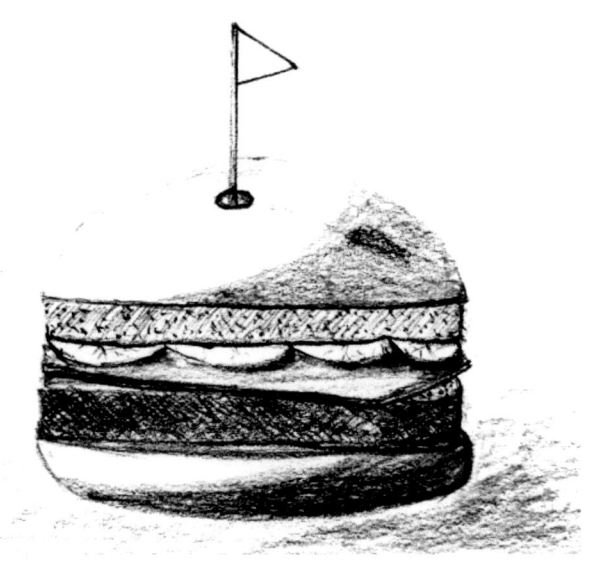

골프를 즐기는 비용
첫해, 햄버거 1,600개 정도 비용 (장비 교습 의복 포함)
둘째 해, 햄버거 800개 정도 비용 (장비 의복 추가)
세 번째 해부터는 햄버거 400개 정도의 비용

2장
골프 부상

일반 골퍼가 골프를 하면서 접하거나 경험하게 되는 부상들에 대하여 증상과 원인, 방지법을 정리한 내용이다.

대표적인 골프 부상 경험 몇 가지를 열거하면 다음과 같다.
- 스윙 때문에 갈비뼈가 부러졌는데, 모르고 한 달을 고생하며 보냈다.
- 허리가 부러질 듯 아팠는데, 무엇 때문인지 원인을 모르고 반복적인 상황을 겪는다.
- 너무 혹독한 거리 내기 훈련으로 왼 무릎이 망가져 선수 생활을 포기했다는 안타까운 사연을 접한다.
- 동반자 타구를 얼굴에 맞아 실명하거나 치아 일부를 임플란트 시술해야 했던 불운의 골퍼도 있다.
- 물건을 들 수 없을 정도로 오른 팔꿈치가 아픈데, 쉬 낫지 않고 수 해를 고생하며 연습장을 다녔던 어리석은 예도 있다.

골프는 극한의 몸 회전 동작을 요구한다. 클럽 헤드는 40g~80g(선수 120g) 정도의 높은 가속도를 갖는다. 왼 무릎은 체중의 수배에 달하는 순간 하중을 지지한다.
손가락부터 - 팔 - 몸통 - 하체 순으로 골프 스윙 부상을 알아보고, 스윙 외적으로 발생하는 골프 관련 부상도 살펴본다.
사전에 부상을 예방하고, 부상이 막 시작했을 때 더 이상 악화하지 않고 이른 시일 안에 치유되는 것, 그리고 이런 부상으로부터 골프 실력이 저하되지 않도록 하여 건강하고 행복한 골프를 즐길 수 있는 것이 우리들의 희망 사항이다.

Remarks

#1. 가장 자주 발생하는 것은 팔 부위(팔꿈치, 손목) 부상이며, 가장 고통스러운 것은 몸통(허리, 등, 가슴) 쪽 부상이고, Damage가 큰 것은 무릎 부상이다.

#2. 스윙에 의한 신체 부상을 정의한다면, 신경과 근력이 하중을 담당하지(견디지) 못해 근육, 인대, 뼈가 허용조건을 초과한 상태에서 손상을 입은 것이다. 따라서, 힘과 신경에 대한 이해가 어느 정도 필요하다. *(부록 A와 부록 B 참조)*

#3. 골프 동작에 의한 부상은 원인을 알기 전까지 여러 차례에 걸쳐서 반복적으로 발생하는 '반복성'이 있다. 골프 부상은 발생하지 않으면 좋겠지만, 재발 방지 관점에서도 부상의 원인을 꼭 확실하게 알 필요가 있다.

#4. 왼 손목에 무리함을 느꼈을 때 이유는 세 가지다.
첫째는 스윙 회전 동작에 문제가 있을 때이고, **둘째**는 신체적 한계점에 다다랐을 때인데, 간단하지만 헛고생을 하지 않기 위해서는 판정이 필요하다. 그냥 *"잘해야 한다, 조심해야 한다."*라는 생각으로는 답을 찾는 데 긴 시간이 소요된다. **셋째**는 궤도 오차에 의한 충격 때문이다.

#5. 피겨스케이팅에서 하나의 어려운 동작을 배우기 위해서는 동작 메모리와 신경계의 완성에 시간이 필요하므로, 수십 또는 수백 번 시도하고, 몇 주, 몇 개월이 걸리기도 한다. 신체적 한계에 부딪혀 못할 수도 있다.
골프 스윙 동작도 그냥 한두 번에 될 수 있는 것이 아니다. 또 영영 원하는 동작과 결과를 만들 수 없는 것도 있다.

#6. 일반 골퍼를 위한 골프 부상 설명으로써, 가능하면 어려운 의학적 용어는 배제하고, 그렇다고 너무 두리뭉실하지는 않은 정도의 내용으로 기술한다.

#7. 골프를 안 하는 사람은 본 장을 읽어도 뭔 내용인지 알기 어렵다. 한 번이라도 해당 제목의 부상을 경험한 적이 있다면 내용 파악이 조금이라도 쉽게 될 것 있는데, 한 번도 경험하지 못한 부상의 내용이라면, 해석하는 데 약간 어려움이 따를 수 있다.

#8. 포괄적인 골프 부상 이해를 위해, 일반 부상과 질병을 다음과 같이 분류해 본다.

[부상]	[질병]
-. 피부 　　찰과상 　　열상, 화학적 손상 　　동상 　　벌레(동물) 쏘임(물림) -. 근육 　　찢김, 터짐, 파손(절단) 　　변형(늘어남, 놀람) 　　힘줄 변형(늘어남, 눌림, 마찰) 　　염증(염좌) -. 신경 　　손상(절단, 파손) 　　눌림(압통) 　　자가수용체 감각(손상 통증) -. 관절 　　탈골 　　인대 파손/손상 　　마모(윤활면, 윤활막) 이상 -. 뼈 　　골절 -. 순환계 　　터짐, 절단 -. 기타 　　신체 장기기관의 물리/화학적 손상 　　정신적 충격 (스트레스) * 밑줄 친 항목은 골프에도 있는 부상	-. 피부 　　바이러스, 세균, 곰팡이 감염 형태 　　이상 조직 -. 근육 : 기능 저하, 퇴화 -. 신경 　　뇌의 화학적, 신경학적 손상 　　뇌 기능 저하, 기능 이상 　　감각신경 처리 기능 저하, 신경 마비 　　들 신경 눌림(압통) 　　운동신경 (뇌) 제어 기능 저하 　　교감·부교감 신경계 이상 　　이상 조직 -. 관절 　　형태 변형, 구조 변화 　　윤활 기능 문제 -. 뼈 　　지지기능 약화 　　혈액 생성 기능 이상 -. 감각(오감) 기관 : 기능 이상 -. 순환계 　　구조 변형, 작동 이상 　　혈관 이상(터짐, 막힘) 　　혈액 기능 문제 -. 호흡기계 ⎫ 구조 손상 -. 소화기계 ⎬ 기능 이상 -. 비뇨/내분비계 ⎭ 이상 조직 -. 기타 : 유전, 면역, 독성, 알레르기

표 5.2.1 부상과 질병 형태, 골프 부상

2.1 손·팔 부상

손·팔 부상에는 다음 사항이 있다. 가벼운 것도 있고 심각한 것도 있다.
- 손·손가락 굳은살 : 굳은살은 스윙의 바로메터(잣대)라고 한다.
  보통 오른손 손가락 굳은살은 회전의 감속과 가속에 기인하고, 왼손 굳은살은 그립 잡기 오류에 기인한다.

- 손가락 부상 : 클럽 헤드의 관성력을 지탱하는 하중에 의한 것이다.

- 손목 부상 : 인위적인 로테이션, 억지힘, 충격에 기인한다.
  뒤땅 또는 과도한 손목 회전력 사용으로 발생한다.

- 팔꿈치 부상 : 억지힘 사용 조건 및 충격에 기인한다.
  분절 회전 순서와 릴리즈를 못하면 발생한다. 강하고 무거운 클럽 사용에 의한 영향이 제일 크다.

1) 손·손가락 굳은살

굳은살은 강한 사선 눌림이 반복적으로 작용하면 생긴다.

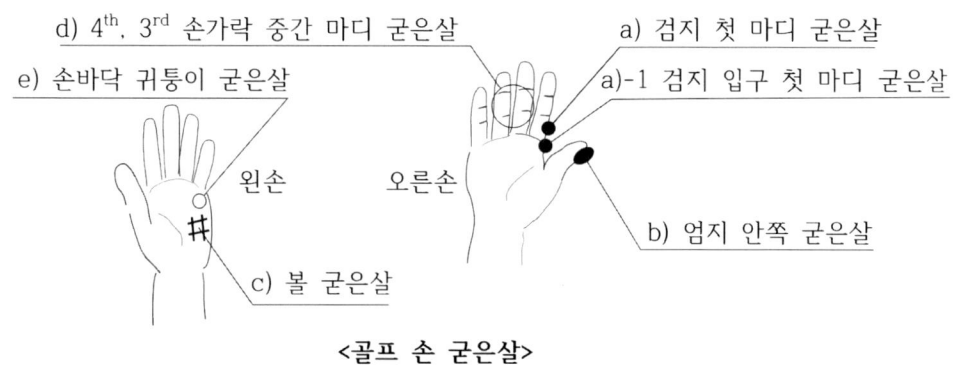

<골프 손 굳은살>

그림 5.2.2 골프 스윙 연관, 손 굳은살

a) 오른손 검지 첫 마디 굳은살

다음과 같은 형태에서 10~30kgf 전후의 관성 하중이 오른손 검지 첫 마디에 반복적으로 걸려 굳은살이 생긴다.
다음 4가지 경우로 분류할 수 있다.

① 백스윙 강하게/빠르게 Stopping을 하면, 클럽 헤드 강한 감속 관성모멘트가 그림의 b) 부분(엄지 안쪽)과 함께 이곳을 지지점으로 사용해, 눌리고 문대져 굳은살이 생긴다.
다운스윙 급가속 형태도 같은 하중 조건을 만드는 연장선에 있어서 굳은살을 만든다.
  - 불편 사항 : 시각적, 촉각적인 이질감이 있다. 심하면 굳은살 부위가 넓게 형성된다.

  - 방지법 : 백스윙 감속 구간을 길게 가져가서 부드럽게 Stopping 되게 하고, 백스윙 Top에서 오른 손바닥에 그립이 지지 되게 한다.
  ^ 테이크어웨이에서 오른손(팔)으로 클럽을 들어 올리려 하면 급한 백스윙이 된다. 초반 왼손으로 그립을 누르는 형태로 들어올려야 부드러운 백스윙이 시작되고 후반부에 부드러운 오른팔 감속이 된다.

  ^ 백스윙 1/2 지점(클럽 헤드가 옆구리 위치)에서 감속이 시작되어야 하는데, 감각의 전달 인

지 시간 차이로, 느낌상으로는 헤드가 골반~허리춤 위치에서부터 감속이 시작되어야 한다. 어깨 위치에서부터 감속하려고 하면 감속 시작 시점이 늦다. (테이크어웨이 끝부분에서 오른 골반 접기는 끝나야 하고, 백스윙 2/3 지점에서 왼 어깨 Braking 되어야 한다.)

^ 테이크어웨이가 끝난 지점에서, 왼팔 상완 외회전 – 전완 내회전 (왼 팔꿈치가 앞이 아닌 지면을 가리키는 조건 만들기) 하면, 부드러운 감속과 오른 손바닥이 Stopping 지지점 역할 하는 데 도움을 준다.

② 다운스윙 시작에서 급가속하면, 이곳이 지지점이 되어 눌린다.
  - 불편 사항 : 오른손 전체적으로 굳은살이 여러 곳 생긴다.

  - 방지법 : 스윙 기본 사항에 해당하는 내용이다.
    클럽 강도 & 무게 적합한 것 선택, 오른 무릎 오금 굽힘, 수평 체중 이동은 다운스윙 중반에 하기로 부드러운 가속이 시작되게 한다.

③ 다운스윙 릴리즈 구간(S5)에서 강한 손목 회전력을 사용하면, 클럽 헤드의 강한 가속 관성모멘트가 이곳을 지지점으로 사용돼 눌려 굳은살이 생긴다.
  - 불편 사항 : 강한 하중에 문대지는 조건이어서 계속되면 굳은살 조직이 부어올라 압통 생긴다.

  - 방지법 : 손목 회전력을 너무 크지 않게 사용한다. 또 이른 시점 사용을 피한다.
    ^ 클럽 진동 CPM의 릴리즈 타이밍과 손목 회전력 사용 시점 일치시키기 :
      두 개의 타이밍이 맞을수록 S4 구간에서 힘은 덜 주면서, S5 구간에서 더 큰 손목 회전력 사용할 수 있는 조건이 된다.

    ^ 적당한(많지 않은) 양의 손목 회전력 사용 :
      세게 치려고 오른 팔꿈치를 강하게 펴면서 손목 회전력을 강하게 사용하려 하면, 이곳 굳은살 생기고, Loft가 늬어 탄도 높고 백스핀은 많이 걸리며 거리는 줄어든다. 릴리즈 진행되면서 가속 관성력(헤드 무게)이 부드럽게 증가하는 것이 느껴질 정도의 손목 회전력만 사용한다.
      * 백스핀이 과도하게 걸린 것은 손목 회전력을 과도하게 사용한 것이다.

^ 오른 다리 폄을 강하게 사용하는 것은 이곳 굳은살에 영향 없다.
하체의 폄 관성력은 손목의 회전 가속 관성력과 반대 방향(=지면 방향)이라서 이곳 굳은살이 생기는 현상을 완화해 준다.

④ 쇼트 & 미들 어프로치 연습을 많이 하면 이곳에 굳은살 생긴다. 어프로치는 원심력가속도 성분과 자연 로테이션이 작아서, 작은 스윙에도 불구하고 이곳에 반복적으로(할 때마다) 큰 가속 관성 모멘트의 반력 하중이 걸려 굳은살 생기는 스윙 조건이다. Full swing보다 더 큰 하중이 이곳에 걸리는 조건이다.
 - 불편 사항 : 의외로 강한 하중 지지 조건이어서, 계속되면 굳은살 조직의 압통이 발생하고 피부가 벌어진다. 춥고 건조한 날씨에 더 심하다.

 - 방지법 : 어프로치 연습량 & 시간 조절

* 오른손 손가락 쪽으로 치우쳐 (얇게) 그립을 잡으면 그림의 a) 부분에 굳은살이 생기고, 손바닥 쪽으로 치우쳐 (깊게) 그립을 잡으면 a)-1 부분에 굳은살이 분포한다.

b) 오른손 엄지 안쪽에 굳은살
다음 열거한 동작으로 하중 지탱이 이곳에 많이 걸리는 상태 만들어져 발생하는 굳은살이다.
  - 급한 백스윙 Stopping
  - 백스윙 탑에서 헤드가 열린 모양 (커핑 = 헤드 Open COG 모양)
  - 급한 다운스윙 전환
  - 릴리즈 타이밍이 서로 (클럽 CPM vs 손목 회전력 사용 시점) 어긋날 때
  - 토우·상 타점 자주 발생할 때
  - 멈추는 피니쉬 동작 (펀치 샷) 많이 연습할 때

① 백스윙 강하게 Stopping 하면서 다운스윙 강하게 전환하여 치려고 할 때 오른손 검지 1st 마디와 함께 이곳이 꽉 잡혀 굳은살 생긴다.
왼 하체 및 옆구리 근육이 너무 견고하면 의도하지 않은 급한 전환이 된다. 급한 전환에서 이곳 문대어지는 지지 하중을 크게 받는다.

② 펀치 샷처럼 팔로우~피니쉬를 급하게 Stopping 하는 경우, 오른손 엄지 & 검지를 꽉 잡는데,

피니쉬에서 클럽 헤드의 감속 관성모멘트 하중이 이곳을 누르고 문대어, 이곳과 a)-1 부위에 굳은살이 생긴다.

　　* 토우·상 타점 맞는 경우도, 펀치 샷 치는 것과 같이 이곳으로 꽉 잡으면서 Topping을 하게 된다.

　- 불편 사항 : 이곳 엄지손톱 내측 면은 신경이 예민한 곳이며, 굳은살의 결이 속살로 파고들면서 부프러기가 생기는 부위로서, 뜯어지거나 벌어질 때는 통증이 심하고 피가 나게 된다. 춥고 건조한 날씨에 현상은 더 심해진다.
　　* 이곳 굳은살은 그립 자국을 만들면서, 그립 마모를 심하게 한다.

　- 방지법 :
　　^ 백스윙 부드러운 Stopping 및 다운스윙 부드러운 가속은 앞 a) ①항 & ②항 참조
　　^ 의도하지 않는 급한 전환은 적당한 왼 하체 쿠션 강도 형성으로 방지
　　^ 팔로우~피니쉬를 급정지하는 끊어치는 형태 샷의 연습 횟수를 제한한다.
　　^ 굳은살이 뜯어지거나 벌어질 때, 테이핑이 필요하다. 예방적 차원에서 미리 테이핑하고 연습할 수도 있다.

Remarks

#1. 오른손 엄지와 1st 손가락 첫마디의 그립 닿는 자리에, 그립 마모가 심한 사람이 있다. 급한 백스윙에 강하게 다운스윙 전환하는 사람의 경우이다. 일차적으로 부드러운 백스윙이 되면 완화된다.
또 억지로 로테이션하려고 할 때 오른손 1st 손가락 첫마디 그립 마모가 심하게 된다. 로테이션은 손목 각과 클럽 헤드 무게 중심 이격 거리로부터 만들어지는 자연 로테이션을 이용해야 한다.

#2. 오른손 엄지 닿는 곳의 그립 자리만 마모가 심한 사람은 피니쉬 밸런스가 깨져 급하고 강하게 정지(감속) 되면서 오른손 엄지 안쪽 살이 문대어지는 경우이다. 다운스윙 5/4구간 릴리즈 타이밍의 밸런스를 어느 정도 맞추어야 완화된다.
토우 타점이 자주 발생하는 사람은, 피니쉬에서 이곳으로 그립을 움켜잡게 되는데, 이곳 굳은살의 원인이 된다. 토우 타점 방지하는 스윙 교정이 필요하다.

#3. 백스윙 Top 모양에서 헤드 면이 열린 상태(헤드 면이 하늘을 보는 상태 = 헤드 중심이 샤프트 궤도면 뒤에(아래에) 있는 상태 = 열린 COG = 커핑)에서도 오른 엄지 안쪽에 Stopping & 가속 관성모멘트 하중을 많이 분배받게 되어 이곳에 굳은살이 생긴다. 백스윙 궤도에서 헤드 모양이 놓인 형태와 연관

된 사항인데, 헤드 중심은 샤프트 궤도면 상에 있어야, 과도한 이곳 지지 하중 및 손(손목)에 관성 회전 토크 발생을 없앨 수 있다. *(3권 1장 내용 참조)*
* 다운스윙, 눈(시야)에서 볼이 사라지는 사람은 백스윙 탑에서 샤프트 궤도면에 헤드 중심이 있지 않으면서, 급가속하는 스윙을 하고 있다고 의심해봐야 한다.

c) 왼손 손바닥 볼살에 굳은살
왼손 그립 잡은 모양에 기인하여 발생하는 굳은살이다.

① 왼손 손가락(3rd 4th 5th)이 아닌 왼손 손바닥에 치우친 그립을 잡았을 때, 그립이 손바닥 살을 강하게 눌러 이곳에 굳은살이 발생한다.
하급 골퍼, 초급 골퍼에서 나타날 수 있다.

② 그립 끝부분이 이곳에 닿게 너무 길게 잡았을 때, 이곳 국부하중 발생으로 눌려 굳은살 생긴다. 초급 골퍼 시절에 길게 잡으면 멀리 갈까 하는 생각으로, 그립 끝부분이 손바닥 끝에 오게 잡으면 손목 각 조절에 편안함을 느껴, 이런 선택을 하는 기간이 있다.

③ 왼손 손가락(3rd 4th 5th)을 너무 꽉 잡았을 때, 왼손 손가락이 자동으로 그립을 말아 올려서, 그립이 손바닥 살을 누르게 되는 경우이다.
왼손 손가락(3rd 4th 5th)을 꽉 잡아야겠다는 생각을 가지고 스윙하면, 점점 더 말려 올라가 잡힌다.
  * 왼손 손가락(4th 5th)으로 그립을 견고하게 말아 올려 잡으려 할 때, 거의 100% 이곳 왼손 바닥 볼살에 심한 굳은살 생긴다. 이 경우 굳은살의 진행이 매우 빠르다. 손가락으로 그립을 말아 올린 힘까지 더해져서, 그립이 손바닥 살을 매우 강하게 누르기 때문이다. <u>한두 시간의 연습으로도 생성</u>되고 피부 안쪽의 멀쩡한 살이 짧은 시간에 굳은살로 변화되면서, 반복되면 매우 강한 압통이 생성된다.

- 불편 사항 : 서서히 생성되는 굳은살은 그나마 시각적인 거슬림인데 반하여, ③의 이유로 급하게 생성되는 이곳 굳은살은 발바닥의 커다란 티눈보다 심한 압통을 준다.
  같은 그립 모양으로 연습을 계속한다면 굳은살은 점점 더 넓어지고, 두꺼워지고, 깊어지고, 딱딱해져서 쑥쑥 아리게 될 것이다.

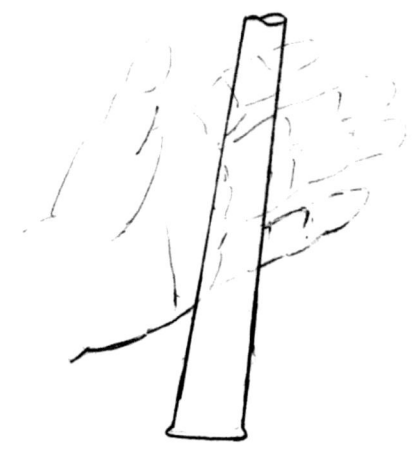

그림 5.2.3 왼손 그립 잡는 법

- 방지법 : 왼손 그립은 그림과 같이, 손가락에 사선으로 걸쳐 잡고, 끝을 여유 있게 잡으며, 3rd 4th 5th 손가락 악력은 너무 강하게 (초과하는 힘으로) 잡지 말 것이며, 견고하게 잡는다고 4th 5th 손가락을 너무 감아올려 쥐지 말아야 한다.

* 유능한 교습가는 스윙 동작을 본 후에, 교습하기에 앞서
   (a) 사용하는 클럽의 강도와 무게를 살펴보고,
   (b) 그립 마모상태를 본 후
   (c) 손바닥의 굳은살을 살펴본다. (물론 다른 부상과 불편 사항도 함께 확인)
교정 시작 전에 위의 것을 확인함으로써, 눈에 보이는 스윙 동작 오류들이 짐작하고 있는 원인과 맞는지 간접 검증을 해보는 것이다.
반면, 즉흥적인 교습가는 (다짜고짜) 그립 모양과 백스윙 모양을 먼저 자신의 취향에 맞게 교정하고 싶어 하는 경향이 있다.

d) 오른손 3rd, 4th 손가락 중간 마디 굳은살

이곳 손가락 바닥 면에 굳은살이 생기거나, 측면 부분에 굳은살이 생기는 일도 있다. 스윙 동작 오류에 의해서 발생하는 것으로써, 스윙 동작을 바꾸지 않으면 지속해서 계속 발생한다.

드라이버 상향 타격을 한다고 임팩트 직전에 손을 들어 올리거나, 손목을 꺾어 클럽을 올리려는 동작에 기인한 굳은살이다. 우드 & 아이언 스윙에서 헤드 궤도를 올려 뒤땅을 방지하려는 동작도 같다.

   * 상 타점 및 Sky ball 자주 발생하는 경우 이곳 굳은살이 생기는 형태 스윙이다. Sky ball은 손을 들어 올리면 더 심해지고, 내리뻗어야 방지된다.

임팩트 직전에 손을 올리려는 행위 또는 손목을 꺾어 헤드를 올리려는 행위는 오른손 4th, 3rd 손가락 중간 마디에 대략 20kgf의 하중이 추가로 가해지고, 이것은 눌림을 만들어서 이곳에 굳은살을 생성한다.

  - 방지법 :
    ^ 임팩트 직전에 손을 들어 올리지 않고 그대로 돌리는 (일명 던지거나 뿌린다는 형태를 가미) 스윙을 하면 이곳 굳은살은 발생하지 않는다.
    ^ 수평 체중 이동을 다운스윙 중반부에 하면, 이곳의 지지 하중 경감된다.

특정 측면 부위 굳은살은 손가락의 생김새 및 그립 잡은 손가락 모양에 의한 것인데, 각 손가락 마디가 옆 손가락과 서로 마찰 되면서 발생한다. 특징짓기는 어렵고 골퍼 각자가 원인을 따져봐야 한다.

e) 왼손바닥 귀퉁이 굳은살

이곳 굳은살은 삽질, 톱질, 도끼질 등에서도 생기는 부위인데, 골프 스윙에서 억지 로테이션을 많이 사용하려 할 때 발생한다.

   ex) 손 진행 빨리하는 '수직 낙하' 형태 스윙은 심한 슬라이스 발생하는데, 그 완화 목적으로 강한 억지 로테이션을 해줄 때 이곳 굳은살 발생한다.

불편 사항은 특별히 없으며, 억지 로테이션만 하지 않는다면 굳은살은 사라진다.

2) 손가락 부상

일반 남성 골퍼에 있어서, 스윙 중에 회전에 의한 클럽 헤드 가속 관성모멘트 5kgf-m은 양손 각각에 대략 20~30kgf의 반력(지지) 하중을 받게 하며, 법선으로 작용하는 원심력은 20~30kgf의 당기는 힘이 작용한다.

또한 무엇보다 짧은 시간에 하중의 증가 및 변화가 이루어진다는 것이다. 이것 때문에 앞 1) 항에서 설명한 손 굳은살이 생기고, 다음의 손가락 부상이 발생하는 환경이 된다.

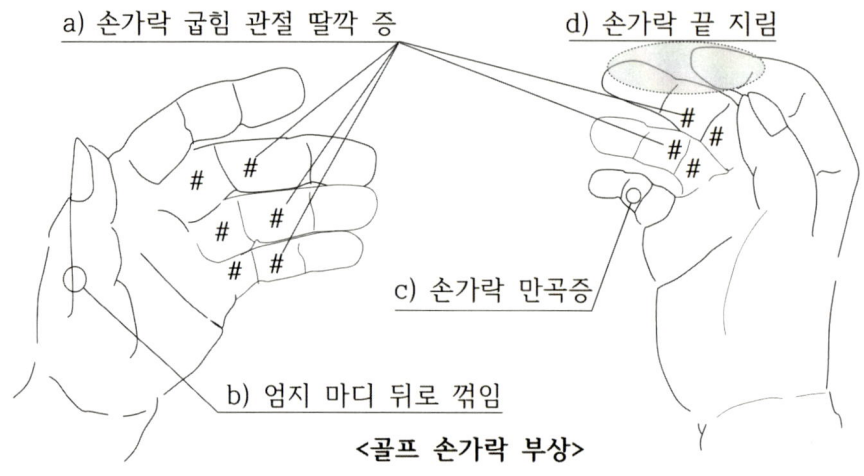

그림 5.2.4 손가락 부상

a) 손가락 굽힘 관절 딸깍 증(터널증후군)
(첫 통과의례)

골프를 처음 배우고 100% 스윙을 하게 되면, 클럽 헤드에는 20kgf(드라이버 비거리 200m 기준) 내외의 원심력이 걸려, 이것을 붙잡기 위해 손가락이 그립을 꽉 잡는 손가락 굽힘근 힘이 전체적으로 들어가게 된다.

반복적인 연습으로, 손가락을 꽉 쥐었다가 푸는 형태가 반복되는데, 힘을 주었을 때 손가락 굽힘근의 힘줄이 가이드 링에 닿는 곳에 그림과 같이 부풀림이 생긴다.

이후 평상시, 손가락을 굽혔다 펼 때 부풀어 오른 힘줄 부위가 가이드를 통과하는 것이 빡빡하게 되면, 손가락을 굽혔다 폈다 하는 것이 부자연스럽게 되고, 그 부위가 가이드를 통과할 때 '딸깍' 소리가 나게 된다. 여러 개의 손가락 마디에서 소리가 날 때, '뚝 뚝 뚝' 하는 소리가 난다.

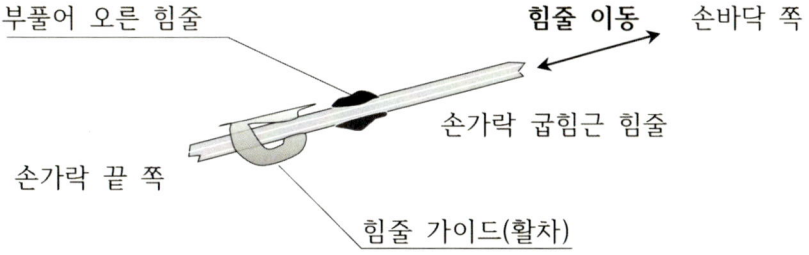

그림 5.2.5 손가락 터널증후군 힘줄 & 가이드

- 불편 사항 : 일상생활 중, 손가락 굽혔다 펴는 동작에 제약이 따른다.
  손가락 관절이 뻑뻑하고, 부자연스럽게 움직이며 얼얼한 경우도 있다. 이 시기에 손가락 움직임이 뜻대로 되지 않는다.
  그러나 연습 기간 1~2달 정도 지나면 자연 치유(적응)되는 일회성 통과의례(골프와 상견례 하는 것)와 같다.
  늦은 나이에 배울수록 심하고, 젊을 때 배울수록 가볍게 넘길 수 있는 것 같다.

b) 왼손 엄지손가락 뒤로 꺾임

손가락이 위로(뒤로) 꺾이는 부상이다.

① 스윙을 세게 하려 할 때, 특히 왼손 엄지 그립을 롱섬(펴는 모양)으로 잡고 세게 치려고 할 때, 왼손 엄지손가락 뿌리 부분의 관절이 손등 쪽으로 꺾이게 된다.

② 연습용 빈 스윙에서 릴리즈 & 손목 로테이션을 좀 더 강하게 가져가기 위한 Drill 동작을 할 때 왼손 엄지손가락이 손등 쪽으로 꺾이게 된다. 동작 형태상 왼손 엄지의 지탱이 과도하게 되기 때문이다.

③ 강하고 무거운 클럽 사용하면, 끌고 내려올 때 손목은 이미 Over Load가 되어서, 왼손 엄지손가락에 하중이 과하게 걸려 손등 쪽으로 꺾이게 된다.
클럽 강도와 스윙 웨이트에 관계된 손 부위 가속 능력 한계치의 척도가 된다. CPM이 10% 큰 클럽은 스윙 웨이트가 20% 큰 것과 같은 다운스윙 시작 가속 관성력을 손목, 손, 손가락에 걸리게 한다.

- 불편 사항 : 엄지 움직임이 부자연스럽게 되고, 약간의 통증이 따른다. 단발성이면 심하지 않으나, 반복되어 꺾이면 일상생활 중에도 통증은 심해진다.

- 방지법 :
  ^ 엄지손가락 그립 모양을 쇼트 섬(구부려 당긴 모양)으로 한다.
  ^ 세게 치는 것을 자제한다.
    세게 칠 때는 다운스윙 급가속이 되지 않도록 한다.
    세게 치고자 할 때는 롱 섬 모양을 피한다.
    끌고 내려오기 불편하다면, 자신의 스윙 웨이트 한계치이므로, 조금 짧게 잡는다.
    강한 클럽(CPM이 큰 클럽) 사용을 자제한다.
  ^ 팔꿈치, 손목 릴리즈 & 로테이션 강화하는 빈 스윙을 할 때는 정상 그립보다는 Baseball 그립처럼 왼손 엄지를 샤프트 오른편으로 넘겨잡는다.
    의외로, 왼손 엄지 꺾임 부상은 릴리즈 & 로테이션 강화, 치킨윙 방지를 위한 **빈 스윙 연습에서 발생**한다.

c) 오른손 5th 손가락 만곡증

만곡증은 손가락이 굽어 휘는 증상인데, 인터로킹 그립을 하고 강한 스윙을 구사하면, 몇 년에 걸쳐서 왼손 검지에 고리처럼 넣어 잡은 오른손 5th 손가락이 조금씩 휘어 굽어지게 된다.
손가락 모양이 보기 흉하게 뒤틀릴 수 있는데, 이것을 피하고 싶다면 오버래핑 그립을 잡아야 한다. 이렇게 손가락이 휜 것은 이후 되돌리기 힘들다.

* 헤드 스피드 40m/sec, 200m 비거리에 원심력이 20kgf 정도인 데 반해, 헤드 스피드 50m/s인 경우는 270m 비거리에 원심력은 31kgf 힘이 걸린다.
  실제 원심력은 드라이버보다 웨지 아이언이 20% 정도 더 크게 걸리는데, 라이 각이 작고 세게 치는 드라이버가 이 손가락 만곡증에는 영향을 더 준다.
  인터로킹 그립인 경우, 원심력을 견디기 위하여 센 왼손 검지가 약한 오른손 새끼손가락 마디를 누르며 꽉 움켜쥐게 되는 모양이 되기 때문에, 인터로킹 그립에서 이 손가락 만곡증 가능성이 생기는 것이다.

d) 손가락 끝 지림

스윙 중에 클럽 헤드에는 초기 가속에 대략 20g, 릴리즈에서 최대 40g~80g(선수 120g)의 가속도가 발생하며, 손에는 5g~10g 정도의 회전 가속과 회전 속도에 해당하는 원심력이 걸려서 팔에 있는 혈류가 손끝에 쏠리게(몰리게) 되어 손가락 끝에 지린 증상이 나타날 수 있다. 주로 팔이 길고 회전이 빠른 남성 골퍼에게, 그리고 손을 세게 뿌려 치는 형태 스윙을 반복할 때 나타난다.

* 항공기(전투기)에서 급회전하면 피가 머리로 쏠리고, 정신을 잃게 되는 현상이 있는데, 그것의 한계가 사람마다 틀리지만, 5g~10g 정도 된다고 한다.

골프 스윙에서 손가락, 손의 가속 환경은 극한 비행 훈련 조건과 같다.

- 불편 사항 : 지린 증상은 그립 모양상 먼 쪽에 있는 오른손 손가락이 더 심하며, 오른손 검지, 중지에서 더 크게 나타난다.

  심하면 연습할 때뿐만 아니라, 평상시에도 손가락 끝이 얼얼하게 된다. 손끝 혈관의 급격한 확장 현상 때문으로 생각되는데, 이차손상으로 진행될 가능성도 있다.

- 방지법 : 지린 증상이 나타나면, 증상의 정도에 따라 100% 스윙 연습량을 조절한다. 그리고 손을 뿌려 치려는 스윙을 자제한다.

  신체 조건(팔 길이, 혈관, 혈류)에 따라 상대적인데, 점진적인 적응 기간을 가져야 한다. 몇 개월 연습이 지속되면 증상은 사라진다.

3) 손목, 팔꿈치 부상

가장 자주 발생하는 부상 부위이며, 많은 일반 골퍼가 이곳 부상 때문에 장기간에 걸쳐 고통을 겪고, 심지어는 골프를 그만두는 예도 많다.

주로, 근육의 뼈 접합부 부근에 염좌(근육 늘어남, 파열 포함) 발생하는 형태가 팔꿈치 쪽이며, 힘줄이 가이드에 과하게 접촉되는 형태가 손목 부위 부상 형태이다.

* 상세한 근육, 힘줄, 관절의 형태는 서적 또는 인터넷 자료를 찾아보면서 본 골프 부상에 관한 내용을 읽는 것으로 고려하여, 부상의 위치만 그림으로 표기하고 상세한 인체 구조는 삽입하지 않는다.

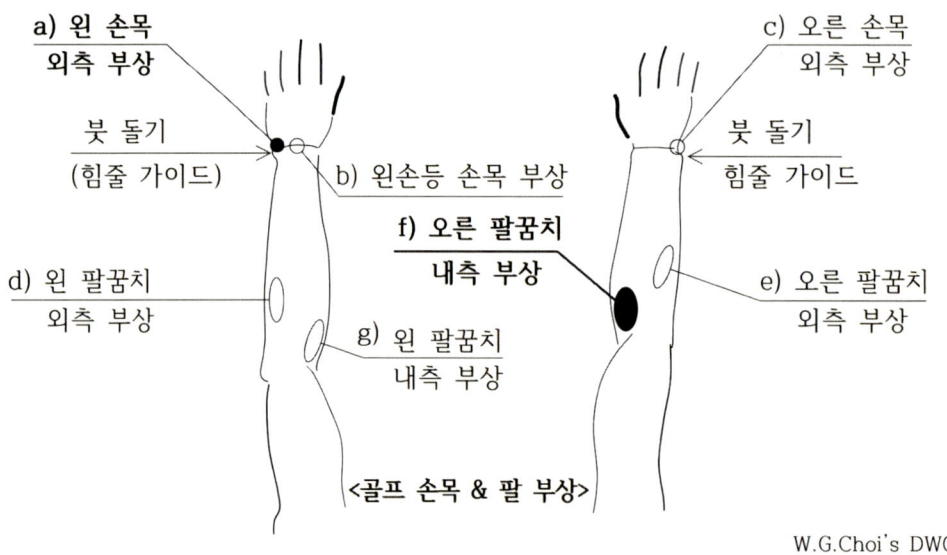

그림 5.2.6 손목, 팔 부상

a) 왼 손목 외측 부상

(스윙 동작에 관한 생각의 오류에서 발생하는 부상)
(스윙에서 가장 소중한 부위, 다치면 쉽게 비거리 회복되지 않는 부위)

손목을 손날 방향으로 강하게 휘두르려 할 때 (강제로 강한 릴리즈 하려 할 때, 클럽 헤드를 강하게 던지려 할 때) 발생하는 부상이다.

백스윙 감속 구간에서 손목 강도를 강하게 형성하여, 강한 손목 사용하는 스윙을 할 때 허용치를 초과하면 손목 날 부위가 얼얼해지면서 부상이 진행된다.

손날을 아래로 당겨 손목 관절을 펴는 근육의 힘줄이, 손목의 붓돌기 밑으로 있는데, 이 힘줄에 무리한 Tension이 걸리고 가이드에 힘줄이 압박되는 상태를 만들어 발생하는 부상이다. (cf. 손바닥을 짚었을 때 통증을 느끼는 삼각섬유연골 복합체 손상과 상이)

임팩트 직전 클럽 헤드 스피드를 올리려 손목을 강하게 펴는 동작 진행에서 힘줄에 압박이 가해지고, 클럽 헤드에 볼이 임팩트 될 때 그 충격이 전달되고, 이 충격이 $+\alpha$의 Tension을 주어, 본 근육과 힘줄에 Over tension 조건이 된다.

이 스윙 조건에서 토우 타점 또는 토우·토핑(토우 뒤땅의 지면 충격도 같음) 타점이 형성되면 왼손목이 후방으로 꺾이는 모멘트가 추가되어 $+\beta$의 Tension이 가해져서 Over tension 조건은 더욱 악화한다.

이 부상 상태에서, 토우 토핑 타격이 되면 그 통증은 더 크게 느껴진다. 통증에 반사적으로 왼팔 상완 이두박근을 움츠리게 되는데, 스윙 폼도 치킨윙 형태로 망가진다.

- 불편 상황 : 초기 단계에서 보통 이 손목 통증은 2~3일 후부터 발현되는데, 약한 통증이지만 쉽게(빨리) 사라지지 않는 특징이 있다. 기억이 가물가물해져서 클럽 헤드를 던지는 동작과 연관된다는 생각을 못 할 가능성이 크다. 일상생활에서 손목이 아린다. 점점 심해지면 붓돌기 주변이 부어오르고, 통증은 근육을 따라 팔꿈치 방향으로 확대 진행된다. 손목 사용이 제한된다.
  다운스윙 시작 지지점, 중반 버팀, 릴리즈에서 회전력 사용 근육의 힘줄 부위로, 스윙 동작의 필수부위이다. 이곳 통증이 있으면 골프 스윙 연습을 멈추든지 스윙 방식 변경(손목 회전력을 무리하게 사용하겠다는 생각을 버리는 것, 105% 클럽 헤드 던지기 스윙 금지, 스윙 강도 제한)이 있어야 한다.

- 방지법 : 손목을 너무 강하게 펴면서 그 힘으로 센 임팩트를 만들고자 하는 욕심을 내려놓아야 한다.
  다운스윙 5/4구간에서 속도를 높이는 가속도는 원심력가속도 성분이 주요한 역할을 한다. 중·하급자 실력단계에서는 일단은 먼저, *3권 2장의 원심력가속도 성분* 크게 만들고, 잘 이용되게 하는 방법을 적용하여 헤드 스피드를 키우려 해야 한다.
  중·하급 단계에서는 원심력가속도 성분이 충분히 사용되는 스윙을 하고, 토우 토핑(뒤땅에 의한 지면 충격도 동일 영향)이 잦아들면 통증과 부상이 사라진다. 그리고 상하 타점 높이는 손목이 아닌 하체로 제어해야 한다.

* 릴리즈가 어느 정도 되는 중·상급 단계에서, 비거리 늘리려는 타법인 클럽 헤드를 볼에 던지는 횟수를 제한해야 한다.

왼 손목 사용 조건에는, <u>임팩트 충격 대비 10%, 타점 미스에 의한 견딤 용도로 20% 정도의 여유값</u>이 있어야 한다는 생각을 가져야 한다. 손목 회전력을 100% 사용하려는 의도에서, 미스 타점은 이 부상에 한몫한다는 이야기이다. 정타 비율이 올라가면 손목 회전력 사용량을 조금 더 키워도 된다.

cf) 실상은 어떤 근력(70%) 이상의 손목 회전력을 사용하면, 그립이 꽉 쥐어지게 되고 손목이 경직되어서 릴리즈도 원활하지 않을 뿐만 아니라 (힘은 더 썼지만, 거리는 나오지 않는), 돌리는 힘(일명 골퍼들이 말하는 '헤드 무게')을 느끼기보다는 꽉 쥐는 힘의 느낌이 지배하게 되어 '접선 헤드 무게 ≈ 가속 관성력 ≈ 손목 회전력'을 느끼지 못하게 된다.

Remarks

#1. "임팩트 이후(전방 쪽)에서도 속도가 줄지 않고 가속되어야 한다."라는 황당한 생각을 하고, 그것을 위해서 왼 손목을 (있는 힘껏) 엄청나게 강하게 펴는 동작을 하면 이 부상 발생 조건이 된다.
  * 풀스윙에서 임팩트 직전에 원심력가속도 성분이 거의 사라져 가속은 한풀 꺾이고 임팩트 직후에 감속으로 바뀌는 것이 스윙이다. 왼 손목 부상을 방지하려면, "소리는 좌측에서 나도록 가속을 계속해 주어야 한다."라는 이야기는 믿지 않는 것이 현명할 것이다.

#2. 최종적인 비거리의 한계는 손목 근력 능력이 결정한다. 하체와 몸통을 아무리 강하게 회전하더라도, 손목이 약하면 더 이상의 비거리 증가는 없다고 보는 것이 맞을 것이다.
거리는 무한정 늘어나지 않는다. (초보 단계가 아닌 이상) 자기 손목 근력 한계에 맞게 목표 거리를 설정하고, 만족할 줄 아는 골퍼가 현명하다고 하겠다.
정상적인 스윙 형태에서 세게 치려 했을 때, 이곳 왼 손목 날 쪽에 통증이 있다면, 여기까지가 헤드 스피드 한계라고 봐야 한다.

#3. 왜글 방법을 이것저것 섞어 사용하면, 손목 근육 사용 조건이 달라져서 이곳 부상 위험이 증가한다.

#4. 왼 손목 날 쪽 통증은 스윙에서 과부하를 의미한다. 거의 한계 스윙 스피드에 도달한 것이다.
이곳은 클럽에 몸통 회전력 전달(지지)을 최종적으로 담당하고, 임팩트 직전에 손목 회전력을 사용하는 곳으로써, 이곳 부상은 비거리 감소를 불러일으킨다. 주의할 것은, 이곳 부상으로 감소 된 비거리는 쉽게 회복하기 힘들다는 것이다. 만약 이곳에 부상이 와서, 한두 달 골프 스윙을 쉬라는 의사의 조언 있다면, 따르는 것이 궁극적으로 이득이 될 것이다. 쉬는 기간에 스윙 이론을 살펴보는 것도 골프 실력을 늘리는 한 가지 방법이 될 것이다.

#5. 특이한 연계 현상으로서, 왼 손목 날에 통증이 있으면 퍼팅 어드레스에서 퍼터를 드는 감각이 저하되고 거리감을 상실할 수가 있다.

b) 왼손등 쪽 손목 부상

손날 쪽과는 조금 다른 부상이다.
스윙 폼이 거의 완벽한 상태에서 이곳에 통증이 느껴진다는 것은, 손목의 능력이 스윙 세기의 한계점(최대점)에 다다랐다는 지표다. 다음과 같은 스윙 조건에서 이곳 통증이 발생한다.

① **스윙 웨이트가 큰** 조건의 스윙을 할 때 이곳이 시큰거리고 얼얼하다.
 - 스윙 웨이트 무거운 클럽 (긴 클럽, 헤드 무거운 클럽)
 - CPM이 큰 클럽
 - 강한 스윙 (스윙 반경을 키운 스윙, 초기 가속을 강하게 하는 스윙)
 - 그립을 길게 잡을 때, 길이가 긴 드라이버 사용할 때

② 당겨지는 원심력, 꺾이는 손목 회전력 작용하는 상태에서, 자연-로테이션 사용이 작고 **억지-로테이션으로 클럽 페이스를 닫으려 할 때**, 이곳 근육에 Tension이 크게 걸리고, 이때 토우 또는 토우·상 타점 임팩트가 이루어지면 손목이 손바닥 쪽으로 꺾이게 되어 추가 Tension이 걸려서, 손목 부분의 근육 힘줄이 가이드에 눌리게 되어 발생하는 통증이다.

③ 왼 손목 보잉으로 임팩트를 가져가는 타법(왼 손목이 밖으로 돌려져 손바닥 쪽으로 꺾인 모양 = 보잉)을 구사했을 때 잔뜩 손목 Tension이 걸려 있는데, 뒤땅 발생하면 그 충격이 힘줄을 더욱 당겨, 왼손등 손목 부분에서 힘줄이 가이드에 눌리게 되어 발생하는 통증이다.
이것은 손목 근력 약한 사람이 *"보잉 하면 아이언 비거리가 늘어난다."* 라는 조언을 실행했을 때 나타나는 부상이다. De-loft 타격 되어 탄도가 낮아져 비거리는 늘어날 수 있으나, 약간 외회전 되어 늘어난 왼 손목 근육에 토우 타점 또는 토우 뒤땅 충격이 더해지면 이 손목 부상 위험성은 매우 증가한다.

 - <u>불편 사항</u> : 초기 시큰거리고 얼얼하다. 손목을 접고 펼 때 때 통증이 느껴진다. 손목 사용이

제한된다.

억지 로테이션과 보잉은 선택 사항으로써, 불편과 통증을 느끼면 몸이 거부하여 스스로 (무의식중에) 사용량을 줄이게 되어있다.

몸이 받아들이지 않는데, 억지로 계속하면 스윙 폼이 커핑으로 변형되며 망가진다.

- 방지법 :

  ^ 클럽 강도, 스윙 세기를 확인한다.

  ^ 강한 스윙을 자제한다.

  ^ 자연 로테이션을 Base로 사용하는 클럽 로테이션이 되도록 한다. 슬라이스 구질 난다고 억지 로테이션으로 잡으려 하면 안 된다. 드로우 구질을 구사하고 싶다고 억지 로테이션으로 만들려 하면 안 된다.

  ^ 왼 손목 보잉 사용하는 샷을 구사할 때는, 과도하게 사용하지 말고, 토우 뒤땅에도 그 충격량을 흡수할 수 있는 정도의 보잉을 사용한다.
  보잉은 손목이 약한 사람에게는 추천되지 않는 스윙 방법이다.

cf) 위의 것과 조금 다른 것으로 좀 특이한데, **엄지~검지 방향 쪽의 왼 손목 부위**(손목 윗면 방향) 통증이 유발되는 때가 있다. 왼 손목 꺾어 올리는 근육에 과도한 이완이 되면, 힘줄이 가이드에 눌려 통증이 발생한다.

오뚜기의 반대편 넘어짐처럼, 반사신경의 손목 날 방향 동작의 반대 방향 근육(길항근)에 급한 이완 현상이 동반되는 것으로 생각되며, 심각한 통증은 아니다. 클럽 스윙 웨이트 상태를 확인할 수 있는 지표로 사용할 수 있다.

스윙 웨이트가 크면 반사신경이 크고, 그러면 릴리즈에서 길항근 이완이 크다는 가정이 성립한다.
다음과 같을 때 스윙 웨이트는 더 큰 조건이 된다.

  - 그립 길게 잡고 세게 칠 때 --- 길이의 제곱만큼 커진다.
  - 클럽 헤드가 무거운 것 사용할 때 --- 전체 또는 특정 클럽 무거운 상태
  - CPM이 큰 샤프트 사용할 때 --- CPM 비율의 제곱만큼 가속 관성 증가 영향
  - 세게 치려는데, 로테이션이 부족하여 억지로 왼 손목을 돌릴 때, 그리고 Tension 걸린 상태에서 (드라이버) 상·타점 임팩트 충격이 가해지는 상태

이 손목 부위에 약한 근육 당김 통증이 발생하면, 스윙 웨이트 조금 줄이는 스윙이 추천된다.

즉 회전력을 조금 적게 사용하여 부드러운 스윙을 해야 한다. 또는 그립을 반 인치 짧게 잡고 100% 스윙을 한다.

c) 오른손등 쪽 손목 부상

이곳은 단발성 형태로, 힐 쪽 강한 뒤땅에 의해서 발생할 수 있는 부상이다.
힘줄이 있는 손목 등 쪽과 함께 전완의 외측 근육 통증이 나타난다.
통증은 염좌의 형태이며, 반복 정도에 따라 통증은 가중된다.

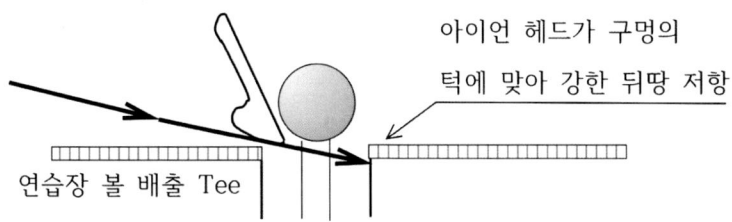

그림 5.2.7 연습장 볼 배출구 위에 놓고 치는 아이언 샷

그림과 같이 연습장에서 아이언 티샷 연습을 할 때, 헤드가 두껍게 들어가서 턱에 맞을 때 강한 순간 저항이 발생한다.
라운드 샷에서 헤드가 돌부리에 맞는 경우, 또 볼 후방 30cm 정도의 큰 아이언 & 우드 뒤땅도 같은 충격을 준다.
이때 오른손의 반사신경은 다음 두 가지 경우로 반응한다.
   (A) 손가락, 손목 힘을 풀어서 턱의 저항을 손목에서 무력화하는 반사신경이 작용한다. (**의식**하는 뒤땅인 경우)
   (B) 손가락을 더욱 꽉 쥐고, 손목을 손바닥 쪽으로(전방으로) 꺾는 근력으로 저항을 이겨내려는 반사신경이 작용한다. (**무의식** 상황의 뒤땅인 경우)

(A) 경우에는 손목 부상이 거의 발생하지 않는다. 앞 턱에 헤드가 방해받는(걸리는) 벙커샷 같은 상황에 해당한다.
그림의 예와 같이 강한 저항이 발생하는 조건에서 **(B) 반사신경이 작용하는 경우**, 클럽의 힐 쪽이 구멍 턱에 먼저 맞아 클럽이 돌아가 닫히는 것에 연결된 손등 근육이 삐끗하는 것과 같은 인장 충격을 받고, 턱의 저항을 극복하려는 손바닥 쪽 꺾은 근육의 반사신경 동작이 연달아 크게 나타나 발생하는 손목 부상의 형태이다. 클럽 헤드의 힐 쪽 바닥에 강한 저항 생겨, 반대쪽에 있는 오른손

등 쪽 근육이 충격을 받은 것이다.

- 방지법 : 연습장에서 티 위에 올려놓은 아이언 티샷 연습은 쓸어치기 연습만 한다. 다운블로 연습은 연습장 티 위에 올려놓고 하지 않는다. (꼭 하고 싶다면 한두 번으로 제한해야 한다.)

* 뒤땅 반사신경 : 일반 잔디 위에서 뒤땅 반사신경은 그립을 꽉 잡는 것으로 보통 반응한다. 저항을 극복하려는 반사신경이다.
이와는 다르게, 벙커 턱에 볼이 있는 경우, 나무 걸 턱, 도로 위 등에서는 시각적으로(눈으로, 뇌로) 판단해서 부상이 미리 예견되는 상태로써, 손을 풀어버리는 반사신경이 작용하여, 몸 스스로 부상을 피해 가는 선택을 하게 된다.
인지하지 못한 언 땅, 숨겨진 바위/돌멩이 위의 볼을 타격할 때 뒤땅 나면, 그립을 꽉 잡는 반사신경이 작용하여 왼 손목 날 쪽을 포함하여 오른 손목 등쪽 부상이 발생하는 경우가 있다.
볼 밑에 딱딱한 뭔가가 있는지? 언 땅인지? 미리 확인하여 그립이 풀어지는 반사신경이 선택되도록 하여야 이런 부상을 예방할 수 있다.

d) 왼 팔꿈치 외측 부상

앞 a) & b)의 부상이 반복 지속되면, 즉 토우 토핑, 토우 뒤땅 지면 충격, 큰 손목 회전력 사용 스윙, 억지 손목 로테이션이 지속되면, 해당 근육의 부착점이 있는 왼 팔꿈치 바깥쪽에 충격이 누적되어 통증이 발생한다.
이런 조건의 오른팔 위주 스윙에서는 보통 오른팔 팔꿈치 내측 부상이 먼저 찾아온다. 반면, 왼팔 위주의 스윙에서는 왼 손목 통증과 함께 이곳 부상도 심해진다.

- 방지법 :
^ 토우 토핑, 토우 뒤땅을 피하는 스윙, 즉 양 무릎 폄 동작이 강하게 이루어지는 스윙을 하면 해결된다.
하체 폄을 강하게 하면 토우 타점의 원인인 배치기(얼리 익스텐션)가 완화된다. 그러면 토우 타점 개선되고, 두꺼운 타점도 개선되어 왼 팔꿈치 외측 부상은 거의 사라질 것이다.
* 하체 폄이 약하면 배치기가 되고, 배치기는 토우 뒤땅을 유발한다.

^ 그립에 힘이 들어간 Out to In 궤도 스윙을 교정하는 것으로, 원심력가속도 성분이 이용되는 스윙을 하는 것이다. 손목에 힘이 빠진 스윙을 만들면 토우 타점이 개선된다. 토우·상 타

점은 손을 들어 올리거나, 손목을 꺾어서 클럽 헤드를 올리려 하면 더욱 심해지므로, 오히려 손을 내려(뻗어) 돌려주어야 한다.

e) 오른 팔꿈치 외측 부상
(초보 부상 ≈ 오른손 검지로 뭘 해보려 할 때 부상)

그립을 너무 가볍게 잡고서 손목 스냅을 강력하게 이용하고자 할 때, 그리고 손목 스냅뿐만 아니라 오른 팔꿈치 폄 스냅까지 강력하게 이용하겠다는 의욕으로 스윙할 때, 오른손 검지 굽힘근이 과하게 사용된 경우로써, 팔꿈치 외측, 노뼈의 검지 굽힘 근육 부착점까지의 근육이 늘어나는 부상이다.

오른손 4th & 3rd 악력이 약하면, 그 부담을 검지가 담당하게 되어서 검지 굽힘근이 늘어나 생기는 염좌 형태이다.

- 불편 사항 : 오른손 검지 사용과 손목의 사용에서 약한 근육 통증이 있다.

- 방지법 : 회전력을 전달하는 오른손 4th & 3rd 손가락 악력을 충분히 잡아준다. 과도한 스냅 스윙을 자제한다.
  손목 스쿠핑을 만드는 것은 원심력가속도 성분인데, 스쿠핑은 몸통 회전과 팔의 진행을 적게 하면 발생한다. 스냅 이용 스윙에서도 몸통 회전과 팔의 진행은 충분하게 계속 진행되어야 한다.
  억지로 손목 스냅 크게(많이) 사용한다고 샷의 품질과 결과가 좋아지는 것이 아니니, 그립을 너무 가볍게 잡고 스윙하려는 것은 추천되지 않는다.

f) 오른 팔꿈치 내측 부상
(일명 '골프 엘보')
(골프 최고, 최장, 최다 부상 부위)
(강한 샤프트 사용하면 단시간에 거의 100% 이곳 부상 초래)

골퍼라면 누구나 한 번 이상은 겪었을 것으로 추정하는 부상이다.
보기 플레이어부터 100타 골퍼의 50% 정도는 현재에도 가볍든 아니면 심각하든 이곳 통증을 느끼면서 골프를 하고 있을 부상이다.

그래서 이것을 '골프 엘보' 부상이라고 부르는 것 같다.

원인은 다음과 같으며, 하나 또는 복합적인 요인이 작용한다.
① 원심력가속도 성분이 작은 스윙을 하는 경우 : 상체, 팔의 힘으로 클럽을 억지로 휘둘러서 볼을 때리려 하는 형태이다.
팔과 손목으로 뒤처지려는 클럽 헤드를 잡아챌 때, 손가락과 손목 굽힘 근육이 있는 전완 내측 부분들에 Tension이 걸리는데, 여기에 임팩트 충격 Tension과 미스 타격에 의한 Tension이 더해져 과도한 근육 Tension이 걸리게 되어서, 근육 늘어남, 찢어짐, 뼈 부착 부위의 뜯김이 일어나는 것이 '골프 엘보' 부상이다.
이런 스윙은 전반적으로 비거리가 안 나고, 슬라이스 구질의 성격을 띤다.
손, 손목에 더 많은 힘이 들어간 상태라서, 임팩트 충격이 더 쉽게(크게) 팔꿈치 쪽으로 전달된다.

② 타점이 계속 토우·상 타점일 때 : 타점이 이곳이면, 임팩트 충격 모멘트가 그립을 후방으로 젖히고, 뉘이게 하는 쪽으로 작용하여, 전완 내측 근육의 Tension을 증가시킨다.
보통 ①항의 원심력가속도 성분이 적게 만들어지는 스윙에서 토우·상 타점이 만들어지며, 그리고 백스윙 체중 이동이 적을 때, 헤드가 닫히도록 그립 돌려 잡을 때, 스윙 웨이트가 무거운 클럽일 때 등에서도 토우·상 타점이 만들어지며, 이 근육에 Tension이 크게 걸리게 되는 근육 사용 환경이다.

③ 강한 클럽 사용하는 경우 : 강한 클럽 사용은 캐스팅 유발, 원심력가속도 성분이 작은 스윙, 클럽을 손으로 잡아 다기며 배치기를 하는 얼리 익스텐션 동작이 되고, 그리고 강한 샤프트의 진동 주기 때문에 릴리즈 타이밍이 빨리 만들어지고 헛심이 쓰이는 상태가 되며, 더군다나 강한 클럽으로 인하여 임팩트 충격량이 팔꿈치에 크게 전달된다.
이런 복합 악영향으로, 강한 클럽을 사용하는 경우 거의 오른 팔꿈치 내측 부상이 예견된다고 보면 틀림없다.
여기에 무거운 클럽이면, 더 큰 회전 관성 저항을 이겨내야 하는 근육 Tension 조건이 된다.
　* 일반 보통 남성이 프로선수 사양 클럽을 사용하는 것은 금물이다. 일반 체격의 여성이 남성 클럽을 가지고 스윙 연습을 하는 것도 금물이다. 거의 100% 팔꿈치 부상과 손목 부상이 뒤따르게 된다.
　골프는 아무 클럽으로나 사용해서 스윙하면 되는 만만한 운동이 아니다.

- 불편 사항 : 오른 팔꿈치 내측 부상은 과도한 'Tension 조건의 반복 횟수 + 미스 타점의 반복

횟수'에 의해서 부상의 정도가 결정된다.
힘줄의 눌림 부상은 1주일 정도 지나면 얼추 증상이 사라지지만, 근육의 늘어남(약 2주), 근육의 찢김(약 4주)은 경험상 긴 시간이 필요하다.
낫기 전에 반복되는 스윙 연습 및 볼의 타격 충격은 부상의 정도를 점점 더 악화시킨다. 타격 충격 때마다 통증이 온다면 심한 상태이다.

처음에는 조금씩 땅기는 팔꿈치 안쪽에 있는 손가락 굽힘근, 손목 굽힘근의 뼈 부착 부위 근육 통증이 점점 더 확대되고, 전완의 안쪽 근육을 따라 손목 쪽으로 확대된다.
문고리를 돌려 문을 여닫는데 불편할 정도의 통증이 수반되며, 가볍게 골프공을 쳐 낼 때도 찌릿찌릿 아프게 된다. 이쯤 되면 평상시 가만있어도 미통이 느껴지는데, 염좌 상태가 넓게 퍼진 것으로 보면 맞을 것이다.
장기간의 이 부상 상태는 팔꿈치 관절 기능에 영구적인 손상(기본 변위 축소)까지 이를 수 있다.

- 방지법 :
오른 팔꿈치가 찌릿찌릿하면 이 팔꿈치 부상의 전조현상이다. 전조 증상이 나타나면, 초기 단계에서 주의를 기울여야 한다.
골프 스윙의 원리를 이해하지 못하고 힘으로 치려는 골프 스윙은, 이 부상을 점점 심하게 만들고, 그 부상은 몇 개월, 몇 년이 지속될 수 있다.

① 클럽은 강하지 않은 것을 사용한다.
자기의 손목 회전 근력과 템포에 맞는 스윙 웨이트(클럽 헤드 무게, 길이, 샤프트 무게, 강도)를 사용하고, 강한 클럽 & 무거운 클럽을 이겨내겠다는 생각을 단호하게 버린다.
(1장 클럽 사양 참조)
손목이 이겨낼 수 있는 스윙 웨이트 한계는 근력을 키우지 않는 한 이미 정해져 있으며, 더 큰 하중을 이길 수 없으니, 스코어와 육체적 정신적 건강을 위하여 제한된 세기 범위에서 스윙한다.

② 원심력가속도 성분이 크고, 잘 이용되는 스윙을 한다.
이것이 가볍게, 살살 친 것처럼 보여도 멀리 보내는 스윙 비법이다.
(3권 2장 원심력가속도 성분 참조)
특히 다운스윙 초기 클럽 헤드가 부드럽게 가속되도록 해야 하는데, 손목 힘 덜 증가하게 만

들어주는 사항을 전체적으로 적용해야 한다. *(3권 1장 오른 무릎 오금 굽힘 참조)*
결과로 원심력가속도 성분이 크고 잘 사용되면 헤드 스피드가 나오고 자연 로테이션이 많아져서 슬라이스 방지를 위하여 억지로 돌려줄 필요도 없게 된다.

③ 토우·상 타점이 반복해서 나타나면, 연습 횟수를 줄이고 타점 개선(교정)의 방법을 찾아야 한다.
하체 폄을 키워 배치기를 방지하는 것이 원인 제거를 위한 첫 번째 해답이다. 그리고 오른 팔꿈치가 낮게 올라가는 백스윙은 토우·뒤땅 타점이 나올 가능성이 크므로 오른 팔꿈치 높이와 타점 연관성을 이해해야 한다.
일명 손장난(그립 바꾸는 것, 손 돌리는 것, 손 꺾는 것, 양팔 모양 억지로 만드는 것)으로 릴리즈 문제, 타점 문제, 로테이션 문제가 쉽게 해결될 것이라는 생각은 아예 버려야 한다.

* 토우·상 타점은 플레이 결과도 나쁘고, 오른 팔꿈치 내측에도 안 좋은 부상을 유발한다. 릴리즈를 잘하는데도 불구하고 드라이버, 우드 토우·상 타점 맞으면, 이것은 Setup 변경으로 잡기보다는 스윙 교정으로 잡아야 한다. 오른 팔꿈치 높이(위치)로 만드는 손의 높이(위치)에 타점은 민감하다. 그리고 손을 들어주는 것이 아니라 내리뻗어야 궤도는 올라가게 된다.
cf) 테이크어웨이에서 오른 팔꿈치를 길게 눌러주면 늦은 골반 접기가 되는데, 백스윙 후반부에 왼팔을 뻗어주려 하면 토우·상 타점 발생한다. 왼팔을 뻗는 백스윙을 하려면 테이크어웨이는 콤팩트 하게 해야 한다.

<드라이버 토우 상 타점>   <우드 토우 상 타점>

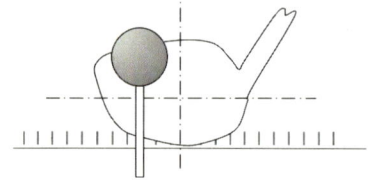 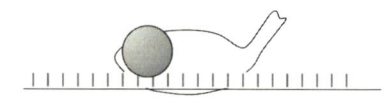

그림 5.2.8 오른 팔꿈치 내측 부상에 치명적인 토우 상 타점

cf) 몇몇 일반 골퍼는 토우 쪽에 맞으면 비거리 증가한다고 생각하고, 일부러 토우 타점을 맞추려 하나 정확도 면에서 득보다는 실이 훨씬 많다.

g) 왼쪽 팔꿈치 내측 부상

정상적인 스윙 폼에서 발생하는 것이 아니라, **왼 광배근이 과 사용되는 골퍼**에서 나타나는 부상이다.

원심력가속도 성분을 사용하지 못하는 골퍼가 비거리 고민에 빠지는데, 왼 광배근 수축량을 키워서 왼 어깨를 많이 돌려(뒤로 제쳐) 강하게 임팩트 하려 했을 때 비거리가 10~20m 더 나가게 되는 것을 경험하고, 이 광배근 수축량을 더욱더 키우는 것이, 비거리 더 증가시키는 방법이라고 오판하는 것에서부터 이 부상은 시발 된다.

* 왼 광배근 사용은 원심력가속도 성분을 키우고 무릎(하체) 익스텐션을 사용하여 헤드 스피드를 늘리는 것에 정반대의 성향을 만드는 동작 형태이다.

어떤 이유로 비거리가 줄어들었을 때 (예로, 강한 샤프트로 바꿨을 때, 팔로 치는 억지 스윙했을 때), 그것을 회복하려는 방안의 하나로써 우연히 왼 광배근 사용량을 키워보았을 때, 비거리 조금 늘어나는 기미를 보이는 것 때문에, 더욱 왼 광배근 사용량을 키워서 비거리를 더 늘리겠다는 생각을 할 수 있다.

그러나 임팩트 전 다운스윙에서 왼 광배근 사용을 늘려 왼 어깨 젖힘 양을 키우게 되면, 왼 상완 이두박근의 말단 부분인 전완 자뼈 부착 부위에 헤드의 가속 관성 하중이 크게 걸려 이곳에 염좌가 생기는 것이다. 몸(어깨)의 강한 회전과 클럽 헤드가 강하게 버티는 관성력 사이에서, 중간에 낀 이곳 근육이 버티기 힘든 여건이 되는 것이다.

- 불편 사항 : 다른 것들과 다르게, 통증이 임팩트 때 발생하는 것이 아니라, **임팩트 직전에 발생**하고, **폴로스루의 왼 손목이 굽어질 때 발생**한다.

  일상생활 중, 손목을 안쪽으로 굽히는 동작에서 염좌 부위 부근 근육이 사용되므로 이때 통증이 느껴진다.

  * 이 왼 광배근 이용하는 스윙을 계속하면, 래깅이 빨리 풀리게 되어서 스윙 폼은 더 망가지고, 이어서 왼 손목 날 쪽 부상으로 연결된다. 래깅을 유지하려고 오른 어깨 회전을 강하게 하면 오른 어깨 관절 부상으로 진행될 수 있다. 이쯤 되면 골프 성적은 형편없어지고, 스윙 폼을 되살리기는 요원하게 된다.

- 방지 방법 : 프로선수들의 임팩트 시점, 왼 광배근의 변위 이용량을 유심히 관찰하고, 자신의 상태와 비교하여 왼 광배근의 과사용을 자제한다. 임팩트 때까지 왼 광배근은 강한 Tension은 계속 있지만, 수축량으로는 체 5~10%도 사용되지 않는다.

왼 광배근 수축 변위는 폴로스루와 피니쉬에서 사용되는 것이다. 다운스윙에서의 왼 광배근 수축 사용은 하등의 이점이 없고, 다양한 샷 메이킹을 할 수 없게 된다. 이것 때문에 *"임팩트 때까지 왼 광배근을 사용하지 말라."* 라는 말이 있는 것이다.

* 다운스윙 중반부에서 왼 광배근을 이용해서 왼 어깨를 뒤로 젖히면, 래깅이 일찍 풀어져 버린다.

2.2 몸통 부상

골프 스윙에서 몸통 부상에는 다음 사항이 있다.
- 등 근육 부상 : 의외의 원인이 있다.
- 가슴 부상 : 골절 또는 이와 비슷한 부상이다.
- 허리 통증 : 고통스러운 부상이다. 자세와 연관된다.

1) 등 근육 부상

어깨를 움직이는 대표 등 근육은 승모근(등 세모근)이다.
승모근 분류와 그 동작 역할은 다음과 같다.
- 위 승모근 : 어깨를 위로 들어 올림
- 중간 승모근 : 어깨 회전
- 아래 승모근 : 어깨 내림, 어깨 회전

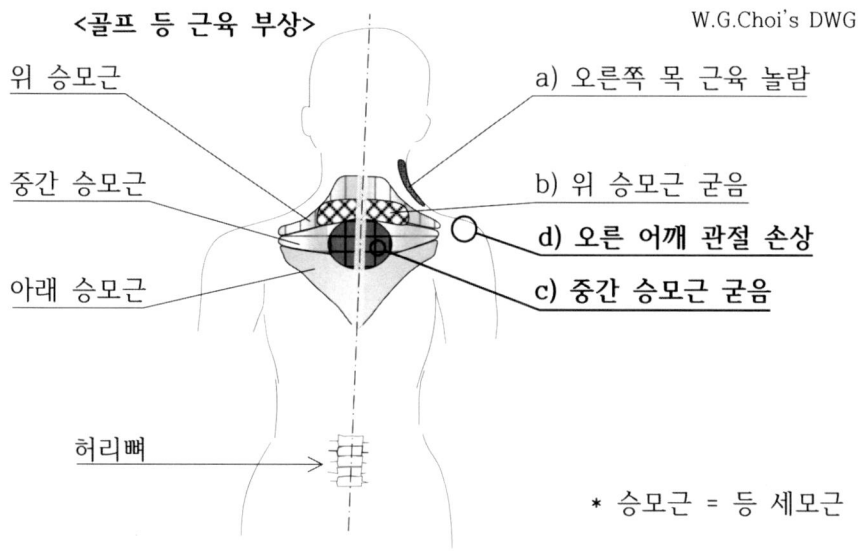

그림 5.2.9 등 근육 부상

a) 오른쪽 목 근육 놀람

일상생활에서 가끔 목 근육이 놀라, 목을 돌리는 데 불편함이 있을 때가 있다. 2~3일 지나면 그 불편함은 사라진다.

골프 스윙에서 'Power Fade'라는 것을 친다고 실행해 보다가 발생하는 것이 오른쪽 목 부위 근육이 삐끗하는(담에 걸리는) 부상이다.

그냥 페이드는 깎아 치면 되는데, 파워 페이드라는 것이 하체와 몸통 회전을 최대로 많이 하고, 이후 클럽을 강하게 던져주는 동작으로 페이드 구질을 만들어서 보통의 페이드 보다는 멀리 보내는 것을 말한다.

페이드 구질을 구사하면 비거리가 감소하니, 이것의 보완으로 파워 페이드라는 것 치는 방법을 혹자가 소개하여, 그럴싸한 명칭 때문에 실행 해 보는 일반 골퍼가 있는데, 근육 변위의 한계에 이르렀을 때는 목 근육 부상을 초래한다.

　　* 유연한 젊은 사람은 괜찮을지 모르지만, 중장년에게는 위험이 크다.

다운스윙 몸통과 목의 회전각 차이(어긋난 꼬임)가 큰 상태에서 볼을 때리는 순간 목이 활시위처럼 전방으로 튕기며 회전하는데, 그 순간 수축해 있던 목에 있는 근육(오른 어깨 올림근)이 순간 이완되는 (뻑~ 소리를 내며 늘어나 버리는) 부상이다. 이때 바로 목 근육 부상 온 것이 감지된다. <mark>일회성 동작 부상</mark>이다. 이 골프 스윙의 부상 발생 순간은, 머리와 목이 더 강하고 빠르게 움직이는 형태로서, 일상생활에서 발생하는 담보다 그 정도가 훨씬 심각하다.

- 불편 사항 : <mark>당일은 약간 불편</mark>하지만, <mark>하룻저녁 자고 나면 고개가 돌아가지 않게</mark> 되는데, <mark>1주일 정도 고개를 돌리는 것에 불편</mark>이 따르고, 돌릴 때 통증이 있다. 잠을 잘 때, 머리를 마음대로 두지 못하고, 수면 자세에서도 통증을 느끼게 된다.
골프 스윙 연습하기 어렵다. 라운드에서도 정상 스윙을 할 수 없다.

- 방지법 : 'Power Fade 샷' 연습을 했을 때, 이 부상이 발생할 확률은 매우 높다. 일반 골퍼는 이 샷을 궁금해하지도, 연습하지도 말 것이며, 사용하지도 말 것을 추천하고 싶다. 그냥 전문 선수들의 영역이라고 생각하자.
꼭 하고 싶다면, 연습하기 전 목 회전 스트레칭을 충분히 할 필요가 있다.

Remarks
#1. 목 근육 스트레칭을 하고서도, 나이 든 일반 골퍼가 파워 페이드 샷 한다면, 동작의 형태상 오른 목 근

육의 부상 가능성은 여전히 클 것으로 생각된다.

#2. (본인 클럽이 아닌) 강도가 약한 드라이버로 잠깐 스윙하면 자연 슬라이스가 발생한다. 클럽의 탄성 릴리즈 타이밍이 느리고, 또 릴리즈 때 손목 회전력의 가속 관성력에 의해서 샤프트가 후방으로 휘기 때문이다.

이것을 보상하려고 팔 & 손목 롤링을 강하게 해주려 할 때, 오른 목 근육의 변위가 커져서 근육이 놀라게 될 수 있다. 약한 클럽으로 슬라이스를 보상한다고 강한 롤링을 주는 동작은 하지 않는 것이 좋을 것이다. 일시직인 가볍고 약한 클럽 스윙은 작용과 반작용 형태가 달라져서 어깨 회전이 더 되어 버릴 수 있다.

b) 위 승모근 굳음

손, 팔에 힘을 주는, 즉 그립에 힘이 많이 들어간 상태에서, 어깨를 들어 올리는 백스윙과 다운스윙을 하면 위 승모근이 굳게 되고 쉽게 풀리지 않는다.
반복된 Shot, 반복된 연습으로 양쪽 위 승모근은 단단히 굳게 된다.

 * 유사 : 사무직 자판, 그래픽 빨리하려고 어깨를 올리고 손을 빨리빨리 움직여 타자와 마우스 클릭을 했을 때 나타나는 어깨의 굳음 현상과 비슷하다.

- <u>불편 사항</u> : 거북목으로 진행된다.
 걸으면서 시선을 정면에 두지 못하고 바닥을 보게 된다.
 머리, 목, 어깨가 항상 뻐근한 상태에 있게 된다.
 심하면, 누울 때, 어깨~목 연결부위에 근육통을 느낀다.

- <u>방지책</u> : 골프 스윙 중에 중요한 핵심 하나는 위 승모근을 적게 사용되도록 하는 것이다.
 ① 어깨를 들어 올리는 Setup & 스윙을 하지 말고, 어깨를 내린 모양으로 한다.
 ② 백스윙 2/3구간, 왼팔 상완을 외회전(Zig-zag 꼬기) 시키며 진행한다.
 ③ 중간 승모근과 아래 승모근을 이용하여 백스윙 어깨 턴을 한다.
 ④ 그립에 힘이 덜 들어가는 백스윙 탑 헤드 모양 만들고, 다운스윙 시작 헤드가 부드럽게 가속되게 한다.
 ⑤ 동작 중심축을 명치에서 아래쪽 단전으로 내린다.
 (골반~어깨 회전 시차 만들기 ≈ 릴리즈 타이밍 늦추기)
 ⑥ 평상시 팔을 들어서 '앞-위-옆-아래', '옆-위-앞-아래'로 어깨를 회전시키며 풀어주는 스

트레칭을 한다.

c) 중간 승모근 굳음
(무기력증까지 나타나는 의외로 심각한 증상)
(특히 밤에 가장 극심한 지속적인 통증 유발)

일부러 그립에 힘을 잔뜩 주고 한두 시간 정도 샷 연습을 하고, 하룻저녁 자고 나면 등의 한가운데 (등짝 복판 조금 위)가 쿡쿡 쑤시는 경직 현상이 만들어진다. 극심한 통증이 수반된다.
일부러 그립에 힘 꽉 주고 스윙 해 보는 경우로써, "어떤 특성이 있나?", "스윙이 꼭 힘 빼고만 해야 하나! 힘주면 뭐가 안 된다는 것인가?"라는 궁금증이 발동되어 실행해 볼 때이다. 결과는 비거리, 방향성, 타점에 큰 문제 사항은 없는, 나름대로 결과에 순응하면 될 정도이지만, 진짜 큰 문제는 등 근육 부상이다. 다음날부터 통증이 오므로, 등 부위 고통이 이 스윙 Test에 기인한다는 것을 관련지어 유추하기는 쉽지 않다.

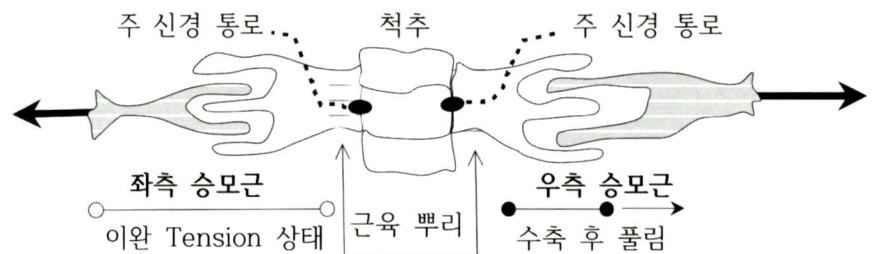

* 만약 힘 들어가서 우측 승모근이 풀리지 못하면 좌우 뿌리에 강한 인장 걸림

그림 5.2.10 좌우 중간 승모근의 블로킹 현상

등의 좌·우 중간 승모근, 즉 수축하는 한쪽 주근에 반대쪽 길항근이 이완해 주어야 하나, 그립에 잔뜩 힘을 주고 스윙하면, 길항근이 이완되지 않고 붙잡고 있는 블로킹(Blocking) 현상이 만들어져 근육의 뿌리 부분에서 양쪽 근육들이 서로 잡아당겨 늘어나는 상태가 만들어지는 것 같다.
이 근육통은 근육이 늘어나 찢길 때 나타나는 통증, 그리고 그 손상과 통증이 부근의 주 신경 줄기들을 자극해서 나타나는 현상으로 추정된다.
연속해서 이런 스윙 연습을 반복하면 그 통증은 배가된다.

- 불편 사항 : 약한 초기 상태에서는 하루 지나서 등 부분이 가렵게 된다. 조금 더 심해지면 양

쪽 중간 승모근이 모이는 부분의 결림과 쑤심은 이루 말로 할 수 없는 고통을 주고, 그 고통은 수면 방해까지 일으킨다. 신경이 덜 쓰이는 밤에 더 극심한 통증을 느낀다.

정신적으로 모든 일이 짜증 나고, 만사가 하기 싫은 무기력증까지 주는 것이, 이 근육통의 특징이다. 일반적인 파스류의 부착으로는 해결되지 않는다. 이 등 근육통은 빨리 사라지지도 않는다. 꼬박 1주일은 지나야 겨우 사라진다.

이 부위는 많은 신경 줄기(교감신경 포함)의 척추 출입구 근처이고, 특히 유도 전류와 같은 이상 유도 자극 신호가 부근을 지나는 교감신경에 전파되는 것 같은데, 교감신경이 흥분되었을 때 나타나는 불안, 초조, 흥분, 무기력증, 두통, 피로, 식욕부진 현상이 나타나고, 장기화하면 자살 충동까지 나타날 수 있다.

- 방지책 : 궁금해도 참고, 절대 그립에 힘 잔뜩 주고 스윙하지 말 것을 권고한다.
  이것과 유사한 통증 경험이 있다면, 그것이 그립을 억지로 꽉 잡고 스윙한 것에 기인한 것인지를 곰곰이 생각해봐야 한다.

* 말 중에 *"(겨울에) 등 따숩고 배부르다."*라는 이야기가 있다. 등과 어깨를 따뜻하게 하면 몸이 포근한 느낌이 드는데, 이곳 등 부위는 많은 신경이 통과하여서 따뜻하면 몸 전체가 편안함을 느끼게 된다.

d) 오른 어깨 관절 손상

인체 관절 중에 가장 복잡한 형태의 움직임과 많은 종류의 근육을 가지고 있는 것이 어깨 관절이다.

어깨는 하체 & 몸통과 손 & 헤드의 중간에 있다. 하체의 가속력이 클 때 그 전달 하중이 집중되고, 또 손목의 가속이 클 때도 그 지지 하중이 집중된다.

오른팔을 옆으로 들어 올리는데 부자연스러움이 발생하는 형태의 어깨 부상이 골프 스윙으로 인해서 발생할 수 있다.

① 오른 어깨가 편심 되는 회전 형태로 수년에 걸쳐서 지속적인 회전력이 사용되면, 클럽 헤드의 관성력은 어깨 관절 내 피로 손상을 발생시킨다. 베어링의 편마모 현상이다.

여기에 오른 어깨 회전을 많이 하여 비거리를 내려는 (세게 치려는) 스윙을 하게 되면, 다운스윙 중간구간에서 클럽 헤드의 순간 관성력은 매우 증가하여 이것이 어깨에 반작용 하중으로 걸리게 되고 어깨 관절 부상 조건을 가중한다.

② 오른 어깨가 깊숙이 들어가는 스윙을 하면, 변위의 한계치까지 다다른 상태가 되어 단기간에 관절 손상을 발생시킨다.

- 불편 사항 : 오른팔을 옆으로 들어 올리는 데 불편하다.
  초기에는 팔을 앞으로, 뒤로 들어 올리는 동작도 약간의 방해를 받는다.
  이런 상태로 계속해서 같은 형태 골프 스윙을 연습하게 되면, 아예 팔을 들어 올리지 못하고, 스윙하기 힘든 관절 내부 손상이 발생하여 억지로라도 스윙하면, 뭔가 찢어질 듯한 통증이 유발된다. 관절 내부 마찰이 불편하게 되는 손상상태이다. 관절 내 석회화가 진행되는 상태가 된다. 반영구 손상에 가깝다. 수면에 방해될 정도의 통증이 따르고, 수면 자세에 큰 불편이 따른다. 이때쯤 되면, 시술 치료가 필요한 상황에 이른 것이다.

- 방지법 Ⅰ: 단초 제공한 왼쪽 하체 경직도 맞추기, 그 단초는 다운스윙 시작에 오른발바닥을 강하게 밀어서 수평 체중 이동하겠다는 의지에서 시작하고 오른 어깨를 강하게 사용한 것으로써,
  ① 다운스윙 중반에 오른 팔꿈치 외회전을 해준다. 이 동작은 원래부터 필수 사항이며, 이것을 해주면 급가속이 완화되어 근본적인 오른 어깨 동작 문제의 50% 정도는 자동으로 해결된다. *(3권 5장 오른 팔꿈치 외회전 참조)*

  ② 부연 1 : 어깨의 편심 회전, 즉 왼 어깨가 내려가지 못하고 올라간 모양의 백스윙이 만들어지는 형태(어깨가 기울지 못하고 수평에 가까운 모양)는 백스윙에서 이른 시점에 왼 무릎이 굽어지기 때문이다.
  왼 무릎을 빨리 그리고 많이 구부리면 왼 어깨가 내려갈 것처럼 생각되지만, 반동에 의해서 백스윙 후반부에는 왼 어깨가 다시 올라와 버린다.
  왼 어깨는 테이크어웨이가 끝나는 시점부터 후방으로 움직여 백스윙 2/3 지점에서는 움직임이 거의 끝나야 한다. 이것과 더불어 왼 상완을 외회전시키면 어깨는 이쁜 모양의 어깨 경사와 꼬임을 갖게 되고, 오른 어깨의 편심 사용은 완화된다. *(3권 6장 백스윙 왼팔 Zig-zag 꼬기 참조)*

  ③ 부연 2 : 왼 무릎을 강하게 버티는(견고한 상태를 유지하려는) 스윙을 할 때, 오른 어깨의 과도한(급격한) 순간 가속 관성력이 사용된다. 이것은 오른 어깨의 극한 사용환경을 만든다. 다운스윙 중간구간에서 오른 어깨를 부드럽게 가속하는 것으로 사용하려면, 왼 무릎 경직도를 조금 풀어야 한다.

* 왼 무릎이 강한 Tension이면, 보통 급한 스윙이 된다.

④ 부연 3 : 다운스윙 시작에서, 오른발바닥을 강하게 밀어서, 강한 수평 체중 이동을 하려 하면, 헤드의 가속 관성력은 급증하는데, 손목 캐스팅은 물론, 왼 하체가 지탱하려는 경직도는 급증하게 되어서 왼 어깨가 들려, 오른 어깨가 회전력 전달을 추가로 하게 되어, 어깨에 과부하가 걸리게 된다.

수평 체중 이동은, 다운스윙 시작에서는 왼발로 버티고, 다운스윙 중반에 아주 살짝 오른 발바닥 내측으로 밀면서 시작해야 한다는 생각을 가져야 한다. 이 교정만으로 오른 어깨의 과한 하중 부담은 바로 없어질 것이다.

⑤ 부연 4 : 왼 종아리 근육이 발등과 발가락 굽힘을 만드는데, 과하게 왼 엄지발가락을 눌러 밟아주면 (왼발 앞부분이 폴로스루~피니쉬까지, 지면에 잘 붙어 있게 되는데, 다른 한편으로) 오른 어깨가 깊숙이 들어가는 임팩트 동작이 만들어진다. 이것이 오른 어깨 관절의 사용 변위를 너무 키우게 되는 것이다.

자신의 신체적 한계에 맞추어서 오른 어깨 관절의 회전량이 사용되도록 왼 엄지발가락 밟는 양을 정하여야 한다.

- 방지법 II : 오른 어깨에 하중을 증가시키는 클럽의 동적 가속 관성력 줄이기

클럽을 길게 잡고 세게 휘두르려 할 때, 허용값 이상의 하중이 걸린다. 세게 휘두르는 것을 그만두기는 힘드니, 클럽의 길이를 조금 짧게 잡아 하중을 줄이는 것이다.

회전 하중은 길이의 제곱에 비례하므로, 반 인치를 짧게 잡으면, 3% 정도의 하중이 줄어든다. 또한 강한 클럽은 CPM의 제곱에 비례하는 크기의 다운스윙 초기 가속 관성 하중을 오른 어깨에 작용시키므로, 강도가 강한 것은 가급적 배제한다.

나이가 들면서 근력 허용값은 줄어든다. 나이가 들면 점점 가볍고 약한 클럽 또는 짧게 잡는 그립으로 바꿔야 오른 어깨 부상에게서 벗어날 수 있다.

* 어깨는 소중한 관절로, 무리해서 사용하지 말고 아껴서 사용해야 한다.

〈오른 어깨 연관 부위〉

(심화 내용 --- 단순 참고 사항)

어렴풋한 근육 간 연관 내용이다.
골프 스윙에서는 다음과 같은 의외로 먼 쪽 신체 사용 조건이 반대편 동작량을 변화시킨다. 근시안적 관점으로는 깨닫기 힘든 것들이다.

왼 무릎 경직도 vs 오른 어깨 부상
엄지발가락 누름 vs 오른 어깨 부상
왼 광배근 사용량 적음 vs 오른 팔꿈치 내측 부상

Ⓐ 왼 무릎의 경직도를 높이면 오른 어깨가 뻐근하다. 뻐근하다는 것은 오른 어깨와 관절의 가속이 부자연스러운 상황이 만들어지는 것이다.

무릎이 경직되어 있으면 Body가 더 강한 강체가 되어서, 다운스윙 신체의 상체 회전 진행 타이밍이 빨라져서 클럽 샤프트의 유연성(CPM) 보다 먼저(급하게) 오른 어깨 회전이 사용되는 현상이 만들어지는 것이다.

이것은 어깨에 더 큰 가속 관성 저항 조건을 만든다.

* 왼 무릎 경직도가 높으면 동작 중심축이 위로 올라가서, 골반~어깨 회전 시차가 짧아진다.

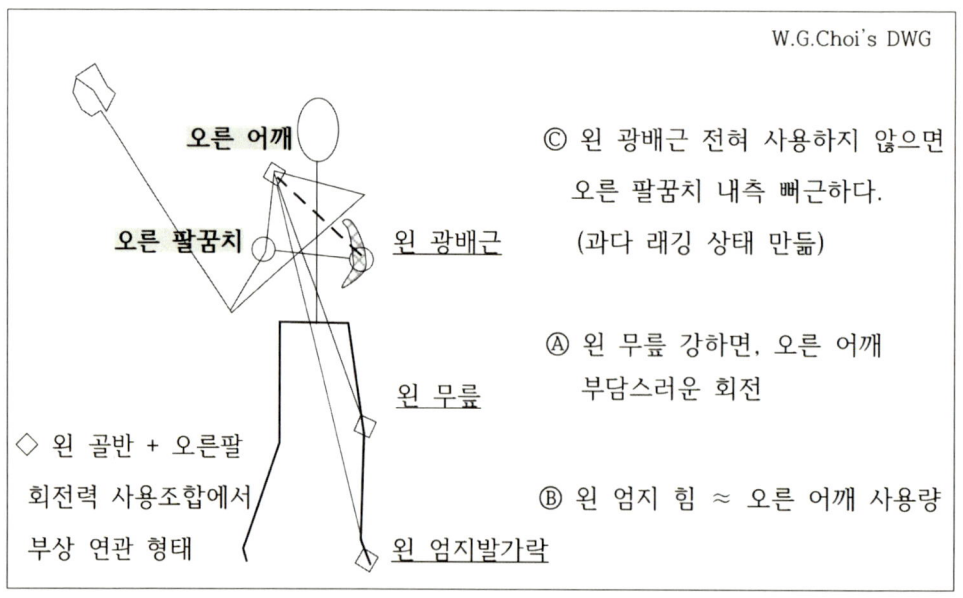

그림 5.2.11 왼 하체 vs 오른팔 부상 관계

Ⓑ 왼 엄지발가락을 꽉 누르고 있는 조건은, 상체의 전방 이동을 작게 만들면서 손목 회전력 사용 타이밍은 늦추어, 오른 어깨 회전이 많이 사용되는 환경을 만들어지게 한다.

Ⓒ 다운스윙에서 왼 광배근 사용을 자제하라고 하여, 거의 사용하지 않는 상태로 임팩트를 하려 하면, 오른 팔꿈치 내측이 뻐근하다.
서로 반대편에 있어서 쉽게 개연성을 인지하거나 의심하지 못한다.
왼 광배근이 아예 사용되지 않으면, 왼 어깨는 닫혀, 팔의 진행이 느려야 하는 기하학적 모양의 관절 조건이 된다. 이때 오른 팔꿈치를 펴기 어려운 조건이 되는데, 오른 팔꿈치를 강하게 펴주려 하는 것과 함께, 오른 손목을 펴주려는 근육 수축이 전완 내측에서 이루어졌을 때는 팔꿈치 내측 부상으로 진행될 수 있다.
백스윙 탑, 왼 광배근을 이완시킨 후 텐션을 주고 그대로 유지하면서 다운스윙~임팩트까지 진행하면, 오른 어깨의 회전과 오른 팔꿈치 폄이 힘들어져, 오른 어깨 관절과 오른 팔꿈치 내측 부상 위험이 있게 되는 것이다.

오른 팔꿈치 내측 통증이 왼 광배근 변위 사용량이 작은 것으로부터 기인할 수 있음을 생각하고, 기하학적으로 오른팔의 진행에 어려움이 없을 정도의 왼 광배근 사용이 필요하다는 것을 알아야 한다.
왼 광배근 과한 사용이 스윙 품질 문제를 만든다면, 사용을 안 하는 것은 오른 팔꿈치 부상의 문제에 직면하게 되는 것이다. 양면성이 있다.

거꾸로, 현재 오른 팔꿈치 내측 부상 상태의 골퍼는, 이런 이유로 어쩔 수 없이 왼 광배근이 많이 사용되는 스윙을 하게 되고, 왼 팔꿈치 치킨윙 모양을 갖게 된다. 오른 엘보 부상자는 골프 스윙이 점점 더 망가지게 될 가능성이 크다는 것이다. 이후 부상에서 회복되는 기간보다, 망가진 스윙 자세를 교정하는데 더 많은 시일이 걸릴 수 있다.

2) 가슴 부상

골프 스윙에서 그림의 가슴 부상은 **일회성 특정 동작**으로 발생하는데, **대략 한 달 정도를 고생하게 만든다.**

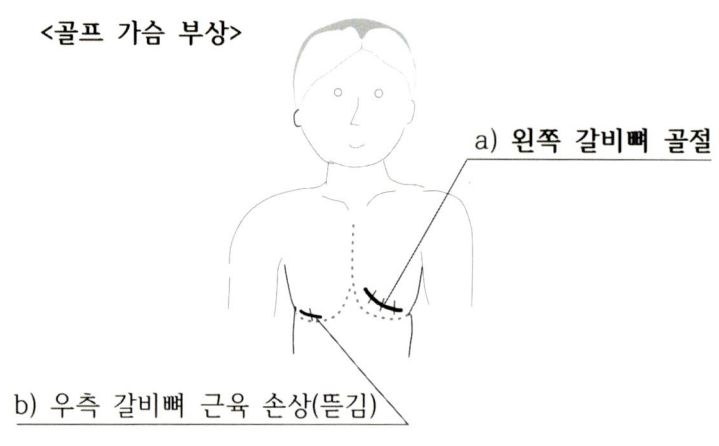

그림 5.2.12 가슴 부상

a) 왼쪽 갈비뼈 골절(크랙)

초보 골퍼가 *"클럽 헤드를 던져야지!"* 라는 구력 오래되신 분의 친절한(?) 조언에 팔을 쭉 뻗어 클럽 헤드를 던져보았다면, 결과는 '뚝'하는 갈비뼈에 금 가는 소리가 날 수 있다.

갈비뼈는 아크 형태라서, 외부에서 누르는 힘에는 강하게 버티나, 측면 힘에는 좌굴 형태의 하중이어서 매우 취약하다. 던지는 형태는 늑골에 측면 힘으로 작용한다. 초보 스윙에서 왼 어깨는 버티고 오른 어깨는 던지는 동작이 되니, 왼쪽 갈비뼈가 횡으로 압축(좌굴)을 받아 부러지는 것이다. 더군다나, 초보 시절 스윙 동작에서는 호흡에 항상 날숨 상태가 유지되지는 않고, 가슴에 빵빵하게 공기가 들어간 상태가 간혹 있는데, 이 상태에서 가슴이 우에서 좌로 압축되는 던지기 모션이 되면, 갈비뼈가 썩은 나뭇가지 부러지듯 잘 부러지게 되는 것이다.

- 불편 사항 :
  ^ 그림의 늑골이 골절되면, **처음 3~4일 정도는 등 쪽에 엄청나게 아리는 듯한 통증이 계속**된다. 수면에 방해될 정도이다.

등 쪽이 아프니, 설마 갈비뼈에 금이 갔으리라고는 첫 경험일 때는 쉽게 생각하기 힘들다. 신경이 등 뒤로 타고 올라가니, 등이 아픈 것으로 인체 신경계가 착각하게 만드는 것이다.

^ **이후** 기침하면 가슴을 쥐어짜는 통증이 수반되고, 등과 가슴 양쪽 통증이 같이 느껴진다.

^ **대략 10일 정도 지나면** 가슴 쪽에만 통증이 있다. 기침, 재채기와 같이 횡격막이 쓰이는 동작에는 더욱 극심한 통증이 따른다.

^ **3~4주 이상 지나야** 통증이 겨우 사라진다.

- <u>방지법</u> : 절대 "**클럽을 던진다.**"라는 말에 현혹되지 말아야 한다. 클럽 헤드는 일단 스스로 던져지는 것이다. 던져지는 조건을 만들어야 하는 것이다. 하체 펌이 충분하고 그 시점이 손목 회전력 사용 시점(손목 릴리즈)과 맞아떨어지면, 원심력가속도 성분이 잘 사용되어서 클럽 헤드가 '퐁~'하면서 스스로 빨라지며 날아가 임팩트가 되는 느낌이 살짝 드는데, 이것이 "**클럽 헤드가 던져진다.**"라는 수동 표현 의미이다.

cf) '오른 골반 회전력 + 왼팔 회전력' 사용에서 강제로 클럽 헤드를 볼에 던져서 손목 회전력 조금 더 사용하여 비거리를 증가시키는 스윙 방법 있다. 왼 손목 강도를 키워 강하게 손목 회전력을 사용하는 것도 던지기의 일종이다.

* 초보인 당신에게 누군가 클럽 헤드를 던져보라고 말한다면, 혹시 해코지하려는 마음으로 그 사람이 당신의 갈비뼈를 부러트리려 하는 것이 아닌지 두고두고 의심해보아야 한다. 다른 경우로서, 그 사람은 자신은 던지기가 안 되는데, 당신은 되는지 테스트해보려는 것일 수도 있다. 클럽 헤드 던지기와 손 뿌리기는 중·상급 실력단계에서 해 보아야 할 사항이다.

b) 우측 갈비뼈 근육 손상(찢어짐)

다운스윙 때, In to Out 궤도로 클럽 헤드가 들어오게 하려고, 오른쪽 팔꿈치를 가슴 앞 옆구리에 최대한 바짝 붙여 스윙하려 할 때 오른쪽 갈비뼈 근육이 손상될 수 있다. 바짝 붙이고 쪼이면서 강하게 밀어주는 복합 조건에서 이 부상 가능성이 크다. 갈비뼈에 근육이 부착된 구조인 근막이 뜯기는 것이다.

갈비뼈 근육의 근막은 가슴 모양상, 어깨/가슴을 뒤쪽으로 젖히는 힘에는 강한데, 뒤에서 앞으로 미는 옆구리 쪽 힘에는 약해서, 오른 팔꿈치가 옆구리에 너무 가까이하는 모양으로 강한 오른 어깨 회전을 하려 하면, 강한 전단력에 갈비뼈에서 늑간근이 찢어지는 부상이 오는 것이다. '찌~직'

소리가 난다.
이 동작에서 오른쪽 아래 갈비뼈 근육 부착 부위가 가장 취약하다.

- 불편 사항 : 늑간근이 찢어졌을 때, 가슴 움직임이 없으면 얼얼할 뿐 통증은 거의 없으나, 움직임에 아리고 찢기는 듯한 통증이 심하다.
  ^ 처음 통증은 등이 아픈 것인지? 가슴이 아픈 것인지? 애매모호하다.
  ^ 이후 통증이 가슴 쪽으로 오고, 가슴의 좌·우 회전에 극심한 통증이 느껴진다. 기침하면 갈비뼈 골절과 같이 가슴, 특히 횡격막을 쥐어짜는 듯한 통증이 수반된다.
  ^ 3~4주 정도는 지나야 통증이 겨우 사라진다.

- 방지책 : 오른쪽 팔꿈치를 옆구리에 바짝 붙여서 스윙하는 것으로 뭘 더 하겠다는 생각을 버린다.
  오른쪽 팔꿈치가 옆구리에 붙어서 회전되면 원심력가속도 성분이 커져 로테이션이 잘 되어서 슬라이스가 개선되는 것은 사실이다. 그러나 의도적으로 너무 바짝 붙일 필요는 없으며, 더 바짝 붙인다고 어떤 값 이상의 효과를 만드는 것은 아니다. 엎어 맞고 심한 훅 또는 드로우 구질 만들어질 때, 더 강하게 오른팔을 밀어서 탄도 높이며 Straight 구질로 바꾸려는 노력은 이 부상 위험을 키운다.
  cf) 오른 팔꿈치를 조금 더 들고, 조금 더 몸에서 떨어트리면 심한 훅(드로우) 구질은 바로 개선된다. 또한 Cross 회전력 조합을 사용하면 큰 훅이나 큰 슬라이스는 예방된다.

3) 허리 통증

골반과 어깨의 다운스윙 최대 '꼬임 세기 = 꼬임각(X-Factor) / 시간'이 허리에 무리를 줄 수 있는데, 특정 꼬임 형태가 되면 허리 부상이 따르게 된다.

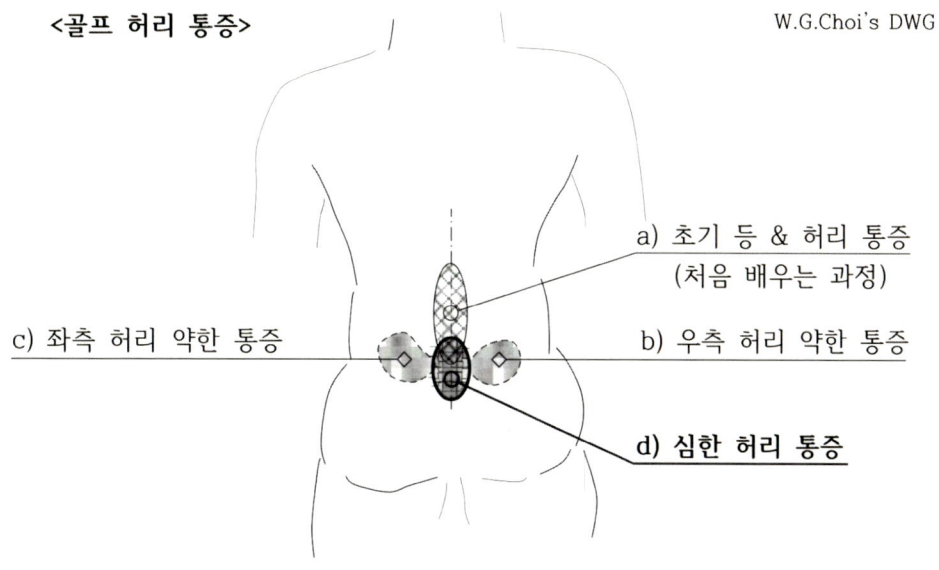

그림 5.2.13 허리 통증

* 특이 연관사항 : 스윙하다 허리를 겹질리거나 부상을 입은 상태에서는, 등 척추로 Setup 못 잡아서 의외로 퍼팅 스트로크에 부자연스러운 문제가 생기는데, 타격 방향성 및 세기 정확도가 극히 낮아진다. 허리 부상 상태에서, 이 관련성을 인지하지 못하면 퍼팅에서 3~5타 손실, 관련성을 알면 1~3타 정도 손실 발생할 것이다.

a) 골프 스윙 초창기 등·허리 통증
(첫 시작 통과의례)

사람은 척추를 곧바로 세우고 (약간 'S'자) 서서 생활하는데, 골프 Setup과 스윙은 척추를 앞으로 굽히는 자세이다.
골프 자세에 적응하는 연습 기간 1~2개월 동안, 상체를 앞으로 숙일 때 아래 등 척추(등과 허리 경계부) 부분에 통증이 오게 된다.

특별히 일상생활에 불편은 없으며, 적응 기간이 지나면 근육이 강화되어 통증도 사라지고 자연스럽게 Setup 척추 각을 만들게 된다.

b) 우측 허리 근육 약한 통증
(오른 하체를 너무 뻣뻣이 할 때 허리 통증 --- 중·하급자 해당)

다운스윙, 오른 무릎 오금 굽힘 없이, 오른쪽 옆구리 근육이 강한 Tension 상태에서 힙 턴을 강하게 하려는 연습이 반복되면, 허리의 우측 폄 근육이 땅기는 약한 근육통이 올 수 있다.

연습 후 2~4일 휴식 취하면 (골프 스윙 안 하면) 근육통은 풀린다.
통증의 위치는 날짜가 바뀌면서 '허리 척추 -〉 우측 허리 근육 -〉 우측 등'으로 옮겨 올라간다. 통증이 느껴지는 부위가 이동하는 특징이 있다.

다운스윙 초기 오른 무릎 오금 굽혀서, 오른 옆구리 근육을 Relax 하게 해주는 것은 필수 스윙 동작이다. 이 동작을 적용하면 부상은 거의 반복되지 않을 것이다.
  * 이곳에 통증이 있으면, 왼 골반 회전과 하체 폄이 부실해져 큰 뒤땅이 발생한다. 이곳에 통증이 있으면 스윙 연습을 자제하는 것이 좋을 것이다.

  cf) 드라이버 세게 치는 '꼬리 치기' 적용하면 이 부위 변위가 커져서 부상이 올 수 있다.

c) 좌측 허리 근육 약한 통증

오른 무릎 오금 굽혀, 몸의 우측 힘 빼고 강력하게 힙 턴을 하여 X-Factor를 증가시키는 다운스윙을 하면, 허리 회전량이 커져서 좌측 허리 근육에 근육통이 올 수 있다. 턴이 커지는(강해지는) 과정에서 한두 번 나타날 수 있다.
힙 턴 양을 키우는 스윙에 관계된다. 허리의 회전 변위가 한계치를 넘었을 때 나타나는 통증이다. 다음과 같은 샷 메이킹 연습에서 이곳에 약한 통증 올 수 있다.
  - 아이언 눌러 치기에서 오른 옆구리를 접는 동작을 과도하게 하면 이곳에 통증 발생한다.
  - 유연성에 비해서 백스윙 탑에서 과하게 오래 멈추려는 스윙 하면, 상·하체 분리 과정에서 왼 옆구리 텐션은 커지고, 골반~어깨 회전 시차는 덜 만들어지면서 이곳 허리 통증 발생할 수

있다.

연습 후 2~4일 휴식 취하면 (골프 스윙 안 하면) 통증은 풀린다.
통증의 위치는 시일이 지나면서 '허리 척추 -> 좌측 허리 근육 -> 좌측 등'으로 옮겨 올라간다.

힙 턴 양은 한계치 이내에서 사용하여야 한다.
이곳이 아픈데, 계속 골프 연습하면, 몸이 무의식적으로 허리를 보호하려고 미리 허리를 펴버리는 배치기(얼리 익스텐션)가 만들어져 거의 5°~10° 슬라이스 방향성 발생하는 스윙이 된다. 이 통증이 있으면, 스윙 폼이 망가질 수 있으니 Full swing 연습을 중지하는 것이 좋을 것이다.

d) 심한 허리 통증
(반복적으로 발생하는 부위)
(드라이버 상향 타격을 위해 척추 후방 기울임이 허리 척추 부상 만듦)
(일상생활 중에도 큰 고통을 느끼는 부상)

허리 중앙부의 약간 아랫부분에 심한 통증이 유발되는 사항에 대한 것이다.
허리가 끊어질 듯 아프고, 일상생활에 지장을 준다. 매우 고통스럽다.
허리를 숙였다 펴기가 힘들고, 침대에서 똑바로 일어나지도 못한다. 몸을 옆으로 비틀어 겨우 일어날 수 있다.
스윙은 할 수 있으나, 골프 연습 안 하고 휴식을 취하더라도 1~2주 통증이 지속된다.

이 끔찍한 허리 통증은 왜 발생하는가?
Setup에서 척추(상체)를 후방으로 기울이는(일명 Tilting) 양이 많으면 이곳 허리 부상이 발생한다. 근육 부상이 아니라 허리 척추 관절 부상에 해당한다.
허리 부분 척추뼈는 측 방향 (좌·우) 기울임을 거의 만들지 못하고(받아들이지 못하고, 흡수하지 못하고), 옆으로 기울이는 변위는 등 부위 척추가 담당한다.
무거운 물건을 들었을 때 측 방향에 대하여 허리 척추는 수직 하중에 전념할 수 있도록 그렇게 구조가 생긴 것이고, 등 척추가 기울어진 상태의 수직 하중을 담당한다. 그런데 억지로 그림과 같이 잔뜩 허리 척추를 우측으로 기울인 상태에서 그곳에 강력한 회전력이 가해지면, 허리 척추 마디가 견디지 못해서 손상을 입은 것이 이 부상이다.

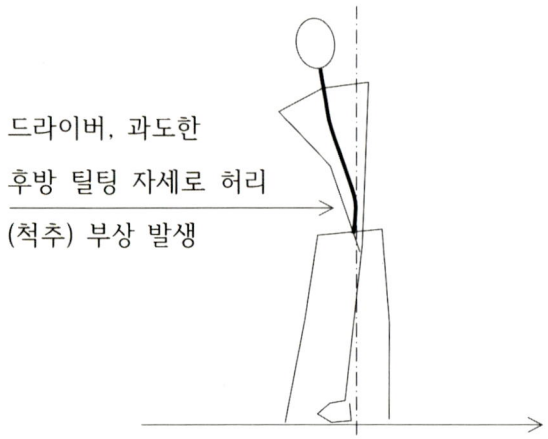

그림 5.2.14 심한 허리 부상의 원인 (과도한 척추 후방 기울임)

일부 교습가들이 "드라이버는 어퍼블로(상향 타격)로 쳐야 백스핀이 적게 걸려 비거리가 늘어난다." 라고 말하며 (맞는 이야기지만 신체 구조상 제한적인데), 척추를 우측으로 잔뜩 기울이고 스윙하는 시범을 보인다.
이것을 본 드라이버 비거리가 로망인 일반 골퍼는 연습장에서 시도해 본다.
몇 개 쳐도 어느 정도 손상을 입는데, 30~40개 또는 그 이상의 샷을 하고, 그날은 괜찮은데, 하룻저녁을 자고 일어나면 허리가 끊어지도록 아프게 된다.
허리 아픈 것이 너무 심하면 숨쉬기도 불편할 수 있다.

만약 이것(드라이버 과도한 틸팅 Setup에 의한 어퍼블로 스윙)이 부상 원인이었다는 것을 모르고, 고통과 통증을 참고 또 이 스윙을 하게 되면 허리 통증은 더욱 심해진다. 걷기도 힘들게 된다. 허리춤에 손을 짚고 걷는다. **복대를 하고 생활**해야 하는 정도다.
그래도 이런 상태에서 스윙은 된다. 뼈관절은 손상이 있어도, 멀쩡한 허리의 큰 근육들은 그대로 동작하는데 문제없기 때문이다.

Remarks

#1. 연습장에서 바로 허리 통증이 나타난다면 인과관계를 누구나 짐작 가능한데, 하필이면 다음날 발현되는 통증이라서, 원인을 쉽게 깨닫지 못한다.
모르고 지나가면, 비거리가 로망인지라, 몇 개월 또는 몇 년 뒤에 또 똑같은 동작을 하고 똑같이 반복되는 부상으로 고생한다.

#2. 허리가 아픈데도 또 스윙 연습하고, 더 아파지더라도 이 척추 기울이는 상향 타격이 원인이라는 생각은 쉽게 못 한다. 이미 아픈 상태였거니와, 당장 참고 스윙하는데 큰 지장이 없기 때문이다.

#3. 이 허리 통증은 보통 비거리가 많이 나는 사람이 과도한 틸팅 했을 때 더 심하게 나타난다. 이유는 비거리 작은 사람보다 턴의 강도가 더 강해서, 허리 척추판이 옆으로 기울어진 상태에서 받는 Damage가 훨씬 더 크기 때문이다.

#4. 잔뜩 척추 기울이고 더 어퍼블로 드라이버 타격하면 비거리는 더 보낼 수 있을지라도, 허리 부상 원인이 이것으로부터 온다는 것을 아는 일부 상급 골퍼는 기울임 양을 절제하여 사용한다.
몸이 유연한 어린 시절부터 스윙을 배운 프로선수는 틸팅을 많이 주고 어퍼블로 드라이버 스윙하는 것이 어느 정도 가능한 상태인데, 일반 골퍼, 특히 중년의 골퍼는 허리 척추가 견디지 못한다.
허리 척추와 등 척추 기능이 다르다는 것을 모르고, 유연성 차이를 모른다면 큰 부상을 만드는 Tip(훈수)을 다른 사람에게 전해줄 수가 있는 것이다.

#5. 살펴보면, 주위에 드라이버 비거리 꽤 나가는 장타자들 상당수가 이 허리 통증으로 고생하고 있을 것이다.

#6. (악의적인 마음으로) 골프를 하는 누군가에게 허리 부상을 안겨주고 싶다면, 그럴싸하게 척추를 후방으로 많이 기울이고 상향 타격하여 드라이버 멀리 날아가는 시범을 보여주면서 그렇게 하라고 유혹하면 목적하는 하얀 거짓말이 통할 수도 있다.

- 방지법 :
① 일반 : 일단, 드라이버 어퍼블로 스윙을 위한 척추/어깨 틸팅 많이 주는 것이, 심한 허리 부상(통증)의 발생 원인이 될 수 있음을 인지하고 스윙에 임한다. 아울러, 드라이버 어퍼블로 Test 스윙을 한다면, 횟수를 극히 제한해가며 허리 부상 추이를 관찰해야 한다.

② 중·하급자 : 다운스윙 초기 오른 무릎 오금 굽혔다가 하체 폄은 상·하체의 '분리-〉재결합'을 만드는데, 이 동작이 오른 허리 근력을 부드럽게 해주며, 다운스윙 중에 틸팅 양을 조금 생성해주는 역할을 한다. 이것으로 드라이버 상향 타격에 도움을 주는 스윙을 하도록 하고, Setup에서는 틸팅을 조금만 준다.
반대로, 틸팅을 주고, 오른 무릎 오금 굽히는 동작 없이 다운스윙 되면, 오른 허리 근육 강도가 더 강한 상태에서 회전되어, 허리 척추 관절 부상 가능성이 급증하게 된다는 것을 알

아야 한다.

③ 중·상급자 : 과도한 틸팅 양을 금하고, 약간의 틸팅만 사용하여 드라이버 샷 한다.

어렸을 때 골프를 배운 프로선수, 교습가는 가능하겠지만, 일반 골퍼, 특히 중년에 시작한 골퍼는 과도한 틸팅 양을 절대 사용하면 안 된다.

누군가에게 Tip을 주는 드라이버 상향 타격 시범에서는, 척추 기울이는 양에 따라 '끔찍한 허리 부상' 위험성이 있다는 것과 통증이 다음날 발현된다는 것을 꼭 언급해 주어야 할 것이다.

* 틸팅을 과도하게 주지 않는 이상, 골프 스윙으로부터 허리 척추 부상이 오는 예는 거의 없다. *"골프 때문에 허리가 아프다."* 라는 표현은 *"틸팅을 많이 주고 상향 타격해서 허리가 아프다."* 라고 바꿔어야 한다.

2.3 하체 부상

골프 스윙에서 하체 부상은 다음 사항이 있다.
- 무릎 주위 부상 : 무릎 관절과 인대 부상은 절뚝거리게 할 수 있다.
- 발목 부위 부상 : 스윙 외적으로 이동 중에도 발생할 수 있다.

1) 무릎 주위 부상

무릎 주위는 그림과 같은 부상과 통증이 있다.

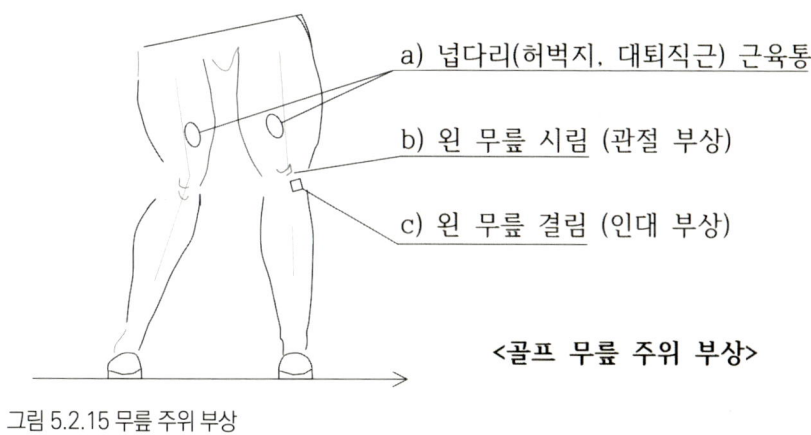

그림 5.2.15 무릎 주위 부상

a) 양 허벅지 근육통

(하체 스윙 Power 증가하였다는 증거)

시작 후, 처음 100% 스윙했을 때, 넙다리에 근육통이 나타난다.
그리고 이후 거리가 10m ~ 5%씩 늘어날 때마다 허벅지 근육 당김 통증이 나타난다. 기쁘기도 하고 즐겁기도 한 근육통이 된다.
이 통증은 원심력이 증가하였다는 간접 증거이며, 또한 무릎 폄이 더 크게 사용되었다는 증거와도 같다.

이 근육통은 오랜만에 등산 갔다 왔을 때, 또는 쪼그려 뛰기 했을 때 나타나는 허벅지 근육통과 유사하다.
2~3일 지나면 자연스럽게 사라진다.

* 평소보다 손을 1cm 정도 내리는 Setup으로 자세를 낮춘 스윙 연습을 하면, 허벅지 대퇴직근이 조금 더 강하게 사용되어 근육통이 온다.

b) 왼 무릎 시림
　(관절 내 손상)

왼 무릎 폄(익스텐션)을 너무 강하게 사용하려 했을 때, **무릎 관절**이 버틸 수 있는 하중을 초과하여 나타나는 부상 증상이 무릎 시림이다.

다운스윙 중, 왼 무릎에 걸리는 하중은 '신체 자중 + 원심력 + 무릎 폄에 의한 상하 신체 관성력 + 척추 익스텐션에 의한 상체 관성력'의 합 형태이다.
(3권 4장 5절 5)항 무릎이 견뎌야 하는 힘 참조)

강한 폄에서 대략 체중 반절의 300% 이상 순간 최대 하중이 왼 무릎에 걸리며, 임팩트 직전 왼 무릎 80%, 오른 무릎 20% 정도의 하중 분배라고 가정하면, 몸무게 70kg인 골퍼에게 왼 무릎에 170kg 이상의 순간 최대 하중이 걸리게 된다.
이 하중은 넙다리뼈와 정강이뼈 사이의 무릎 연골이 지지하는데, 과도한 압력이 반복되면 왼 무릎 뼈 속의 시림 현상이 감지된다.
왼 무릎에 과도한 하중, 과도한 압력은 다음과 같은 골프 스윙 상황에서 발생한다. 무릎 통증은 연습 중에 어느 시점부터 나타나 인지된다.
　Ⓐ 강하게 (짧은 시간에 많이) 무릎을 펴려 할 때 --- 의지
　Ⓑ 척추 폄이 하체 폄보다 선행되어 척추 위의 동적 무게(관성력)가 걸린 형태에서 무릎 폄을 강하게 하려 할 때
　Ⓒ 수평 체중 이동이 빨리 & 많이 되어 오른 다리에 하중이 작게 걸릴 때

　- 불편 사항 : 이런 스윙이 계속되는 어느 시점에 무릎 뼛속(관절 속)이 시리게 되고, 조금 더 심하면 다리를 절뚝거리며 걷게 된다. 다리에 걸리는 하중이 관절 내의 이물감으로 느껴지기

때문이다.

왼 다리 걷는 것이 불편하여 오른 다리에 체중이 많이 놓이게 되므로, 오른 다리 쪽 관절들(발목, 무릎, 엉덩관절)에도 이차적인 부자연스러움과 통증이 유발될 수 있다. 통증이 유지되는 기간은 경중에 따라 다르다.

- 방지법 :
  ① 백스윙에서 오른발 뒤꿈치 쪽으로 체중 이동이 더 되게 하여, 다운스윙 왼발 쪽 체중 이동량을 줄인다.
  다운스윙 초기 오른 무릎 오금 굽힘을 하여, 다시 펴는 오른 다리 폄 반력을 키운다.

  ② 무릎 폄 가속이 거의 진행된 이후 척추 폄이 진행되도록 한다.

  ③ 왼 무릎만 강하게 펴서 비거리를 늘려보겠다고 생각하지 않는다.
  왼 무릎 폄의 강도는 무릎이 수용하는 범위에서 실시한다. 무릎이 시린데도 불구하고 강하게 (지면 반발을 더 이용한다고) 펴는 연습을 하면, 연골과 연골막이 손상되는 심각한 부상으로 진전될 수 있다. 그리고 회전이 함께 진행되므로 무릎 관절을 붙잡고 있는 인대의 손상을 초래할 수 있음을 알아야 한다.

c) 왼 무릎 결림
 (인대 손상)

다운스윙 왼 무릎은 큰 하중뿐만 아니라, 강한 회전 감속(Brake)도 지탱해야 한다. 이때 무릎이 상하 서로 강하게 뒤틀린다는 느낌이 들면 **무릎뼈 주위(인대)에 결리는 증상**이 나타난다.

왼쪽 발바닥은 지면에서 미끄러질 수는 있으나, 신발 바닥에 의해 외회전이 어느 정도 구속되어 있고, 힙(골반)은 강하게 회전하는 상태인데, 그 사이에 있는 왼 무릎 관절은 인대가 허용하는 범위에서 회전하게 된다.

스윙의 강도에서, 근육과 인대가 버틸 수 있는 한계치에 왔을 때, 더 혹사당하는 환경에 몰아넣으면 안 된다. 무릎 주위의 회전계 구조는 일상에서 강하게 사용되는 것이 아니기 때문에, 몸의 강한 회전력에 무릎이 버티기 힘들다는 것을 알아야 한다.

* 일부 혹자는 다운스윙 초기에 의도적으로 왼 무릎을 강하게 외회전시켜야 스윙 폼과 비거리가 좋아진다고 유혹한다.

보통 왼 무릎 인대 손상은, 다운스윙 초반 왼 골반보다 무릎을 매우 강하게 외회전해주려는 스윙 동작을 하면 쉽게 발생한다. 강한 외회전 서너 번에 바로 무릎에 부담스러움을 느끼고, 10~20회 정도를 하면 결리는 증상이 없어지지 않고 며칠 동안 부자연스럽게 된다.

- 불편 사항 : 무릎뼈 주위가 결린다.
  (그다음 더 심해지는 환경은 만들지 않아야…. 조금 더 진행되면, 치명적이고 회복되기 어려운 상태가 될 것 같은 짐작이 든다. 〈--- Test 금지)

무릎이 결릴 때는, 다리/무릎의 움직임이 뜻대로 제어되지 않는 경우가 있어 계단을 오르내리는 것도 불안해진다(불안감을 느낀다).
만약에 이런 상태에서 등산한다면, 발을 헛디뎌 자빠질 것 같은 느낌이다. 일상생활 중에 이차적인 부상 발생이 우려된다.

- 방지법 :
  ① 무릎에 이상 신호가 감지되면, 무릎 폄과 회전 감속은 허용되는 강도 범위에서 사용한다.
    대다수 프로선수가 하는 것 같이 왼 무릎을 쫙 펴 임팩트를 맞이하는 것이 안 된다면, 일반 골퍼는 왼 무릎이 조금 굽혀진 상태에서 임팩트가 되는 것도 좋다. (선수들의 동작은 엄청난 근력 강화 운동의 결과물이다.)
    * 무릎이 퍼진 상태에서의 회전은 약한 신체 구조이고, 무릎이 굽혀진 상태에서의 회전은 더 강한 신체 구조라 할 수 있다.

  ② 왼 무릎 턴이 조금 작게 되게 하는 방법에는 다음과 같은 것이 있다.
    ^ 다운스윙 전반부 왼 무릎의 회전 아크를 조금 줄인다.
      이러면 무릎 회전량은 줄어드나, 펴짐 강도(= 펴짐 양 / 시간)는 조금 키울 수 있다.
      왼무릎 회전량 아크가 크다고 해서 Power(헤드 스피드) 그렇게 증가하지는 않고 미미하다. 왼무릎의 회전계 인대 손상 가능성만 증폭시킨다.
      백스윙에서 왼 무릎 이동량과 다운스윙에서 회전&폄 양은 견딜 수 있는 범위로 한정하는 것이 부상 없이 골프를 즐기는 방법이 될 것이다.
      cf) 왼 무릎 이동 작으면 큰 백스핀, 왼 무릎 이동 크면 작은 백스핀이 되는데, 다운스윙 왼 무릎 이동 동작은 콤팩트 하게 가져가야 한다.

^ 힙 턴의 강도를 조금 줄인다. (하체 턴은 조금 줄이고 상체 턴을 조금 키워 사용한다.)

^ 왼 발바닥(앞꿈치까지)을 지면에 꼭 붙이는 것이 정상이고 멋있는 스윙이라는 생각은 버리고, 왼 발바닥 앞쪽이 지면에서 조금 들리고, 미끄러지게 나오는 상태를 그대로 수용한다. 그것이 더 자연스러운 스윙이 될 수 있다. 뒤꿈치 기준 앞꿈치가 들려 조금 돌아가게 놔두는 것이다. 옛날에도 많은 Top Player가 사용했던 방식이고, 현재도 많으며, 미래에도 애용될 것이다. 이것이 비거리가 줄어든다는 증거는 없으며, 거리감과 방향성에는 더 효과적인 스윙일 수도 있다.

일부 프로선수들처럼 멋지게 왼발바닥을 바닥에 붙이고 다리는 뒤트는 것을 해도 되고, 아니면 다른 일부 프로선수들처럼 왼 앞 발바닥이 조금 들리고 미끄러져도 된다.
이 두 가지 스윙에서 선택은 유연성 문제라기보다는 정확도 문제이다. 스윙에는 양면의 장단점이 있다. 얻는 것이 있으면 잃는 것이 있다.
거리감, 방향성이 떨어지는데, 왼 무릎 부상 위험까지 감수하면서 왼발바닥을 지면에 악착같이 꼭 붙이며 스윙할 필요는 없다.
cf) Cross 회전력 사용법(오른 골반 + 왼팔 회전 조합)을 적용하면 왼발바닥을 지면에 붙이기 쉽다.

* 골퍼는 왼 무릎을 소중히 사용하여야 한다.

2) 발 부위 부상

발과 발목 부위 부상은 다음 그림과 같다.

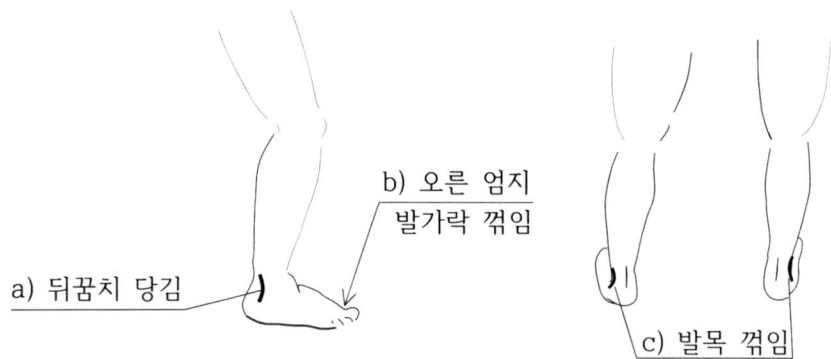

그림 5.2.16 발 부위 부상

a) 발 뒤꿈치 당김

골프 스윙은 발바닥이 지면에 붙어있는 상태에서 몸이 회전되어 발목이 강하게 꼬이는 모양새이다.
- 오른 발목 : 다운스윙 회전되면서 발끝 부위로 지면 지지점이 이동되고, 그 지지점 중심으로 바닥 미끄러짐이 동반되며 회전도 같이 진행된다. 발가락은 굽혀지면서 동적 하중을 지탱한다. 뒤꿈치는 점점 들린다.
    ^ 장딴지 근육 수축 : 발목 폄
    ^ 종아리 근육 수축 : 발등, 발가락 굽힘

- 왼 발목 : 발바닥이 지면에 있고, 무릎, 골반이 회전하는 형태로써, 발목과 무릎에 강한 회전력이 걸린다. 왼 발목의 펴짐은 장딴지 근육 수축과 종아리 근육 수축이 느리게 진행되는 편이나, 수직 하중은 엄청난 크기이다. 하중이 크게 걸려 있으니, 관절을 빨리 펴고 싶어도 제한적이다.
    * 다른 관절 근육에 비하여 발목은 느리게 작동하는 특성이 있다.

처음 골프를 배우며 50%~100% 스윙을 하면, 발 뒤꿈치 근육/힘줄 부위(일명 아킬레스건)가 당기게 된다. 양 발목 모두 거의 비슷한 뻐근함이 발생한다.
평소 안 하던 동작이 시행되어서, 근육의 사용환경이 확대되는 과정이다.

그리고 이후 년 수와 관계없이, 5~10% 정도 강한 하체 폄 또는 회전이 사용되는 스윙으로 Upgrade 될 때마다, 그 첫 연습에 있었던 것과 같은 뒤꿈치 근육/힘줄 뻐근함이 느껴진다.
당기는 통증은 2~3일이면 사라진다.
허벅지 근육통과 같이, 스윙 하체 폄 & 회전 강도가 증가하였다는 증거가 된다.
왼발바닥 앞쪽을 지면에 더 많이 고정하는 피니쉬를 하면 왼 발목 뒤꿈치 근육/힘줄 뻐근함이 더 느껴진다. 발목 회전 변위가 커져, 힘줄이 더 당겨지기 때문이다.
  * 골프 스윙 동작에서 발목은 스스로 방어기제를 발휘하여 부상을 방지한다.

b) 오른 엄지발가락 꺾임

오른 무릎 폄을 강하게 사용하는 것을 시도할 때, 오른 다리 관절(발목, 무릎, 골반)을 강하게 펴주면서 오른발 엄지발가락을 세게 딛게 되는데, 엄지발가락 뿌리 부분 마디에 꺾임에 의한 통증이 있을 수 있다.
(왼손 엄지손가락을 롱 섬으로 잡았을 때 꺾이는 것과 비슷하다.)

다운스윙 체중 이동 시작을 오른 엄지발가락 살(부위)로 하면 후반부에 더 강한 하중이 걸려서 엄지발가락이 꺾일 수 있다. 더군다나 다운스윙 시작부터 수평 체중 이동을 발끝으로 강하게 하려하면 이 꺾임 부상 가능성은 커진다.
수평 체중 이동은 다운스윙 중반에 발바닥 엄지 살 안쪽으로 밀어 시작하고, 이후 발끝 쪽으로 이동되면 지탱하면 이곳 꺾임 현상은 발생하지 않는다.

c) 발목 꺾임
   (라운드 이동 중에 종종 발생)

스윙 중에 발생하는 부상이 아니다. 볼을 찾으러, 치러 갈 때 발생하는 부상이다.
비스듬한 내리막 경사지를 내려갈 때, Stopping 기능이 뛰어난 골프화 바닥은 잔디/러프에 미끄러지지 않고 멈추게 하는데, 그때 발목이 바깥쪽으로 꺾이게(겹질리게) 된다.
그리고 골프화는 일반 신발과 다르게, 살짝 미끄러지는 듯하다가 예상과 다르게 Stopping이 걸리기도 한다. 이때 발목이 90° 이상 겹질리게 되는 부상이 온다.
   cf) 경사지 풀에서, 일반 운동화는 바닥이 미끄러져 넘어질지언정 발목 부상 가능성은 작고,

등산화는 Stopping 기능 강한데 발목 보호대가 있어서 부상 가능성이 작다. 반면에 골프화는 Stopping 이 강하게 걸려 미끄러지지 않는데, 발목 보호대가 없어서 발목 부상 가능성이 큰 것이다.

- 불편 사항 : 정도에 따라서, 한두 시간, 하루 이틀, 그리고 깁스가 필요한 경우 등으로 부상의 정도는 다양하다. 정도에 따라 경중의 차이가 있는데, 가벼운 부상인 경우, 이후 나머지 홀 플레이에 지장이 조금 있게 될 수도 있고(스윙할 때 하체에 힘을 주기는 조금 힘든 상태), 심각한 경우에는 응급차에 실려 가서 깁스해야 할 수도 있다.

- 방지법 : 비스듬한 내리막 경사지에서 서둘러(급한 마음으로) 이동하려 할 때 자주 발생하는 부상으로서, 볼을 찾고 샷을 하러 비탈길을 내려갈 때, 혹은 벙커 가장자리를 내려갈 때는 서두르지 말고 차분하게 자세를 낮추고 내려가도록 한다.

* 극히 드물지만, 필드 스윙 중에 오른 발목이 겹질리는 경우가 있는데, 발끝 내리막 경사지에서 오른 하체를 폄 대장 근육으로 사용하여 '쓸어치기', '쓸어치는 펀치 샷'을 하려고 했을 때, 오른 발목이 꺾이게 될 수 있다. 이런 경험이 있다면, 재발하지 않도록 내리막 경사지에서 쓸어치는 형태 샷은 배제해야 한다.
오른 하체를 폄 대장 근육으로 사용하면, 후방에서 전방으로 체중 이동이 전환될 때, 그것이 급변하여 오른 발목이 겹질리게 되는 것이다.

2.4 기타 부상

무리한 스윙 그리고 스윙 오류에서 발생하는 부상 이외에, 골프 연습과 라운드를 하면서 발생할 수 있는 부상은 다음과 같다.

a) 클럽 헤드에 맞는 부상

① 연습 스윙을 할 때 타인이 클럽 헤드에 맞지 않도록 조심한다.

빈 스윙 방향의 연장선에 사람이 있는 경우는 스윙하면 안 된다. 어떤 일이 일어날지 모른다.

* 비유 : 사격장에서 빈 총구지만 사람을 가리키지 않는 것과 같다.

② 배우는 사람, 연습하는 사람에게 교습할 때는 클럽 헤드에 맞지 않게 조심해야 한다. 스윙이 순식간에 이루어지기 때문에 거의 피할 수 없다고 봐야 한다. 교습 중에 머리에 클럽 헤드를 맞아, 부상뿐만 아니라 사망까지 이르는 사고가 있을 수 있다.

b) 비구에 맞는 부상

① 동반자가 스윙할 때는 날아가는 볼의 비구 선(특히 우측 생크 또는 토우 끝 미스샷 연장선에 있지 않도록 한다.

필드에서는 3~4초에 한 번씩 모든 동반자의 위치와 움직임을 확인하고 있어야 한다. 즉 주기적인 사주경계가 필요하다.

* 출발하는 볼, 낮게 날아가는 볼은 에너지가 커서 맞으면 부상이 심각할 수 있다.

② 지형지물에 반사하는 타구 가능성이 있는 경우에는 일반 라운드 동반자에게 양해를 구하고 드롭하고 친다. 반사 타구는 어디로, 어떻게 튈지 모른다.

* 사소한 것에 목숨을 걸 필요는 없다.

c) 카트 사고

카드에 부딪힘, 카트 전복에 유의해야 한다.

골프장에서는 한눈을 팔거나, 넋 놓고 있으면 안 된다.

d) 간접 부상
(의외의 부상)

① 열상
- 더운 날씨, 햇빛에 많이 노출되어서 **피부 화상**을 입을 수 있다.
  자외선 차단제를 꼭 바른다. 모자 착용, 양산 준비
  라운드 종료 후 달아오른 피부에 얼음팩 마사지 해 주는 것은 효과적이다.
- 햇볕이 강할 때, **망막 화상** 가능성이 있다.
  선글라스 착용(준비)
- **더위 먹음**(일사병, 열사병), 특히 체질적으로 더위에 약한 사람은 더욱 주의가 필요하다. 차가운 음료, 얼음팩 준비

* 무더운 여름, 열기를 견디기 어렵다면, 라운드를 피하는 것이 좋다. 몸이 더위의 한계치에 다다르면, 하체 폄이 약해져서(늦어져서) 긴 클럽부터 뒤땅이 발생한다. 이때 아무리 하체 폄을 강하게 하려 해도, 이완된 무릎 위/아래 근육의 수축이 느리게 진행되어 폄 양을 키우기가 쉽지 않다.

더운 여름, 라운드 도중에 어떤 홀부터 드라이버 샷에서 Sky ball이 계속 발생한다면 몸이 견디는 더위의 한계치에 다다랐다는 것을 깨달아야 한다. 이때 어쩔 수 없이 라운드를 이어가야만 하는 상황이라면, 긴 클럽은 가볍게 95% 스윙을 구사하거나, 헤드를 위로 올리는 어드레스 헤드 정렬을 해야만 상 타점을 방지할 수 있을 것이다. 그립을 짧게 잡는 것도 한 방법이다.

다른 외적 방법으로는, 머리와 몸에 차가운 물을 뿌리면, 하체 폄은 회복된다.

이런 긴 클럽 뒤땅 상황이, 스윙 기술에 문제가 있는 것이 아니라, 기후 조건이 몸의 동작을 변화시켜 나타나는 미스샷임을 깨닫는다면 스윙이 망가지는(변하는) 이차적인 문제는 없앨 수 있다.

cf) 추운 겨울, 바람까지 세차게 분다면 몸살감기에 걸릴 가능성도 있다. 방한복과 방한 장구, 핫팩을 준비해야 한다. 콧물을 흘리면서까지 라운드를 하는 것은 무리한 것이라고 봐야 한다.
으슬으슬 추운 겨울에는 토핑이 발생할 가능성이 큰데, 특히 라이 각이 큰 쇼트 아이언에서부터 토핑이 발생한다면, 추위로 인한 하체 근육 수축이 강하게 이루어지는 것이 원인이라고 봐야 한다.

② 동물
- 개미 조심 : 나무 기둥에 기대거나 손을 짚지 않기
  * 열대지방에는 나무에 사는 '나무개미'가 있다. 나무에 기대는 잠깐 사이 수십 마리의 개미가 몸으로 옮겨붙을 수 있다.

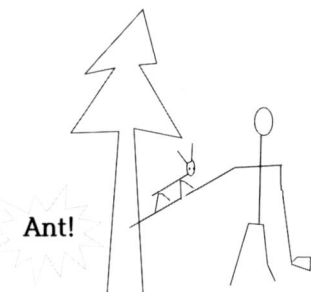

그림 5.2.17 개미 조심 (나무에 기대지 않기)

- 모기 조심 : 여름철, 햇빛이 가려진 응달진 수풀 속에는 모기들이 서식할 가능성이 크다. 볼을 찾기 위하여 정신없이 수풀을 헤집을 때는 모기에 물리는 것을 조심해야 한다.
  친선 경기라면, 볼을 찾는 것을 포기하거나, 찾았더라도 1벌타를 받고 빨리 들고나오는 것이 현명한 판단일 수 있다.
  * 기타 동물, 벌레에 물리거나 쏘이는 것에도 유의해야 한다. 풀숲에 들어갈 때는 주변 여건에도 신경을 써야 한다.

③ 찰과상
몇몇 풀잎은 날카로운 칼날과 같다. 풀숲에는 가시투성이 넝쿨도 있다. 볼을 찾고자 하는 급한 마음에 헤집고 들어가다가는 찰과상을 입을 수 있다. 아까운 옷이 찢기기도 한다.

④ 기타
- 번개 조심 : 번개가 칠 때는 안전한 곳에서 대기하는 것이 필요하다. 클럽이 쇠붙이로 되어있어서 낙뢰 위험성을 가중한다.

- 농약 잔류물 : 간혹 코스 상태 관리를 위해 살포될 때가 있다.
  라운드 후, 샤워, 옷(특히 양말) 갈아입는 것이 필요하고, 신발 세척이 꼭 필요할 때도 있다.
  비 와서 젖은 신발은 발 건강을 위하여 꼭, 바로 씻어 놓아야 한다.

e) 연습 후유증 (피로)

라운드를 위하여 틈틈이 연습장에 소중한 시간을 할애한다.
연습 후 온몸이 뻐근하다면, 스윙에 문제가 있는 것이다.
항상 그래왔으니, 또는 다른 사람들도 그러겠지! 라고 생각하면 오산이다.
연습장에서 Shot을 하고 나면 몸이 개운한 것이 정상이다.

* 상완 삼두박근에 Tension을 조금 주는 Setup, 그것을 유지하는 백스윙 가속과 감속, 그것을 사용하는 다운스윙을 하면, Shot 연습 후 (당일, 다음날) 몸이 개운하게 될 것이다. 이 방식의 효과는 스윙에서 억지 상체 힘이 쓰이지 않게 되기 때문이다.

연습 강도, 연습량은 몸이 받아들일 수 있는 한도 내에서 한다.

f) 골프 Stress(스트레스)

① 골프가 안되는 Stress :

돌이켜보면 골프는 잘될 때보다 안될 때가 많았다.
골프가 안될 때는 절망감, 좌절감, 그리고 무기력감까지 나타나 자신을 자책하게 된다.
이후 온종일 우울함이 느껴질 가능성이 크다. 의식적인 기분전환이 필요하다.
좋아하는 음식을 먹는다, 음악을 듣는다. 유쾌한 대화를 시도한다.

* 근본적인 해결책은 잘하는 방법을 찾는 것인데, 지금까지의 접근 방법이 틀렸을 가능성이 크므로 사고의 전환을 시도해 본다.
* 이 책의 많은 부분에 걸쳐서, 콜럼버스의 달걀과 같은 골프를 잘하기 위한 사고 전환 내용이 있다. 차근차근 하나씩 풀어내야만 골프가 만드는 억압되고 짓눌려진 Stress에서 해방될 수 있다.

② 샷이 뜻대로 안되는 Stress :

샷을 하고 나서 클럽을 부러트리거나, 물에 던져버리는 장면을 간혹 방송에서 본다. 일반 골퍼도 때로는 그들과 유사한 심정이 든다. 라운드뿐만 아니라, 특히 연습장에서 볼이 뜻대로 맞지도, 날아가지도 않아서 답답하고 울화통이 치밀어 오르는 때도 있다. 안되면 *"속상하다."* 라는 표현을 쓴다. 마음속에 부상이 있는 것이다.
연습을 끝내고 나와도 찝찝하고 뭔가에 눌리고 있는 기분이 들 때가 있다. 답을 빨리 찾아야 한다.
정신 건강도 육체 건강과 같다.

* 이 책에 골프의 근본 진리가 쓰여 있다. 근본이 되는 것을 깨우쳐야만 그다음 상세 답을 찾을 수 있다.

③ 골프를 모르는 Stress :

모르면 결과가 불안하고 걱정된다. 동작의 불안함은 입스로 이어질 수 있다.

왜 그런지? 왜 그렇게 해야 하는지? 의 질문에 답을 찾기 어려웠던 것이 지금까지의 골프였다. 마치 '뭔가를 외워서 시험을 보는 주입식 교육처럼', 그래서 때론 모르는 것이 당연시되고, 모르는 Stress를 감수해왔다.

골프는 쉽지 않은 것이 사실이다. 쉽지 않다고 하면서 *"이것만 하면"*, *"이것만 알면"*이라는 혹자의 말이 난무하다. 모순이다.

골프에는 만능열쇠가 없다. 수십 개의 각각 열쇠 기능을 알아야 한다.

* 이 책에는 스윙 메커니즘과 해석 방법이 낱낱이 설명되어 있다. 이것은 Shot을 하면서 갖는 불안과 초조에서 해방될 수 있는 확신을 얻게 해줄 것이다. 골프를 명확하고 명쾌하게 배우고, 아프지 않고, 건강하고, 행복하게 즐기도록 하자.

Remarks (전체 부상 방지 기본 주의사항)

#1. 부상이 발생하는 메커니즘을 이해하고, 단발성 부상에 대해서는 그런 동작을 하지 않도록 하고, 점진적으로 진행하는 부상은 초반의 징후 때 바로 스윙이 교정되도록 해야 한다.

#2. 한번 발생한 부상은 원인을 찾아 숙지하여 재발하지 않도록 한다.
 * 의외로 같은 부상이 반복되는 사례가 많다.

#3. 스윙 방법으로 비거리를 늘리는 것은 한계가 있다. 이런 한계점에서 비거리 향상을 원한다면, 발목, 무릎, 골반, 허리, 어깨, 팔꿈치, 손목 관절 중에서 가장 취약한 부분부터 피트니스를 고려한다.
 이미 강한 근육을 더 강하게 하면, 취약한 근육 & 관절은 더 하중을 많이 받게 되어 부상 위험이 커지므로, 취약 관절 근육부터 단련하여야 한다.
 * 최종적으로, 비거리 한계는 왼 손목의 능력과 연관된다고 볼 수 있다.

#4. 부상 예방 기본 사항 :
 - 맞는 클럽의 선택
  클럽 헤드의 회전 가속 관성을 손목이 이기지 못하는, 스윙 웨이트가 큰 클럽(강한 클럽 포함) 사용하면 필연적으로 손목, 팔꿈치 부상 온다.
  CPM 릴리즈 타이밍이 너무 빠른 강한 클럽 사용은, 억지로 상체 회전 조건을 만들려 하게 되어서 오른 어깨, 오른 팔꿈치, 왼 손목 부상 온다.

- 연습 시작, 라운드 시작 전 간단한 기본 스트레칭을 습관화한다.
  (100% 샷 전에 쇼트 어프로치 샷을 먼저 하는 습관을 들인다.)
- 점진적인 샷감 체득(몸이 일깨우게 하는 것)을 위하여 스윙 연습의 초반 진행은, '짧게 잡고 힙 대장 근육 사용 -> 중간 길이에 허벅지 대장 근육 사용 -> 길게 잡고 장딴지 대장 근육 사용 -> 왼발등& 발가락 굽힘 종아리 근육 사용' 순서로 길을 들인다. 릴리즈 타이밍이 짧은 것부터 긴 순서로 가야지, 긴 것부터 하면 샷감 잡기가 어렵다.
- 과도한 횟수의 105~110% 스윙 연습은 횟수를 제한한다.
- 타점 미스가 연속해서 발생하는 경우, 연습을 줄이고, 빗맞는 타점 개선안을 먼저 찾는다.

2.5 골프의 건강 효과
(골프의 건강 예찬론)

신체 각 부분의 최대 한계를 초과하는 동작은 부상을 초래한다. 골프 스윙이 극한의 신체 움직임에도 불구하고, 한계 이내에서 움직일 때, 다음과 같은 건강한 몸을 갖게 해준다.

-. 튼튼한 허리를 갖게 해준다.

허리(척추)가 부실한 사람에게 추천되는 운동이다.

특히 온종일 의자에 앉아서 일하는 사람들은 척추 관절과 그것을 붙잡고 있는 근육이 약화할 수 있는데, 골프 스윙은 강한 허리를 만들어 줄 것이다.

단, *2절에서 설명*한 드라이버 상향 타격을 위해서 틸팅을 과하게 줄 때 허리에 치명적인 부상이 초래됨을 잊어서는 안 된다.

-. 고관절(사타구니) 부위 신경 통로를 건강하게 해준다.

운동이 부족한 사람들에게는 고관절 부위의 신경이 눌려서 찌릿한 통증이 오는 사례가 있다. 피곤할 때 더 심해진다.

골프는 고관절의 폄과 회전 근육이 단련되는 운동으로서, 그 부위를 지나는 하체의 들 신경 눌림(간섭)을 없애주는 효과가 있다.

튼튼한 하체 신경계를 갖게 해준다.

-. 하체 단련 효과

골프는 하체 근육이 잘 사용되어야 비거리가 늘어나고, 방향성이 확보되며, 타점 오차가 줄어든다. 리듬에 맞는 하체의 강한 폄 근육 수축이 요구되는 것이 골프 스윙이다.

그리고 걷는 것이 부족한 사람에게는 플레이하면서 자연적으로 걸을 수밖에 없으므로, 하체 건강에 안성맞춤인 운동이다.

단, 한계 이상의 과도한 폄은 무릎 관절의 손상을 초래할 수 있다.

-. 비염 완화 기능

골프는 관절 운동이다. 관절이 단련되면, 신경계가 건강해지고 인체의 신진대사가 활성화된다.

좋은 공기를 마음껏 마시며, 활성화된 신진대사는 비염을 완화해 주는 기능이 있는 것 같다.

골프를 즐기면, 훌쩍이던 코가 뻥 뚫리는 의외의 효과를 볼 수 있다.

필드에서 신선한 공기의 흡입은 폐뿐만 아니라, 심신을 건강하게 해준다.

-. 시력 증대 기능
서류와 책상의 모니터만 보다가, 먼 산, 높은 하늘, 드넓은 페어웨이를 보면 시각 감각이 되살아나는 느낌이다.
골프 선수 중에는 안경을 착용하는 사람이 그리 많지 않은 것 같다. 몇백 미터 거리의 그린과 그린 위 조그만 깃대를 보고, 날아가는 작은 볼의 궤적을 보니, 특별한 사항이 없다면, 몽골 사람들처럼 시력이 나빠지기는 힘들 것이다. 침침하던 시력이 살아나고, 그 풍경은 마음(뇌)의 정화를 가져다준다.

골프 라운드는 사람 보는 눈을 갖는 경험을 하게 한다. 같이 라운드를 해보면, 심성과 천성이 드러난다.
골프 친구가 많은 사람은 인성이 좋을 가능성이 크다.

-. 스트레스 치료 기능
뭔가에 집중하면, 잠시 잠깐 근심 걱정을 내려놓을 수 있다.
골프는 집중이 필요한 운동이면서, 행위에 집중하는 운동이다.
연습장 또는 필드에서 스윙과 플레이에 몰두하다 보면 일의 스트레스에서 벗어나는 시간을 가질 수 있다.
좋은 동반자와 함께하면 그 기능은 더욱 증대된다.

단, 골프를 하면서 발생하는 반대급부의 골프 스트레스는 슬기롭게 이겨내거나, 피할 수 있어야 한다.
- 골프가 유독 안된 날은 피로가(피곤함이) 몰려온다. 반면 잘된 날은 하늘을 날아갈 것 같고 모든 근심 걱정과 피곤함이 사라진다.

뜻대로 안되는 것의 대처 방법은 두 가지다.
하나는 **통달**하는 것이고, 다른 하나는 **체념**(포기)하는 것이다.
라운드는 한두 번(하루 이틀)에 끝나는 것이 아니니, 기죽지 않기 위해서는 통달하는 것을 선택하는 것이 맞는 것이다. 통달하는 방법은 이 책에서 찾을 수 있다.
* 퍼팅이 잘된 날은 기분이 좋고, 안된 날은 우울하다. 퍼팅은 요령을 알면 해결된다.

- 동반자가 습관적(의도적)으로 스트레스를 주려 하는 일도 있다. 대처 방법은 두 가지다. 하나는 **실력을 향상**하여 코를 납작하게 만드는 것이고, 다른 하나는 그냥 **관대히 받아주는 것**이다.

 또 다른 선택은 동반자 목록에서 그를 **제외**하는 것이 좋을 수도 있다.

 * 어떤 동반자는 라운드에서 신경전을 펼쳐 상대의 멘탈을 무너트려 승리하려는 의도적인 작전을 쓸 때도 있는데, 이런 심리전을 극복하는 방법도 연구해야 한다.

골프와 신경
(감각 신경, 뇌, 운동신경)

몸의 근육을 움직이는 신경 작용은 크게 4가지가 있다.
  (A) 의지 동작인 뇌 명령 신경 작용
  (B) 반사신경 작용
  (C) Feedback 신경 작용
  (D) 자율신경계
  * 골프 스윙 동작에 관계되는 것은 (A) (B) (C) 이다. (B)와 (C)를 '보상 동작'이라고 한다

골프에서 왜 신경 작용을 알아야 하나?
  - 되는 동작과 안되는 동작을 빨리 구별하기 위해
  - 헛생각(망상)을 가려내기 위해
  - 함정(어려운 환경)에 빠지지 않기 위해
  - 역으로 이용하기 위해

느낌(Feeling), 정신력(Mental), 집중력(Concentration)으로 대변되는 골프의 생체 연관 사항에 대하여, 이들 세 가지 단순한 용어들로는 그것의 의미와 역할을 이해할 수 없기에, 세세하게 그것들의 작동 메커니즘을 설명하여 오해를 방지하고 효율적인 연습, 경기력 향상을 이루고자 인체의 감각 신경, 뇌, 운동신경에 관하여 기술한다.
  * 주의 : 본 내용은 전문의학적 지식과 내용의 관점이 아니라, 골프 스윙 및 스트로크 동작을 이해하기 쉽게 하려고 서술한, 근육, 신경, 뇌의 작동 메커니즘에 대한 것이다. 따라서 의학적, 생명과학적 명칭과 Data에 약간의 차이를 보일 수 있다. (숫자는 대략적인 대푯값임)
  중학교, 고등학교 생물(생명과학) 교과서 내용에 응용력과 상상력을 가미한 내용이므로, 본 내용의 기초 부분, 즉 순수 생명과학 내용은 학교 교과서와 인터넷 포털 정보를 독자가 활용하여

이해하는 것으로 한다.

⟨내용 순서⟩
  1) 인체 동작 vs 제품생산 과정 비교
  2) 동작
  3) 감각과 들 신경
  4) 뇌의 동작 메모리
  5) 골프에서 요요 현상
  * 근육의 움직임 체계(System)를 알면, 비거리 증진, 방향성 제어, 스윙 동작 구성, 퍼팅 스트로크 방법에 확신이 서게 될 것이다.

⟨내용 요약⟩
요지는, 근육과 신경에 어긋나는(위배 되는) 동작을 하려 하면, 뜻대로 안된다는 것이다.

① 신체의 동작은 근육의 수축으로 이루어진다. 이완은 힘을 만들지 못한다.
  - 근육에는 빠른 수축 근과 느린 수축 근이 있다.
  - 근육은 쌍으로 이루어져 굽힘과 폄, 외회전과 내회전, 벌림과 모음 동작이 만들어진다.
  - 수축 근이 작용하면 반대편의 길항근은 이완되어야 동작이 만들어진다. 준비 상태에서 힘이 어느 정도 들어가 있어야만 본 동작에서 길항근의 이완이 쉬운데, 동작이 빠르게 만들어지려면 주근에 약간의 초기 힘이 있어야 한다. 이것이 Setup에서 Tension이 조금 있으면서, 다운스윙 시작에서 그립 힘이 많이 증가하지 않아야 하는 이유이다.
    * 골프에서 힘이 빠져야 하는 이유는 다운스윙 시작에서 상·하체 분리를 위한 것이고, 힘이 덜 증가해야 하는 이유는 손목 릴리즈를 위한 것이다.
  - 백스윙과 다운스윙에서 동작을 만드는 주근과 길항근은 뒤바뀐다. 또 백스윙 전반부와 후반부는 좌우 근육 사용이 뒤바뀌고, 다운스윙 전반부와 후반부는 상하 근육의 가감 역할이 서로 변한다.
  - 관절 움직임의 최대 허용치는 인대가 담당한다. 일부 뼈와 근육의 기구학적 허용범위 제한도 있다. 최대 변위를 초과하면 부상이 따른다.

② 근육의 수축 명령은 조건에 따라 다음과 같이 구분된다.
  (A) 의지 동작 (계획된 동작)

(B) 척수의 반사신경 반응 (무의식 반사 반응 = 무조건반사)
(C) 뇌의 들 신경 반응 (운동신경)
　　Feedback 신경 = 의식 반응 = 뇌 인지 조건 반사 반응
(D) 기타 : 중뇌 & 연수 반사신경, 자율신경

* 반사신경의 명칭에 조금 혼동이 있다.
척수의 반사신경은 열, 하중, 변위의 특정 조건에 따라서 반응하는 무조건 반사신경이며, 뇌의 반사 반응은 학습/경험에 따라 나타나는 학습 조건 반사신경이다.
무조건 반사신경이란 용어는 '없을 무'로 해석하면 헛갈린다. (무조건 = 뇌 판단이 없는 조건) '그냥'이라는 의미로 해석해야 혼동되지 않는다.
이 책에서는 골프 동작에 한정되므로 반사신경은 척수 반사신경을 말하며, 신체 보호를 위하여 어떤 값 이상의 하중 증가 조건에 반응하는 것을 뜻한다.
- 의지 동작, 뇌의 동작 메모리 명령은 소뇌가 전기 신호 체계로 변경하여 날 신경 (운동신경 = 운동 뉴런)을 통하여 해당 근육에 수축 강도와 작동 시간을 내려보내는 것이다.
- 척수 반사신경이 신체 보호를 위해 0.0005초(눈꺼풀 깜박이기)~ 0.015초(손목 캐스팅)의 빠른 근육 수축 반응을 만들도록 한다.
　골프의 캐스팅 현상이 척수 반사신경의 대표적인 예이다.
- 감지된 자극에, 뇌의 Feedback 판단으로 대략 0.15초(연습 된 동작)~ 0.35초(연습 되지 않은 사항)의 운동신경 근육 수축 반응이 이루어진다. 볼을 쫓는 것, 피하는 것, 밸런스 맞추기 등의 동작이다.

③ 감각기(수용기)로부터의 들 신경(감각 신경 = 감각 뉴런)으로 자가 수용 감각(근육, 힘줄, 인대, 관절의 하중, 하중 변화, 변위 감지)이 들어오고, 피부 감각(촉감, 압력, 온도, 진동)과 신체 부위에 퍼져있는 통증/통감(온통, 냉통, 압통, 손상통(절단통, 찢김통, 화학통))이 신경을 타고 뇌에 들어온다.
전체 일반 정보 감각은 6감(시각, 청각/평형감각, 후각, 미각, 촉각)이 있다.
- 보통 5감은 시·청·후·미·촉각을 말하는데, 귀속에 있는 평형감각이 동작(움직임)에 중요한 역할을 함으로, 운동하는 사람들은 평형감각 기관의 담당 역할을 관심 있게 고려하여야 한다. 그런 입장에서 골프에서 평형감각을 추가하였다.
- 인체, 들 신경의 반절 정도가 손에 몰려 있다. 그리고 날 신경의 큰 비중이 손의 동작을 관장한다. 이 밀집된 손 신경은 손의 동작을 민감하고 정교하게 만들어준다.
　이 손 신경 분포는 골프에 방해되는 요소로 작용하는데, 특히 퍼팅에서는 손 신경을 억제해

야 한다. 또 스윙에서 손 신경은 거의 무시해야 한다.
- 외부 자극, 동작 정보, 신경 신호에 있어서, 신체를 보호할 필요성이 있을 때 척수 반사신경이 작동되어 해당 근육이 수축한다.
- 의지와 감각 정보를 뇌가 종합하여(전체 정보 처리하여) 소뇌에서 만들어진 가장 부합하는 동작의 작동 전기 신호를 날 신경(운동신경)을 통하여 반응기(근육)에 펄스 형태의 수축 명령을 보낸다. 펄스 주기는 상황에 따라서 대략 5Hz~150Hz로 정보 전달 양(주기)이 다르다.
  cf) 통신기기의 Data 전송 속도(전달 양) 개념과 유사하다고 보면 된다.
  보통의 전기 제어 장치(PLC)에서는 100 ~ 100,000Hz를 사용한다.
- 신경은 사람마다 감응 형태(자극 읽기, 전달 시간, 펄스 주기, 인접 신경으로 전파) 능력이 다르다. 즉 각자 느낌과 반응에 차이가 있다는 이야기이다.
- Edge of the nerve, boundary of the reflexes, 스윙 동작이 어떤 반사신경 반응의 경계선에 있다면, 그것이 유발되지 않으면 슬라이스, 발현되면 훅이 발생하는 일명 'Wi-Fi' 구질의 경향을 나타낼 수 있다.
  따라서 스윙 동작 상태는 반사신경 반응의 경계선으로부터 좀 떨어져 있는(좀 여유가 있는 상태) 것이 추천된다.
  ex) 100% 스윙은 Cross 회전력 조합사용, 95% 스윙은 4ea 회전력 사용
* 감정 영역은 감각과 구별된다. 감정은 어떤 물체나 대상을 뇌가 분석한 느낌이다.

A-1) 인체 동작 vs 제품생산 흐름 과정 비교
(참고만)

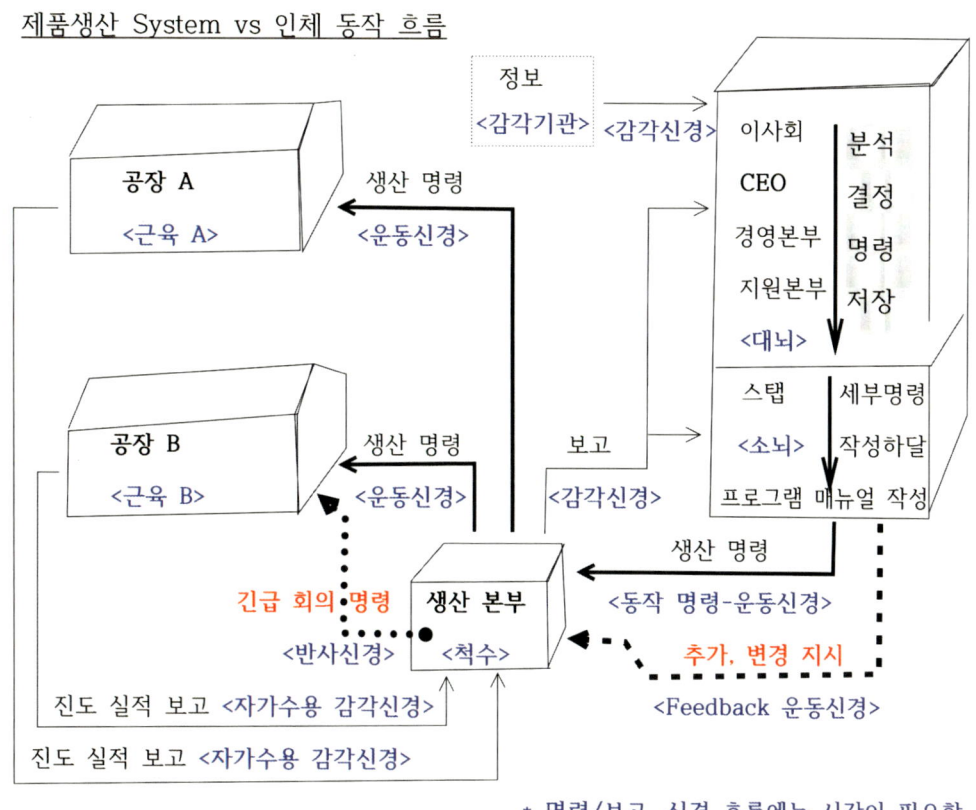

그림 5.A.1 제품생산과 인체 동작 명령 흐름 비교 모형

그림은 골프 스윙 동작 및 스트로크 동작이 만들어지는 신경계 작용과 제조회사에서 제품을 생산하게 되는 System을 비교할 수 있도록 한 것이다.

인체의 동작은 큰 제조회사의 제품생산 계통 흐름과 같은 방식으로 만들어진다는 것을 알 수 있다.

- 제품의 생산량 결정, 목표 분석, 전략 수립 (경영본부 CEO) ----- 대뇌
- 제품생산 시점, 품질 조건 명령 작성 (Office) ----------------- 소뇌
- 생산관리, 긴급 조치, 실적 취합 보고 (생산 본부) ------------- 척수
- 생산, 실적 보고 (생산 현장) ------------------------------- 감각신경

위의 것들은 몸동작을 만드는 대뇌, 소뇌, 척수, 근육과 이것의 정보를 전달하는 운동신경과 감각신경, 그리고 정보를 수집하는 감각 기관의 도움 형태와 매우 유사하다.

깨달아야 할 중요한 것은 다음 세 가지 사항이다. 이것은 골프 스윙에서 그럴듯하지만 안 되는 것 (할 수 없는 것) 대다수를 만드는 원인에 해당한다.
골프 동작은 이것들 때문에 의지만으로는 안된다.

- **첫째**는 분석, 결정, 명령 전달, 보고에서는 시간이 소요된다는 것이다. 즉 지금 당장, 동일(동시) 시간에 동작이 될 수 없다는 이야기다.

- **둘째**는 긴급 상황에 긴급 조치가 이루어지나 정확도는 조금 떨어지는 Over Action이 발생한다는 것이다.

- **셋째**는 Feedback에 따라 추가 조치 명령이 시차(주기)를 두고 하달될 수 있다는 것이다. 보통 Feedback 조치에는 선제 대응 개념이 포함된다.

* 이사회의 생각대로 생산 현장이 돌아가지 않듯, 뇌의 생각대로 근육이 움직여주지 않는다. 일치율이 얼마냐? 상태가 관건이 된다. 골프 스윙 동작도 마찬가지다.

** 회사 경영는 분석력, 판단력(결정력), 생산능력이 중요하듯, 골프에서 분석력과 선택 그리고 근력이 중요하다.

A-2) 동작
(동작 특성, 동작 분석)

분절은 근육 수축으로 움직인다. 근육은 특별한 구성과 특이한 신호 체계를 가지고 있다.

a) 근육의 수축
그림은 하나의 손가락 첫마디를 굽히고 펴는 동작을 만드는 근육의 움직임을 설명하기 위한 것이다.

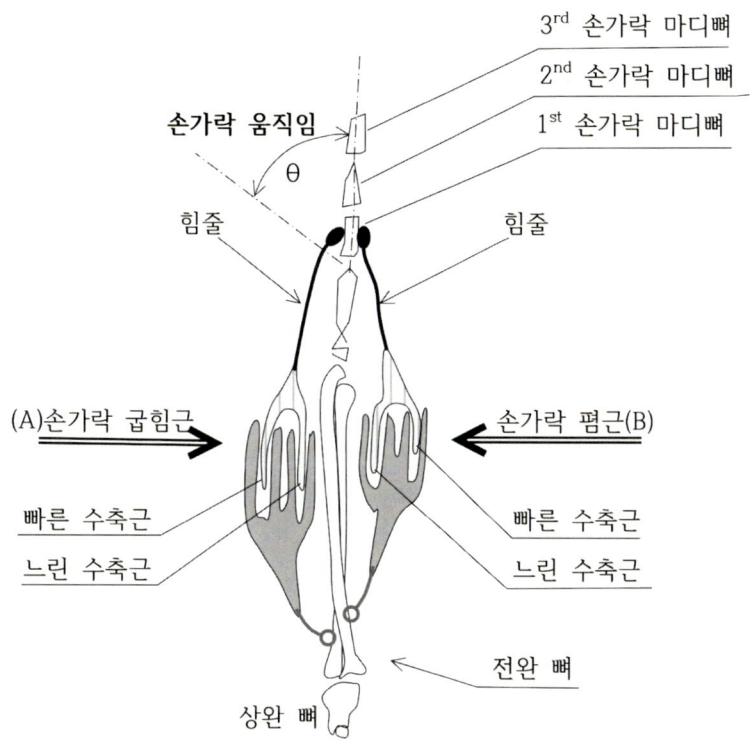

그림 5.A.2 전완에 있는 손가락 굽힘 & 폄 골격근 (1st 마디 대표도 예시)

손가락을 굽히고자 한다면 손가락 굽힘근(A)을 수축시켜야 한다.
이때 (B) 근육은 이완되어야 하는데, (B) 근육에 힘이 들어가 있으면 손가락 굽힘 동작이 빠르게 진행되지 못한다.
손가락을 서서히 굽히고자 한다면, 뇌의 지령과 소뇌의 전기적신호에 의해 느린 수축근이 수축을 하게 되어 힘줄이 당겨지고 손가락 관절이 굽어지게 된다.

만약 빠른 손가락 굽힘 동작을 하고 싶다면, 빠른 수축근이 수축하도록 뇌의 지령과 소뇌의 빠른 수축 근육 전기 신호가 하달되어 동작한다.

Remarks

#1. 근육은 굽힘과 폄, 내회전과 외회전 동작을 하기 위하여 쌍 근육으로 이루어져 있다.
　　보통 사용 조건에 부합하기 위하여, 팔 쪽은 당기는 굽힘 근육과 안쪽으로 돌리는 내전 근육이 폄 근육과 외전 근육보다 크고, 하체 쪽은 서고 뛰기 위한 폄 근육과 방향 전환을 위한 내전 근육이 강하다. 유리한 생존 조건을 위한 근육 크기 비율이다.

#2. 동작을 위하여 수축근이 작용할 때, 반대의 길항근은 이완되어야 하는데, 이완이 원활하지 못하면 블로킹 현상이 벌어진다.
　　이것 때문에 헤드 스피드 키우기 위해서는 Setup과 백스윙 때 힘 빼라는 것이고, 릴리즈 전에 그립 힘이 최소로 증가하게 하라는 것이다.
　　또, 하체 쿠션은 너무 강하지도, 너무 흐물거리지도 않아야 하체 폄 양이 원하는 만큼 이루어진다.
　　100~105% 스윙은 Cross 회전력 조합을 사용하는 것이 근육 작동에 유리하다.

#3. (정지 상태) 해당 동작을 하기 전, 힘이 들어가 있다는 것은, 주근 vs 길항근 두 근육의 수축력의 크기가 10 vs 10, 20 vs 20, 30 vs 30으로 정적 평형을 이루고 있다는 이야기다.
　　알맞은 기준 수축력 크기가 20 vs 20이라면, 힘이 적게 들어간 상태는 10 vs 10이라고 할 수 있고, 많이 들어간 상태는 30 vs 30이다.
　　cf) 백스윙 감속 구간, 헤드 동적 관성력이 15라면 삼두박근~손목 폄근은 20, 이두박근~손목 굽힘근은 5라는 근력 상태가 된다. '20'은 손목 강도이다. 그리고 같은 사용 방향 '20'의 근력은 이후 <u>전환에서 지지(80), 끌고 내려올 때 버팀(90), 릴리즈에서 직접 회전력 사용(100)</u>에 도움을 준다.
　　- 이두박근~손목 굽힘근의 근력 '5'는 힘이 빠진 상태를 의미한다.
　　- 삼두박근~손목 폄근 이외의 근육에 힘이 증가한 것은 방해 작용을 한다.

#4. 어드레스, 최소한 하체 쿠션과 손의 그립 악력 세기에 대한 근력 기준은 가지고 있어야 한다. 이 두 가지는 원하는 좋은 결과를 만들기 위한 기본이다.
　　* 하체 쿠션 강도 기준치는 LW 스윙으로, 그립 악력 기준치는 롱 아이언 스윙으로 잡는다.

#5. 오묘하게도, 빠른 수축 근육과 느린 수축 근육이 조합되어 동작의 정확성을 높여준다.
　　만약 한 가지 빠르기의 수축 근육만 가지고 동작한다면, 오뚝이처럼 덜렁거리거나(왔다 갔다 하거나),

덜렁거리지 않기 위해서 코알라나 나무늘보처럼 느린 움직임을 해야 할 것이다.

#6. 근육의 수축력은 날숨일 때 더 크다. 골프 동작은 날숨에서 행해진다.

(인위적 호흡 100% 들숨, 100% 날숨은 의도적으로 호흡근 사용된 것)

그림과 같이 자연 날숨 상태의 근육 수축력이 자연 들숨 상태 근육 수축력보다 대략 10~20% 더 큰 느낌이다.

^ 손에 악력기를 꽉 잡을 때 날숨 상태에서 더 세며, 항문 조임근을 꽉 쫄 때 폐에 공기를 내뱉은 상태일 때가 더 강하다.

^ 철봉의 턱걸이를 할 때 공기를 내뱉으면 마지막 몇 개를 더 시도할 수 있다.

^ 실제 적용 방법은 아닌데, 호흡 조건과 연관되어 혹자가 "입을 조금 벌리고 스윙하면 힘 빠진 스윙 되어서 더 큰 파워를 낼 수 있다." 라고 한다.

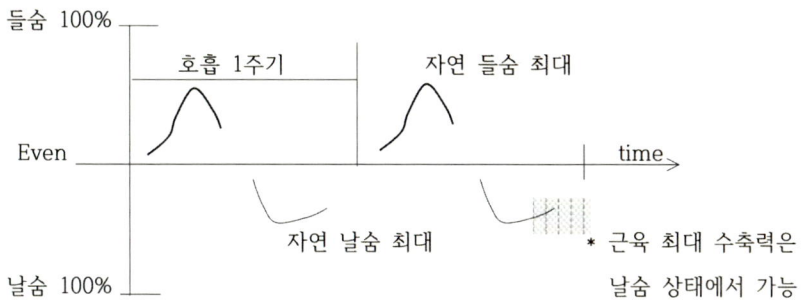

그림 5.A.3 호흡 상태와 근육 수축 동작 시행 시점

운동 근육 최대 수축력의 크기가 호흡 상태와 연동되는 것은 뇌의 자동제어 프로그램으로 생각되며, 들숨일 때 과도한 동작으로 인한 갈비뼈와 그 연관 근육 손상을 방지하는 기능이라 추측된다.

골프에서 숨을 들이쉬고 하는 건 없다. 숨을 내뱉고 해야, 더 큰 힘이 발현되는 상태가 된다. 또 제어가 더 정교하게 된다.

#7. 수축 상태의 근육에서 자연적인 이완은 바로 되지 않는다.

가볍게 주먹을 쥔 손에서, 힘을 꽉 주었다가 힘을 빼보면, 서서히 힘이 빠지는 것을 알 수 있다.

만약 다음 그림의 T2에서 다시 힘을 쓰게 되면 어떻게 될까?

근육에 수축력이 남아 있으므로 T1보다는 더 쉽게 필요한 근력 조건(F)에 도달할 수 있게 된다.

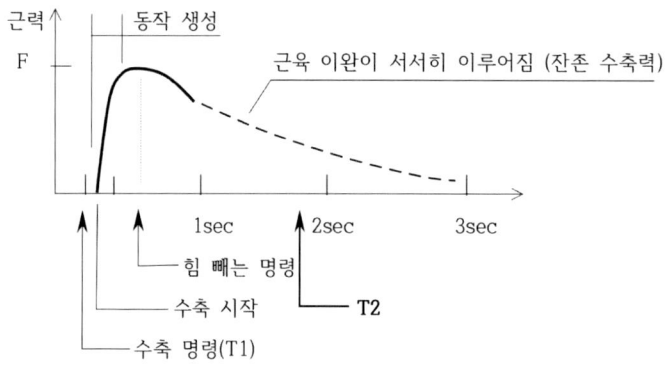

그림 5.A.4 근육의 이완 시간 (예시)

ex. 1) 퍼팅에서 그립을 최종적으로 잡은 후 일정한 텀(대기 시간) 후 스트로크해야 하는 이유가 잔존 수축력 때문이다.

ex. 2) 다운스윙 후반부 강한 왼 무릎 폄을 만들기 위해 백스윙 초기 가볍게 굽혀주는 동작은, 왼 무릎 폄 근육에 잔존 수축력을 제공하는(예열시키는) 기능을 하여 비거리 향상에 도움을 준다. 왜글도 일종의 잔존 수축력을 남기기 위한 것으로 볼 수 있으며, 요란하게 하체를 움직여 어드레스 하는 것도 마찬가지다.

ex. 3) 백스윙 시작 전 손목을 위로 꺾어 올려 클럽 헤드 높이를 맞추는 행위는 손목을 위로 꺾어 올리는 근육을 활성화해 놓아, 다운스윙에서 헤드 궤도를 올라가게 할 수 있다. 이것이 중·하급 골퍼에게서 발생하는 드라이버의 꿀밤 샷, 아이언의 볼 대가리 때리는 토핑 미스샷의 큰 원인 중 하나가 된다. 다운스윙 급가속에서 관성력을 버티기 위해 반사신경으로 손에 힘이 들어가는데, 가장 최근에 사용한 손목을 위로 꺾어 올리는 근육에 가장 큰 비중을 두고 힘이 증가하게 되어서, 클럽을 위로 들어 올리게 되니, 토핑이 나는 것이다. 이 경우는 스윙을 교정하는 것이 아니라, 헤드를 놓는 어드레스 방식을 바꿔야만 미스샷이 제거된다.
* 위급 상황에서, 가장 빠르게 반응하는 방법은 가장 최근에 사용한 근육에 다시 힘을 주는 것이 될 것이다. 재빠르게 도망갈 때 생존에 필요한 기능이다.

b) 근육의 이중 구조

말단 근육을 제외하고, 주요한 관절 굽힘 & 폄 근육은 이중, 삼중의 근육 연결구조로 되어있다. 아마도, 동작의 다양성, 정확성, 응급상황을 고려한 것으로 생각된다.

몸의 회전 변위는 해당 분절 회전 근육과 폄 근육 그리고 상위의 회전 근육 움직임의 조합으로 만들어진다. 회전 근육은 이중 구조는 아니지만, 이들 폄 & 굽힘 근육과의 조합이 다중구조의 기능을 하게 만든다고 보면 된다.

근육의 이중 구조 또는 다중구조는 한 분절의 움직임이 여러 개의 근육 수축의 조화(하모니)로 만들어지는 형태라는 것이다.

   ex) 퍼팅 스트로크하면 의도와 다르게 손목 회전이 함께 발생한다.

무릎의 폄은 허벅지 대퇴직근, 외측근, 내측근, 기타 근육으로 만들어지는데, 대퇴직근은 서고 걷는 자세를 안정적으로 유지하는 목적이 강하여, 내·외 측근보다 민감도가 떨어진다고 보면 된다.

   ex) 대퇴직근은 폄을 지휘하기에 부적합하다.

c) 날 신경 명령 신호의 펄스 주파수

뇌가 근육을 수축시키도록 하는 전기적인 신호는 5Hz~15Hz, 100Hz~150Hz 펄스의 두 가지 통신체계로 동작 명령을 근육에 그림과 같이 하달한다.

근육 움직임 전기 신호는 다음과 같이 생성되고 하달된다.

   대뇌 : 동작 Logic을 소뇌에 하달
   소뇌 : 전기 펄스 신호 생성하여 근육에 하달
   운동 뉴런 : 신호 전달 흐름

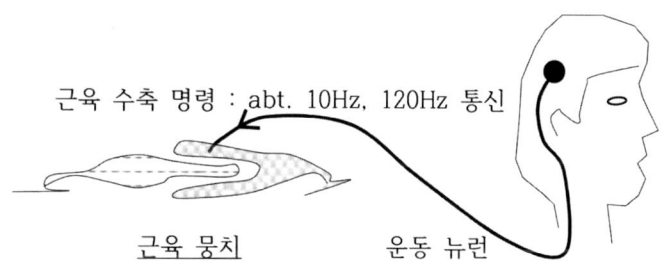

그림 5.A.5 날 신경 근육 수축 명령 신호 주기

눈을 감는 수면 또는 명상에서는 10Hz 내외, 빠르고 정확성을 요구하는 집중상태에서는 100Hz 대의 근수축 명령 정보를 내려보낸다.

   * 수면과 기상 직후에 동작이 느린 것은 근육 움직임 명령 신호가 작은 펄스 주기로 하달되기

때문이라 여겨진다. 명상의 단계는, 어쩌면 몸으로 내려보내는 뇌의 운동신경 전기 신호 펄스를 수면 상태에 가깝게 줄이는 것이다.

펄스 주파수를 변동하는 이유는 에너지 절약 측면, 관리 측면의 효율성을 높이기 위한 (참 오묘한) 뇌의 운영방식으로 생각된다.
아마도, 뇌가 쓸데없이 항상 많은 양의 전기 신호를 근육에 내려보내는 것은 낭비이며, 과사용은 생명(수명) 연장에 저해되기 때문일 것이다.

다음 그림은 골프 다운스윙에서 소뇌가 각각의 150개 근육에 근육 수축 명령을 내리는 펄스 신호를 Time table로 표시한 것이다.

어떤 동작을 위해서 150개의 근육이 0.2초 동안 유기적으로 움직여야 한다면, 대뇌는 동작 제어 명령 프로그램의 Logic을 만들고, 이것을 받은 소뇌가 디지털화한 전기적인 신호를 만들어서 각각의 근육에 운동 뉴런을 통해서 그림과 같은 펄스 신호를 내려보낸다고 생각하면 된다. PLC와 같은 방식이다.
 * 골프는 1/1000 초의 시간적 정확도를 요구한다. 1㎳ 단위이다.
 길이 단위에서, 우리는 마이크로(㎛)를 넘어서 나노(㎚)의 반도체 세상에 살고 있다. 이제 골프에도 "빨리, 느리게"라는 모호한 표현 대신, ㎳ 단위 시간 표현 사용이 필요한 시대가 되었다.

구간	~ 백스윙			다운스윙 (근육 동작을 위한 뇌의 펄스 명령)																	폴로스루 ~
sec				0.01	0.02	0.03	0.04	0.05	0.06	0.07	0.08	0.09	0.10	0.11	0.12	0.13	0.14	0.15	0.16	0.17	0.18	0.19	0.20	
M1	■	■	■																	■	
m1		■	■	■																	
MA1					■	■	■														
mA1					■	■	■	■													
M2				■	■	■	■														
m2					■	■															
⌇								⌇													
MA150															■	■	■	■			
mA150																■	■	■			
Remark	-. M은 **빠른** 수축 근육 동작 전기 신호, m은 느린 수축 근육 동작 전기 신호 -. A는 대항근이다. (M1 m1 MA1 mA1 4ea가 한쌍이 된다.)																				

그림 5.A.6 다운스윙 근육 수축 동작을 위한 뇌의 펄스 명령 형태 (예시)

cf) 사기 골프에서 근육 이완제를 몰래 먹여 의도적으로 근육 반응 시간과 수축량을 일시적으로 어지럽혀 스윙 동작을 망가트리게 할 수 있다.

d) 빠른 반응 동작 (척수 반사신경)

그림은 다운스윙 초기에 하체의 회전으로 클럽 헤드에 만들어지는 급가속 관성력과 이것을 지탱하는 손목의 상태를 표현한 것이다.

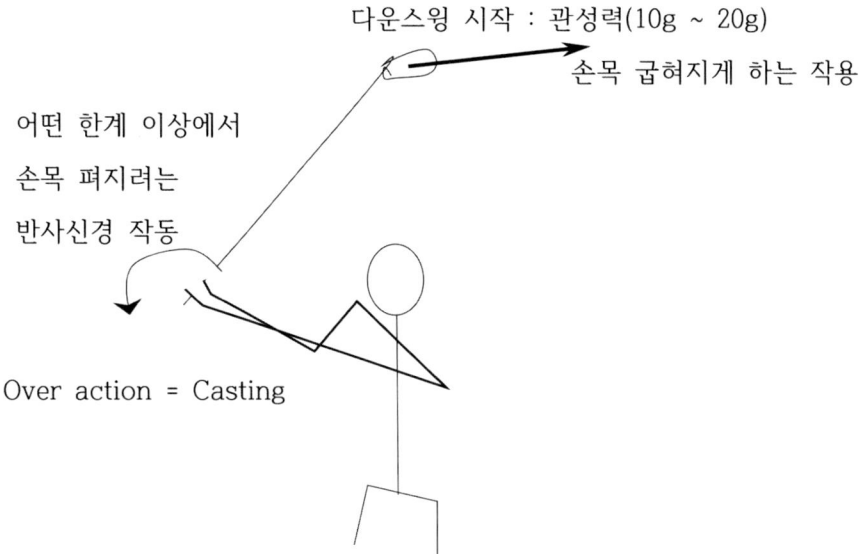

그림 5.A.7 손목에 걸리는 관성력과 반사신경

관성력은 손목을 그림의 우측(시계 방향)으로 꺾이게 만드는데, 척수가 판단하기에 그대로 있으면 손목 부상 염려되므로, **반사신경은 손목을 펴게 하려는(지지하려는) 손목 버팀(폄) 근육을 수축하게 명령한다.** 물론 그립을 잡은 손가락도 반력 하중에 대항하고, 손목 수축 근육에 연동하여 꽉 쥐게 된다. 이것이 일반적인 캐스팅이 나타나는 신경 메커니즘이다.

  * 백스윙 감속에서 손목 지지 근력을 약간이나마 확보하면 이 반사신경을 없앨 수 있다.

근육이 수축하여 동작을 만드는 것에는 3종류가 있다.
 - <u>의지에 의한 수축</u> : 뇌의 의지 명령(동작 메모리)으로 수축, Start 시간과 동작 형태와 강도
    * 트리거를 이용하는 것은 Start 시점 연동 프로그램 기능을 만든 것이다.
 - <u>신체 보호를 위한 수축</u> : 척수 반사신경으로 수축, 0.01초 소요

- 자극에 의한 뇌가 균형 상태를 만드는(유지하려는) 동작 명령 수축 : 감각 Feedback으로, 동작 보정을 위한 뇌의 수축 명령, 0.15 ~ 0.35초 소요

뇌의 의지 명령에 따른 동작을 제외하고, 척수와 뇌 두 곳의 근육 수축 명령체계에 의해서 동작이 보정되는 것 또한 참 오묘하다. **빠른 반응**과 **느린 반응** 두 가지 방식으로 동작을 보정하는 것이다. 이것은 동작의 감시와 그 제어방식인데, 빠른 명령 실행의 거친 움직임과 느린 명령 실행의 정교한 움직임을 형성한다고 보면 된다.

만약 반사신경이 없었다면 몸은 상처투성이가 될 것이다. 아니면 느리게 동작할 수밖에 없는데, 생존에서 도태되었을 것이다.

Remarks

#1. 근육의 움직임은 오묘하게 창조된 4가지 방식에 의해서 빠르고, 정교하고, 섬세하고, 효율적인 동작을 만드는 것이다.
　　Ⓐ 이중 삼중 근육 연결 구조
　　Ⓑ 이중 수축 속도 --- 빠른 수축근 vs 느린 수축근
　　Ⓒ 이중 신호 명령 하달 전송 주기 --- 빠른 주기 vs 느린 주기
　　Ⓓ 이중 반응 속도 --- 반사신경 vs 피드백 신경

#2. 걷는 동작은 뇌가 아닌 척수에 의해서 이루어진다. 뇌의 사용량을 줄이기 위한 역할 분담으로 보인다.

#3. 의지에 의한 근육 수축량은 직접 제어가 되는데, Feedback에 의한 균형 유지 동작과 반사신경에 의한 신체 보호를 위한 근육 수축은 직접 제어할 수 없는 영역이다.
Feedback에 의해 만들어지는 동작은 연습과 선행 조건 변경, 그리고 **반사신경에 의한 동작**은 환경을 바꾸는 간접제어 방식을 사용해야 교정할 수 있다.
골프가 뜻대로 안되는 이유 중의 하나는 이것의 개념을 모르고, 의지만으로 동작을 만들려 해서이다. 이런 신경 작용에 반하는 생각은 강물이 거꾸로 흐르기를 기대하는 것과 같은 것이다. 아무리 하려고 해봐야 안된다는 이야기이다. 헛고생하는 것이다.

#4. 사람마다 척수 반사신경 민감도가 다르다. 예를 들어 손목 반사신경이 예민한 사람이라면, 작은 가속도와 가가속도에 반응하여 캐스팅에 취약할 것이다.
또한 사람마다 Feedback 반응이 하달되는 시간도 조금 다르다. 빨리 하달되는 골퍼는 작고 강한 스윙을 해야 하고, 느리게 하달되는 골퍼는 크고 부드러운 스윙을 추구해야 할 것이다.

보통 Feedback 반응에는 가가속도를 분석하여 선제 대응하는 형태로 Over action이 들어간다.

e) Feedback 운동신경 (뇌의 반사 반응)

주동작(Main action)이 만들어지는 과정에서 다른 부위의 자기수용감각에 자극(변화)이 감지되어 뇌에 전달되면, 뇌는 자극 정보를 해석하여 현상을 유지하려는, 마치 뉴턴의 운동법칙(관성의 법칙)처럼, 현상 동작 유지(추구)에 필요한 근육 움직임 동작 명령을 근육에 하달 된다.
현상 유지에 필요한 근력은 반복 연습 되는 경우, 0.15~17초 정도 후에 반응 동작으로 나타난다.
숙달(적응)되지 않은 동작의 뇌 Feedback 반응 명령은 대략 0.35초 정도가 소요된다.
일례로 혹자는 이것을 *"보상 동작으로 …"* 라고 표현한다.

Feedback 반응 동작 자체를 완전히 없앨 수는 없다. 이것은 뇌가 스스로 판단하여 인체 움직임에 필요한 보정 동작을 만드는 것으로써, 뇌의 반사신경 일종, 즉 조건 반사 동작이기 때문이다. 이것에 간접 변화를 주는 방법은 다음과 같다.
- 들 신경 감각을 줄여서 반응 동작을 약화할 수는 있다.
- 반복 연습으로 정확도를 향상할 수 있다.
* 형성된 최소 반응 시간은 열차시간표처럼 바꿀 수 없는 것 같다.

ex. 1) 놀이기구 중에는 뇌의 Feedback 반응을 역으로 이용하여 증폭되게 하는 것들이 있다.
- 트램펄린은 반동 스프링 주기와 인체의 폄 Feedback 주기를 맞추어야 더 튀어 오를 수 있다. 주기가 맞지 않으면 역동작에 걸려 덜덜 떨게 된다.
- 디스코 팡팡이란 놀이기구는 뇌의 Feedback 주기에 어긋나는, 역동작에 반복해서 걸리도록 하여 몸이 버티지 못하게 하는 것을 이용한다. 놀이기구 조작자는 뇌의 Feedback 동작과 반대 주기로 판이 움직이는 주파수를 Up & Down 장치에 가하는 것이다.

ex. 2) 동작 눈치 게임 : 순간 밀거나 잡아당기는 상대 동작을 알아채는 게임에서, 익숙한 것은 0.16sec, 익숙하지 않은 것은 0.35sec 시간에 반응한다. 0.35sec 반응이 문제 있거나 잘못된 것이 아니고 익숙하지 않은 것일 뿐이다. 저 사람은 되는데 왜 나는 안될까? 하고 고민할 필요는 없다.

골프에서 뇌의 Feedback 날 신경 작용을 이용하는 것은 다음과 같다.
- 다운스윙 초기 가속 관성력에 대응하는 손목 폄 Feedback 반응을 (0.16초 후의) 릴리즈 타이밍에 맞춰서 이용하는 것

- 퍼팅, 백 스트로크 감속 대응 Feedback 반응을 (0.16초 후) 다운스트로크 시작에 맞추고, 그리고 다운스트로크 시작 가속 관성 대응 Feedback 반응을 (0.16초 후) 임팩트 직전에 나타나도록 맞춰서 이용하는 것
- 임팩트 후 폴로스루 때 오른 무릎을 한 번 더 딛는 동작은 왼 무릎 폄의 Feedback 보상 동작이다.
- 오른 골반 접기 ~ 왼 어깨 Brake ~ (전환/백스윙 탑) ~ (하체 폄/릴리즈) 동작은 일정 주기의 뇌 Feedback 반응을 이용하는 것이다.

* 골프에서 Feedback 반응으로 나타나는 가장 큰 동작은, 토우 타점 맞으면 회전 평형을 맞추기 위하여, 왼 어깨가 뒤로 젖혀지는 피니쉬 형태가 만들어지는 것이다. 가끔 앞뒤 균형이 깨지는 이쁘지 않은 Finish가 되는 것은, 타점에 기인한 것이 제일 크며. 이것은 타점을 정타에 맞추면 해결된다.

cf) 가속이 작아 진행 느리면, 먼저 Feedback 반응이 된 후에 릴리즈를 하는 스쿠핑이 된다.

f) 운동신경 반응 빠르기

운동신경이 좋다는 이야기는 두 가지 의미가 있다.
   첫째 : 하려는 동작의 정밀도가 높다.
   둘째 : Feedback 신경이 빠르게 반응하며, 정확히 반응한다.
        정확히 반응한다는 것은 Over action이 크지 않다는 것이다.

〈구기 종목 운동신경〉

야구 : 움직이는 볼을 때리거나, 날아온 볼을 잡는 야구는 시각적 인지와 공간적 움직임의 운동신경이 좋아야 한다.

축구 : 움직이는 볼을 신체의 일부인 발과 몸통으로 터치하고 드리블해야 하는 축구도 마찬가지로 시공간 운동신경이 좋아야 한다. 단, 놓인 프리킥을 차는데 운동신경은 거의 필요 없다.

골프 : 골프는 놓인 볼을 치는 것이다. 운동신경이 전혀 필요 없지는 않고 두 가지 운동신경이 필요하다. 그런데 그 제어가 뜻대로 안된다. 일반적인 구기종목에서 말하는 운동신경과는 좀 다르다.
   첫째 : 클럽 샤프트가 CPM이라는 규칙성을 가지고 낭창거린다. 따라서 거기에 몸을 맞추는 운동신경이 필요하다. 그런데 스윙 중에 그 낭창거림 주기가 1초에 6~7회라서 맞추기가

만만치 않다.

둘째 : 신경 반응 시간을 맞추는 운동신경이다. 예로, 왼 하체를 펴는 동작에 연동되어 손목의 릴리즈(손목 회전력 사용) 시점이 결정된다.

* 다운스윙 시작, 손목에 걸리는 클럽 헤드의 가가속도(하중 변화)에 따라서 캐스팅이라는 척수 반사신경 작동 가부가 결정된다. 그리고 팔과 클럽은 릴리즈라는 2-절 링크 운동을 하는데, 선행 조건에 따라 릴리즈 형태가 변한다.

하려는 동작의 정밀도가 높다는 이야기는 대뇌-소뇌의 동작 메모리(프로그램) 동작 신호가 더 정확하고, 동작 중에 Feedback 되는 감각 정보에 대하여 적절한 보정 운동신경 신호가 근육에 하달되는 것을 의미한다.

* Feedback 능력이 둔감하면 균형을 맞추는 데 반응이 부족하고, 민감하면 Over action이 나오는 반응 형태이다.

동작은 바로잡으려는 운동신경 신호의 질에 의해서 평탄한 포장도로가 될 수도 울퉁불퉁한 자갈길이 될 수 있는 것이다.
또한 척수 반사신경이 수반되는 경우, 이것의 Over action 양과 이것을 다시 중화시키는 근육 수축 움직임 정확도에 따라서 동작 정확도가 결정된다. 척수 반사신경이 작동되는 것은 자동차 바퀴가 감속 턱을 지나는 것과 같다.

신경 반응 시간이 빠르면 자극에 빨리 대응/응답하는 것이고, 느리면 늦게 대응하는 것이다.
많은 스포츠에서 빠른 반응이 경기력을 뛰어나게 하지만 일부 스포츠에서는 운동신경의 빠르기와 경기력이 무관할 수도 있다.
골프는 운동신경 반응 속도와 경기력이 거의 무관한 스포츠다.

스윙 중에 또는 퍼팅 스트로크 중에 Back swing top에서 Down으로 전환할 때 가속 관성 자극이 사람마다 0.15초, 0.16초, 0.17초 등 다르게 Feedback 운동신경으로 근육에 하달되지만, 그 시간이 걸리는 타이밍이 어떤 것과 맞아떨어지느냐? 그렇지 않으냐? 여부가 더 중요 사항이 된다.
신경 반응 속도가 빠른 사람은 작은 백스윙 크기 또는 강한 샤프트(cf. 스윙 웨이트는 회전력과 관련됨)를 사용하여 타이밍을 맞춰야 한다.
반대로 신경 반응 속도가 느린 골퍼는 큰 백스윙 또는 약한 샤프트를 사용하여 타이밍을 맞춰야 한다.

* 위와 같은 부분들은 현재까지 감에 의존했으나, 신경 전달에 관계된 계측 방법이 연구되어 골

퍼의 신경 특성에 맞는 장비와 스윙 방법이 추천되는 기술이 나올 것이다.

g) 골프에서 척수 반사신경 제어와 이용

-. 반사신경 간접제어 :
　^ 퍼팅에서 손 신경을 억제하여 반사신경 동작량(손목 꺾임, 손목 돌림) 줄이기
　　* 이것은 임팩트 직전에 Feedback 신경 크기도 함께 줄여 준다.
　^ 다운스윙 초기 오른 무릎 오금 굽혀 상·하체 분리하여 클럽 헤드 급가속(가가속도 포함) 줄여서, 손·손목에 힘 적게 상승하게 하기
　^ 클럽 샤프트 휘어지는 양으로 급가속(가가속도 포함) 줄여서 캐스팅 방지
　^ 백스윙 감속 동작에서 손목 강도 확보하여 반사신경 Limit 키우기

　* **퍼팅에서 손목**은 회전 형태라 작은 힘의 변화에 반사신경이 반응하며, **샷의 다운스윙에서 손목**에 걸리는 힘의 방향은 코킹 반대쪽의 굽힘&폄 방향이라 어느 정도 큰 힘의 변화 조건에서 반사신경이 나타난다.

-. 반사신경을 역 이용하는 것 :
오른 팔꿈치를 외회전하는 스윙에서 얇은 뒤땅이 되면, Leading edge가 지면에서 튀어나오게 만드는 형태의 전완 근육 반사신경이 나타난다. 이는 뒤땅을 완화해 준다.

-. 척수 반사신경에 의해 만들어지는 미스샷 :
　^ 세게 치려고 스윙 크게, 손목 코킹 크게, 다운스윙 강하게 하면 손목 반사신경 강하게 걸림.
　　⟨--- 큰 스윙 하려 했을 때 1st 캐스팅 발생
　^ 다운스윙 급가속에 의한 왼손 검지 꽉 쥐는 반사신경 ⟨--- 돼지 꼬리 샷 원인
　^ 퍼팅, 다운스트로크 가속에 의한 왼 손목 젖혀지고 오른 손목 꺾이는 반사신경 ⟨--- 손목이 전방으로 꺾이고 그립이 닫히는 쪽으로 회전하는 원인
　^ 무릎 폄이 부족했을 때 나타나는 척추 퍼짐 반사신경 ⟨--- 배치기 원인
　　* 얼리 익스텐션 반사신경을 없애려면, 무릎 폄을 일찍 해주고 그 세기를 키워주어야 한다. 다른 것으로 배치기 스윙 오류를 잡을 수는 없다.

반사신경 종류마다 한계(Limit), 원인, 조건이 다르다. 또 사람마다 다르다.
다운스윙 손목 반사는 손목의 날 방향, 퍼팅 스트로크 손목 반사는 손목의 좌우 방향이다.

다음 *부록 B의* 단면 2차 모멘트를 손목에 적용하면, 그림과 같이 상하 방향이 좌우 방향보다 훨씬 강한 구조여서, 퍼팅스트로크에서는 작은 퍼터 헤드 가속 관성모멘트에도 반사신경이 작동할 수 있다.

그립 손목 근력 폭과 높이 'b : h = 1 : 2'라면, 단면 2차 모멘트는
'Ix : Iy = b^3 × h : b × h^3 = 2 : 8'이 된다.

그리고 손을 회전하는 전완근은 굽힘과 폄 근육보다 더 작은 근력이므로, 더 작은 하중에서 반사신경과 큰 Feedback 반응 동작을 하게 된다.

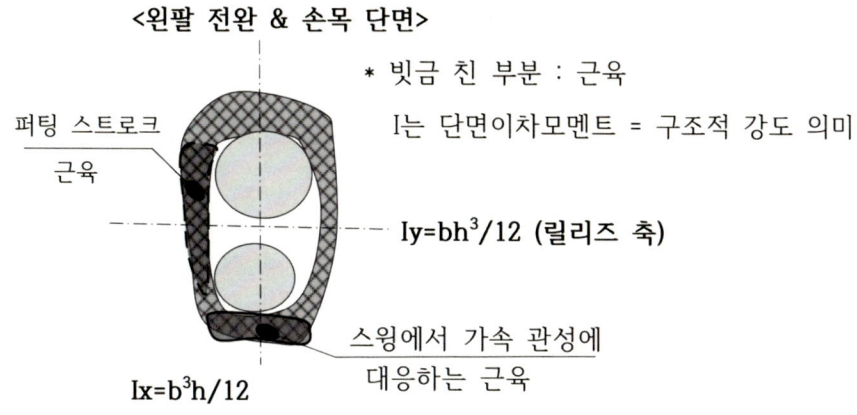

그림 5.A.8 손목 단면 이차 모멘트

h) 앞뒤 방향 평형감각

인간의 평형감각에서 가장 중요한 방향은 몸의 앞뒤 방향이다. 앞으로 넘어지면 신체 중요 부위 부상이 오고, 앞쪽에서 이루어지는 작업에 방해되기 때문이다.

골프 스윙 동작에서 몸은 평형감각을 자동으로 반사신경과 Feedback 반응에 작동시키며, 앞뒤 방향에 민감하게 반응한다.

다운스윙, 엉덩이(하체) 움직임이 먼저 이루어지는데, 엉덩이 움직임에 따라서 다음과 같이 상체가 자동으로 반응한다.

- 엉덩이가 뒤로 빠지며 회전할 때 : 몸(가슴)은 앞으로 숙어지는데, 팔은 들린다. 힐·하 타점 형성된다.
- 엉덩이가 앞으로 나가며 회전할 때 : 몸(가슴)은 들리며, 팔은 몸에 붙게 된다. 팔이 몸쪽으로 잡아당겨지게 되는 것이다. 배치기(얼리 익스텐션) 모양이다. 토우·상 타점 형성된다.

Remarks

#1. 중하급 실력에서, 토우·상 타점(아이언 뒤땅, 드라이버 스카이 볼)이 나오면, 어깨를 위로 올리고 팔을 뻗어서 타점을 중앙으로 이동시키고자 하는데, 이걸로 타점 교정은 거의(절대) 이루어지지 않는다.

다운스윙에서 엉덩이를 뒤로 빠지면서 회전되게 해야, 자동 평형감각 신경 근육이 작동되어서 토우·상 타점을 교정할 수 있다. 더불어서 하체 펌이 더 강하게 해주어야 한다. 그리고 손 & 클럽을 드는 것이 아니라 내리뻗어 주어야 한다.

* 배치기에 나타나는 타점 이동을 반대로 생각하고 있는 것이 아닌지? 반드시 생각하고 정립해야 한다.

#2. 하체 펌이 강하게 이루어지면서, 엉덩이가 뒤로 잘 빠지며 다운스윙이 이루어질 때는 힐·하 타점 경향이 있다. 좋은 스윙을 할 때 나타나는 현상이다.

그래서 *"생크를 고수에게서 발생한다."* 라고 이야기하는 것이다.

힐·하 타점이 발생할 때는, 다운스윙 엉덩이를 뒤로 빼는 양을 조금 줄여 주면 타점 교정에 효과를 볼 수 있을 것이다.

#3. 어드레스에서 턱을 뒤로 잡아당기면 앞뒤 방향 밸런스가 맞춰지면서 자동으로 하체 쿠션 세기가 적당하게 된다. 이것은 토우·상 타점 힐·하 타점으로 이동되게 해주는 기능이 있다.

ex) 페어웨이 벙커에서 턱을 당기는 Setup

A-3) 감각과 들 신경

근육에 걸리는 힘과 힘의 변화는 자기수용 감각기에서 감지되어 들 신경으로 뇌에 전달된다.
피부에 느껴지는(감지되는) 촉감, 압력, 온도는 들 신경에 의해 뇌에 전달된다. 인체에 느껴지는 통증도 들 신경에 의해 뇌에 전달된다.

만약 신체 보호가 필요한 긴박한 들 신경 정보가 들어오면 척수(중간뇌, 연수 반사 포함)는 즉시 반사신경 동작을 하는 근육 수축 전기 신호를 보낸다.
이것으로, 우리 인체는 넘어짐, 관절 손상, 열상, 기타 인체(눈, 기관지) 손상을 최소화할 수 있는 것이다.
신경의 전달 속도는 대략 100m/sec이다. 따라서 손과 발의 반사신경은 대략 0.01sec 전후 (0.01~0.03sec) 정도에서 반응 동작이 이루어지는 것으로 생각할 수 있다.

자극 정보는 0.01sec에 뇌로 들어간 다음, 뇌 정보처리 후에 날 신경(운동신경 = 운동 뉴런)으로 반응하는데, 감각에 따른 동작 시간은 대충 다음과 같다.
(사람마다 차이가 있다. 대략적인 수치는 이해를 돕기 위한 것으로 참조만)
- 청각 : 뇌 인지 0.07sec 후, 뇌 판단하여 반응 동작
    * 자극으로부터 0.15 ~ 0.3sec 후 동작
- 자기수용감각(근육, 관절) : 뇌 인지 0.08sec 후, 뇌 판단하여 반응 동작
    * 자극으로부터 0.16 ~ 0.33sec 후 동작
- 시각 : 뇌 인지 0.09sec 후, 뇌 판단하여 반응 동작
    * 자극으로부터 0.17 ~ 0.35sec 후 동작
- 촉각 : 뇌 인지 0.15sec 후, 뇌 판단하여 반응 동작
    * 자극으로부터 0.25 ~ 0.45sec 후 동작
- 미각 : 뇌 인지 0.4sec 후, 뇌 판단하여 반응 동작
    * 자극으로부터 0.6sec 후 동작
* 골프 다운스윙 시간 : 0.2sec

cf. 1) 150km/h의 투수 볼이 홈 플레이트에 도달하는 시간 : 약 0.4sec
    타자의 동작 반응 시간 0.16sec과 스윙 시간 0.2sec 빼면, 공이 보이고 0.04초 이내에 칠 것인지 판단해야 한다. 일반인은 움찔하고 끝나는 시간이다.

0.04sec은 망막 시각 상이 1장 정도의 사진을 찍는 시간에 해당한다.
* 160km/h와 150km/h 구속의 홈 플레이트 도달 시간 차이는 28/1000 초
'18.44 / (160/3.6) - 18.44 / (150/3.6) = 0.028초'

cf. 2) 페널티킥 볼이 골포스트에 도달하는 시간 : 약 0.4sec

cf. 3) 골프는 5/1000 초 오차 이내의 릴리즈 타이밍을 맞추어야 한다.
샷감은 1/1000 초당 1m & 1°의 오차 정도에 해당한다.

Remarks

#1. 100m 달리기에서, 출발 신호와 함께 0.1sec 이내에 출발하는 경우는 부정 출발로 간주 된다.
'땅' 총소리에 반응할 수 있는, 청각 반응이 0.15sec 이내에 이루어질 수 없기 때문이다.

#2. *"다운스윙 중간쯤에 동작을 이렇게 해야 하고"*란 말을 누군가 했다면 그것은 불가능하다. 시각, 청각, 촉각의 발현 시점 기준으로, 의도하는 동작의 근육 수축 명령이 하달되려면 최소 0.15sec 정도의 시간이 필요하기 때문이다.
*"다운스윙 중간쯤에 이런 동작이 만들어지게 하라."*라는 표현은 수동의 개념으로 맞는 표현이다. 그 선행단계에서 뭔가를 해서, 그 시점에 원하는 움직임 모양새가 되도록 하라는 것이다.
다운스윙 동작은 매우 짧은 시간에 이루어지는 극한의 동작이다. 따라서 동작 메커니즘을 동역학적으로 어느 정도 이해하고 있어야 하며, 신경 작용 알고리즘에 대해서도 이해하고 있어야 헛된 것을 구현하겠다는 상상을 하지 않게 된다. 실패는 오류, 오판, 오해로부터 만들어진다.

a) 근육 감각 (걸리는 힘, 힘의 변화, 변위의 느낌)

어떤 동작의 시점별 근육에 걸리는 힘은 정적인 힘과 동적인 힘이 합해진 상태인데, 근육의 감각이 이것을 읽어 들 신경으로 척수를 거쳐 뇌에 전달한다.
더욱 중요한 것은 '힘의 변화' 크기이다.
급격히 증가하고 있는 힘은 앞으로 얼마나 더 상승할지? 그리고 그것의 증가 정도에 따라 반사신경을 발동시킬지? 얼마나 강한 척수 반사신경을 발동할지? 가 관건이 된다.
힘의 변화는 가속도의 변화와 같으며, 가속도의 변화량이 가가속도이다.
인체가 감지한 가가속도 크기(세기)에 따라, 그것에 대응하는 반사신경 동작을 한다고 보면 맞을 것 같다. 신경의 예지 기능이다.

Remarks

#1. 사람에게, 움직이는 승강기, 버스/지하철/기차의 가속 감속은 그 크기에도 민감하지만, 크기의 변화량(가가속도)에 따라 사람이 느끼는 승차감을 결정하는 요소로 작용한다.

0.2g 정도 가속에서 이럴진대, 퍼팅 스트로크 헤드 가속도 2g, 스윙 헤드 가속도 20g에서 그 가속도 변화량 차이는 손과 손목 힘 조건을 완전히 바꿔버리는 역할을 하게 된다는 것을 알아야 한다.

뇌로 전달된 정보는 시차를 두고 Feedback 동작으로 나타난다는 것 또한 항상 염두에 두어야 한다.

#2. 비유 : 주식에는 상승량, 상승 추이가 있다. 상승량은 가속도에, 상승 추이는 가가속도에 해당한다고 할 수 있다. 주식에서 과 상승, 과 하락 레버리지가 있듯이 신경 동작에는 Over action이 있다.

b) 촉감 (바람의 스윙 방해, 꽉 끼는 옷의 방해)

-. 바람 : 바람은 그 유체역학적 힘으로 볼의 움직임을 바꿔서, 골프를 어려운 조건으로 만든다. 그리고 바람이 불어 옷깃을 흐르며 내는 소리와 피부를 타고 흐르는 감촉은 들 신경으로 뇌에 들어가 뇌의 정보처리 영역 일부를 할당해가게 되는데, 이것은 스윙 동작에 사용할 뇌 감각기능 일부를 빼앗아, 동작의 집중도를 떨어트리고 판단력을 흐리게 한다. Shot 품질에 안 좋은 영향을 미친다.

바람이 강하게 부는 날, 비가 오는 날에도 Shot에 집중할 수 있는 감각 집중 능력이 필요하다고 하겠다. 일반 골퍼에게 여간 힘든 일이 아니다.

-. 꽉 끼는 옷 : 어깨가 쪼이는 옷, 허벅지가 쪼이는 옷은 근육 움직임 감각을 혼란스럽게 만들어 Swing 정확도를 떨어트린다.

옷이 불편하면 5~10타까지 손해 볼 수 있으니, 어깨와 허벅지 근육을 자극하는 옷은 착용하지 않는 것이 좋을 것이다.

c) 시각

(보이는 것은 0.1초 과거 것)

① 시각 정보 전달 주기

눈의 망막에 맺힌 시각상은 시각 정보 신호로 변환되어 뇌에 전달된다.

영화 필름처럼, 시신경은 15회/sec ~ 25회/sec의 시간 주기로 사진을 찍어서 전기 신호로 뇌에 전달하고, 뇌는 이것을 연속동작으로 인식하게 된다.

* *"너는 참 좋은 눈을 가졌구나!"* 라는 어느 격투 영화 대사에서, 좋은 눈의 의미는 시력이 좋다는 것이 아니고, 25회/1sec 이상의 시각 상을 찍어 뇌로 전달하여, 빠르고 자세한 시각 정보를 뇌가 분석하여 활용할 수 있는 상태라는 것이다.

cf) 난독증, 안면 인식 장애는 시신경 시각상에서 사진 찍는 횟수가 적은 경우가 아닐까 하는 생각이 든다.

다운스윙 0.2sec에 4번 정도의 사진이 찍혀 뇌에 전달되고, 뇌는 이 4컷의 사진을 이미지화해 연속동작으로 인지하는 것이다.

클럽 헤드의 궤적이 희미하게(어렴풋하게) 보이는 것은, 헤드 움직임이 빨라서 시각상의 사진 촬영 정보가 적기(부족하기) 때문이다.

* 영화 필름이 30번/sec 이상 Cut(셔터) 촬영되어 재생하는 것은, 인간의 시각상 찍기보다 많아야 움직임이 연속동작으로 보이기 때문이다.

② 시점(시간) 차이

시각 정보가 뇌에 전달되어 인지되는 시간 0.1초 내외는 매우 짧은 시간이지만, 골프의 다운스윙 시간에 비교하면 긴 시간이다.

뇌가 임팩트를 인지한 시점에 클럽 헤드는 이미 폴로스루를 한창 진행하고 있다는 것을 알아야 한다.

Remarks

#1. 자기 눈에 보이는 (뇌가 인지한) 퍼팅 백스트로크 Top 퍼터 헤드 위치와 실제 등과 어깨의 다운스트로크 시행 시점 간에는 0.1초의 Deviation이 있는 것이다.

즉 동작 명령은 눈에 보이는 것(뇌가 인지하는 시점)보다 대략 0.1초 이전에 이루어져야 한다는 이야기다.

* 비유 : 집 앞 버스 정류장, 버스가 정류장에 있는 것 보고 타려고 집에서 달려 나가면, 이미 버스는 출발하고 없다는 이야기다. 저 멀리서 버스 오고 있을 때 미리 집에서 나가야 정류장에 도착하는 버스를 탈 수 있다.

다음 좌측 그림에서 클럽 헤드가 임팩트 전 A점에 있음이 감지(시각 인식) 되었을 때, 실제 클럽 헤드는 B점의 위치에 있게 된다.

우측 그림에서 퍼터 헤드가 백스트로크 탑 도달 전 a 선에 있는 것이 뇌에 인식되었을 때, 실제 퍼터 헤드는 b 선에서 다운스트로크로 전환되고 있게 된다.

#2. Test : 스윙 중 일정 위치에서 스위치를 눌러 사진을 찍는다면, (예: 다운스윙 클럽 헤드가 골반 위치에 있음을 감지할 때 스위치 누르는 것) 그림의 'B'가 찍힐 것이다.

마찬가지로, 다른 사람 동작을 보고 사진을 찍어도 같은 현상일 것이다. 동영상을 Play하고 있다가, 일정 지점에서 Stop bottom을 눌러도 같은 현상이 벌어진다. 미리 눌러야 원하는 지점에 정지시킬 수 있다. 이것이 시각 인지 반응 시간 때문에 나타나는 시차이다.

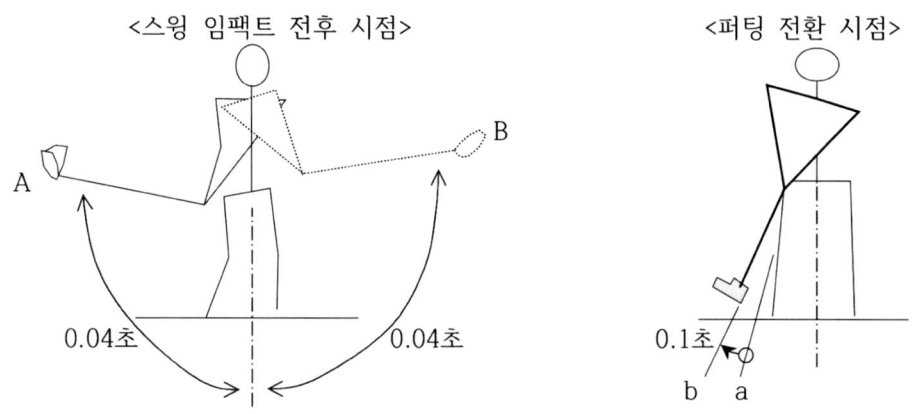

그림 5.A.9 시각 시점 차이 (스윙 임팩트 전후 시점 및 퍼팅 전환 시점)

③ 착시

현재의 망막 시각 사진 정보와 과거의 무수한 경험을 바탕으로 하는 정보가 조합되어 순간순간의 시각 상태를 판단하게 되는데, 다음과 같은 착시가 발생한다.

- 거리 착시 : 배경, 주위 영향, 수평 기준선 위치 차이에 따른 뇌의 정보처리 인식 오류
- 모양 착시, 높낮이 착시 : 주위 배치 간섭에 의한 뇌의 기억 정보 분석 오류
- 명암 착시 : 주위 배경 색 간섭. 망막의 상하, 좌우 불균형에 따른 오류
- 경사 착시 : 눈의 높이에 따른 거리 감각 혼동과 좌우 눈의 입체감 형성 오류
- 방향 착시 : 정면이 아닌 사선으로 보았을 때 휘어져 보이는 오류

* 골프를 하다 보면 보이는 것을 그대로 믿어서는 안 된다는 생각이 자주 든다. 시간 차이에 의한 것도 있고, 착시에 의한 것도 있다.

그리고 타인이 본 것과 내가 본 것이 같을 수 없음을 알아야 한다. 보는 조건도 틀리지만, 눈과 시각신경, 뇌의 분석 능력, 뇌의 경험 정보가 다르기 때문이다.

골프 퍼팅에서 거리 읽기 능력과 Break 읽기 능력은 Score에 큰 영향을 미치는데, 시력이 아닌 시각 능력의 차이도 한몫한다.

인체가 항상성을 유지하려면 몸이 편안해야 하듯, 골프 퍼팅의 거리 읽기, Break 읽기는 항상 같은 지점(조건)에서 한 번에 읽어야 착시현상을 최소화할 수 있다.

④ 선별 기능 (자동 취사선택 기능)

사진 정보의 메모리는 엄청나게 크다. 그래서 메모리 용량을 줄이기 위하여, 시각에는 보고 싶은 것만 보는 기능이 있다.

- 생존에 연관되는 것 --------- 움직임이 큰 것, 움직임이 빠른 것 우선순위
- 경험, 습관에 길들여진 것 ---- 반복 학습으로 정해진 우선순위

선순위로 보이는 것이 중요한 것일 수도 있고, 별로 중요하지 않은 것일 수도 있다. 클럽 헤드의 움직임, 팔의 움직임은 하체와 몸통 움직임에 비하여 훨씬 덜 중요한데, 시선이 그쪽으로 가게 된다. 클럽 헤드와 팔의 움직임이 크기 때문이다.

ex. 1) 긍정적으로 생각하면, 긍정적인 것 위주로 보이고, 부정적으로 생각하면, 부정적인 것이 보인다.

ex. 2) 시험 문제를 오독하여, 반대의 답이나 엉뚱한 답을 선택하는 경우가 종종 있다.

ex. 3) 골프 스윙에서 하체와 몸의 동작은 보이지 않고, 팔과 클럽의 움직임에 초점이 잡힌다.

⑤ 시각의 왜곡 기능

눈으로 본 것은 일부에 지나지 않는다.

"눈으로 보았다고 진실이 아니고, 말했다고 사실이 아니다."라는 이야기가 있다.

* 비유 : 영어를 모르는 사람이 영어신문을 10년 보았다고, 독해가 되는 것은 아니다. 단지, 까만 건 글씨이고 하얀 건 종이일 뿐이다.

골프에 대해서 모르는데, 골프 잘할 수 있다고 하는 동영상 수천 개를 본다고 해서 실력이 나아질 거라는 생각은 시각이 뇌를 왜곡하는 것이다.

사진 및 동영상 내용에서, 돌아서면 잊히고 다시 머릿속에서 재생되지 않는 것들은 길거리에서 스쳐 지나가는 사람과 같이 무의미하다고 할 수 있다.
보았으니 도움이 될 것이라는 생각은 차라리 안 본 것보다 못할 수 있다.
  * 무주의 맹시(확증 편향) : 사람은 (진실 대신) 자기가 보고(믿고) 싶은 것만 본다(믿는다). 이것도 일종의 왜곡이다.

⑥ 뇌의 선택적 시각 인지 기능
편식과 같이, 관심 있는 것과 믿으려는 것만 보이게 되는 현상이다.
엉뚱하고 엉터리 내용이 반복 주입되면, 그것에 관심이 생기고, 그 관심은 편중되어 맞는 것을 보아도 보이지 않고, 주입된 것만 보이게 된다. 많은 골프 Tip이 황당한 내용이더라도, 옳고 그름을 분별할 능력이 부족하면 답이 아닌 것에서 답을 찾으려고 노력하게 된다.

  * 청각에도 뇌의 선택적 청각 인지 기능이 있는데, 말의 옳고 그름을 구분하지 못하고 이미 옳다고 판단해버린 것만 듣고 싶어 하고 들리는 현상이다.

ex. 1) *"드로우 구질이 멀리 간다."* 라는 이야기는 그럴싸하다. 그래서 무의식중에 그것을 추종하려는 의지가 생기는데, 그것만 보려 하고 그것이 주가 되어 보인다.
그 말은 단지 *"초보자들에게 빨리 릴리즈를 터득하라."* 라는 의미일 뿐 릴리즈를 잘하는 과정이 끝나면 의미는 퇴색되는 이야기가 된다.
  * Draw보다는 Push가 더 멀리 간다.

ex. 2) 백스윙 탑, 클럽 헤드가 Close COG 모양을 하는 골퍼가 있는데, Even COG 모양보다는 정확도가 떨어져서 성적이 좋지 않다. 그런데도, Close COG 모양이 드로우 구질을 만들어주면 더 좋은 퍼포먼스를 만들어줄 것이라는 판단에 그것을 고집하고, Close COG 모양이 아닌 것은 배척한다.

d) 청각

① 소리의 스윙 방해
소리의 파장과 세기는 귀의 안쪽(내이)에서 신호로 변환되어 뇌에 전달된다.

좌우 두 귀의 수신 시간 차이에 의해서 소리의 방향이 대략 판정되고, 시각과 청각이 그쪽으로 집중된다.

뇌에서 인지하는 청각신호는 시각신호보다 더 빠르게 감지된다. 아마도 생존을 위해서 청각이 더 빨리 인지되는 것이 필요했을 것이다.

　* "귀가 눈보다 빠르다."라는 어느 겜블링 영화 대사가 이것에 기인한다.

양쪽 귀에서 들어온 청각신호로부터 소리의 형태, 세기, 방향을 뇌가 분석하여, 어떤 소리, 어떤 의미, 어떤 상황인지를 판독하게 된다.

일단 어떤 소리든 소리가 들리면 집중력에 따라 차이는 있지만 뇌는 그것을 파악하는데 일정 역량을 할당한다.

　* 시각도 마찬가지다. 움직임의 변화가 없으면 뇌가 스윙 동작에 온 신경을 기울이는데, 다른 움직임이 감지되면 뇌의 분석, 정보처리, 결정/판단하는 역량 일부를 그쪽에 할애하게 된다.

Remarks

#1. 스윙할 때, 부근에서 소리가 나거나, 움직임이 있으면, 미스샷 가능성이 커진다. 이것은 뇌의 역량을 온전히 스윙에 사용하지 못해서다.

스윙을 방해하지 않는 동반자 매너, 갤러리 매너를 지켜야 하는 가장 큰 이유가 이것, 감각 정보(자극)가 뇌의 처리 용량 일부를 그것에 사용하게 되어 미스샷이 발생하는 것을 막기 위함이다.

　* 비유 : 스윙 방해는, 컴퓨터가 여러 개의 프로그램을 함께 Running 할 때 CPU 할당 때문에, 속도가 느려지는 것과 비슷하다.

#2. 샷 하기 전 생각이 많으면 미스샷 할 가능성이 커지는 이유는 뇌의 역량 일부가 생각을 진행하는데 할애되기 때문이다.

#3. 뇌의 CPU 사용은, 몸의 감각 정보 Input 최대량 대비, 대략 20%~30% 정도 되는 것 같은데, 너무 많은 감각 정보가 들어오면 Overflow 되며 스윙 동작이 흐릿해지게 실행되는 것이고, Feedback 반사 동작도 명확하지 않게 된다.

이때는 자신의 기본 스윙과 다른 형태의 스윙을 하게 되는 것이다.

#4. 음악 들으면서 공부하면 뇌 일부만이 공부하는 것에 사용되는 조건이 된다. 뇌 안에서 신경 전달이 흐리멍덩하게 이루어져 공부가 잘될 수 없다.

#5. 기타 스윙 방해 사항 (지속 방해, 잠재 방해) : 다음 사항은 18 Hole 끝날 때까지 뇌 속에 잠재되어, 뇌의 정보처리 능력을 저하할 것이다.
- 경기 도우미의 플레이 재촉 상황, 동반자의 느린 플레이
  (경기 시간 지연 방지의 이유도 있지만, 동반자 보호를 위하여 Slow player 벌칙 조항이 있는 이유)
- 동반자의 비신사적 행위에 따른 눈의 거슬림 목격
- 본인의 부정행위에 의한 심리적 죄의식

* "멘탈이 강하다."라는 이야기는, **첫째**로 경기를 운영하는 방식에 흔들림이 없다는 이야기이고, **둘째**는 스윙에 뇌의 집중력을 방해하는 요소를 제거하는 능력이 있다는 이야기이다.

혹자는 자신감이라는 멘탈을 강조하지만, 자신감 있다고 시험 문제 잘 푸는 것 아니듯이, 자신감 있다고 샷을 잘 할 수 있는 것은 아니다. 자신감에는 단지 잡다한 생각을 줄여주는 기능이 있을 뿐이다.

#6. 집에 오면 편안하고, 고향에 가면 푸근하다. 시각적으로 익숙하고 후각적으로 비슷하여, 과거에 쌓인 감각 정보 사용으로, 신규 감각 정보를 받아들이고 분석할 필요가 적어지기 때문에, 현상 파악을 위한 정보 처리하는 것에 뇌 사용이 현저히 줄어들기 때문에 편안해지는 것이다.

② 귀의 평형기관

귀에는 평형기관이 있는데, 머리 기준으로 신체의 움직임, 회전, 가속을 느끼고 자세의 경사를 감지하는 감각 기관들이 있다.

이들 감각 정보가 신호로 변환되어 뇌에 전달되고, 다른 정보들과 함께 분석 처리되어, 어떤 동작을 만들라는 근육 수축 명령이 날 신경으로 하달된다.

퍼팅 경사 읽기에서는 평형기관의 이들 정보와 시각 정보, 그리고 하체 근육, 관절의 자가 수용 하중 감각이 조합되어 경사 양을 읽게 된다. 경사 양은 모두 시력으로 읽는 것이 아니라는 이야기다.

* 백스윙 테이크어웨이 때, 머리를 돌려 후방 거울을 보게 되면, 평형감각 기준 축이 바뀌게 되어, 읽어드리는 몸의 동작 상태 정보가 흐릿하게 된다.

이렇게 해서 시각 판단 정보를 얻고자 하는 이것은, 마치 귀를 손으로 막고 소리를 잘 듣겠다는 것과 비슷하며, 3차원 각도 변화를 계산하는 '오일러 공식' 계산만큼이나 몸의 수평 수직 회전 감각 정보 인식을 어렵게 하는 조건이 될 것이다.

연습장에서 연습할 때, 후방 거울로 백스윙을 Check 하는 것은 절대 하면 안 된다. 이렇게 습관 들여 망가진 스윙을 다시 회복시키는 데는 긴 기간이 필요하게 된다.

③ 소리 (스윙 소리)
소리는 물체의 진동이 공기에 파동을 만들어서 나는 현상이거나, 물체가 공기를 가르고 지나갈 때 형성되는 와류가 파동이 되어 내는 것이다.

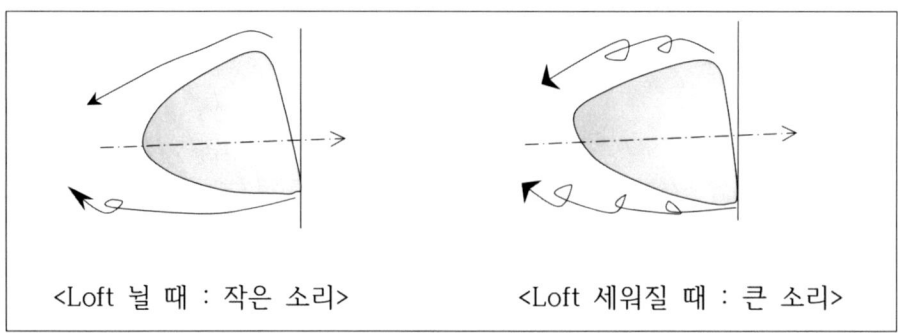

<Loft 널 때 : 작은 소리>   <Loft 세워질 때 : 큰 소리>

그림 5.A.10 헤드 Loft에 따른 소리

스윙하면 클럽 헤드가 공기 중을 지나가며, 와류가 형성되어 소리를 만든다.
그 소리는 다음에 연계된다.
- 속도가 빠르면 와류가 커져 소리가 커진다.
- 물체 모양새에 따라 소리 형태(크기, 주파수)가 달라진다. 공기 저항이 작으면 작은 소리, 공기 저항이 크면 큰 소리가 난다.
  즉 헤드 스피드 뿐만 아니라, Loft 각이 변화되면 소리 형태가 달라진다.
  Loft가 세워지면, 드라이버 저항이 증가하며 소리가 커진다.

  소리가 전방에서 크게 나는 것이 그곳에서의 헤드 스피드가 빨라서 그런 것인지? 아니면 로테이션이 늦게 이루어지는 타격 때문인지? 아마, 후자의 영향이 더 클 것이다.
  소리가 임팩트 지점의 후방에서 크게 난 이유가, 이때 최고 속도라 그런지? 아니면 로테이션이 일찍 되어 Loft가 세워진 것 때문인지? 아마, 후자의 영향이 더 클 것이다.
  cf) 스틱으로 회전해보면 대부분 5시 방향(왼 무릎 앞)에서 제일 큰 소리가 들린다.

- 소리가 나는 방향은, 양쪽 귀에 소리가 도달하는 0.001~0.0001초 시간 차이로 예측한다. 만약 고개를 돌리면서 소리가 나는 방향을 감지한다는 것은 귀의 위치가 변하기 때문에 어려운 일이 될 것이다.
  가만히 귀를 쫑긋 세우고 정지 상태에서 소리의 위치, 방향을 파악하는 동물들을 연상해 보자.

혹자는 빈 스윙을 하면서 *"임팩트 위치 전방에서 소리가 크게 들려야 헤드 스피드를 크게 할 수 있어서 비거리를 향상할 수 있다."* 라고 한다.

그러나, 스윙의 헤드 가속도 커브는 임팩트 직전 원심력가속도 성분이 거의 사라져 가속도는 거의 '0'에 가까워지는 것이 당연한 이야기가 되며, 소리라는 것이 위에서 설명하였듯이, 헤드 모양새(Loft)에 따라 형태가 바뀌어버리고, 고개를 돌리면서 듣는 소리의 방향이 얼마나 정확할 것인가와, 보는 것과 들리는 것에서 뇌 인지 지연시간이 다른데, 그 방향이라는 것이 정확히 맞는 것인지 확신하기 어려울 것이다.

따라서 빈 스윙 하면서 소리가 좌측(전방 쪽)에서 나야 올바른 것이라는 고정관념은 잊고, 소리로 스윙을 느끼거나 평가하지 말아야 한다. 스윙의 옳고 그름은 결과물인 날아가는 볼의 비행과 타점으로 확인하여야 한다.

* 혹자들이 해야 한다는 *"클럽 헤드가 전방에서 더 가속되게, 전방에서 소리 크게 들리게 하라는 것"* 시도해 보면, 비거리 & 방향성 개선되는 것이 아니고, 거의 슬라이스 발생하고, 빗맞는 타점이 발생한다. (초반부터 힘 쓰면 캐스팅으로 훅 발생)

전방 가속은 손목 회전력을 많이 사용하려(크게, 세게 과사용) 해야 하는데, 그러면 가속 관성력에 의해서 샤프트는 후방으로 휘어서 열려 맞게 된다.

방향성은 그림과 같이 Wi-Fi 구질을 보인다. 보통은 이런 결과에 대해, Tip에 오류가 있다는 의심은 안 하고, 자신이 전방 가속과 로테이션을 못 한다고 자책한다.

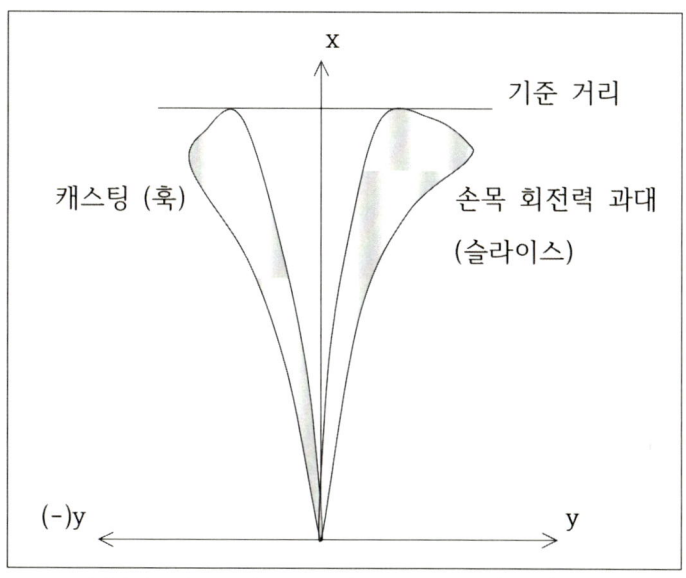

5.A.11 전방에서 크게 소리 나게 하려 했을 때 나오는 구질(Wi-Fi)

e) 언어의 습득 (Only reference)

언어의 습득에는 다음과 같은 감각과 신경이 작용한다.

말하기 능력과 글자 쓰기 능력은 골프 스윙 동작과 비슷하다 하겠다.

-. 듣기 능력 : 말소리의 세기 변화 & 주파수 변화가 뇌로 입력되어 기억된 것과 비교하여 의미가 파악된다. 뇌의 청각 분석 능력의 일종이다.

 기억에 저장되지 않은 것은 의미 파악이 안돼 윙윙거리는 소리로 들린다.

 뇌가 명쾌하게 분별하는 세기와 주파수 모양은 바로 알아듣는다.

 이것이 외국어를 듣는데 청각 훈련이 필요한 이유이다.

 분별하는데, 뇌의 작동 시간이 필요하다.

-. 말하기 능력 : 발성하고자 하는 소리를 성대, 혀, 입(입술)을 움직이는 근육이 수축 동작하여 만드는데, 그들 근육의 움직임은 훈련으로 쌓인 근육 동작 메모리의 명령이다.

 연습이 안되어 있으면, 말하는 근육의 움직임은 빨리 작동할 수도 없고, 제대로 작동할 수도 없다. 뇌는 말하는 수천수만 개의 동작 프로그램을 저장하여 그것을 꺼내 사용하는 것이다.

 뇌에 근육 움직임 동작 프로그램이 없으면, 원하는 것을 발성하기 힘들며, 하더라도 어눌하게 된다. 말하기 연습은 발성 근육 동작 메모리를 형성하는 과정이다.

 * 움직이면서 말하거나 노래하는 것에는 특별한 훈련이 더 필요하다. 뇌의 사용이 여러 가지를 동시에 진행하는 상황이기 때문이다.

 cf) 발표에서 음성의 떨림이 있는 경우는, 아마도 뇌의 들-신경 정보처리와 날-신경 명령 사용에서 있어서, 임무 분배가 불명확하여 나타나는 현상일 수 있다.

 거짓말 탐지기에서, 불안할 때 음성이 떨리는 것도 같은 현상일 수 있다.

-. 읽기 능력 : 시각으로 들어온 글자(문자)의 모양새를 뇌가 특정 의미로 기억한다. 수천수만 개의 단어 형태에 의미를 부여하는 것이다. 뇌는 그 형태를 구분하여 단어, 문장의 의미를 해석한다.

 소리와 마찬가지로 '글자의 모양새 = 특정 의미'로 기억된 것을 바르고 정확하게 파악하는 것에는 훈련이 필요하다.

 학습이 안된 외국어 글자는 외계인이 사용할 것 같은 도형 정도로 인식되는 이유가 뇌에 의미 부여가 안되어 있기 때문이다.

Remarks

#1. 듣는 능력, 말하는 능력, 읽는 능력은 서로 별개이다. 별도의 훈련과정을 거쳐야 한다.

 눈으로는 아무리 봐도, 듣는 능력과 말하는 능력이 생기지는 않는다. 외국어 구사 능력에서 눈으로 아무리 읽어도 듣기와 말하기 안 되는 것이다.
#2. 듣는 것이 되어야 말하는 것도 된다. 의미의 이해와 전달이 연관되기 때문이다. 단, 예외적으로, 의미 모르고 습관처럼 말하는 예는 있음.
　　ex. 1) *"타이밍, 템포, 밸런스를 맞추세요."*
　　ex. 2) 사람의 성격에 따라서 *"아니"* 라는 무의식적인 부정 응답
#3. 단어의 모양새는 첫 글자와 마지막 글자의 형태가 중요하게 각인되어있으므로, 사이 글자에 오타가 있더라도 잘 구분하지 못하는 것이다.

-. 쓰기 능력 (타이핑 능력) : 옮겨 적는 데는 손가락의 동작이 필요하다. 단어, 글자의 형태에 따라서 손과 손가락 근육이 움직이는데, 말하기 능력의 근육 움직임과 같이 뇌의 동작 메모리 형성이 되어있어야 빨리 쓸 수 있다.

근육 움직임이 훈련되어 있지 않으면, (어렸을 적, 처음 글씨 배우는 것 같이) 그림을 그리듯이 글씨를 쓰게 되고, 독수리 타법 같이 타이핑을 해야 한다. 타자 연습은 손가락 근육 동작 메모리 생성 과정이다.

f) 마음
마음은 뇌 자체의 감각이다. 이것을 골프에서 멘탈(정신력)이라고 표현한다.
　　자신감 vs 두려움
　　확신　 vs 불안, 갈등
　　기쁨　 vs 슬픔 (행복감 vs 우울함)
　　사랑　 vs 증오 (좋은 vs 싫은)

두려움과 불안 & 갈등은 뇌 동작 프로그램을 흐릿하게 하여 동작 정확도를 낮춘다. 그래서 자신감 느끼는 것이 강조되는데, 기술적이든(앎) 신경학적이든(자극 반응), 불안과 두려움의 근원을 제거해야 해결된다.
골프 스윙 동작의 메커니즘, 방향성 제어, 잔디 라이의 영향, 경사의 영향, 신경 작용, 그린 잔디의 읽는 방식에 확신이 필요하고, 그것들이 훈련(연습)되어야 자신감이 충분하게 내재하는 것이다.
그냥 잘 치고, 잘 넣는다는 자신감은 금세 좌절로 이어진다. 강한 멘탈이란 상황의 인지/분석/판단 뒷받침하는 기술(능력)을 필요로 한다.

g) 느낌

느낌이란 감각 정보를 받은 뇌의 정보처리 중간 결과물 중의 하나이다.

-. 인문학적으로 느낌은 맛(미각)과 같은 형태다.
　좋은 느낌 vs 나쁜 느낌 (긍정의 느낌 vs 부정의 느낌)
　쉬운 느낌 vs 어려운 느낌 (잘될 것 같은 느낌 vs 안될 것 같은 느낌)
　따뜻한 정이 있는(온정) 느낌 vs 차가운 냉소의 느낌
　믿을 수 있는 느낌 vs 속는 느낌
　개방적인 느낌 vs 폐쇄적인 느낌
　이타적인 느낌 vs 이기적인 느낌

-. 골프 스윙 동작에서 느낌은 다음 두 가지로 나누어서 생각해봐야 한다.
　정적인 것과 동적인 것은 다른 차원 이야기다. 같은 것으로 생각하면 안 된다. 구분 동작에서는 동적 하중에 대한 느낌이 없어지기 때문에, 동적 동작을 정적인 구분 동작으로 설명하기는 쉽지 않다.

　- 정적 느낌 :
　　^ <u>하중의 정적 느낌</u> : 보통 무게라고 하는 감각이다.
　　　밸런스(균형)는 분배라는 개념으로 이야기한다.
　　^ <u>위치의 정적 느낌</u> : 많고 적음의 상태를 느끼는 감각이다.

　- 동적 느낌 :
　　^ 동적 하중에는 관성력과 원심력이 있다.
　　　관성력은 가속과 감속이다. 속도가 변할 때의 힘이다.
　　　원심력은 궤도의 변화에 의한 힘이다.
　　^ <u>동적 하중의 느낌</u> : 힘의 세기와 방향, 힘의 변화량, 이 세 가지 자극 정보를 가지고 뇌(신경)의 분석 프로그램이 계산한 값이다.
　　^ <u>위치와 모양의 동적 느낌</u> : 이것을 동적 상태에서 느끼기는 만만치 않다. 시간이 관계되기 때문이다.

　* 혹자가 *"이런 느낌으로, 저런 느낌으로"*라는 말을 섞어가며 골프 동작을 설명하는 경우가 있는데, 시점상으로 성립하기 어렵고, 느낌의 정의가 불명확하며, 느껴지는 것도 상대성이 있다. 골프 동작을 느낌으로 설명하려는 것은 4차 방정식을 더하기 빼기로 설명하려는 것과 같다고

하겠다.

cf) 무의식중에 나타나는 자세 변경과 만들어지는 동작 :
무의식이란, 의식이 없는 상태를 말하는 것이 아니다. 의지와 다르게, 또는 의식한 것이 아닌 이란 뜻이다. (심리적인 것이 작용한다고도 하는데, 그것은 논외로 한다.)

느낌으로 판단할 수 있는 영역 이외에 무의식으로 형성되는 영역이 따로 있다.
큰 미스샷이 발생한 원인은 무의식중에 자세 변경 또는 동작의 변화에 기인한 것이 다수이다. 그런 것의 발생 빈도가 높으면 높을수록 경기력 수준은 좋지 못하다.
무의식중에 나타나는 자세 변경, 동작의 변화를 줄이는 것은 신경의 반응을 이해하고, 그것을 이겨내는 방법을 찾아서, 숙달의 과정을 거치는 것이다. 달인의 경지에 오르려면, 그에 상응하는 기술(지식)과 연습이 필요하다고 하겠다.

* 무의식중에 나타나는 변화를 줄이는 방법은 일정하게 형성된 루틴을 무의식적으로 따르는 것이다.

cf) 가장 안 좋은 느낌은 불안감이다. 불안감 조성, 불안감 극복, 불안감 해소.
가장 피해야 할 사람은 불안감을 조성(조장)하는 인간이다.

h) 여유

여유에는 시각적 여유, 물질적 여유, 지식의 여유, 사고(생각, 판단)의 여유가 있다. 골프에서 다음 '여유' 관련 사항이 있다.

(A) 시간적 여유 :

-. 다운스윙의 여유 : 누구나 다운스윙은 0.2sec 언저리 정도이다.
같은 시간이지만, 분절의 회전이 유기적으로 협력하면 그 시간은 길게 느껴지고 여유 있는 스윙이 되고, 분절이 서로 방해하면 그 시간은 짧게 느껴지는 급한 스윙이 된다.

Remarks
#1. 헤드 스피드가 느린 골퍼는 다운스윙 시간이 0.25sec 전후가 된다.
#2. 백스윙은 빠르게 할 수도, 느리게 할 수도 있다.
- 느린 백스윙 : 발등, 발가락 굽힘 근육을 많이 사용하는, 체중을 발끝 쪽에 두는, 하체 쿠션을 강하게 주는 스윙에서는 부드러운 백스윙을 구사하기 편하다.
- 빠른 백스윙 : 위와 반대로 KO 쿠션을 적게 사용하는 스윙은 빠른 백스윙 구사가 된다. 그리고 부드러운 하체는 빠른 백스윙을 만든다.

-. 스윙 준비, 예비 동작의 여유 : 급하게 준비하고 급한 루틴을 가진 사람이 있고, 느린 준비와 느린 루틴을 가진 골퍼가 있다. 이것은 성격일 수도 있고, 준비사항을 하나하나 챙기는 과정일 수도 있고, 단순한 습관일 수도 있다.
'급한 루틴 vs 느린 루틴' 어떤 것이 스윙에 좋다 나쁘다고 말할 수는 없는데, 단 경기의 진행(흐름)이 방해될 정도의 느린 플레이는 눈총을 받고, 동반자의 시간을 뺏는 행위로서 자제해야 한다.

-. 다운스윙의 여유 : 같은 시간이라도 느끼는 여유가 다르다.
 - 골반~어깨 회전 시차가 적절하면 여유 있는 릴리즈가 된다.
 - 오른 팔꿈치 외회전을 해주면, 여유 있는 다운스윙 후반 동작이 된다.
 - 릴리즈 제어 방법과 회전력 사용조합을 알면 전체 다운스윙은 여유 있다.

(B) 사고(생각, 판단)의 여유 :
-. 기술적 여유 : 플레이를 더 잘 할 수 있는 기술적인 지식의 소유 여부가 이 여유를 결정한다. 더 확률 높은 샷, 더 효율적인 연습은 골프 기술을 얼마나 알고 있고, 그것을 적용할 수 있느냐에 달려 있다.
빨리 상급자 수준에 도달하려면, 기술적인 여유는 필수적이라 하겠다.

-. 선택의 여유 : 플레이를 하다 보면 직면하게 되는 사항이, 바로 갈 것인지, 돌아갈 것인지 선택을 해야 하는 경우가 많다는 것이다.
경험상 바로 가는 선택을 해서 후회할 확률은 75%, 돌아가는 선택을 해서 후회할 확률은 50% 정도 되는 것 같다.
어떤 것을 선택해도 후회할 확률이 있고, 만족하는(기뻐하는) 확률이 있다.
돌아가는 선택이 나쁘지 않을 수 있다는 생각을 가졌을 때, 선택의 여유를 갖게 될 것이다.

A-4) 뇌의 동작 메모리

a) 운동신경 동작 메모리

피겨스케이팅의 스핀 동작과 점프 동작, 야구 투수의 피칭과 외야수의 캐칭, 댄서의 춤 동작, 피아니스트의 연주, 이런 것은 뇌에 수백 개 몸 근육의 움직임을 연동시켜 동작이 되도록 하는 근육 동작 프로그램이 있기 때문이다.

동작의 정확도는 프로그램의 정확도에 달려 있으며, 이 프로그램은 무수한 연습과 시행착오 교정에 의해 Update 된 것이다.

골프 스윙은 수백 개의 근육이 짧은 시간에 과격하게 사용되는 동작으로써, 척수 반사신경(무조건 반사신경)과 뇌 Feedback 반응 동작이 함께 작용한다.

스윙에서 근육 움직임 제어는 동적 관성력을 부드럽게 처리하는 것이 있다. 그래야 반사신경을 약화할 수 있으며 정밀도를 높여 일관성을 갖게 한다. 어떻게 보면, 이것이 가장 중요한 스윙 요구사항이다.

골프 스윙 동작 만드는 근육이 모호한 명령을 받으면 Shot 결과는 부정확하게 된다. 더군다나 모호한 명령 속에서 다양한 Shot making 연습을 한다면 흐릿한 동작 메모리 프로그램 상태에 있게 된다. 흐릿한 것은 오래 기억하지 못하고 뇌 속에서 빨리 사라지는 결과를 만들어 연습 효과는 반감된다.

따라서 기준 Shot, 기준 Swing이 되는 것을 항상 가지고 있어야 하며, 이것을 중요시하고, 이것으로부터 파생된 프로그램으로 Shot making이 이루어지도록 해야 할 것이다.

Remarks
#1. 엇비슷한 조건(Setup 조금 변경, 스윙 조금 변경)으로 다른 결과를 얻으려 한다면, 뇌의 운동신경 동작 프로그램은 그 차이를 구별하지도 못하고, 만들지도 못하는 혼선을 일으킬 수 있다.

따라서 Shot making을 할 때는 동작 조건과 자세가 확실히 구별되도록 과감하게 2~3개의 항목을 함께 변경하여 사용하고, 탄도 방향성 거리가 함께 변한다고 나쁘게 생각할 것이 아니라, 오히려 확실한 결과 변경을 주는 형태를 좋은 것으로 생각해야 한다.

* 깔짝깔짝 조금 바꿔 Shot making 하지 말라는 의미이다.
  - 비유 1 : 여러 개의 비슷한 열쇠 꾸러미를 들고 다니겠다는 생각은 버리고, 자물쇠통, 스마트 키, 비밀번호키 등과 같이 확실히 구분되는 형태를 취한다.

- 비유 2 : 조금 다르지만, 쌍둥이는 잘 구분하기 힘들다. 쌍둥이 같은 스윙을 여러 개 보유하고 있으면 몸이 헛갈리게 된다.

#2. 스윙을 조금 작게 해서, 또는 스윙을 약간 천천히 해서 방향은 똑바로 하고 거리만 조금 작게 하려는 Shot making의 거리 컨트롤 의도는 가장 안 좋은 결과를 주게 된다. 이유는 뇌의 동작 메모리가 흐릿하게 작동되기 때문이다.

#3. Full shot에서 왼 하체 폄 대장 근육 선정 사용, 어프로치에서 왼 하체 폄 주도 근육 선정 사용은 이 근육에 나머지 근육을 연동시켜 손목 릴리즈 타이밍을 제어하는 간접 방법인데, 가장 확실한 (근육 제어) 릴리즈 타이밍 조절 방법으로써, 결과도 예측한 것에 상관도가 가장 근접하게 된다. 뇌의 동작 메모리를 더욱 뚜렷하게 해 주는 효과도 있다.

#4. 근육별로 자가 수용 감각에 입력된 자극에 뇌가 똑같은 반응을 보이는 것은 아니다. 허벅지 가운데에 있는 대퇴직근으로부터 나온 정보는 무딘 형태로 사용된다. 서 있는 자세를 유지하는 것이 중요하여 잽싸게 반응하지 않는다.

반면, 허벅지 내·외측에 있는 근육은 수축 이완에 민감하게 반응하는데, 회전이 동반되는 상황에서 다른 부위의 움직임을 연동시키기 위한 것이다.

골프에서 허벅지 내측 근육에 Tension이 느껴져야 한다는 것은 근력 사용 측면도 있지만, 신경 자극 반응 측면도 있다.

훅 구질은 내측 폄 근육, 슬라이스 구질은 외측 폄 근육이 주도하는 것으로 사용하면 편하게 Shot making이 된다. *(3권 7장 8절 하체 폄 대장 근육 내용)*

b) 새로운 동작과 신경 회로 생성 (자극 정보 처리 방식)

수십, 수백 개의 동작에서 그것이 단순히 모양만 변경되는 것이라면, 연습이라는 것으로 숙달하여 움직이는 순서, 즉 근육을 잘 작동시키는 순서를 프로그램화만 하고 그것이 뇌에 저장되면 끝난다.

그러나 평생 처음 해 보는 새로운 동작이라면 이것은 다른 차원 이야기다. 만약 근육 A와 근육 B를 함께 연동시켜 사용해 본 적이 없다면,

① 근육 A와 근육 B 움직임을 함께 평가하는 신경 회로를 만들고,
② 근육 A와 근육 B를 연동시켜 움직이는 프로그램을 만들고,
③ 근육 A와 근육 B로부터 오는 자가 수용 감각 뉴런을 연결하여 반사신경 작동 설정을 만들어

야 한다.

이 사항은 길이 없는 곳에 길을 내고, 또는 오솔길이 있는 곳에 2차선 도로를 내어 서로 연결하는 공사와 같다.

따라서 이 경우는 최소 3개월±1개월의 기간이 소요되어야 동작을 완성할 수 있다. 잠깐 한두 시간 배워서 될 수 있는 것이 아니다.

* 골퍼의 가장 큰 착각은 무슨 동작이든 바로 될 수 있다는 생각이다.

cf) 어떤 동작을 3~6개월 시도했는데, 되지 않는다면 다음 3가지에 해당한다.
- 동작의 핵심 포인트를 모르고 있다.
- 엉뚱한 동작을 (아닌 것, 안 되는 것을) 하려고 했던 상황이다.
- 자신에게는 불가능한 동작이다.

c) 뇌의 동작 집중력

뇌는 몸에서 들어오는 모든 감각 정보를 전부 다 분석할 용량이 안 된다.

그래서 꼭 필요한 것, 우선순위의 것, 최신의 것 등 나름의 Logic에 따라 선별적으로 감각 신경의 정보를 사용한다.

소리에 집중하면 듣는 것, 시각에 집중하면 보는 것, 동작에 집중하면 움직임에 신경을 더 많이 쓰게 되어있지만, 항상 새로운 정보에 우선 집중하는 특성이 있다. 아마 자연에서 생존하기 위한 동물적 특성일 것이다. 그래서 골프 스윙 중, 주위의 움직임, 잡음에 민감하고, 이때 미스샷을 만들게 된다.

* 주위의 방해가 있는 상태는 이겨내려 하지 말고, 다시 스윙 루틴을 가져가는 것이 현명하다 하겠다.

다른 방법으로는, 의미 없는 정보가 들어오는 것을 By-pass 해버리는 훈련도 필요하다.

* 갤러리 방해로 스윙을 망쳤다고 생각하는 프로선수가 있는데, 한편으로는 자신의 집중력이 부족하다는 생각도 해봐야 한다.

〈자전거 빨리 배우기〉

자전거를 처음 배우는 데에는 핵심 Point가 두 가지 있다.

첫째는, (오히려) 넘어지려는 방향으로 몸을 기울였다가 세워야 넘어지지 않고 세울 수 있다. 넘어지려는 반대로 몸을 기울이면 자전거는 더 빨리 쓰러진다. 이것은 많은 사람이 빨리 인지하고 알게 되는 내용이다.

둘째는, 시각신경을 둔화시키는 것으로 정면을 바라봐야 한다.

만약 자전거 앞바퀴가 돌며 지나가는 바로 앞 땅을 보면, 계속 변하는 시각 입력 정보가 뇌의 영역을 차지해버려서 자전거를 핸들링하는 몸동작의 운동신경을 흐릿하게 만들어 근육 동작 제어가 느리게 된다.

빨리 배우려면, 정면을 바라봐서 새로운 시각 정보 입력을 적게 하여, 뇌를 운동신경에 많이 할애하도록 하는 것이다. 이러면 넘어지지 않고 바로 균형을 잡고 탈 수 있다.

  * 주의 : 위의 핵심을 알아서, 자전거를 빨리 타게 되었다고 자만하면 큰 사고로 이어질 수 있다. 균형을 잘 잡고 갈지언정, 전체 상황을 대처하는 능력은 바로 배워지는 것이 아니기 때문이다. 자전거 타기 신경회로가 다 완성되려면, 족히 3개월은 걸릴 것인데, 이때까지는 무모한 도전은 하지 말고 조심, 또 조심해가며 타야 한다.

d) 오동작의 교정과 원상 복구

수천, 수만 번을 연습해서 만들어진 스윙 폼은 쉽게 고쳐지지 않는다.

보통 스윙 폼은 시일이 지나면서 좋은 쪽보다는 안 좋은 쪽으로 변하는 성질을 가지고 있다. 이유는 다음과 같다.

- 하체 동작 교정이 필요한데, 상체 동작을 바꿔 해결해보려고 해서
    (근본 원인을 엉뚱한 데서 찾으려 해서)
- 몸은 안 따르고 마음만 앞서서
    (1/1000 ~ 5/1000초 제어는 마음만으로 쉽게 할 수 있는 영역이 아님)
- 스윙 교정을 한두 번(하루 이틀)에 되는 것으로 우습게 여겨서
- 하나를 얻고자 교정을 하는데, 둘을 잃는 일이 반복되어
- 이론의 부재(부족)

위 과정이 10년 20년이 진행되면 그것들이 고착되어 교정 작업이 거의 불가능한 상태에 이른다. 어느 순간 거의 포기단계에 이른다. (원상 복구하기 힘들다.) 이후 타점이나 정확히 딱딱 맞추고 싶어 하나, 이젠 그것도 여의찮다.

  * 잘 치는 골퍼라 할지라도, 50대, 60대 일반 골퍼 스윙 동작을 보면 거의 90%는 정석적인 형태에서 어긋나 있다. 위에서 언급한 스윙 교정의 결과라 하겠다.

교정에 필요한 마음가짐은 다음과 같다.
- (A) 하체 동작부터 확인하고 교정한다.
- (B) 스윙 근본 원리를 이해한다. 신경과 근육 작동 부분도 이해한다.
- (C) 무슨 동작 습득이든 일단 **최소 3개월 기간을 목표**로 한다.
- (D) 하나로 해결되는 것은 없으므로, 필요한 것을 녹여 넣을 생각을 한다.

e) 무용지물 (옛것은 버리기)

새로운 기능의 Update 제품이 나오면, 과거 것은 버리듯, 골프에서도 Upgrade 된 Shot을 장착하게 되면, 이전의 기술은 버려야 하는 것이 있다.
- 105타 실력이 95타 실력이 되는 데 필요한 것을 습득한다.
  대부분의 레슨 영상은 이 단계의 실력향상에 대한 것이다.
- 95타 실력이 85타 실력이 되었다면 이전의 기술 중에 상당수는 무용지물이다. 잊어야 한다. 불쑥 과거의 기술이 상기되는 순간 실력향상은 방해된다. 기능이 **Degrade** (Down-grade) 될 뿐만 아니라, 단순해야 하는데 복잡한 생각을 떠올리게 되기 때문이다.
- 85타 실력이 75타가 되었다면, 이전의 기술 중에 상당수는 쓸모없는 것이 된다. 버리고 새로 습득한 것에 집중해야 한다.

  의도하든, 의도하지 않든 과거의 많은 것들은 잊힌다. 이것은 순리이기도 하거니와, 인체 기억 메커니즘의 효율적인 운용을 위하여 자동으로 작동되는 기능이다. 하급자에게 필요한 기술을 붙잡고 있다면 하급 실력에 머문다.

  ex) DOS ---〉 WINDOWS ---〉 안드로이드, 옛것 일부는 버려야 한다.

f) 결정의 번복에 따른 미스샷

〈Case A〉
어떤 Hole에서 Tee shot을 세게 치기로 마음먹고 프리샷 루틴을 시작하였다. 그런데 어드레스를 하면서 살살치기로 마음을 바꿨다.
결과는 스핀아웃 되어 좌측으로 당겨지는 OB가 발생하였다.

세게 치려고 하다가 천천히 치면, 하체는 급회전하고 상체는 힘없이 따라가서 왼쪽 엉덩이가 뒤로 빠지는 스핀아웃 발생한다.

〈Case B〉

어떤 Hole의 Tee box에 '슬라이스 Hole'이라는 경고판이 있었다. (캐디가 말로 알려줄 수도 있다.)

살살 안전하게 치기로 마음먹었는데, 어드레스 하면서 페어웨이 목표를 보니 세게 쳐야 할 것 같아, 샷의 결정을 세게 치기로 번복하였다.

결과는 Big slice로 OB가 발생했다.

> * 슬라이스 Hole이란, 타석에 서면 더 세게 치는 마음이 생기게 되는 코스란 의미이다. 코스 설계자가 이렇게 마음이 변하도록 Layout 했다는 이야기다.
>
> 천천히 치려고 하다가, 세게 치면 상체는 강하게 회전되고, 손목 회전력은 많이 사용되는데, 왼 하체는 흐물흐물 버티지 못해 Stopping 약하고 전방으로 많이 밀리게 되어서 헤드 페이스는 더 많이 열려 맞게 된다.

위 Case와 같이, 프리샷 루틴이 시작되고 샷의 결정(방법, 세기)을 번복하게 되면, 이미 작동이 시작된 뇌의 동작 명령 프로그램에서 개정된(Modified) 동작이 수행되는 형태를 보이게 되는데, 하체는 Original 명령상태를 추종하고, 상체는 바뀐 명령을 수용하다 보니 미스샷이 발생하는 것이다.

티샷에서 지금까지 발생한 미스샷의 상당수는 이것이 원인일 것이다.

공략 결정은 반드시 루틴이 시작되기 전에 해야 한다.

A-5) 골프에서 요요 현상

골프 요요 현상은 100% 스윙(특히 105% 스윙)에서 나타나는 현상으로, 원래로 돌아가는 스윙 동작 및 결과를 말한다.

* 퍼팅, 어프로치에서는 '요요 현상'이 거의 없다. 단지, 숙달 기간이 몇 개월씩 걸리는데 지루하고 짜증이 난다. 손 감각으로 뭘 해보겠다는 마음이 잡초처럼 되살아난다.

a) 스윙 변경의 진행 형태

몸은 자연스러움을 추구한다.

스윙 동작은 길들어진 기존 연습 된 모양의 형태로 움직이려는 성질이 강하다.

해오던 동작에서 스윙 교정 또는 Shot making을 하려고 의식적으로 동작을 바꾸면, 20~30개 정도는 그럭저럭 되는 것 같은데, 더 시도하게 되면 Original 스윙과 새로운 스윙 동작 사이에 구분이 흐릿해지는 현상이나, 변질하는 형태로 만들어지는 동작이 나타날 수 있다.

(A) 새로운 동작이 Original 동작에 흡수되어버리는 Case

(B) 새로운 동작과 Original 동작이 서로 혼합되어버리는 Case

(C) 새로운 동작은 점점 사라지고, Original 동작만 남게 되는 Case

(D) Normal swing의 구사가 안 되는 Case

(E) 이상 동작의 출현

스윙 교정이라면, Original 동작을 새로운 동작으로 바꾸고자 하는 것인데, Original 동작이 신경과 근육에 스며들어 있어서 쉽게 바뀌지 않는다.

완전한 변환(교정)에는 2~3개월의 시일이 필요할 수 있다.

교정 방식에 따라서 다음의 형태가 된다.

ⓐ 스윙 교정을 급하게 서둘러서 과하게 연습하면, (B) Case로 될 수 있다.

ⓑ 스윙 교정에서 핵심 포인트를 놓친다면, (A) Case로 될 수 있다.

ⓒ 스윙 교정에서 하루 이틀하고 장기적으로 반복해주지 않으면, (C) Case로 될 수 있다.

스윙 교정은 과하지도 부족하지도 않게 꾸준히 반복 연습하여 도로의 경로를 바꾸는 공사를 하듯 완성해야 한다.

칼날이 무뎌지듯, 그리고 담금질 되지 않는 칼은 금세 물러지듯, 완성되지 않은 샷을 급하게 사용하려 해서는 안 된다.

샷 교정은 절대적으로 하루 이틀 만에 될 수 있는 것이 아니다. 몇 회의 스윙으로 교정되는 스윙 동작은 없다고 생각해야 한다. **최소 2~3개월 걸린다.** 투수가 비시즌(동계 훈련) 내내 새로운 구질 하나를 연마하는 것과 같다.

새로운 Shot making을 하는 것이라며, 기존 Normal swing 동작에서 파생되는 새로운 성격의 Shot을 만드는 것인데, 서둘러 배우려 하면, 의도와는 다르게 죽도 밥도 아닌 상태가 만들어질 수 있으므로 주의해야 한다.

ⓓ 연습 시간의 대부분을 해당 Shot making에만 할애하게 되면, Normal swing 동작이 흐릿해질 수 있다. 아니면, 해당 Shot making 동작의 특징이 사라지고 Normal swing을 닮아갈 수 있다.

Shot making 내용에 따라서, (A), (B) 또는 (C) Case와 같은 요요 현상이 될 수 있다.
ex) 드라이버 105% 샷 사용 또는 연습만 계속하면 이전의 100% 스윙 된다.

ⓔ 간헐적으로 해당 Shot making 연습을 하면, 그것의 뇌 동작 메모리 생성이 어설프게 만들어지고, 불완전한 형태의 Swing과 결과를 보이게 될 수 있다. 즉 구현성과 재현성이 약한 Shot이 되는 것이다.

결론은, 어떤 스윙 교정 또는 Shot 개발에 있어서 체계적인 습득과정이 필요하다는 것이다. 보통의 일반 골퍼는 하루 연습장 Test로 그것을 완성하고, 다음 라운드에 옹골차게 써먹겠다고 생각을 하는데, 결코 좋은 결과를 얻기 힘들 것이다.

   * 비유 : 벼락치기 공부는 남는 것이 없다. 골프는 만만한 것이 아니다.

어떤 샷을 개발하여 이용하고자 한다면, 최소한 다음과 같은 것에 대한 영향은 어느 정도 알고 있어야 한다. 즉 확인 과정이 필요하다.
   - 비정상적인 동작에서 나타나는 결과들 (오동각과 그 결과)
   - Setup 변경 내용, 각 경사지에서 특성, 각 잔디 라이에서 보이는 특성
   - 타점, 탄도, 거리, 방향, 스핀 영향
   - 제어 특성
   - 사용 예외 조건

b) 스윙 교정, Shot making에서 요요 현상

교정에서 옛날 동작, 옛날 버릇이 좀처럼 사라지지 않는 것이 골프 스윙이다.

새로운 샷의 개발에서는 은연중에 새로 하려는 동작이 Normal shot 또는 기존의 유사 Shot에 흡수되어버려, 별 효과가 없게 되는 때도 있다. 스윙 교정의 요요 현상이다. *a)항 내용의 (C) 사항이다.*

골프 스윙 동작 변경에서 다음과 같은 요요 현상이 발생한다.

〈현상 예 1〉

다운스윙, *"수평 체중 이동을 위하여 오른발 발바닥 내측 중간 부분(발끝이 아닌 안쪽)으로 밀어주어야 한다."* 라는 것을 시행하면, 일시적으로 처음 10여 회는 잘 되어 비거리 Up, 슬라이스 개선됨을 경험한다. 그러나 이후,

① 한 시간 내내 이 연습만 하면, 후반부에는 효과가 사라진다.

오히려 비거리는 Down 될 수 있다.

이유는, 왼 허벅지 내측 근육의 Tension이 약화하여 버리는 현상을 만들기 때문이다. 뇌의 동작 명령이 스스로 만든 현상이다.

* 반대로, 왼 허벅지 내측 근육에 강한 Tension 갖는 백스윙 시도를 계속하면, 수평 체중 이동을 오른발바닥 앞꿈치(끝부분)로 미는 동작이 나타나 버린다.

② 10~20회 본 연습을 하니, 잘되었다. 그런데, 다음날 연습장 또는 필드에서 대여섯 개는 의도한 스윙 동작이 잘 구현되어 비거리 Up, 슬라이스 개선 상태가 되지만, 이후의 스윙에서는 효과가 사라지게 된다.

괜히 거리 짧아지고 목표 지점 우측으로 가는 방향성을 보여, 계속 낭패를 보게 되는 경우가 발생한다. 스윙 교정 완성이 안 되었는데, 된 것으로 착각하여 만들어지는 경기력 저하이다.

〈현상 예 2〉

드라이버 비거리를 위하여, (힐-업 스윙 형태) 105% 스윙을 시도한다.

백스윙 시작 트리거를 왼무릎 살짝 펴는 것에서 시작하여, 왼 어깨를 깊숙이 넣어 회전시켜주고, 이때 왼팔도 쭉 뻗어주어서 백스윙 Top을 만들어, 다운스윙을 강력하게 해준다.

처음 10여 회는 비거리 5%(10m) 더 나가, 이제 됐다고 하던 시점인데,

① *"이제 됐다!"* 라고 확인하고, 그만 연습하고, 다음날 필드 또는 연습장에서 시도해 보면 처음 몇 개는 비거리가 늘어나는 임팩트가 되는데, 이후 별 효과가 없게 되어, 하나 마나 한 결과를 보이기도 한다.

* 힐-업을 하지 않는 아이언 및 어프로치 일반 샷에서 큰 뒤땅 발생한다. 드라이버에서 사용된 트리거가 다른 샷 동작에 영향을 준 것이다.

② 만약 한 시간 내내 이것 연습하면, 몸의 회전력이 감소하여 Normal shot의 비거리와 비슷해져 버린다.

근본 문제점은 힐-업 스윙이 하체 Up & Down 리듬을 혼란스럽게 만들게 되는 것이다. 이 혼란스러움은 전체 스윙 동작에 악영향으로 작용하게 된다.

〈현상 예 3〉
Over swing 줄이는 Tip을 적용하여 연습하였다.
다음날, 또는 일주일 후 연습장에서 해보니, 원래대로 돌아가서 Over swing 하고 있다.
해당 Tip을 염두에 두고 적용해 보아도 백스윙 크기는 거의 줄어들지 않는다.

〈현상 예 4〉
생크로 고생하고 있어서 힐 타점이 토우 타점으로 바뀌도록 헤드 정렬 변경 및 궤도 수정 연습을 하였다.
그러나 결과는 여전히 생크가 발생한다. 실제 스윙이 개선되지 않은 것이며, 답이 아닌 것에서 답을 찾으려 했기 때문이다.

Remarks
#1. 골프 스윙 교정 또는 새로운 Shot 개발은 3~6개월 정도 관심을 두고 꾸준히, 조금씩 진행해야 정착될 수 있다.
하루 이틀 해보고, *"나는 왜 안되지?"* 또는 *"이제 됐어!"*라는 생각은 절대 금물이다.

#2. 일반 주말 골퍼에게 있어서 *"필드 가기 전날은 연습장 가지 마라."*라는 말이 있다.
전날 스윙 교정(또는 새로운 샷 만들기)했을 때, 그날은 되는 듯 보여도, 다음날 신경을 쓰면 처음 3~4개 정도는 잘 되는 것 같아도, 이후 원래 동작 또는 원래와 같은 결과를 만들게 될 가능성이 크기 때문이다. 이후 선택과 동작에 추가적인 혼선만 있게 된다.
일반 골퍼에게 있어서 라운드 가기 전날은, 해오던 Shot의 점검(복습) 차원에서 연습해야 하고, 스윙 교정과 새로운 샷 만들기는 해 봐야 득보다는 실이 더 많게 되는 것이 인체의 신경과 근육의 고유 성질이라고 이해하는 것이 좋을 듯하다.

#3. 요요 현상을 방지하려면, 아무리 중요한 내용이더라도 그 비중을 20%(1/5) 정도로 가볍게 취급하는 것이다.

c) 스윙 교정에서 이상 동작의 출현

후속 동작의 템포와 리듬에 영향을 주고 방해요소를 내포하는 경우 이상 동작(현상)이 출현이다.

ex. 1) 왼 하체(장딴지, 허벅지, 엉덩이) 폄 대장 근육을 사용하여 손목 회전력 사용 시점을 제어하는 것을 계속하면, 1~3개월 정도 후에는, 백스윙 힙 턴에서 힘없게(Tension 약하게) 몸이 꼬이는 현상이 나타난다.

이유는 모든 신경이 다운스윙 왼 하체의 폄에만 집중하게 되기 때문이다.

(비유하자면 권력 집중 현상의 폐해와 같다.)

〈--- 이것의 방지, 완화 방법은 오른 무릎 폄 (오른 허벅지 사용) 연습을 병행하는 것이다. 그리고 돌아가면서 다른 부위 스윙 동작에 신경을 쓰는 것이다.

ex. 2) 드라이버, 백스윙 때 왼 어깨 회전이 부족하면, 상승 궤도가 아닌 하강 궤도 임팩트가 되어서 Sky ball이 나온다. 이것을 방지하고자 왼 어깨를 깊숙이 회전하여 백스윙하면, 상향 타격(Loft가 세워지고 상승 궤도)이 만들어져서 백스핀이 적게 되고, 에너지 전달률도 높아져 비거리가 확보된다.

그러나 이 동작은 1주일 정도 후에 팔과 손이 몸에 가까이 회전하는 작은 스윙아크를 갖는 스윙 폼으로 바뀌는 현상을 갖게 한다. 어깨가 크게 도니, 손이 작게 뻗어지는 신체 균형에 관계되는 신경 반응이 저절로 나타나는 것이다.

〈--- 이것의 방지, 완화 방법은 무리하게 왼 어깨를 깊숙이 넣어서 상향 타격을 만들려고 하지 않는 것이다. 한가지 동작을 가미해서 뭔가 획기적인 성과가 있는 것을 만들기는 쉽지 않다.

ex. 3) 드라이버 비거리 늘리기 위하여, 오른 골반 + 왼팔 회전력 사용조합에서, 클럽 헤드를 볼에 최대한 강하게 던져 105% 스윙 연습을 했다. 첫날 100개, 둘째 날 100개, 셋째 날 100개, 이후 왼 손목에 통증이 조금씩 있게 되면, 95% 스윙이 되어 버린다. 왼 손목 통증은 어깨와 팔이 들리는 스윙을 만들고, 캐스팅과 배치기를 만들며, 클럽 헤드를 끌고 오기 힘들게 만든다.

〈--- 105% 스윙 연습은 시도 횟수를 극히 제한해야 한다.

* 왼 손목에 통증을 느껴서 테이핑하고 플레이하는 골퍼는 이후 거리가 90%로 줄어들 가능성이 있다.

Remarks

#1. 뭔가를 좋게 만들려고 했던 동작이, 다른 동작에 악영향을 끼치는 경우가 골프 스윙에서는 의외로 많다.

#2. 시행착오를 반복하지 않는, 다시 겪지 않는 좋은 방법은,
- 실패 기억과 그 원인을 잊지 않는 것이다.

  메모나 잘 정리된 교본이 필요하다.
- 전문 교습가나 코칭의 도움을 받는 것이다.

  단, 능력을 갖춘 이들에게 지도받아야 한다.

* 요요 현상 및 이상 동작 출현을 감시하는 것에는 고도의 관찰력과 분석력이 필요하다.

〈스윙 크기 vs 회전력 사용조합 적용 차이〉
- 100%~105% 스윙 : Cross 회전력 조합 사용 〈--- 근육 간 블로킹 현상 방지
- 95% ~ 1/4 스윙 : 4ea 회전력 사용
- 90° 백스윙 이하 크기 : 피치샷은 왼 골반 + 오른팔, 칩샷은 4ea 회전력

* 스윙 크기별로, 근육의 협업과 정확도 측면에서 사용되는 Power와 움직임 모양에 따라 근력을 사용하는 방식은 차이가 있다. 그리고 샷 종류별로 회전력 사용조합 적용이 달라진다. *(3권 7장 5절 내용)*

자전거 배우기 (들어오는 시각 신경 정보와 뇌)

자전거를 쉽고 빠르게 배우기 위해서는 일반적이지 않은 두 가지의 역발상이 필요하다.

첫째는 (거의 모든 사람이 알고 있는) 넘어지려는 쪽으로 몸을 기울여야 자전거를 일으켜 세울 수 있다는 것이다.

둘째는 (거의 모든 사람이 간과하고 있는 사항인데) 시선은 정면을 바라봐야 한다는 것이다.
만약, 앞바퀴가 굴러가는 바닥을 바라보게 되면, 계속 변하는 지면의 시각 정보 분석에 뇌의 많은 부분이 사용되어서, 균형감각을 처리하고 근육의 움직임을 제어하는 데 사용되어야 할 뇌의 할당 용량이 급감하여 자전거를 조종하기 어렵게 된다.

주의사항으로써, 위 두 가지 힌트로부터 빨리 배우게 된다면, 초기에 큰 부상 위험(Risk)에 노출될 가능성이 커지므로, "새옹지마"와 같은 부상을 조심해야 한다.

골프에서 힘
(변위, 속도, 가속도, 시간, 힘, 모멘트, MOI, 변형)

* 주의 : 작은 분량의 페이지에 골프에 연관된 물리학, 정역학, 동역학, 재료역학 부분의 기초 내용을 기술하였다. 이것은 *본서 1권~4권에 서술*된 많은 용어, 설명, 계산을 바르고 빨리 이해하는 데 도움을 주고자 하는 보조 내용이다. 또한, 골프 교습과 장비에서 사용되는 용어의 의미를 이해하는 것에도 도움을 주고자 함이다.

기술된 내용은 가장 기초적인 내용이지만 일반인이 받아들이기에는 어려움이 따를 것이다. 중학교 과학책, 고등학교 물리책에 나온 내용과 공과대학에서 다루는 사항 중에 골프에 연관된 사항을 정리하였으므로, 추가적인 이해가 필요한 부분은 학교 교과서, 인터넷 포털을 활용하고, 기계/금속/토목/건축학과를 전공한 지인에게 도움을 받는 것도 하나의 방법이 될 수 있다.

골프를 과학 또는 역학에 비유하여 설명하는 예가 많다.
골프 장비, 특히 클럽은 90% 이상 공학의 '재료역학' 내용에 연관된다고 할 수 있겠다.
그리고 그린 위에서 볼의 움직임은 물리학이 90% 이상, 스윙 동작과 클럽 변화는 정역학, 동역학, 재료역학 내용이 70% 정도 연관된 기술이라고 볼 수 있다. 나머지 30% 정도는 *부록 A에서 설명*한 신경 & 근육에 연관된다.

* 볼이 비행하는 궤적은 유체역학과 동역학이 반반 연관되는데, 눈에 보이므로 서술하는 것을 생략한다.

힘에 대하여 모르면서 *"힘을 쓰라."*라고 하고, 무게에 대하여 모르면서 *"무게를 느껴라 이용하라."* 라고 하고, 변형에 대해 모르면서 샤프트의 휘어짐을 이야기한다면, 엉뚱한 상상, 엉뚱한 결론에 도달할 수 있게 될 가능성이 매우 크다.

진리에는 시대와 상황에 따라서 변하는 진리도 있지만, 변하지 않는 기초 지식의 진리가 있다. 막연하게 생각하던, 눈에 보이지 않는 과학, 공학, 역학 관련 골프 내용을 이해하고 스윙에 확신을 얻는데 본 부록의 내용이 도움이 될 것이다.

〈내용 순서〉

골프 역학 Map

1) 변위, 속도, 가속도, 힘, 시간

2) 토크

3) 힘의 사용

4) 샤프트의 변형 (휨과 비틀림)

5) 힘과 에너지의 크기

6) 능력 (Ability)

7) 미래 기술

Remarks

#1. 기계공학의 고체 역학에는 '힘의 분석 -> 응력(Stress) 해석 -> 제품/구조 설계 과정'의 순서를 밟는다. 본서에서 언급, 사용된 힘의 분석은 동역학과 고체 역학 일부분에 지나지 않는 것으로써, 그런 힘의 설명들이 기계공학 전체인 것처럼 또는 가장 중요한 부분인 것처럼 오해하거나 오도되는 일은 없어야 한다.

또한 기계공학에는 고체 역학 이외에 열(Heat)을 다루는 학문과 유체(Fluid)를 다루는 학문이 있다.

#2. 다음 〈골프 역학 Map〉은 기존에 역학을 배웠던 골퍼가 '힘'에 대해 상기하는 기회를 주고, 전문 교습가에게는 골프에 필요한 역학을 소개하기 위한 것이다.

〈골프 역학 Map〉

다음 차트는 기계공학부 1, 2학년 전공 내용(열, 유체 제외)을 두 장에 요약하여 표시한 것이다. 본 주제 내용을 보고 머리 아파하거나, 굳이 억지로 알려고 할 필요는 없다. 단지, 골프 하면서 어떤 사안이 궁금하거나, 헷갈릴 때 거시적으로 참조할 수 있도록 만든 페이지이다.

동역학 (Dynamic)			정역학 (Statics)	재료역학 (Mechanics of Materials)
진동학	기구학			
탄성 에너지	기계 연동 / 위치 변화			

동역학 (Dynamic)	정역학 (Statics)	재료역학 (Mechanics of Materials)
움직이는 물체	강체 구조물	탄성 구조물(재료의 탄성계수)
동적인 힘	정적인 하중	정적인 하중
움직임의 생성/변화	인장/압축 Stress	길이 변위, 휨 변위, 비틀림 변위
이동, 속도, 가속도, 에너지	파손	인장/압축, 휨, 비틀림 Stress

(A) 동역학 System

선형계	회전계	
가가속도 (da/dt)	가각가속도	시간 (t)
가속도 (a)	각가속도 ($\ddot{\theta}$)	
속도 (v)	각속도 ($\dot{\theta} = \omega$)	
거리 변위 (L)	각도 변위 (rad)	
질량 (m)	m-MOI = I_G (Mass Moment of Inertia) = 질량 * 거리^2	
일 (에너지)	동력 (파워)	

작용 힘	힘 (F)	접선력 * 거리 (T, M)	동력 (P = T x ω)

(B) 정역학, 재료역학 System

강체 구조	전단	인장/압축 구조	**휨 구조**	비틀림 구조	좌굴
		변형 길이	**휨 양**		압축 & 휨 복합
			휨 각	비틀림 각	
	Stress	Stress	Stress	Stress	
	단면적 (Area)	단면적 (Area)	A-MOI Area Moment of Inertia	PA-MOI Polar Area Moment of Inertia	
	cm^2	cm^2	cm^4	cm^4	

System에 작용하는 힘

힘 (F)			접선력 * 거리 (T, M)	동력 (P)
Force, Load, Thrust			Torque, Moment	Power
<u>인장력</u>	<u>중력</u>	표면장력	<u>토크</u>	동력
<u>압축력</u>	<u>양력</u>	부력	<u>모멘트</u>	
<u>원심력(수동개념)</u>	<u>항력(저항)</u>	추력	<u>회전력 (회전모멘트)</u>	
<u>구심력(능동 개념)</u>	<u>탄성력</u>	접착력	<u>회전력 (동력/시간)</u>	
<u>마찰력</u>	기진력	전단력		
<u>반력(수동개념)</u>	수축력	압력*면적		
<u>관성력(수동개념)</u>	악력			

그림 5.B.1 골프 역학 (밑줄 친 것은 골프에서 쓰이는 힘)

Remarks
- 강력, 전자기력, 만유인력, 약력의 4대 힘 생략
- 풍력, 수력, 화력, 근력 등의 발생원에 따른 힘 생략
- 골프 스윙은 동적 회전계이나, 선형계로 이해하면 편함.
  (회전계는 처음 보는 기호와 Load 계산이 어려움)
- 골프 클럽 사용은 샤프트의 휨 구조와 비틀림 구조의 재료 역학적 특성을 가짐.
- 가속 관성력이란 안 변하려고 버티는 가속의 반대 방향 힘이다.

(C) 차원(Dimension)과 단위(Unit)

어떤 움직임을 역학적으로 해석하려면, 표와 같은 차원과 단위가 있어야 한다.

차원	공식	구성 단위(Units)
시간 (t)		sec
거리 (L) (h) (S) (d)		m, cm, mm (yard, ft, in)
질량 (m) --- mass		kg, g
속도 (V) (v) --- Velocity	v = dL / dt	m/sec, km/hr (mile/hr)
가속도 (a)	a = dv /dt	m/sec^2
무게 (W) --- Weight	W = m g(중력가속도)	N, kgf = kg·m/sec^2
힘 (F) --- Force	F = m a	N, kgf = kg·m/sec^2
모멘트(M) --- Moment 토크(T) --- Torque	M = F * L T = F * L	N-m, kgf-m
일 에너지(E) --- Energy	E = F * S E = 0.5 m v^2 E = m g h	N·m = J(joule) cal, kcal
동력(P) --- Power	P = E / t P = 2π f T	kW, HP, PS N·m/s = W, kgf·m/s
운동량 --- Momentum	p = m v	kg m/s
충격량(I) --- Impulse (= 운동량의 변화량)	I = m dv = F dt = △p	N·sec, kg·m/s (= kgf sec)
질량 관성모멘트 m-MOI (G로도 표기)	Io= 질량 * 질량의 거리^2 * 회전 운동 해석	kg m^2
단면이차모멘트 A-MOI	Ix, Iy = A * L^2 * 휨 구조, 휨량, 휨각, Stress, CPM 해석	cm^4, mm^4
단면극관성모멘트 P-MOI	I_p = A * R^2 * 비틀림 구조, 비틀림각, Stress, 비틀림 CPM 해석	cm^4, mm^4

표 5.B.2 역학에서 차원

Remarks

#1. 본서에서 설명하는 골프 역학적인 내용에서, 볼과 클럽 헤드의 임팩트는 보이지 않지만, 그 결과물인 볼의 비행은 눈에 잘 보이기 것이기 때문에, 임팩트 역학 & 볼 비행 역학은 본서에서 거의 다루지 않는다.

    * 눈에 잘 보이는 것을, 골퍼가 굳이 어렵고 머리 아프게 과학 & 역학적인 생각과 해석을 할 필요가 있겠는가? 단, 그것들은 장비의 개발과 시뮬레이션 게임 개발에는 필요한 것이다.

#2. 간혹 "클럽 헤드가 볼을 임팩트 하는 것은 1ton 자동차 무게 충격과 같다."라고 표현하는데, 충격량 식에서 '0.045kg(볼 무게) × 65m/s(속도) = F × 0.0003초(충돌 시간) × g'라는 식으로부터 F를 구하면, 994kgf가 된다. 즉 0.0003초 동안 1ton 자동차를 들고 있는 힘의 양(충격량)이라는 의미이다.

#3. [IS] 단위계는 숫자 계산이 편한데, [ft-lb] 단위계는 계산이 불편한 면이 강하다. [IS] 단위를 사용하여 설명한다.

#4. 옛날 어떤 교습가는 "F = m S"라고 말하며 힘의 중요성을 설명한 적이 있는데, 아마도 '힘(F) = 질량(m) × Strong 또는 Speed'라고 생각한 것 같다. 헤드 속도와 비거리를 늘리려면 힘을 써야 한다는 생각인데, 이것은 시간 개념이 빠진 오류에 해당한다. 속도가 중요한 것이 아니고 가속도가 중요한 것이다. 식을 맞게 표기하면 'F = m × a = m × V / t'이다.

#5. 역학 문제 풀이에서는 항상 차원의 단위가 맞아야 중간 계산과정에서 오류가 없는 것이 된다. 구성 단위(Units)가 다르면 계산(생각)에 오류가 발생한 것이다.

#6. 선수를 꿈꾸는 골퍼들이 2년 정도 골프 기초를 배우는 것과 같이, 위의 역학 내용들은 공대 구조 전공 학생들이 대학 1&2학년 때 (진동학을 제외하고) 모두 배우는 내용들이다.

    그러나 아쉽게도 학부 때 배운 것을 골프에 연관 지어 생각하기는 무리함이 있다. 골프는 골프이고, 역학은 역학이라고 생각해서이기도 하고, 기존의 과학과 역학을 언급한 많은 골프 이론서가, 직접적인 골프 실력향상에는 거리감이 있는 내용들로 구성되어 있었기 때문이다.

    그래서 과학이나 역학이 골프에 별로 도움이 안 될 것이라는 선입견이 강하게 심어 있는 상태인 것 같다.

#7. 유명 교습가 또는 선수가 쓴 골프책을 보면, 3~4일 정도의 골프 아카데미에 참석했는데, 골프 스윙을 역학으로 설명하는 프로그램이 있었고, 저자가 이해하기 쉽지 않았다는 이야기가 있다.

전공자가 2년 동안 배워도 쉽지 않은 역학을, 비전공자가 잠깐 들어서 이해하기는 불가능에 가까웠을 것이다.

역학을 골프에 접목하는 것은 엄청난 응용력이 필요하다.

#8. 역학만으로 골프 동작을 설명하는 것은, 벽에 부딪쳐 막히게 될 것이다. 부록 A에서 설명된 인체의 신경 작용과 근육 움직임이 함께 해석되어야 한다.

#9. 골프에서 힘의 해석이 필요한 부분은 골프 스윙 동작과 샤프트의 탄성 변형 사항이다.

#10. 골프 교습을 하면서 힘에 관한 이야기를 무수히 많이 한다. 미래에 골프 교습가가 되거나, 골프를 효율적으로 습득하기 위해서는 힘에 관한 공부가 추가로 필요할 수도 있다. '골퍼를 위한 역학 아카데미 과정'이 개설되어 이용될 것이다.

(D) 골프 스윙을 동력으로 표현하면
(심화 내용, 참조용)

- <u>선형계에서 일</u> : 힘 × 거리 <--- 어떤 힘으로 이동한 거리
    = 질량 × 가속도 × 거리
    = kg m^2 / sec^2
    = N-m/sec^2
- <u>선형계에서 Power</u> : 힘 × 속도 <--- 힘이 걸린 상태에서 정속 유지하는 능력

- <u>회전계에서 일</u> : Power × 시간 <--- 어떤 토크로 회전한 양
- <u>회전계에서 Power</u> : Torque × 각속도
   = 부하가 걸린 상태에서 어떤 토크로 정속 회전하는 능력 :
      토크 = 질량관성모멘트 × 각가속도 --- T = G × Ö
      각가속도(Ö) = 토크 / 질량관성모멘트
          = (힘 × 거리) / (질량 × 거리^2)
          = 힘 / (질량 × 거리) [rad /sec^2]
      각속도 = 각가속도 × 시간
      각속도 / 2π = CPS
      각속도 × 60 / 2π = CPM

- 토크와 등각가속도 회전 예제

회전 가속계 표현은 위와 같이 어렵고, 다음 문제와 같이 친숙하지 않다. 고등학교 물리에서는 거의 다루지 않고, 공과대 동역학 시간에 배우는데 역시 친근하지 않다. 그래서 본서에서는 특별한 것을 제외하고, 거의 모두를 선형계로 바꾸어서 표현하거나 설명한다.

문제) 그림과 같은 조건에서, 0.2 sec에 클럽 헤드를 270° 회전시킬 때, 그 토크 값(T)과 각가속도(Ö)는?
클럽 헤드의 가속 관성력(F)은?
임팩트 각속도(Ó = ω)는?
임팩트 Power(동력)는?

〈풀이〉

$\ddot{\theta} = 2\theta/t^2$

$\quad = 2 \times 270 \times (\pi/180)/0.2^2$

$\quad = 235.5 \text{ rad/s}^2 = 13500 \text{ deg/s}^2$

$T = I_o \times \ddot{\theta} = (0.2 \times 1^2) \times 235.5$

$\quad = 47.1 \text{ N-m} = 4.7 \text{ kgf-m}$

$F = T / L = 47.1 / 1 = 47.1 \text{ N}$

$\omega = \ddot{\theta} \times t = 235.5 \times 0.2 = 47.1 \text{ rad/s} = 2700 \text{ deg/s}$

$V_{\text{Impact}} = \omega \times L = 47.1 \times 1 = 47.1 \text{ m/s}$

그림 5.B.3 회전계 동력 문제 풀이 예제

임팩트에서 Power = F × V = 47.1 × 47.1 = 2212 W ≈ <u>3마력</u>

　　　　　　　　　　　　　　　　　　　　= <u>말 3마리 파워</u>

Remarks

#1. 다운스윙에서 힘 사용해, 임팩트에서 골퍼가 쓰는 Power(동력)는 대략 말 2~3마리가 끄는 힘(마력, Horse power) 정도로 계산된다.

　* 대학 1학년 동역학 난이도 상 수준 계산 내용이다.

#2. 골프 스윙이 극한의 순간 동작이라는 이야기는, '말 세 마리의 힘'이라는 것으로 대변될 수 있다.

#3. 그림은 단일 원운동의 조건이다. 이렇게 해서는 원하는 힘을 낼 수 없고, 속도를 얻을 수 없으므로, 실제 골프 스윙에서는 이중 원운동(손목 링크 사용)을 하는 시스템을 사용해야만 원하는 헤드 속도를 만들 수 있다.

B-1) 변위, 속도, 가속도, 힘, 시간

앞 예제 문제 풀이에서, 동역학으로 골프 스윙을 풀이할 수 있음을 먼저 보여주었다. 그리고 골프 스윙 해석을 위해서 필요한 전체 역학 개념을 Box map 형태로 소개했다.
알면 별것 아니지만, 어느 CEO의 이야기처럼 *"모르면 까만 건 글씨고 하얀 건 종이"*가 된다.

어떻든, 기초 역학과 그것이 사용되는 골프의 힘 쓰는 동작, 그리고 클럽이 탄성 변형되는 것에 대하여 하나하나 살펴본다.
  * 내용 중에 어렵거나 이해 안되는 부분은 과감하게 Skip & Pass 하면 되고, Key point(요지)만 받아들이면 된다. 모르는 것에 대한 Stress는 받을 필요 없다. 다만 골프가 안되는 Stress는 해결해야 한다.

a) 힘과 가속도

힘은 어떤 물체(정지 또는 움직이는 물체)의 속도를 변화시킨다.
변화되는 속도 양은 힘의 양과 힘의 방향 그리고 힘이 가해진 시간에 의해서 결정된다.
단위 시간에 변화되는 속도 양을 가속도라고 한다.

$F = m\,a = m\,dv/dt$

$a = F / m$

얼마만큼 속도를 변화시킬 수 있느냐? 하는 것이 가속도이며, 이것은 힘의 크기에 비례하고, 그 물체의 질량(Mass)에는 반비례한다.

그림 5.B.4 힘과 가속도 (물리학)

골프 스윙에서 가속도 표현은 그림과 같이 할 수 있다.

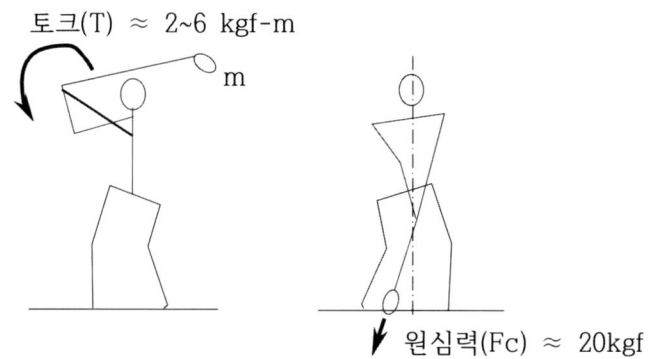

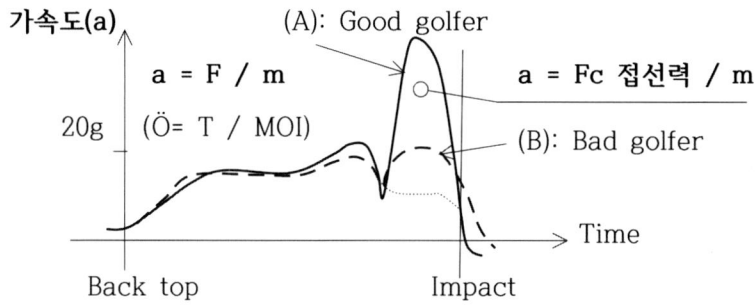

그림 5.B.5 회전 토크와 가속도 (골프 다운스윙 예시)

골프에서 가속도(각가속도)는 다음과 같은 몇 가지 힘의 조합으로 만들어진다.
 - 몸의 회전력
 - 원심력의 접선 성분
 - 무릎, 척추의 폄에 의한 접선 성분
 - 샤프트의 휨 탄성력
 * 헤드에 걸리는 중력은 대략 전체의 0.25%로 미미함.

골프 스윙의 가속력에서 다음과 같은 특이 사항이 있다.
 ① 상체 회전이 급하게 수행되어 클럽 헤드가 급가속하게 되면, 왼 손목에 손목 보호를 위해, 손목을 펴려는 반사신경 동작이 나타난다.
  이것 때문에 클럽 헤드 부드러운 가속을 위하여 상·하체 분리되는 초기 회전을 하여야 한다. 그리고 샤프트는 낭창거려야 한다.
 ② 손목이 2-절 링크 힌지 역할을 하며, 가속으로 헤드 스피드가 점점 증가하여 원심력이 커지

고, 어느 시점(릴리즈 타이밍)에 원심력의 접선 성분이 큰 가속도를 만든다. 그림의 그래프에서 높은 산 모양의 (A) 선이 원심력이 만드는 가속도가 잘 구현된 경우이다.

이것 때문에 접선 성분이 크게 만들어지도록 래깅 형태를 취하여야 하며, 손목에는 힘이 가능한 한 적게 들어가 있어야 한다.

릴리즈가 원활하지 않으면 (B) 그래프와 같이 작은 가속도가 형성된다.

③ 실제 가속도 그래프는 단순하게 매끄럽지 않고 샤프트 탄성 변형(휨, 비틀림)과 진동으로 더 복잡한 커브를 그린다.

<u>cf) 가속의 착각</u> : 백스윙 Top에서 가속도는 Zero(0)가 아니다. 다운스윙 감속 구간에서 감속력 및 전환 동작이 계속 이어지기 때문에, 그 힘에 해당하는 가속도 값을 가진다. 이곳 구간의 가속도 형태가 신경을 지배한다.

b) 속도(Velocity)

속력(Speed)에 방향성(Vector)이 포함하면 속도(Velocity)가 된다.

ex) 볼 속력(Speed)과 헤드 속력(Speed) :

볼 속도 = 발사각 방향의 볼 속력(Speed),

헤드 속도 = 접근 각 방향의 헤드 속력(Speed)

* 본서에 수식 기호로 속도를 'V'로 표기한 것은 Velocity의 첫 글자이다.

속도의 변화량은 '가속도 × 시간'이다.

$V = a * t$

$V = V_o + a * t$

즉 <u>그림 5.B.4과 5.B.5의 가속도 그래프</u>에서, 그래프 면적의 크기가 속도이다.

속도를 그래프로 표시하면 그림과 같다.

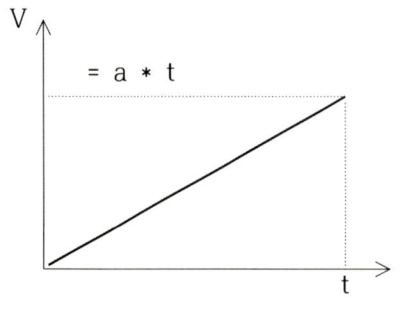

그림 5.B.6 속도 (물리학)

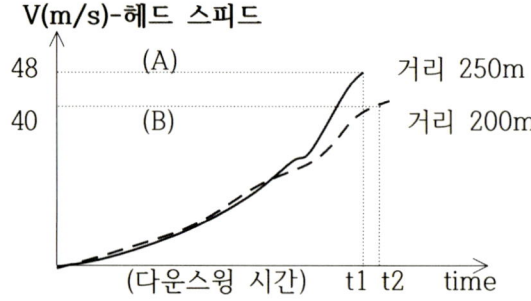

그림 5.B.7 속도 (골프 스윙)

골프 스윙에서, 클럽 헤드 스피드 그래프 모양은 거의 비슷하다.

그나마, 위 그림에 표시한 것은 50m 비거리 차이를 보이는 두 Case의 헤드 스피드 커브를 표현한 것이다.

반면, 가속도 그래프에서는 (A)와 (B)의 모양이 확연히 구분되며, 형태가 다름을 알 수 있다. (B) 가속도 그래프는 (A)에 비하여 회전력이 조금 작고, 원심력가속도 성분이 매우 작게 사용된 경우이다.

속도 그래프는 클럽 헤드의 선형 속도를 표시한 것이다. (어차피 클럽 헤드의 임팩트 속도는 각속도가 아닌 선형 속도임.)

* 임팩트 전후의 x-방향 속도 성분의 모양만을 가지고, 스윙의 옳고 그름을 판단하는 것은 '코끼리 다리 만지기'와 같은 것이라 할 수 있다.

선형 가속도 모양을 보아야 스윙의 본모습, 즉 스윙 동작의 옳고 그름을 볼 수 있을 것이다.

c) 변위

변위량은 '속도 × 시간'이다.

$d = V * t$

즉 속도 그래프*(그림 5.B.6)*에서 삼각형 면적이 이동 거리가 된다.

$d = 0.5 * a * t^2$

힘이 쓰이는 가속도 운동에서, 이동 거리(d)는 시간(t)의 이차방정식이 된다.

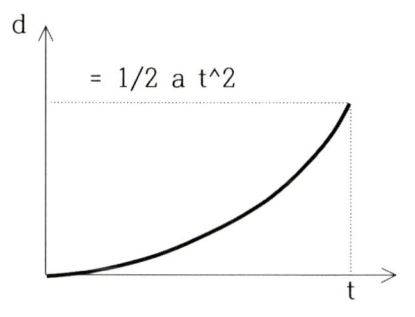

그림 5.B.8 변위 (물리학)

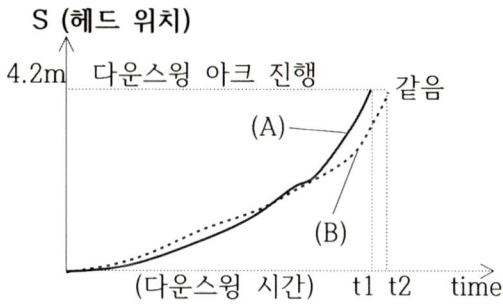

그림 5.B.9 변위 (골프 다운스윙)

골프 스윙에서 클럽 헤드가 그리는 궤적(길이&모양)은 스윙 아크로 제한되어 있으며 같다고 볼 수 있다. 즉 그림과 같이 변위(S)가 같다는 이야기다.

따라서, 속도 그래프 *그림 5.B.7*에서 두 그래프 (A)와 (B)의 면적은 같아야 한다. 단지, 시간 t1과

t2가 다르게 된다.
* 변위에는 기구학적 변위, 동역학적 변위, 재료역학(탄성) 변위, 열역학적 변위가 있다.

d) 기타 골프 스윙에서 변위, 가속도, 힘

-. Kinematic sequence :
운동 순서, 분절의 회전 순서에 따른 힘(토크)과 변위(분절 회전각)에 있어서, 하체, 상체(어깨), 팔(손), 클럽 헤드 순으로 다운스윙 순서를 가져야 한다는 것의 이유는, 반대로 예를 들어 후행 분절인 팔이 어깨보다 먼저 돌면, 손과 클럽 헤드에 관성력이 생겨서, 팔을 잡고 있는 어깨에 반력 개념의 힘이 걸리게 되어, 어깨 회전을 못 하게 방해하는 작용을 하기 때문이다.

"나중에라도 어깨를 돌리기만 하면 되는 것 아니야?"라고 생각할 수 있으나, 후행 분절이 먼저 돌면, 그것이 뒤늦게라도 돌리려고 하는 선행 분절의 회전을 방해하여, 결국은 사용되지 못하게 되는 것이다.
이것의 결과로, 사용된 회전력의 총합이 적게 되어 헤드 스피드는 감소하게 되고, 사용 못 한 분절의 기하학적 회전각 변화가 궤도와 면 각(Path & Face angle)의 변화를 만들어서, 타점과 방향성 오류가 발생하게 된다.

골프가 뜻대로 안되는 세 번째 이유가, 분절 회전력 사용 순서에 따라 후행 분절의 방해가 일어날 수 있기 때문이다.
  cf) 첫 번째 골프 안되는 이유 : 신경계 작용
    두 번째 골프 안되는 이유 : 변형되는 샤프트

-. 무릎 익스텐션 & 지면 반발, 척추 익스텐션의 변위, 속도, 가속도, 힘 :
그림과 같은 조건에서 무릎 폄에 따른 상체의 관성력을 계산하면 하방 40kgf가 된다.
0.1초 동안에 무릎이 펴지며, 상체가 5cm 올라가면, 상체 40kg은 관성력이 걸려서 하체를 40kgf의 힘으로 더 누르게 된다는 이야기다.
가볍고 부드럽게 무릎을 폈을 뿐인데, 40kgf의 추가 힘이 무릎을 누르는 것이다. 이 관성력은 발바닥에 지면 반력의 크기를 형성한다.

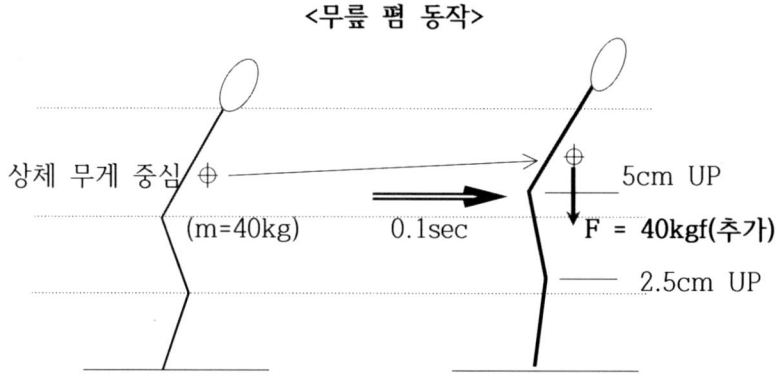

그림 5.B.10 무릎 폄 변위

이때,
다운스윙 하체 폄이
만드는 관성력(힘),
폄 가속도,
폄 속도,
폄 변위를 그림으로
표현하면 다음과 같다.

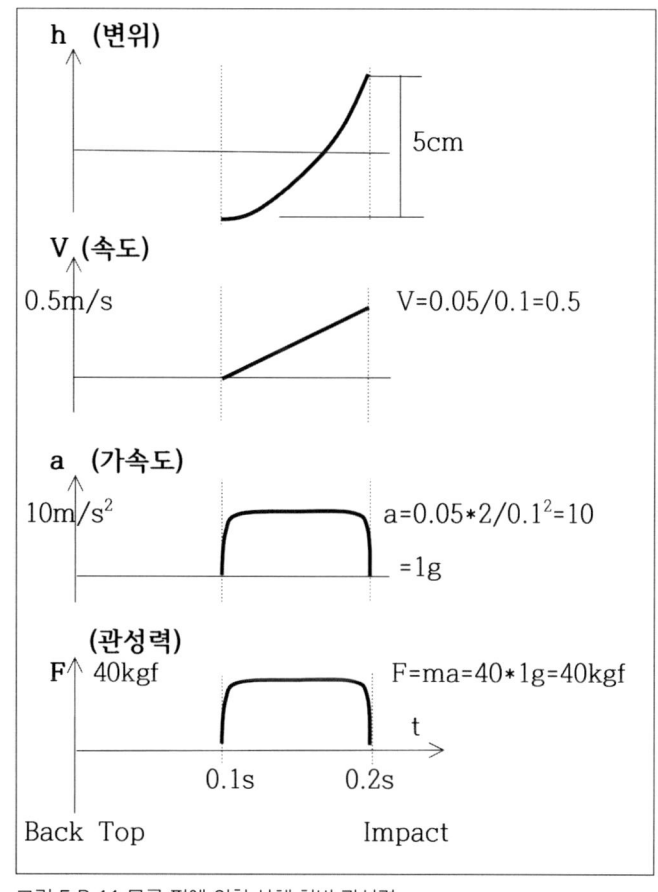

그림 5.B.11 무릎 폄에 의한 상체 하방 관성력

소소한 것으로 여길 수 있는 것이 실상은 중차대한 작용을 하는 것이다.
- 만약 그림에서 변위를 두 배로 키우면 무릎이 받는 힘, 즉 지면 반발은 두 배가 되는 80kgf의 힘이 된다.
- 만약 그림에서 무릎 펴는 시간을 0.1초에서 0.05초로 빨리하게 되면, 무릎이 받는 힘은 4배인 160kgf가 된다.

-. 척추 폄과 배치기 :
척추 폄 동작도 동적 관성력을 만든다.
척추 폄 관성력은 지면뿐만 아니라, 무릎에도 작용한다.
만약 척추 폄이 무릎 폄보다 먼저 시행된다면, 무릎에는 그 관성력이 작용하게 되고, 무릎을 펴지게 만드는 수축 근(대퇴근)은 힘겨워지게 될 것이고, 무릎이 원활하게 펴지지 못하고 덜 펴지는 하체 폄 모양이 되며, 이 때문에 뒤땅이 발생할 것이다.
이것이 배치기 현상이며, 얼리 익스텐션이라고 부른다. 배치기는 뒤땅을 만들고 토우 타점을 만든다.
반대로, 무릎(하체) 폄이 매우 강력하면, 척추 폄을 지연시키는데 힐·하 타점이 형성된다.
* 근력 약한 사람에게 *"(100% 스윙할 때) 배치기(얼리 익스텐션) 되어서 토핑 발생한다."* 라는 이야기를 누군가 했다면, 무릎 폄과 척추 폄 관계를 모르는 상태로서 그다음 이야기는 더 이상 들어보나 마나이다.

폄 동작에도 Kinematic sequence가 있다. 무릎(하체) 먼저 폄이 진행되고 다음 척추 폄이 진행되는 것이다. 이 순서가 바뀌면 선행 관절인 무릎(발목, 골판 포함)이 펴기 힘들어지는 조건이 형성된다. 그래서 골프 스윙에서는 양 하체의 Up & Down 리듬이 중요하다. *(3권 4장 3절 내용)*

e) 시간

스윙 시간에 비해 진동과 반사신경은 매우 짧은 시간이며, 감각 인지와 제어 신경 전달은 상대적으로 긴 시간이다. 골프에 관계된 시간은 대략 다음과 같다.

볼 임팩트 접촉 시간　　　　　: 0.0003~0.0005sec
골프 제어 목표 시간　　　　　: 0.001sec --- 희망 사항
스윙 동작 제어 가능 시간　　　: 0.003sec --- 거의 최고 한계
신경의 명령 하달 주파수 주기　: 0.006sec --- 명령 펄스 간격
반사신경 반응 시간　　　　　 : 0.01~0.02sec --- 힘 들어가는 것, 손목 펴지는 것
비틀림 진동 주기　　　　　　: *0.02~0.03sec*
릴리즈 시간　　　　　　　　　: 0.04~0.06sec
시각 사진 전송 간격　　　　　: 0.04~0.07sec
청각, 시각, 하중 인지 시간　　: 0.08~0.10sec --- 일명 '느끼는 감각 인지'
폄 동작 시간　　　　　　　　　: 0.08~0.12sec
자극에 동작 반응 시간(숙달)　 : 0.16sec (비숙달 : 0.33sec) --- Feedback 반응
샤프트 탄성 진동 주기(법선력): *0.15~0.20sec*
다운스윙 시간　　　　　　　　: 0.18~0.27sec
샤프트 탄성 진동 주기(Free)　: *0.20~0.33sec*
백스윙 시간　　　　　　　　　: 0.50~1.00sec
전체 스윙 동작 시간　　　　　: 1.1~1.8sec
근육 근력의 원상 복귀 시간　　: 3~4sec
호흡 주기　　　　　　　　　　: 3~5sec
프리샷 루틴 시간　　　　　　　: 5~10sec

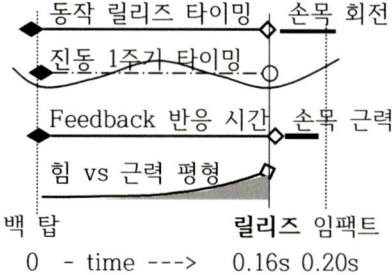

〈릴리즈 4ea 타이밍 맞추기〉

Remarks

#1. 골프가 어려운 이유는,
- 퍼팅 : 신경을 거스르는 동작으로 구성 --- 신경에 역행하면 잘할 수 없음
- 스윙 동작 :
  ^ 극한의 근력 사용
  ^ 95% vs 105% 스윙 근력 사용과 그 결과가 같은 움직임을 만들지 않음
  ^ 매우 짧은 시간에 이루어지는 연결 동작으로 구성
  ^ 릴리즈라는 2-절 링크 원운동 (릴리즈 잘되는 모양은 위 그림 같은 시간 맞추기)
  ^ 샤프트의 변형 및 탄성 진동
  ^ 매우 빠른 반사신경과 상대적으로 느린 Feedback 신경에 대응해야 함
  * 보이는 것 1/3, 보일락말락 하는 것 1/3, 보이지 않는 것 1/3로 구성된 스윙 메커니즘에서 보이는 것만으로 이해하고 해답을 찾으려 한다면, 섭렵하기 어렵다.
  골프 스윙 교습에서, 언제, 즉 시간을 언급하는 것은 거의 금기시되어 있다. 그 '시간'은 인간의 지각 한계 경계선에 있으며, 위에 나열된 시간의 다양성과 복잡성 때문이다.

#2. 시간상, 느낌으로 제어할 수 없는 것이 다운스윙 동작이다. 어떤 동작이 이루어지려면 미리, 사전에 그 동작이 만들어지도록 준비작업을 해야 한다.

#3. 0.04sec 릴리즈 구간에서 손목 회전력이 사용되는 시점은 다음 변화를 만든다.
- 자연 로테이션 양 변화
- 손 진행 Brake 양 변화
- 샤프트의 휨과 비틀림 양 변화
* 최종적으로 스윙을 완성하는 것은 손목 회전력의 사용 시점과 사용량을 확립하는 것이다.

B-2) 토크

클럽 헤드에 걸리는 토크는 두 가지가 있다.
- 다운스윙 중에 가속 관성력에 의해 그립에 걸리는 편심 토크
- 원심력가속도 성분에서 분력이 로테이션 토크로도 작용하여 자연 로테이션이 생성되는 것

a) 다운스윙 초기 편심 관성력 토크

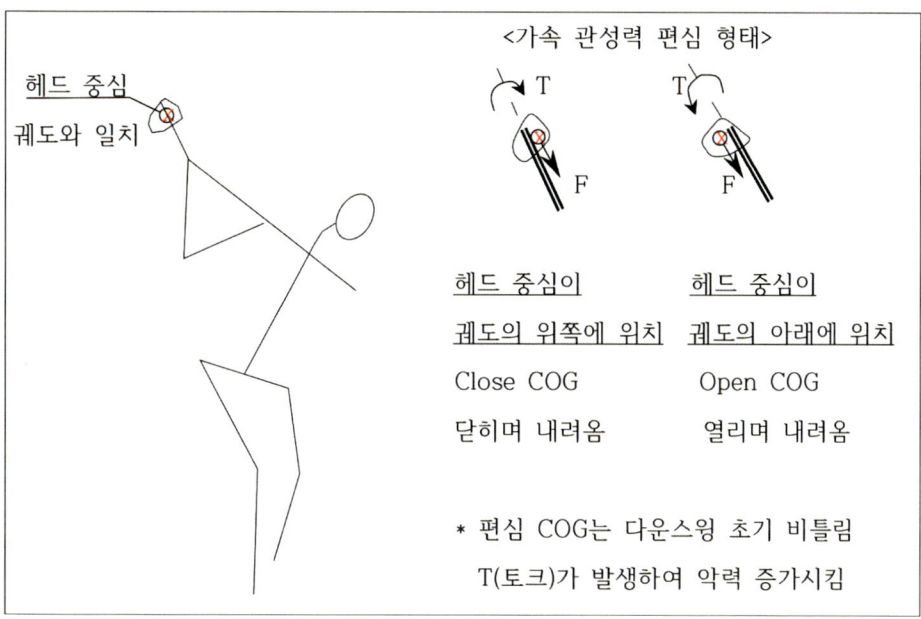

그림 5.B.12 가속 관성력 편심 토크

백스윙 Top에서 클럽 헤드의 모양에 따라서, 그림과 같이 스윙 플레인에 일치되게 클럽 헤드 중심이 놓이는 경우와 위쪽에 놓이는 경우(보통 손목 보잉), 아래쪽에 놓이는 경우(보통 손목 커핑)가 있다.

만약 다운스윙 급가속 관성력이 15g × 0.2kg = 3kgf이고, 이격 거리가 3cm였다면, 헤드의 가속 관성력 편심 토크는 3 × 0.03 = 0.09kgf-m이다.
  * 이 크기 토크는 R 강도 기준 드라이버 헤드를 3~4° 비트는 크기이다.
이 정도 토크가 그립에 순간 걸리게 되면 그립이 돌아가지 않게 손가락이 꽉 잡힌다.

그리고 그 손에 걸리는(느껴지는) 들 신경 정보가 뇌에 들어온 순간 (뇌의 인지 입장에서는 다운스윙 중반 시점), 이것을 제일 중요한 정보로 받아들여, 눈으로 들어오는 시각 정보를 무시하게 되는데, 볼이 눈에서 흐릿해지거나 사라진다.

이 가속 관성 편심 토크는 헤드 중심이 스윙 플레인(샤프트 궤도 면)과 일치하면 '0'인데, 어긋나면 이격 된 거리만큼의 크기를 갖게 되고, 그 토크는 그립 힘과 그립 돌림 변위를 만드는 근육 수축을 갖게 하여서 다운스윙 궤도를 흔들어 버린다.
결과는 정타율, 페이스 각 맞춤(방향성), 헤드 스피드를 떨어트리게 만든다.

백스윙 Top에서 One-plane이냐?, Two-plane이냐? 이런 것이 중요한 것이 아니고, 스윙 플레인과 헤드 중심의 이격 거리를 작게 하고 일정하게 가져가도록 하는 것이 제일 중요한 사항이 된다.

* *"스윙 중에 볼을 끝까지 보세요."* 라는 말은 의미 없다. 신경 측면에서, 볼이 눈에서 사라지지 않게 하는 것을 말해야 한다.
볼이 눈에서 사라지거나 흐릿해지는 첫 번째 이유는 위에서 설명한 것이고, 두 번째 이유는 다운스윙 초기에 너무 큰 급가속이 되어서 손목에 가속 관성력이 강하게 걸리기 때문이다. 큰 가속 관성력 자극은 뇌에 들어오는 시각 정보를 흐릿하게 만든다.

b) 원심력가속도 성분의 로테이션 토크

다운스윙 5/4 구간에서 스윙 플레인과 헤드 중심이 그림과 같이 이격되어 원심력이 걸리면, 그것의 가속도 성분(접선력)은 헤드, 그립, 팔을 페이스가 닫히는 쪽으로 회전시키는 동적 회전 토크가 걸리게 한다. 자연 로테이션이다.

이 토크는 자연적으로 클럽 헤드 페이스를 닫게 한다.

 * Key point는 헤드~샤프트, 손목, 팔꿈치가 위로 꺾여 있어서 자연 로테이션이 생기는 것임.

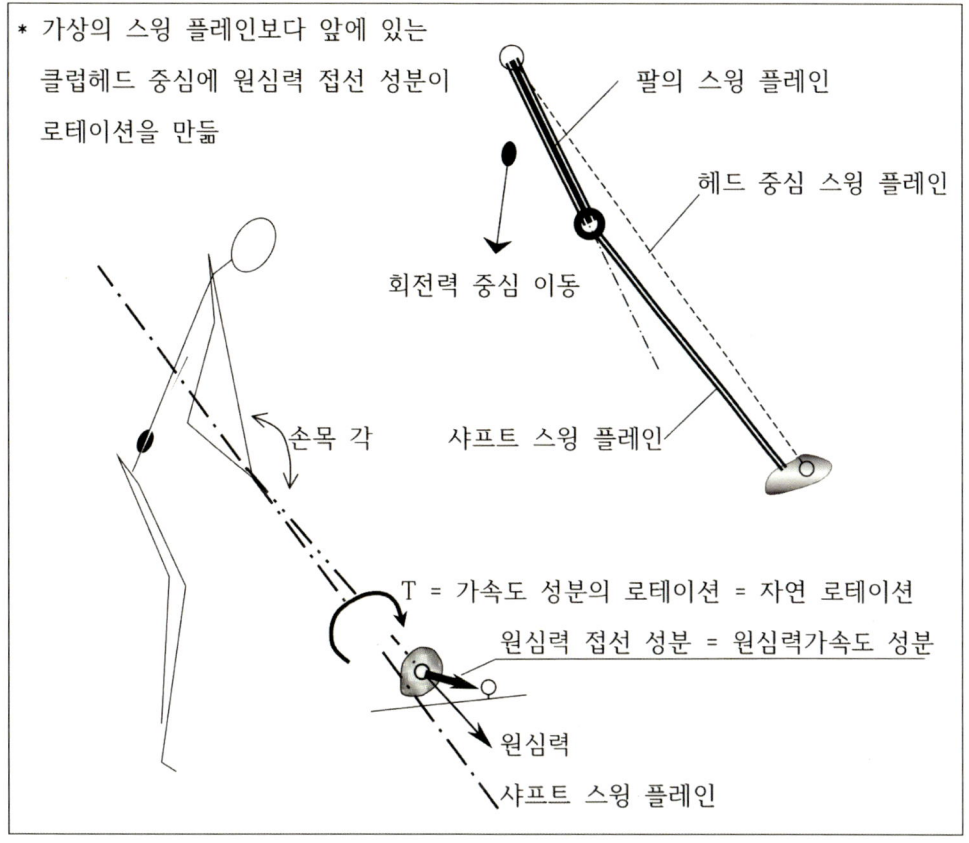

그림 5.B.13 원심력가속도 성분의 로테이션 토크

자연 로테이션 양(각)은 회전계의 각가속도 공식 'T = G * Ö'에 스윙 시간을 넣어 계산된다. (각 변화 식 $\theta = 1/2 * Ö * t^2$)

임팩트까지 로테이션 양은 자연 로테이션 1/6(대략 15° 해당), 인위적 로테이션 1/12, 기구학적 로테이션 9/12 정도로 조합된다고 예상된다.

 ＊ 실제 스윙에서 직접적인 인위적 로테이션은 거의 하지 않는다. 하는 것은 득보다 실이 크다고 보면 된다. 제어 오차가 매우 크며, 제어하기 어렵다.
 cf) 손목 강도를 키워 손목 회전력을 많이 쓰면, 그 관성력이 손의 진행을 줄여서 상대적으로 로테이션이 증가하여 Loft 각이 더 세워져 임팩트 될 수 있다.

손목 각이 일정하지 않으면, 자연 로테이션 양도 일정하지 않아서, 손목 각 꺾였을 때는 페이스의 Loft가 세워지고 닫히게 되고, 손목 각 펴진 경우 페이스의 Loft가 뉘고 열리는 임팩트를 만들고 그 방향성이 나타난다.

인위적으로 손목을 돌려 로테이션을 많이 해줄 것인가? 적게 해줄 것인가? 그리고 초기 Setup에서 그립을 강한 스트롱-그립, 약한 위크-그립 잡을 것인가? 선택 이전에, 여러 스윙의 자연 로테이션 양을 알고, 그것이 적당량 생성되는 조건을 만들어주는 것이 최우선 순위가 되어야 한다.

 ＊ 위로 꺾이는 손목 각을 이랬다저랬다 하면서 또는 억지 로테이션(인위적 로테이션) 양으로 페이스 각, Loft 각 맞추려 해봤자 헛수고라는 이야기다.
 어찌 보면 혹자가 말하는 "로테이션 더 해주고", "그립을 조금 돌려 잡고"라는 방향성 제어 방법은, 타격 Loft 각 & 페이스 각 맞추는 것에 있어서 가장 치명적인 오류를 갖게 할 수 있는 이야기이다.

 cf) 방향성을 위한 페이스 각 제어 적용 방법은 다음 사항의 조합이다.
  Ⓐ 샷 & 동작 특성
   + Ⓑ 자연 로테이션 양 (손목 각이 가장 큰 영향)
   + Ⓒ 릴리즈 타이밍 & 손목 회전력 사용 시점과 양
   + Ⓓ Cross 회전력 사용조합에서 좌우 회전력 사용 비율
   + Ⓔ 전후방 위치 (이동량)
 ＊ 만약 혹자가 "팔과 손목을 틀어서 로테이션을 조절한다."라고 이야기한다면, 그다음 이야기는 더 이상 들어보나 마나이다.

B-3) 힘의 사용

*"힘을 써라", "힘을 빼라"*라는 말을 많이 하고, 듣는다. 이것에는 몇 가지 사항이 포함되어 있다.
- 어떤 힘?
- 어디의 힘?
- 어떤 방향의 힘?
- 언제? 얼마 동안의 힘?
- 얼마만 한 크기의 힘?

What, Where, How(Direction, When, How much)의 사항이다.
보통은 *"어디에 어떤 힘을 하라(Do)."*라고 하지만, *"어떻게(How)?"*에 대한 것이 중요하며, 이것을 알기 위해 하는 것이 스윙 동작 만들기 연습이다.

a) 힘 모델 (Only reference)

골프 동작을 할 때, 동작(변위들)을 만드는 것은 힘인데, 최소한 힘의 종류와 방향은 알고 연습하는 것이 도움 될 것이다.

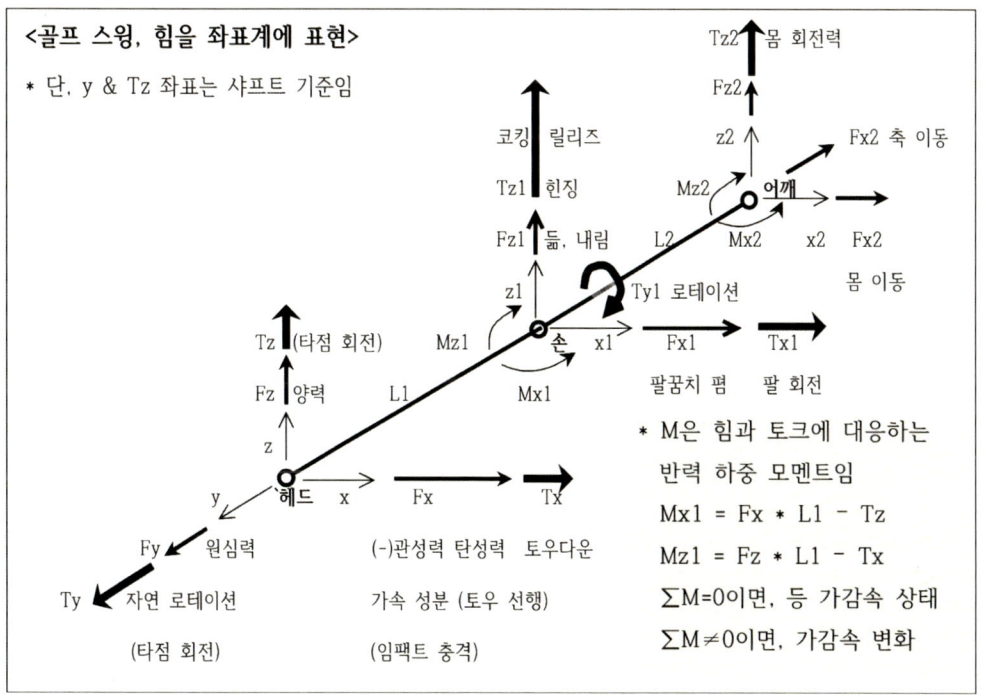

그림 5.B.14 골프 스윙 클럽, 손, 팔, 어깨의 힘 모델 (힘 좌표계)

그림은 어깨부터 클럽 헤드까지 힘을 모델로 정의한 것이다.

Remarks

#1. 그림의 모형은 굉장히 난도가 있는 표현이다. 석박사 과정 정도의 공학 지식이 필요하다. (석박사 과정 내용이다.)

이런 그림은 어떤 대상을 해석하기 위하여, 또는 해석 프로그램을 만들려 할 때, 전체 모델을 정의하는 것이다.

일반인은 *"이런 것이 있구나", "이렇게도 표현할 수 있구나!"* 라고 여기면 된다.

* 식 표현의 기본은 뉴턴의 1&3 법칙만으로 된 것이다.

뉴턴의 제1 법칙-관성의 법칙(힘의 합은 Zero), 제2 법칙-가속도의 법칙(힘은 속도 변화 만듦), 제3 법칙-작용과 반작용의 법칙(준 힘 = 받은 힘), 그리고 운동량 보존 법칙, 에너지 보존 법칙이 고전 역학을 해석하는 데 사용된다.

#2. 좌표계에서 x-축과 z-축은 현실적인데, 라이 각으로 인해서 y-축은 비현실적이다.

#3. 가까운 장래에 AI(Artificial Intelligence, 인공지능)가 스윙을 분석해 주는 시대가 올 것으로 예측된다. AI는 몸과 클럽 헤드 시간 Base 변위, 반력 정보에 그림과 같은 모델을 이용하여 해석할 것이다. 왜 슬라이스가 나는지? 토핑의 원인은 무엇인지? 어떻게 해야 할 것인지? AI가 각 골퍼에게 근접한 답을 알려줄 것이다.

#4. 지면 반발력을 포함한 몸통 & 하체 힘 모델도 이와 유사하게 표현할 수 있다.

b) 관절에서 근육 힘의 가동 원리 (레버리지, 지렛대)

가동 관절을 기준으로 근육은 뿌리와 근섬유 다발이 고정 뼈 쪽에 있고, 힘줄이 가동 뼈에 부착되어 있다.

그 부착 부위는 관절 중심부로부터 그림과 같이 ℓ 만큼 이격 된 구조로 되어있다. 이격 방법은 가동 뼈의 돌출 이용, 고정 뼈의 가이드를 사용, 기타 근막 구조가 활용되는 것 같다.

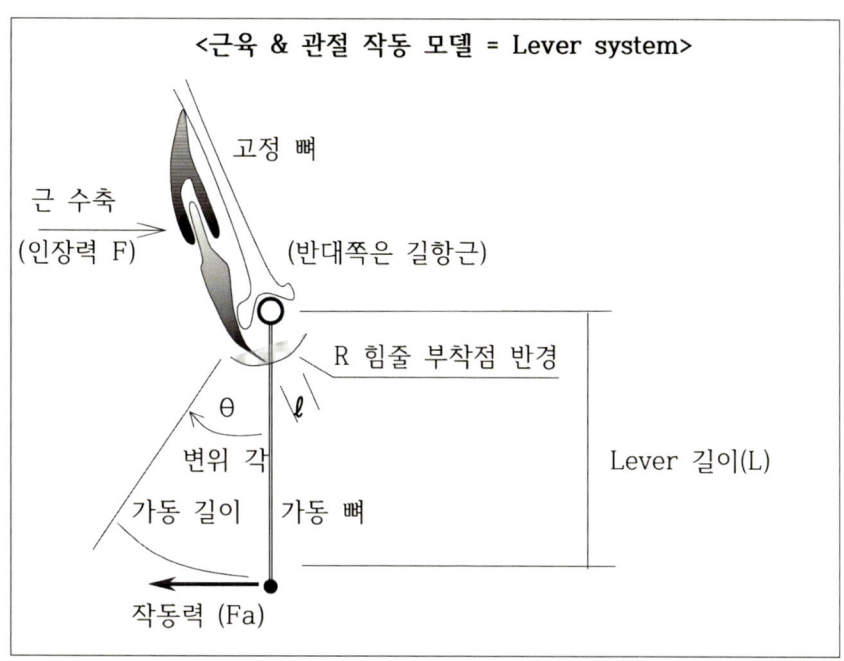

그림 5.B.15 관절에서 근육 힘의 가동 원리

수축근의 가동 모멘트는 'F x ℓ'이고, 가동 뼈의 작동력은 'Fa x L'이다.

    F x ℓ = Fa x L --- 작용과 반작용 모멘트는 같음($\Sigma M = 0$)

그리고, 근육 수축으로 가동 뼈끝의 변위(가동 길이)가 만들어지는데, 변위 길이는 L/ℓ 의 비율만큼 만들어진다.

    만약 L이 ℓ 의 20배라면, F는 Fa의 20배이다.
    동작에서 ℓ 은 변하므로 Fa(작동력)도 변한다.
    ex) 팔이 구부려진 모양에서는 큰 힘, 펴진 모양에서는 작은 힘 가능하다.

이것은 역 지렛대 원리이다.

의학적으로 그림과 같은 관절 형태를 모두 지렛대 원리에 의한 관절 움직임이라고 한다. 공학에서는 조금 구체적으로 다음과 같이 구분한다.
- 지렛대 원리 : 힘은 적고 변위가 큰 것으로, 큰 힘 & 작은 변위 생성
    ex. 장도리,
- 역 지렛대 원리 : 힘은 크고 변위가 작은 것으로, 적은 힘의 큰 변위 생성
    ex) 인체 관절 움직임, 골프 스윙에서 손목 회전력
* 주식에서 '레버리지 효과'는, 재료에 등락 폭이 일시적으로 커진 것이 시간이 지나면서 제자리에 수렴한다는 것을 의미하며, 그것을 투자 기법에 이용할 수 있다는 것이다. 이때의 레버리지는 *"어떤 요소(재료)에 더 크게 반응한다."* 라는 과도 반응을 의미한다. 마치 널뛰기 또는 반사 신경 반응의 Over action 현상과 같다.

골프 스윙은 역 지렛대 원리인데, 근육이 만드는 큰 힘의 작은 변위로 가벼운 클럽 헤드 변위를 크게 만드는 동작이기 때문이다.
골프에서 *"지렛대 원리를 이용하라."* 라는 표현은 큰 의미는 없고, 그냥 관절(팔꿈치 관절과 손목 관절) 움직임을 적절한 시점에 이용하라는 의미 정도의 뜻이다. 즉 순차적인 상체 관절 폄으로 스냅이 형성되게 하라는 의미를 내포하고 있다.
* 골프 스윙은 엄밀히 말하면, 근육학적(의학적) 관절 가동보다는 힘의 사용에 관한 이야기이므로, *"역 지렛대 원리를 이용하여"* 라고 해야 의미 있는 표현이 될 것이다.

c) 근력의 사용 (느린 동작 vs 빠른 동작)
(빠른 골프 스윙 동작은 대략 50% 근력 양 사용)

근력을 느리게 사용할 때는, 전체 변위 구간에서 100% 힘을 다 사용할 수 있다.
그러나 매우 빠른 동작에서는 변위 구간에서 가속에 이어서 감속을 해야 한다. 다음 그림의 오른쪽과 같이, 일정 변위 지점에서부터 감속하는 힘이 필요한데, 반대쪽 근육인 길항근이 사용될 수도 있고, 외력이 될 수도 있다.

골프 동작에서는 후행 분절(특히 후행 분절 가속의 클럽 헤드 가속 관성력)이 가동되면서 선행 동작을 만들었던 근육의 감속(Brake) 역할을 한다.
이 역할이 적절하면 효율적인 스윙이 되고, 그렇지 않으면 비효율적인 근력 사용 형태가 된다.

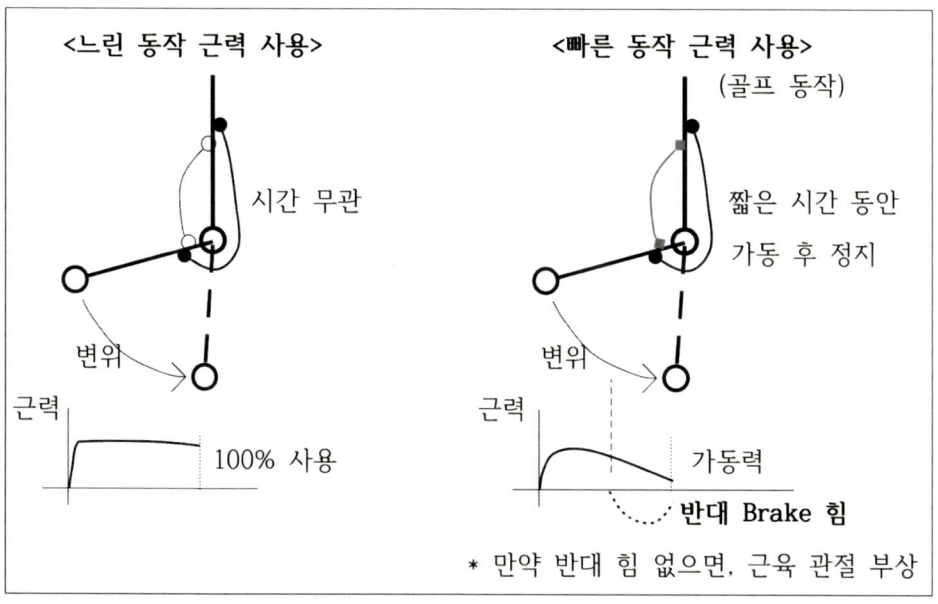

그림 5.B.16 근력 사용량 (느린 동작 vs 빠른 동작)

* 골프 스윙에서 큰 착각을 할 수 있는 사항은, 그림의 좌측처럼 근력을 사용하려 하는 것이다. 그러면 힘은 쓰는데 비거리는 나오지 않고 부상이 온다. 오른 팔꿈치 부상이 대표적인 예이다. 골프 스윙에서 감속(백스트로크 감속, 백스윙 감속, 다운스윙 선행 분절 감속) 형태가 성패를 판가름한다.

B-4) 샤프트의 변형, 휨, 비틀림

(샤프트의 탄성 변형 내용)
(재료 역학 내용 – 시간의 함수는 배제하고 정적 Base 계산)
(골프가 뜻대로 안되는 이유 : 1st 는 신경, 2nd 는 샤프트 탄성 변형)

탄성이 있는 물체에서는 힘이 있는 곳에 변형이 존재하고, 힘이 바뀌면 변형량도 바뀐다.

a) 가속 관성력에 의한 샤프트 후방 휨 (다운스윙 초기)

계산으로 휨을 보여주는 목적은 의도하지 않은 휘청거림이 발생하지 않도록 일정한 다운스윙 가속을 하라는 것이다.

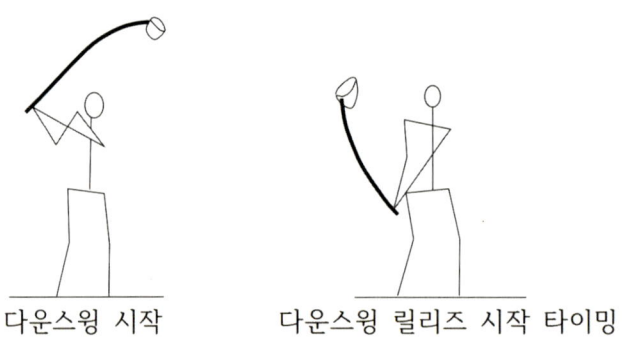

그림 5.B.17 샤프트의 후방 휨(가속 관성력)

그림에서 가속도는 10g~20g, 가속 관성력은 가속도에 클럽 헤드의 질량을 곱하면 드라이버 경우 2kgf~4kgf이다.
이 힘이 그림과 같이 샤프트를 후방으로 휘게 만든다.

샤프트 휜 양은 재료 역학의 계산식 $\delta = F L^3 / (3 E I)$로 계산할 수 있다.
    E = 재료의 탄성계수
    L = 그립에서 헤드까지 거리
    I = 샤프트의 A-MOI(Area Moment of Inertia) --- 부위별 선형적으로 변함
    3 = 단면 형태 계수 --- 단면 형태에 따라 달라짐

E와 I를 모르는 경우, 휜 양 계산식을 $\delta = F / k$로 단순화하면 된다.
k는 과학 시간에 배운 스프링 상수이다.
어떤 힘을 주어 당겨 휜 양(δ)을 계측하면 클럽 샤프트의 k 값을 알 수 있다.
보통 남성 클럽의 $1/k$ 값은 5~10 cm/kgf이다.
(원심력 제외하고) 접선력 2~4kgf를 작용시키면, 샤프트 끝의 휨 변형량은 10~40cm가 된다.
이때 휜 양에 의해서 변형되는 휨 각은 대략 xxcm 휜 양 수치의 각도 값이다.

5~10cm/kgf = 5°~10°/kgf

(강성 8cm/kgf에 3kgf 작용 시 24cm & 24° 정도 변형)
* 페이스 각 변화는 라이 각을 감안하여 오일러 각도 변환으로 계산된다.

원심력은 휜 양을 2/3로, 끝단 휨 각도 변화를 3/5 정도로 줄여준다. 가속력의 변화에 이렇게 페이스 각이 크게 변하니, 볼을 어떻게 똑바로 맞힐 수 있겠는가?

* 대학교에서 배우는 재료 역학은 변형 δ식에서 미지 값(δ, F, L, E, I)을 계산하는 것인데, 산업 현장에서는 이것도 있지만, 어떻게 하면 좋은 E(재료 탄성계수)를 만들까? 어떻게 가볍게 하면서 큰 I를 만들까? 하는 목적이 주요 일(Main Work, Job)이다. 골프 클럽 제조에 있어서 좋은 샤프트를 만드는 기준도 E & I를 최상으로 하는 일이다.

b) 원심력가속도 성분에 의한 전방 휨

계산으로 이것을 보여 주는 목적 :
- 유용한 원심력가속도 성분을 최대한 크게 하고, 잘 이용되도록 하는 것
- 엉뚱한 상상을 하면 엉뚱한 시도를 하게 되는데, 그것을 예방하는 것

원심력가속도 성분의 값은 릴리즈가 풀어지면서 변하는 래깅 각($180°-\theta$)과 회전력 중심~헤드가 이루는 각(γ), 그리고 원심력 크기에 따라서 변한다.

어쨌든 그 값이 가속 관성력(대략 4kgf)보다 큰 8kgf(γ 변화에 따라 크게 변함) 정도를 보여, '(원심력가속도 분력(Fc 접선) - 가속 관성력) / k = δ'만큼 샤프트가 전방으로 휘는 모양을 그림과 같이 만든다.

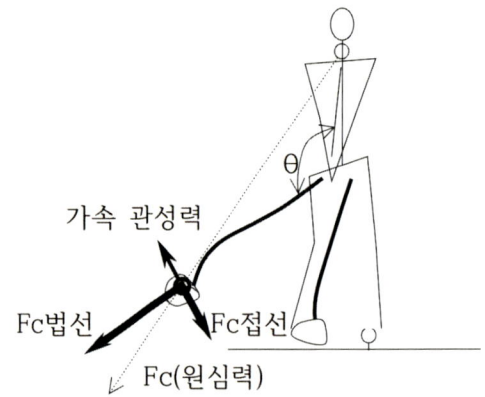

그림 5. B.18 원심력가속도 성분에 의한 샤프트의 전방 휨

* 핵심 : 다운스윙 진행 중, 9시->7시 방향에서 샤프트가 전방으로 휘는 모양은 원심력가속도 성분(Fc 접선 분력)이 클럽 헤드를 진행 방향으로 밀기 때문이다.

추가적인 전방 휨은 다음 항목에 의해서도 작지만 더해진다.
- 익스텐션 가속도 성분
- '클럽 헤드 중심 ~ 샤프트' 이격 거리만큼 원심력 작용
- 샤프트의 (±) 진동 탄성 영향

원심력가속도 성분을 모르면, 다운스윙 5/4 구간의 샤프트 모양, 골프 역학, 비거리 증가, 방향성 영향에 대해서 맞는 생각과 이야기를 할 수가 없고 엉뚱한 이야기를 지어내게 된다.

대표적인 오류로, 중력 때문에 헤드가 앞으로 휜다는 생각을 가질 수 있다.

c) 원심력에 의한 샤프트 하방 휨(토우다운)

<u>계산으로 이것을 보여주는 목적</u> : 원심력을 줄였다가(클럽 헤드를 던졌다가), 키웠다가(헤드를 잡아당겼다가) 하면, 토우다운 값이 올라갔다가 내려갔다 해서 타점을 맞출 수 없다는 것의 인지

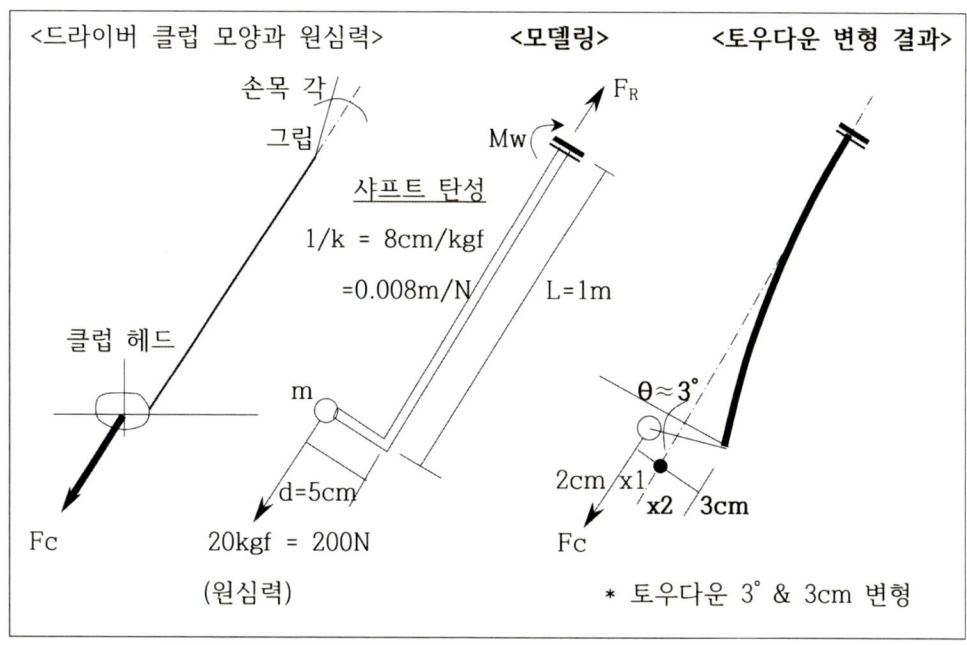

그림 5.B.19 샤프트의 토우다운 하방 휨

샤프트 축과 클럽 헤드 중심의 이격 거리(d)가 5cm이고, 원심력이 20kgf라면, 그림의 변형 모양과 같이 샤프트는 휠 것이다. (재료 역학 계산)

x2의 계산식은 다음과 같으며, 원심력에 의한 토우다운 휨은 3cm 정도가 된다.

* Setup에서 토우 바닥이 약 2mm 정도 들려야 된다는 것은 이 토우다운 현상을 미리 보상(반영)한다는 차원의 헤드 라이 각 정렬이다.

⟨원심력에 의한 토우다운 계산⟩

힘 양은, x2 = {[(Fc * d)/L] (1/k)} / [(1 + (Fc/L) (1/k)] --- 공식

<u>공식 유도 및 계산 풀이</u> :

  M = Mw = Fc * x1 ⟨------ x1 = 5cm - x2

  x2 = M L^2 / (3 E I) ⟨---- 단면 모양 상수를 3으로 단면 간략화

    = (M/L) (1/k)

    = [(Fc * x1)/L] (1/k)

$$= [(Fc * (0.05 - x2))/L] (1/k) \Leftarrow \text{------------ x2의 일차 방정식}$$
$$= [Fc/(L*k) * 0.05] / [(1 + Fc/(L*k)] \Leftarrow \text{--- 유도된 공식}$$
$$= 200 * 1/1 * 0.008 * 0.05 / (1 + 200 * 1/1 * 0.008) = 0.03m = \underline{3cm}$$

Kick point 사양에 따라 달라지지만, 보통 휨 양(cm)은 대략적인 변형 각(θ)과 비슷함으로 토우다운 각은 대략 3°이다.

3cm는 대단히 큰 토우~힐 타점 변화이다. 그러나 골프를 배우는 과정 중에 이미 몸과 동작에 자동으로 체득된 것이기 때문에 이 변형은 (일부 바닥에 놓는 모양을 제외하고) 크게 신경을 쓸 필요는 없다. 단, 클럽을 던지면 작아지고 잡아당기면 더 커지는 변화가 있으므로, 구심력의 사용이 일정해야 한다.

〈토우다운 현상에 악영향〉

① 클럽을 돌려 잡아 이격 거리 d가 변할 때, 토우다운 변화량 커져 정타 맞추기 힘들다.
    ex) 그립을 돌려 닫아 잡는 Shot making은 뒤땅을 조심해야 하는 이유

② 클럽 헤드를 던진다고 하여, 원심력(Fc)이 작아질 때 상하 타점 변화(하 타점 발생)를 동작 제어로 맞추기 힘들다.
    ex 1) 휨 변화는, 클럽 헤드 던지면 힐·하 타점, 잡아당기면 토우·상 타점
    ex 2) 원심력이 10~30kgf로 변하면, 샤프트 토우다운 휨 양은 2.2cm~3.5cm 사잇값으로 변한다. 상하 타점 변화는 (+)0.6~(-)0.4cm 정도가 된다.

Remarks

#1. 토우다운 현상 때문에 Setup에서 토우가 3°(1~2mm) 들리는 것이 임팩트 때 Sole 부위가 지면에 수평이 되게 한다.

#2. (심화) 토우다운을 만드는 '이격 거리 x 원심력'은 손목(팔)을 아래로 펴게 하는 모멘트이므로, 임팩트 구간에 점점 다가가면서 헤드를 잡아당기는 원심력은 손목을 펴게 한다.

$Mw = Fc * x1 + Fc * (L * \sin \text{손목각})$
$\quad = 20 * 0.02 + 20 * (\sin \text{손목각})$
$\quad = 0.4 + \text{about } 1 \text{ [kgf-m]}$

 * 스윙 중에, 퍼팅할 때 손목이 받는 퍼터 헤드 무게 드는 굽힘 모멘트의 10배 정도 하중이 손목을 펴지게 한다고 예측할 수 있다. 이것은 스윙 단련 과정에서 몸에 습득되어 자동으로 반영하므로 추가로 고려할 사항은 아니다.

d) 가속 관성력에 의한 샤프트 휨과 비틀림 (임팩트 직전) - **정역학적인 계산**

계산으로 이것을 보여 주는 목적 :
- 릴리즈 후반 구간에서 손목 회전력 사용량이 Loft를 변화시킨다는 것
- 손목 회전력을 강하게 사용하면, 쇼트 아이언 탄도 높아 오히려 거리 짧아지는 현상, 드라이버는 높은 탄도 슬라이스에, 백스핀 많이 걸리는 현상이 발생하는데 이것에 연관되는 것인지? 확인
- 타격과 헤드 스피드는 좋은데, 왜 탄도가 안 뜨지? 또는 왜 이렇게 높이 뜨지? 하는 골퍼 고민 해결을 위해

임팩트 직전 (다운스윙 5/4, 릴리즈 중후반 구간) 손목의 회전력이 사용되며, 클럽 헤드는 그만큼 더 가속하고, 가속 관성력이 작용한다. 이 가속 관성력은 샤프트를 후방으로 휘게 하는 역할을 한다. 그리고 원심력이 작동하는 상태이기 때문에 그 영향을 받아 그림과 같은 샤프트 휨 모양이 된다. (손목 회전력에 따른 자연 로테이션 변화는 *3권 3장 참조*)

① 가속 관성력에 의한 휨 :

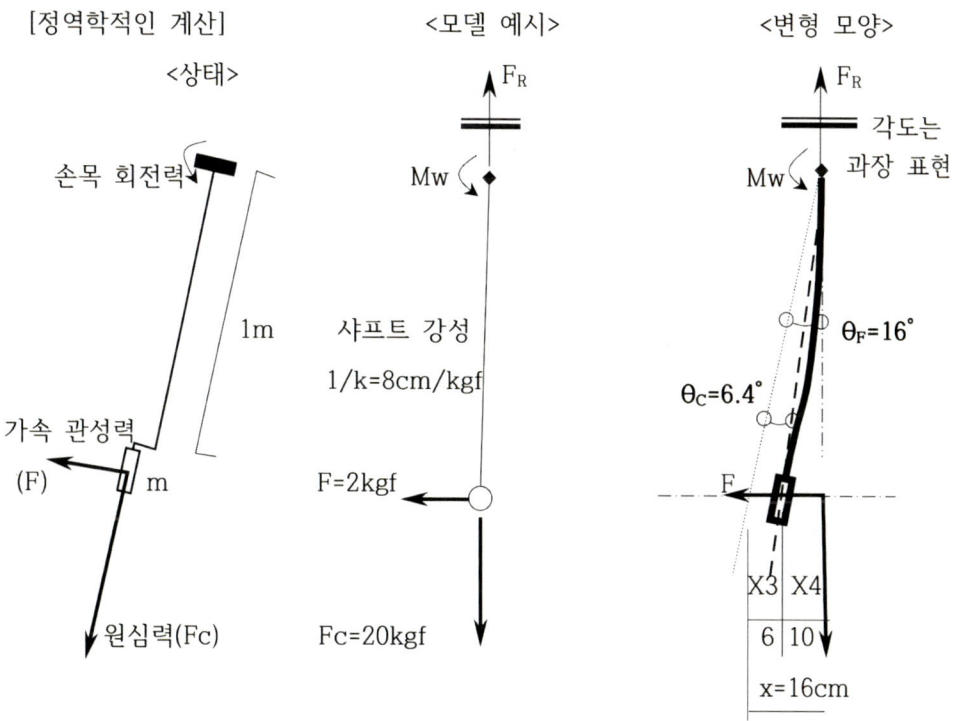

그림 5.B.20 샤프트 휨 (임팩트 직전 손목 회전력 가속 관성)

휜 값 : x = $ML^2/(3EI)$ = M/L * (1/k) = F(1/k) = 2 * 0.08 = 0.16m
= (-)16cm

이때 원심력은 샤프트를 전방으로 변형시킨다.
그 값은 : X3 = x - X4

X4는 다음과 같이 구해진다.
'$\Sigma M = 0$'으로부터,
2kgf * 1m ≒ 20kgf * X4
∴ X4 = 2/20 = 10cm, X3 = 0.06m

원심력에 의한 전방 휨 감소는 6cm가 되고, 그림의 변형 모양과 비슷하게 샤프트가 휘어져서 헤드가 타격 된다고 가정할 수 있다.
만약 '손목 회전력 = 가속 관성력'이 보다 크거나, 작을 때, 샤프트의 휨 양의 크기는 변하지만 구부러지는 모양의 비율은 거의 같다.

이때 샤프트 끝에서 휨 각은 다음과 같이 계산된다.
휨 각 공식 : $\theta = FL^2 / (2EI)$ = F / Y --- (1/Y) = 휨 각 스프링 상수
(1/Y)를 8°/kgf라고 가정(장비 사양)하면,
F가 2kgf 일 때 θ = 16°

원심력에 의한 휨 각 감소 각도 :
θc = M L / (E I)
= [L^2 / (2 E I)] * 2 * (1/L) * X4 * F <--- 휨 각 공식 (1/Y) 이용
= 6.4°

위 계산방식으로, 가속 관성력 1kgf, 3kgf 일 때도 휨 양과 휨 각을 구하면,

가속 관성력	X cm	X4 cm	X3 cm	θ_F	θc	최종 각 (휨 각)	Remark
F = 3kgf 일 때	24	15	9	24°	9.6°	14.4°	
F = 2kgf 일 때	16	10	6	16°	6.4°	9.6°	기준값
F = 1kgf 일 때	8	5	3	8°	3.2°	4.8°	

② 가속 관성력에 의한 비틀림 :

드라이버 샤프트 토크 사양 TQ 5°, 헤드 COG 이격 거리 5cm, 가속 관성력 2kgf인 경우에 샤프트 비틀림 양은 정역학적인 계산으로 다음과 같다.

$\emptyset$ = F x L x (1/k) = 2 x 0.05 x 5 x [1/(0.45kgf x 0.3048m)] = 3.6°

손목 회전력 사용량에 따라서 1.8°/1kgf 정도 후방으로 헤드가 비틀리는 양이다.
이것은 페이스가 열리고 로프트를 뉘게 만드는 변형이다.

③ 로프트 각 & 페이스 각 변화 :

손목 회전력이 바뀌면, 가속 관성력 변화에 따라 위 ① & ②의 정역학적인 샤프트 변형이 로프트 각과 페이스 각을 바뀌게 하고, 그 양은 다음과 같다.

문제) 라이 각 56°인 클럽 스윙에서 손목 회전 가속 관성력이 기준보다 (+)1kgf 더 사용되었을 때 Loft 각과 Face 각 변화량은?
단, 휨 양과 비틀림 각은 위 ① & ② 값을 사용한다.

각	영향 (약산 계산식)	계산	변화된 각도 합
로프트 각 변화	휨에 의한 로프트 각 (휨 각 x sin 라이각)	4.8° x sin 56° = (-)4°	(-)3° (세워짐)
	비틀림에 의한 로프트 각 (비틀림 각 x cos 라이각)	1.8° x cos 56° = 1°	
페이스 각 변화	휨에 의한 페이스 각 (휨 각 x cos 라이각)	4.8° x cos 56° = 2.7°	4.2° (열림)
	비틀림에 의한 페이스 각 (비틀림 각 x sin 라이각)	1.8° x sin 56° = 1.5°	

표 5.B.21 가속 1kgf 변화가 만든 휨과 비틀림에 따른 로프트와 페이스 각 변화

Remarks

#1. 위 각 변화 계산은 조금 세게 손목을 사용하려 했을 때, 큰 슬라이스가 발생하는 이유를 이해하기 쉽게 설명한 예제이다.

#2. 클럽(샤프트 & 헤드) 디자인 상태에 따라서 변형량에 약간의 차이가 있는 것은, 해당 클럽의 고유한 특성이라고 생각하면 될 것 같다. 즉 제조자 영역이다.

#3. 손목 회전력 사용에 있어서, 강한 샤프트는 페이스 각(θ) 변화가 작게 되고, 약한 샤프트는 각(θ) 변화가 크게 된다. 또한 TQ 값이 작은 샤프트는 비틀림 변화가 작다.

#4. High kick은 상대적으로 θ 변화가 작게 되고, Low kick은 θ 변화가 크게 된다.

#5. 임팩트 직전에 손목 회전력을 많이 쓴다고, 헤드 스피드가 확 증가하지는 않는다. 큰 손목 회전량 사용 의지는 오히려 Loft 각을 조금 세우고 페이스 각이 많이 열리게 될 가능성을 키운다.

#6. 위 계산은 정역학적인 계산이다. 실제 시간의 함수가 반영된 동역학적인 계산도 필요하다.

〈페이스 제어 방법〉
로프트 각(탄도 & 백스핀 양) & 페이스 각을 일정하게 가져가려면 손목 회전력 사용량을 일정하게 제어해야 한다. 먼저 일정하게 한다는 의지가 필요하다. (사용량 = 시간(시점) × 크기)
Even 사용량 대비해서, 임팩트 직전에 손목 회전력을 최대로 사용하는 것은 (헤드 스피드에는 별로 도움이 안되고) 페이스를 열리게 한다. 그리고 동역학적인 로테이션이 줄어들어 실제 로프트 각과 백스핀 변화를 크게 한다.

  * 인위적으로 다양하게 직접 [손목 회전력 조절] X [로테이션 양 조절] 해서 똑바로 일정하게 보낸다는 것은 거의 어렵다고 봐야 한다.

세기로 조절하지 않고 타법을 개발하여 사용해야 하는 이유 :
◇ 회전력 사용량에 따라 샤프트가 휘고 비틀리는 양 변화하기 때문
◇ 회전력 조절 오차 발생하기 때문
  * 오차 발생 원인이 연습이 부족한 것이 아니라, 샤프트 특성 때문이다.

스윙 세기로 거리 조절하려고 하면 결과는,
◇ 세게 칠 때는 3배 오차 유발
◇ 약하게 칠 때는 2배 오차 유발

e) 탄성에너지, 진동, CPM, 진동 변위

골프에서 매우 중요한 요소는 CPM이다. 골프 스윙에서 CPM은 3가지에 연관된다.
- 다운스윙 시작 가속에서 뒤로 휘는 탄성 변형 만들어 부드러운 가속 환경
  (캐스팅 연관, 손·손목 악력 증가량에 연관)
- 릴리즈 타이밍 매칭에 연관
- 임팩트 시점에서 클럽 헤드의 전·후방 휨에도 관여
  (직접적으로, 헤드 스피드 증감 ±2.5%, 페이스 각 ±1° 정도 변화)

휨 진동 CPM 계산식은,

$$CPM = 1/2 \pi \ 60 \ \sqrt{(3EI / mL^3)}$$
$$= 1/2 \pi \ 60 \ \sqrt{(K / m)}$$

진동 관련 사항은 클럽 사양에 관계되어서, *1장 4절에 상세하게 설명*되어 있으며, 추가 설명은 생략한다.

중요 사항으로, 다시 한번 한가지만 언급한다면, 클럽 CPM 값은 스윙에서 원심력, 법선력의 작동 상태에서 빨라지게(커지게) 된다는 것을 상기해야 하고, 이것을 알고 있어야 CPM과 타이밍의 관계를 수치상으로 해석하는 것이 가능해진다는 것이다.

Remarks

#1. 비유 : 잘 맞는 (좋은) 클럽을 만나는 것은, 좋은 배우자, 좋은 직장 상사와 동료, 좋은 파트너를 만나는 것과 같은 행운이다.
클럽 강도가 다운스윙 시간(템포)에 맞지 않는다면, 길이를 조절하든, 스윙 아크를 조절하든 맞추어서 사용하거나, 아니면 과감하게 교체하여야 한다.

#2. 220CPM 드라이버를 0.5인치(1.27cm) 잘라냈다면, 바뀐 CPM은 $\sqrt{1.0127^3} \times 220 = 224.3$ CPM, 대략 2% 정도의 CPM 증가가 된다.
그립을 0.5인치 짧게 잡은 경우에도 같다.
단, 스윙 웨이트는 $1/(1 + 0.0127/0.7) = 0.982$로 대략 1.8% 감소하고, Mass MOI는 $1/(1 + 0.0127/0.85)^2 = 0.971$로 대략 2.9% 감소한다. 스윙 웨이트는 지지하고 끌고 내려오는 조건, Mass MOI는 직접 돌리는 데 영향 주는 양이다.
* CPM은 스윙 타이밍(다운스윙 전환 가속량 변화, 릴리즈, 임팩트)에 관계되고, 스윙 웨이트는 몸(어깨, 손목)의 버티는 능력에 관계되고, Mass MOI는 손목의 회전 능력과 관계된다고 보면 된다.

f) 임팩트에서 샤프트 변형 (휨 & 비틀림) - **동역학적인** 계산

변형에는 *a) b) c) d) e) 항의* 스윙 중에 생성된 힘에 의한 변형이 있고, 임팩트 때, 그 충격에 의한 변형이 있다.

임팩트 시간 0.0005sec에만 영향받는 사항이다.

① 임팩트에서 정타 맞는 경우 페이스 각, Loft 변화 :

정타에 맞아도 무게(관성) 중심의 상하 위치(배치)에 따라서 페이스의 Loft 변화량이 발생한다. COG 배치에 따라서도 각 변화는 있다. 그리고 약한 샤프트는 Loft 변화량이 가중되고, 강한 샤프트는 Loft 변화량이 경감된다.

- COG 타점에 맞으면 1° 정도 헤드가 젖혀지고, 정 타점에서 COG가 1cm 아래에 있는 경우에 1° 정도 헤드가 더 젖혀진다.
- 1cm 미스 타점에 그 타점 방향으로 1° 정도 각 변화(회전되는 페이스 변화) 영향을 받는다.

탄도 형성은 헤드 스피드와 'Dynamic loft에 의한 반사', '페이스면 마찰 조건', '굽힘 강성에 의한 동적 휨', '토크 강성에 의한 비틀림'의 조합으로 나타난다.

* 위의 것들은 눈에 보이지 않는 것이나, 결과물인 볼이 날아가는 것은 눈에 보이고, 강성이 약한 것은 더 뜨고, 강성이 강한 것은 낮은 탄도인데, 눈으로 구질을 보고 이해하면 될 것 같다.

탄도는 클럽과 스윙의 고유 산물이다.

헤드 스피드와 클럽 사양이 탄도가 뜨기 어려운데, 억지로 띄우려 해봤자 소용없다는 것이다. 좀 더 띄우려면 방향성에 문제없는 선에서 약한 샤프트(CPM 작은 것, 토크 변형량 큰 것) 선택하면 된다. 반대로 너무 뜨면, 스윙 및 거리와 방향성에 문제없는 선에서 강한 샤프트로 교체하면 된다.

② 임팩트에서 타점 미스(상하, 토우·힐) 되는 경우 페이스 각, Loft 변화 :

정타에 맞는 경우와 비교해서, 미스 타점에 의한 타격 순간에 헤드의 y-축(Loft 변화), z-축(페이스 변화)의 동적 회전과 이것을 버티는 샤프트의 휨과 비틀림 변형이 발생한다.

미스 타점에 의한 타점, 탄도 변화, 방향성 변화는 결과가 눈에 보이는 것이다. 탄도 변화도 이와 유사하게 여러 계산을 할 수는 있으나, 탄도가 눈에 보이므로 생략한다. *(4권 2장 2절 7)항에* 2cm 힐~토우 타점에 대략 2° 정도 페이스 닫히고/열리며, 0.5° 정도 로프트가 세워지고/눕어지는 계산 참조)

Remarks

#1. *(심화 내용)* 비틀림 변형 식 :

⟨동역학적인 로테이션⟩
- MOI 중심 이격 거리에 따른 토크 ----- $T_y = F_m * y$, $T_z = F_m * z$
- y-축 회전(Loft, 탄도에 관여) 양 ------ $T_y = Ö_y * G_y$ (G_y는 y-축 m-MOI)
- z-축 회전(페이스 각에 관여) 양 ------ $T_z = Ö_y * G_z$ (G_z는 z-축 m-MOI)

이 식으로 동적 Loft 각과 페이스 각 변화량 $d\theta$ 변화를 계산할 수 있다.

⟨정역학적인 비틀림⟩
- 샤프트 중심 이격 거리와 토크 --- $T = F_m * d$ (F_m은 충격력)
- 재료 역학 비틀림 식 ------------ $\emptyset = T L^2 / G I_p = T (1/k)$

(G는 재료의 횡탄성계수)

(1/k는 클럽 사양에서 이야기하는 *"토크 4.8°"* 값을 말한다.)

* 위 계산식들에 클럽을 손으로 잡은 구속조건이 추가로 변화에 연관된다.

Input에 클럽 사양과 가속 조건을 넣으면, 위 식으로부터 이론적으로 Loft 각 변화량과 페이스 각 변화량을 계산할 수는 있다. 그러나 굳이 이런 계산이 필요 없는 이유는, 그때그때 볼이 날아가는 구질이 눈에 보이기 때문이다.

단, 인정하고 싶지 않고 마음대로 하고 싶겠지만, 손목 회전력을 많이 쓸 때와 적게 쓸 때의 페이스 각 & Loft 각 변화 형태를 인정하고 인지해야 한다.

* 샤프트의 휨과 비틀림 변형 각도는 오일러 각 변환에 의해서 페이스 각(z-축 회전량)과 Loft 각(y-축 회전량)을 구할 수 있다. *(부록 E-8 참조)*

#2. 위의 것들은 동역학, 재료 역학에 의해 현상이 수치로 분석될 수 있음을 알게 한다. 이것은 더 좋은 클럽을 설계하고 제작되는데 사용된다. 클럽 제조자의 영역이다. 클럽도 AI가 설계하는 세상이 될 것이다.

#3. *"관용성 좋은 클럽 헤드"*라는 말이 있다. **동역학적인 로테이션**에 대한 이야기다.

어떤 'Ty, Tz'에 즉 미스 타점 양에 클럽 헤드의 G_z가 커서 Ö가 작아져 페이스 각 변화가 줄어든다는 이야기고 G_y가 커서 탄도 변화가 작다는 이야기이다.

* 두 줄짜리 설명이지만 어렵다. 약어와 계산식을 모른다면 관용성을 논할 수 없다.

#4. 좋은 클럽과 나쁜 클럽은 각 골퍼의 근력 능력, 스윙 Style, 일관성, 목적에 따라서 상대적이다.

기본적인 클럽 사양에 대한 설명은 *1장에 설명*되어 있다. 추구하는 스윙 형태와 클럽을 선택하는 데 본 부록 내용이 추가로 도움이 될 것이다.

B-5) 힘과 에너지 크기

a) 힘의 크기

골프에서 힘은 대략 다음과 같다. (드라이버 비거리 200m 정도 골퍼)

허리 폄	100kgf
각 발의 지면 지탱력 (40kgf는 자중)	90kgf + 40
각 무릎 폄력 (40kgf는 자중)	80kgf + 40
손 그립 악력	30kgf
오른 팔꿈치 폄력	25kgf
원심력	20kgf (웨지 : 30kgf)
클럽 헤드 가속력 = 관성력	3~6kgf
크라운 헤드 양력	0.2~0.5kgf
헤드 무게	0.2~0.3kgf
헤드 공기 저항력	0.05~0.20kgf
볼 무게	0.045kgf
볼의 그린 미끌림 마찰력	0.009kgf
볼의 그린 구름 마찰력	0.0045kgf

⟨가속도 크기⟩

가속도에 질량을 곱하면 힘이 된다. 실생활과 골프의 가속도 비교하면,

-. 골프 다운스윙 클럽 헤드 4m 아크, 0.2초 ---------------- $200 m/s^2$
   $a = 2S/t^2 = 2 \times 4 / 0.2^2 = 200$

-. 6m 퍼팅 다운스트로크 27cm, 0.18초 ---------------- $16.7 m/s^2$
   $a = 2S/t^2 = 2 \times 0.27 / 0.18^2 = 16.7$

-. 스포츠카 100m 제로 백, 3.6초 ---------------- $15.4 m/s^2$
   $a = 2S/t^2 = 2 \times 100 / 3.6^2 = 15.4$

-. 진자 1.7m 길이, 1.7m 높이 ---------------- $8 m/s^2$
   주기(T) = $2\pi \sqrt{L/g} = 2\pi \sqrt{1.7/9.8}$ = 2.6초 --- 1/4 주기는 0.65초
   $a = 2 \times 1.7 / 0.65^2 = 8$

-. 사람 100m 달리기 시작 10m 구간, 2초 ---------------- $\underline{5m/s^2}$
  a = 2 S / t^2 = 2 x 10 / 2^2 = 5
-. 차량 Brake 잡기 감속 100km(28m/s), 100m 정지 ------ $\underline{(-)3.9m/s^2}$
  t = (2 S / V) = 7.14초, a = 2 x 100 /7.14^2 = 3.9

* 골프 스윙 및 퍼팅을 그네 진자 바이킹과 비교하면 안 되는 이유는 가속 형태(시간 포함)가 다를 뿐만 아니라 크기가 엄청난 차이를 보이기 때문이다.

b) 회전력 크기

골프에서 회전력과 관절에 걸리는 모멘트는 대략 다음과 같다. (보통의 남성 근력 어림값이며, 신체 회전력에 의해 클럽 헤드에 20g 정도의 가속도 생성)

힙(골반) 회전력 ------------------------------- 20kgf-m
무릎 모음/벌림 회전력 ------------------------- 15kgf-m
어깨 회전력 ---------------------------------- 10kgf-m
다운스윙 클럽 헤드 가속 관성모멘트 -------------- 4~6kgf-m
오른 손목 모음 회전력 ------------------------- 3kgf-m
왼 손목 벌림 회전력 --------------------------- 1.5kgf-m
6m 퍼팅 스트로크, 사용되는 어깨의 회전력 -------- 1kgf-m
6m 퍼팅 헤드 관성력이 손목에 걸리는 모멘트 ------ 0.5kgf-m
6m 퍼팅 헤드 관성력이 손목 회전을 만드는 토크 ---- 0.15kgf-m
샤프트 토크 변형량 계측 토크 (T = 1ft x 1lb) ------- 0.138kfg-m
퍼터를 들 때 손목에 걸리는 모멘트 ---------------- 0.13kgf-m

Remarks

#1. 100% 스윙에서 몸 분절의 회전력은 대략 최대 회전력의 50~70% 정도가 사용되는 것 같다.

#2. 힘의 크기와 회전력 크기는 보통 남성 골퍼의 어림값이다. 막연히 힘을 쓴다는 생각보다는 어느 정도 힘이 쓰이는 조건인지 참고를 하기 위한 값이다.

c) 에너지 크기

대략적인 골프 스윙 에너지를 비교하면 다음과 같다.

- 음식 1 kcal (Cal) = 4.185 kJ = 4185 J = 4185 N·m
  (하루 권장 섭취량 2,000 kcal 내외)

- 1m 높이 위, 몸의 위치에너지 :　　　　700 N·m
  $E = mgh$
  　(m = 70kg, g = 9.8 ≒ 10m/s^2, h = 1m)

- 골프스윙 몸 회전 에너지(다운스윙) :　　320 Nm (클럽 제외)
  $E = 1/2\ I\ \omega^2 \times 2$
  　(ω = 8 rad/sec, I = 6.3kg·m^2)

- 드라이버 헤드 40m/s 속도 에너지 :　　160 N·m
  $E = 1/2\ m\ V^2$
  　(m = 0.2kg, V = 40m/s)

- 60m/s 볼의 속도 에너지 :　　　　　　81 N·m
  $E = 1/2\ m\ Vb^2$
  　(m = 0.045kg, Vb = 60m/s)

- 무릎 익스텐션 에너지 :　　　　　　　60 N·m
  　(상체부 60kg, 상체 상승 10cm의 50%인 5cm Up, 상승시간 0.1sec)
  $E = 1/2\ m\ V^2 + mgh$
  　(m = 60kg, V = 2 x (0.05/0.1) = 1m/s, h = 0.05m)

　* 이때의 상승 가속도는 10m/s^2, 즉 1g가 되는데, 이것보다 크게 되면 몸이 지면에서 뜨게 된다.

　일부 프로선수들이 다운스윙에서 임팩트 전후 발바닥 뒤꿈치가 지면에서 떨어져 올라가는 것은 몸의 폄 상승 가속이 1g(중력가속도)을 초과했다는 이야기가 된다.
　그만큼 무릎 폄을 강력하게 (변위/시간^2) 했다는 간접 증거이다.

- 백스윙에서 올라간 손 & 팔 6kg이 다운스윙에서 내려온 에너지 :   <u>12 N·m</u>
    $E = 1/2\, m\, (g\, t)^2$
        (m = 6kg, g = 10m/s^2, t = 0.2sec)

- R(8cm/kgf) 강도 드라이버, 4kgf에 샤프트 32cm 휜 탄성에너지 : <u>6.4 N·m</u>
    $E = 1/2\, F\, g\, x$
        (F = 4kgf, g = 10m/s^2, x = 0.32)

- 2.5m 높이 위의 클럽 헤드 위치에너지 :   <u>5 N·m</u>
    $E = m\, g\, h$
        (m = 0.2kg, g = 10m/s^2, h = 2.5m)

- 클럽 헤드가 0.2초 동안 중력에 의해서 떨어진 에너지 :   <u>0.4 N·m</u>
    $E = 1/2\, m\, (g\, t)^2$
        (m = 0.2kg, g = 10m/s^2, t = 0.2sec)
    cf) 0.4 N·m 에너지의 클럽 헤드 높이 h = E /mg = 0.4 /(0.2x10) = 0.2m
   * 다운스윙 클럽 헤드에 중력이 한 일 비율 : 0.4 / 160 = 0.0025   = 0.25%
        (다운스윙에서 *"중력을 이용하여"*라는 말을 운운하면 안 되는 이유)
        (다운스윙에서 *"자유 낙하"*를 이야기하면 안 되는 이유)

d) 동력의 크기

동력(Power)은 에너지를 시간으로 나눈 것이다.
회전체에서 동력은 P = ω T = 2 π f T = 2 π (rpm/60) T이다
   * 주파수(f)는 회전 속도(ω) 개념이다.
임팩트 직전의 순간 몸 회전동력은 3마력(말 3마리가 하는 일) 정도에 해당한다.

B-6) 능력 (Ability)

힘(力)에는 역학적인 것 외에, 능력을 의미하는 다음과 같은 힘이 있다.
　　정신력
　　집중력
　　분석력, 추리력, 상상력, 이해력, 창의력
　　판단력(상황 판단력) --- 빠른 vs 느린, 옳은 vs 그른, 필요한 vs 불필요한
　　지각 능력, 공감 능력
　　예지력, 설득력 --- (with or without)
　　실력 & 능력 --- 골프 기술 20가지 vs 200가지, 조직원 10명 vs 100명 차이

이것들은 골프 습득과 경기력 향상에 중요한 요소로 작용하는 것 같다.
너무 한 가지에 몰두해도, 또는 이것들을 무시해도 좋은 결과를 만들기는 어려울 것이다.
필요한 만큼, 주어진 여건에 맞게 균형 있는 관심과 분배 상태를 가져야 할 것이다.
　　* 거의 모든 골프 선수가 피나는 노력을 한다. 실력 차이를 결정하는 것은?
　　골프에서 위에 언급된 각 능력의 세세한 사항은 독자의 몫이고, 골퍼 자신에게 내재하여 있는 가치이며, 쉽게 습득되기는 어렵다.
　　골프 교습에서 **"흡수력이 좋다."** 라는 말을 한다. 빨리 깨우치고 반영한다는 의미이다. 본 골프 이론서의 궁극적인 목적은 습득력에 도움을 주고자 하는 것이며, 빨리 배울 수 있도록 하는 것이다.

골프는 3~6개월이면 기본스윙을 배울 수 있다. 90대 타수를 쳐야 한다.
기본 샷 메이킹도 6개월 정도 걸린다. 이후 80대 타수는 쳐야 한다.
다양한 경험과 코스 공략도 6개월 정도면 될 것이다. 이 정도면 싱글 플레이어가 되어야 한다. 1년 반이면 싱글 플레이어가 되는 것이 맞을 것이다.
이 기간은 근거 없는 엉뚱한 상상과 엉뚱한 판단에 빠지지 않는다는 전제조건이다. 사고의 오류에 빠지면 10년, 20년이 되어도 싱글 플레이어가 되기 힘들다.
　　ex) 1년 반 만에 싱글을 친 골퍼도 있고, 20년 됐는데, 못 친 골퍼도 있다.

B-7) 미래 기술

기술의 진보는 끝이 없다. 골프를 배우는데 필요한 도구들의 발전도 계속될 것이다. 미래에는 다음과 같은 기술과 도구들이 사용될 것이다.
주요 포인트는 보이지 않는 것을 볼 수 있게 하는 기술이다.

-. 퍼팅 볼 : 볼 내부에 가속도계와 Wireless 송신기가 부착되어 퍼팅하면, 가속도, 속도, 거리, 전진 Roll, Side 휨, Skid 정보를 통신기기(스마트 폰)에 전송하여, 퍼팅의 모든 자료를 한눈에 볼 수 있는 퍼팅 연습용 볼이 나올 것이다. 매우 빠르게 자신의 퍼팅 자세와 스트로크 형태를 좋은 모양으로 찾게 도와줄 것이다.
cf) 축구공에 Sensor를 심어서 움직임을 확인하는 기술이 적용되고 있다.

-. 가속도 Base 퍼팅 스트로크 분석기 : 속도 Base 퍼팅 스트로크 분석은 힘의 사용을 알기 어렵기 때문에, 백스트로크~다운스트로크의 가속도를 기준으로 퍼팅 동작을 분석하는 영상 기기가 주류를 이룰 것이다.

-. 스윙 Arc center(AC) 분석기 : 사진과 영상 판독 기술 발전으로 스윙했을 때, 다운스윙 5/4 구간에서 클럽 헤드의 스윙 중심점을 판독해 주는 스윙 교정을 위한 기기도 나올 것이다.

-. 스윙 동작 분석용 PPS 조절기 : 1·1/4 = 5/4 T 주기에 맞추어서 연속사진을 찍는, 즉 각각의 골퍼 스윙 템포에 맞추어서 PPS(Picture Per Second, 초당 사진 수)를 조절하여 동작 사진을 찍어서 스윙을 비교 분석하는 형태를 이용할 것이다. (PPS = FPS(Frames Per Second)
ex) 영상 촬영 분석기의 PPS 조절 : 같은 Position 촬영 비교

	구간별 2장	구간별 4장
0.18sec 다운스윙 PPS = 1/0.18 x 10 ≈ 55 PPS,		110 PPS
0.20sec 다운스윙 PPS = 1/0.20 x 10 = 50 PPS,		100 PPS
0.22sec 다운스윙 PPS = 1/0.22 x 10 ≈ 45 PPS,		90 PPS

-. 회전력과 회전력 중심(FC) 분석기 : 압력 발판(Force plate) 기술이 발전하고 있다. AI가 클럽의 움직임과 압력 발판 센서 Data를 함께 분석하여 몸의 회전력과 회전 순서, 그리고 이동의 형태를 보여주는 일명 'AI 골프 스윙 진단 교정 기계'도 나올 것이라 예상한다.
이것은 스윙에서 가상의 기준인 클럽 헤드 회전 중심점(AC), 몸의 회전력 중심점(FC), 동작 중

심축(AMC - Axis of Motion Center)을 알게 해줄 것이다.

-. 최적의 클럽 강도와 스윙 웨이트를 알려주는 프로그램, Site : 골퍼의 스윙 Data를 기반으로 클럽 사양을 추천해주는 프로그램 및 포털 사이트가 등장할 것이다.

-. 힘을 쓴 패턴 분석기 : 샤프트에 Strain gauge 부착하여 사용된 힘을 직접 측정하고 패턴을 분석
  * 클럽 헤드 가속도 측정 : 헤드 팁 쪽에 가속도계를 직접 부착하여, 헤드의 움직임을 계측해서 사용된 힘을 직접 분석하여 스윙 특징을 알아내는 레슨 교정 도구도 나올 것이다.
  (타격에서 가속도계가 파손될 수 있다면 빈 스윙만 실시한다.)

-. 무릎 움직임 계측기 : 무릎에 가속도계를 부착하고 상하, 앞뒤, 전후 움직임을 계측하여, 적절한 움직임 시간과 동적 관성력 크기를 분석하여 스윙을 평가하고 교정하는 것이 보편화될 것이다.
  이는 하체 동작을 습득하는데 큰 효과가 있을 것이다.

-. 다양한 잔디 라이 구현 매트 : 실전과 연습장의 괴리를 좁혀주는, 잔디 라이 조건을 보다 현실화 해주는 매트도 출시 될 것이다.

-. CG(Computer graphic)에 의한 스윙 기술 교습 방식 : 골프 교습 방식에도, CG로 만든 골프스윙 원리 영상이 많이 사용되고, 그 CG의 내용을 설명하는 방향으로 시간이 많이 할애되는 패턴을 보일 것이다.
  그래픽은 눈에 잘 보이지 않는 작은 것을 크게 하고, 찰나의 짧은 순간을 길게 하며, 속에 있는 근육의 움직임을 보이게 하고, 신체 신경 전달 메커니즘을 시각화하여서, 알쏭달쏭하고 애매모호하고 번잡했던 골프 스윙 이해 과정을 빠르고 쉽게 알게 해줄 것이다. 또 회전력 사용하는 메커니즘도 쉽게 이해되도록 보여줄 것이다.

-. 스윙 진단 서비스 : 원격 진단 서비스업이 더 활성화될 가능성이 있다.
  클럽 사양, 스윙 동작, 결과를 Input 하면, 회전 & 이동 & 변형을 분석하는 알고리즘에 따라서 눈에 보이는 것, 눈에 보일락말락 하는 것, 눈에 보이지 않는 것 모두를 Reporting 해줄 것이다.

-. 간이 스윙 웨이트 계측기 및 CPM 계측기 : 자판기처럼 이용할 수 있도록 범용화될 것이다.
  * 스윙 손목 근력을 측정하는 기준 및 기계가 나와서 최대로 가능한 거리와 적합한 클럽 사양을 추천해주고 스윙 동작이 문제인지? 클럽 사양이 문제인지? 알게 해줄 것이다.

칼질

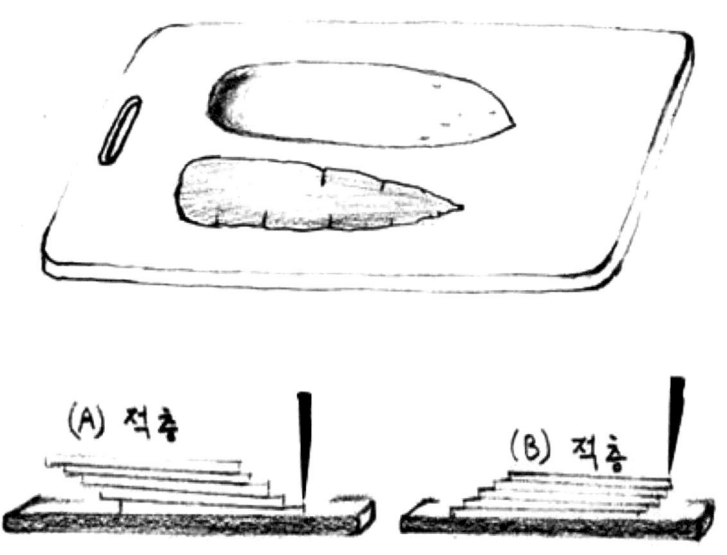

부드러운 무를 자를 때는 처음부터 힘을 줘도 무방하다.
딱딱한 당근을 자를 때는 처음 1/3은 가볍게 누르고 이후 힘을 꽉 주는 방식이,
일정하고 반듯하게 (힘을 덜 들이고) 자르는 방법이다.

채를 썰 때,
(A) 모양으로 놓고 칼질을 하면 마무리가 항상 걸쩍지근하게 된다.
(B) 모양으로 놓고 칼질을 하면 처음에는 조금 불편하지만, 마지막까지 깔끔하게 썰린다.
사소한 일에도 다 방법이 있다.

골프에서 확률

골프는 확률 게임이라는 이야기를 자주 듣는다.
   cf) *"야구는 통계를 무시할 수 없다."* 라는 말을 한다. *"Data 야구"* 라는 말도 있다.
확률(Probability)은 기존 자료를 바탕으로 하는 가능성이다.
좋다/나쁘다는 단순 표현을 얼마만큼 좋은지/나쁜지 정량적으로 알 수 있게 해주는 것이 확률이다.

골프를 확률 게임이라고 하는 이유는 아마도 다음과 같은 이유 때문일 것이다.
  - 샷에서 성공확률이 높은 것을 선택해야 한다는 것
  - (코스 공략, 그린 공략) Risk, 위험 구역이 있을 때 어떤 선택을 할 것인가가 확률적으로 얻는 것과 잃는 것의 가치 비교 판단에 결부된다는 것
  - Par 5 Hole의 선택, 2nd 샷 한 번에 갈 것인가? 잘라 갈 것인가? 선택
  - 퍼팅에서 거리별 Hole in 확률, 3-퍼팅 확률, 접근율 등의 Data 통계
  - 통계적으로 우수한 Data를 가진 골퍼가 상위권에 있다는 것

위의 것에 덧붙여 정타 확률, 스윙 교정 효과 파악 등에서도 확률적으로 접근하여 해석과 평가를 할 수 있다. 확률은 가설 그리고 실험과 검증이 있는 분야이다.
골프에서 확률적으로 접근해야 할 가장 중요한 사항은 샷의 교정과 새로운 샷의 도입에 관련된 사항이라 할 것이다.
  * 생산 현장에서 품질관리, 원인 분석, 능률 분석 그리고 판매 현장에서 추세분석, 목표설정, 성과분석 등에 사용되는 것이 통계와 확률이다.
  다양한 Tool, 분석 기법이 있는데, 지금까지 골프는 감에 의존해서 분석하고, 스윙 연습, 스윙 교정, 샷의 선택 등이 행해져 왔다. 아마도, 그 감은 허상일 가능성이 크다. 막연한 평가는 1종 과오 또는 2종 과오라는 오류(오판)를 만들 수 있는데, 확률적으로 옳고 그름을 다시 생각해봐야 한다.

〈본서 1권~4권에서 확률 계산을 이용하여 설명된 내용〉
- *1권 1장 9절* 퍼팅 방향성 실력별 성공확률
  퍼팅 방향성 오차 유발 항목에서 분산의 합
  실력별 쇼트 퍼팅 방향 오차값
  2장 7절 Roll 대소에 따른 퍼팅 성공확률
- *2권 1장 3절* 쇼트 어프로치 실력별 뒤땅 토핑 확률
  2장 5절 어프로치 Save 확률 (기댓값)
- *4권 3장 6절* 타점 교정 후 뒤땅 토핑 정타 확률 변화

〈본 부록 C에서 확률 계산된 것〉
- *C-3)* 기댓값 --- 퍼팅 Break 읽는 능력에 따른 Hole in 확률
  퍼팅 잘못 읽고 잘못 쳐서 Hole in 되는 확률
  드라이버 방향성과 OB 발생 개수
- *C-4)* 판정 ----- 드라이버 OB 발생확률
  On green 확률
  퍼팅 연속 성공확률
- *C-8)* 신페리오 방식 ------------- Score 잘 나오게 하는 방법
- *C-9)* 그린 공략 목표지점 선정 ---- 예상 Score

〈내용 순서〉
1) 확률이란
2) 골프에서 확률
3) 영향
4) 판정
5) 선입견, 선입관, 편견, 착각, 의심
6) 명제
7) 골프에서 나비 효과, 증폭 작용
8) 신페리오 확률 (신페리오 좋은 점수 얻는 법)
9) 그린 공략의 최적 에이밍

C-1) 확률이란

a) 확률

확률은 어떤 일이 일어날 비율을 말한다.
기준값 대비 정(합격), 부(불합격) 될 가능성이 확률이다. 그리고 기준값이 여러 개면 각각의 Zone에 속할 수 있는 비율을 말한다.

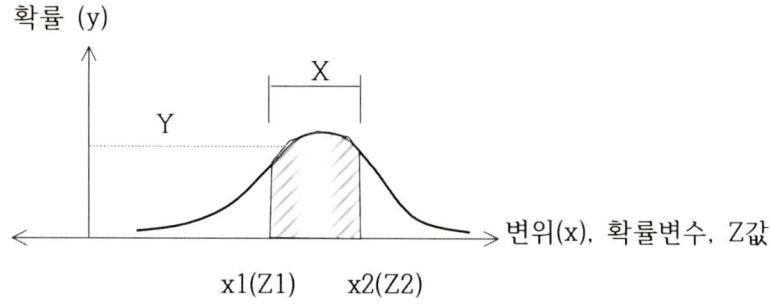

그림 5.C.1 확률 분포도

확률(가능성) P = X * Y

그림에서 빗금 구역은 어떤 결과가 x1과 x2 사이에 있을 가능성이다.

b) 확률의 종류

확률 분포의 형태에 따라 다음 그림과 같다.

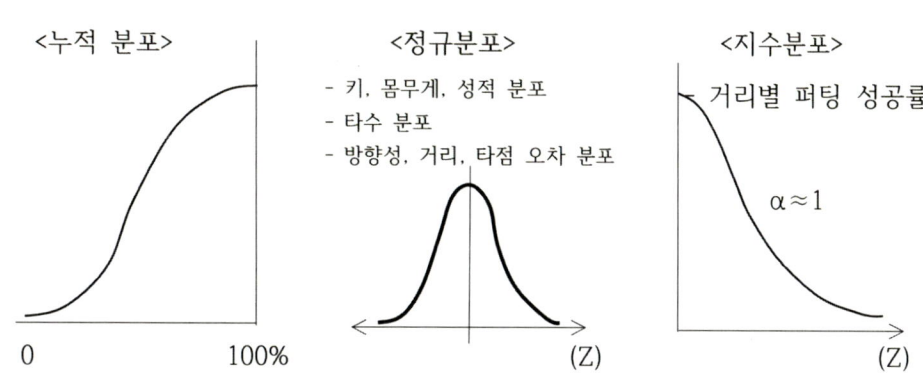

그림 5.C.2 확률 분포도의 종류

c) 상관도

A의 요인(인자)가 B의 결과에 미치는 영향, 즉 연관성을 상관도라 하고, 상관관계의 강약 정도를 상관계수라고 한다.

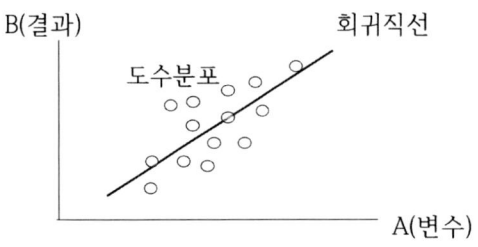

그림 5.C.3 상관도(A)

ex) A는 키 vs B는 몸무게
　　A는 온그린율, 어프로치 성공률
　　　vs B는 골프 스코어

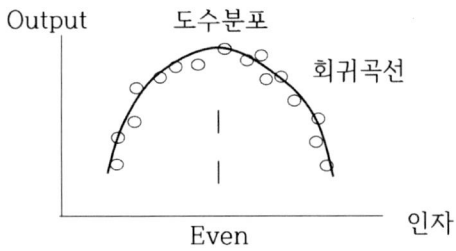

그림 5.C.3 상관도(B)

ex) 탄도　　　 vs 비거리
　　상·하체 분리량 vs 회전력
　　체중 이동량　 vs 정타율, 방향성
　　래깅량　　　 vs 헤드 스피드
　　CPM　　　　 vs 헤드 스피드
　　근육 Tension vs 순발력
　　하체 쿠션　　 vs 헤드 스피드

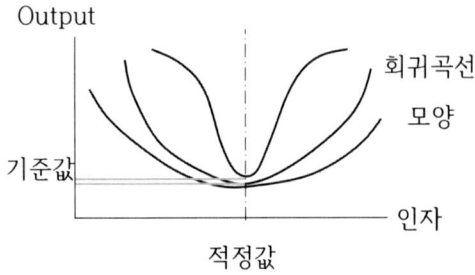

그림 5.C.3 상관도(C)

ex) 방향성 인자　 vs 방향성 오차
　　타점 변화 인자 vs 타점 오차

* 인자의 변화를 편하고 정확하게 가져갈 수 있고, 그 응답이 정확한 것을 Control에 사용하여야 한다.

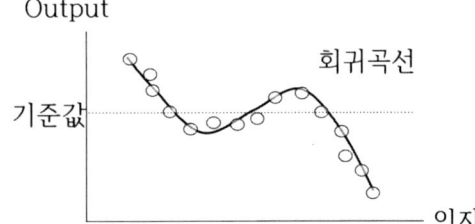

그림 5.C.3 상관도(D)

ex) 클럽 강도 vs 방향성

* 인간은 단순한 것을 좋아하는 경향이 있어서, 그 심리를 이용하기 위하여, 2차, 4차…. 그리고 3차, 5차…. 방정식과 같은 회귀선 형태의 골프 변화 인자와 결과의 상관관계를 마치 직선 모양의 1차 방정식과 같은 회귀직선인 것처럼 설명하고 있는데, 이것은 실력향상에 저해 요소로 작용할 수 있다. 단순한 생각과 방법으로 해결될 것이란 오해와 착각은 가능하면 배제해야 한다.

d) 표준 편차, 유의 수준, 수준

표준 편차는 기호로 σ(시그마)이다.
Z-값 1은 68% (불량 32%), Z-값 2는 95% (불량 5%), Z-값 3은 99.7% (불량 0.3%)의 확률이다.
티샷 1000번에 3번 벌타 구역으로 갔다면, Z=3(3 시그마)의 확률이다.

유의 수준은 불량률의 최대허용치, 즉 오판 가능성(1종 오류)을 나타낸다.
  * 신뢰 수준은 유의 수준의 반대 개념이다.
  신뢰 수준 95%는 어떤 실험, 조사(리서치) 결과가 맞게 조사/분석되었을 확률 95%, 틀리게 되었을 확률 5%라는 가능성이 존재한다는 이야기다.

문제) 95타가 평균 실력이고, 80타 실력이 상위 5% 수준이라면,
  (1) 골프 실력의 표준 편차는 몇 타인가?
  (2) 86타는 어느 정도 실력 수준인가?
  단, 골프 실력은 표준정규분포를 따른다고 가정한다.

〈풀이〉
표준정규분포에서 누적 분포 5%의 Z-값을 찾으면, 1.58
1.58 = (95타 - 80타) / σ ----〉 표준 편차(σ) = 9.49타

86타의 Z-값은, Z-값 = (95타 - 86타) / 9.49 = 0.95
표준정규분포에서 Z-값 0.95의 누적 분포를 찾으면, 0.17이므로, 86타는 상위 17% 실력에 속한다.

C-2) 골프에서 확률

a) 골프에서 확률과 통계에 연관된 사항

〈퍼팅〉
- Hole in 확률 : 거리별, Break 별, 그린 빠르기 별, 퍼팅 자세 별
- Hole cup 접근율
- 3-퍼팅 확률 : 거리별, 조건별
- 방향성 : 퍼터별, 타법별, 그립 잡는 모양별
- 거리감 : 그립 잡는 모양별, 타법별, 퍼터별

〈어프로치〉
- Save 확률 : 거리별, 잔디 라이별, 경사 라이별
- Hole 접근율
- 벙커 Save 비율
- (상황별) 예상 Score, 기댓값

〈아이언 & 우드 샷〉
- 온그린율 : 거리별, 잔디 라이별, 코스별
- Hole 접근율 : 거리별, Hole in one 확률
- 예상 Score : Par3/Par4/Par5, Hole별, Hole 난이도별
- 편차 : 거리 편차, 방향 편차, 접근율
- 정타(타점) 비율
- 난이도 : 클럽별, 거리별, 잔디 라이별, 경사 라이별

〈드라이버(티샷)〉
- 페어웨이 안착률
- 거리 편차
- 방향 편차(방향성), 벌타 확률
- 정타(타점) 비율

〈Total〉
- 평균 타수, 핸디
- 평균 버디 개수, 평균 파 개수, 평균 벌타 수
- 평균 퍼팅 개수
- 평균 드라이버 거리
- 승률

* 골프에서 확률과 통계에 관련된 용어는 엄청나게 많이 사용되고 있다.
프로선수도 아니고, 일반 골퍼가 이들 하나하나를 분석해가면서 연습하고, 경기를 할 수는 없다. 그렇다고 모든 것을 무시하고 감에 의존하여 연습장에서 볼만 때리는 것을 할 수는 없는데, 확률과 통계를 효율적으로 골프 연습 및 게임에 적용하고, 경기 결과를 이해하는 것에 사용할 필요가 있다. 즉 약점을 파악하여 그것을 극복하는데 투자하는 것이다.

b) 구성 비중

골퍼 본인의 실력에서 구성 요소가 차지하는 비중은 어떻게 될까?
어떤 것들은 신경을 쓰면 쉽게 성취를 할 수 있고, 어떤 것은 쉽게 달성할 수 없는 항목도 있다.
골퍼마다 한정된 시간, 제한된 비용, 신체적 능력 조건에 따라서 골프 실력을 향상 또는 유지하고자 노력하지만, 뜻대로 되게 하는 것은 만만치 않다.
타수를 줄이는, 다시 말하면 골프 실력을 효율적으로 향상할 방법은 무엇일까?

〈골프의 비중 – 예시〉
- <u>퍼팅 35%</u>, <u>아이언 우드 32%</u>, <u>드라이버 20%</u>, <u>어프로치 13%</u>, 각 ± α
  * 실력 및 조건에 따라 골퍼별로 상이하다.

〈세부 비중 – 예시〉
- <u>퍼팅 :</u>
  똑바로 보내는 능력   55% ---- 골프 전체의 19.25%
  거리 읽고 맞추는 능력 30% ---- 골프 전체의 10.50%
  Break 읽는 능력   15% ---- 골프 전체의 5.25%
  * 똑바로 보내는 능력이 완성되면 그다음 거리 맞추기 능력이 중요 항목이 된다.

- 아이언 우드 :
    정 타점 (상하, 토우·힐) 능력 (중하급 실력에서는 40%) 30% --- 9.6%
    방향성 능력　　　　　　　 (중하급 실력에서는 30%) 20% --- 6.4%
    트러블 (잔디 라이, 경사 라이, 바람, 벙커) 대응 능력　20% --- 6.4%
    샷 메이킹 (거리 방향 탄도 만들기) 능력　　　　　20% --- 6.4%
    판단 능력　　　　　　　　　　　　　　　　　　10% --- 3.2%

- 드라이버 :
    거리(헤드 스피드) 능력 30% ------------------------ 6%
    거리(정타) 능력　　　 30% ------------------------ 6%
    방향성 제어 능력　　　30% ------------------------ 6%
    판단력　　　　　　　 10% ------------------------ 3%

- 쇼트 & 미들 어프로치 :
    샷 구사(다양한 조건에서 다양한 샷) 능력 40% ------------ 5.2%
    정타 거리 컨트롤 능력　　　　　　　　 30% ------------ 3.9%
    판단력　　　　　　　　　　　　　　　 20% ------------ 2.6%
    방향성 능력　　　　　　　　　　　　　 10% ------------ 1.3%

- 기타 :
    클럽 적합도 : -- (-)20% ~ 0
    신체적 능력 : -- ±20%
    멘탈 : -- ±β

Remarks

#1. 골프는 뭐 한두 가지 잘한다고 실력이 특출나게 좋아지지는 않는다. 이유는 그 고유 구성 비율이 있기 때문이다.

　* 단, 예외로 쇼트 퍼팅 똑바로 보내 성공하는 능력 제외 --- 비중 높음

전반적으로 능력을 갖추어야 하고, 실력이 유지되기 위해서는 각각의 개별 항목 실력이 계속 유지되어야 한다.

　cf) 진정한 싱글 플레이어란 잔디 라이, 경사지, 바람을 이겨낼 수 있는 능력이 되어야 한다.

#2. 퍼팅 수 42개의 하급자가 프로선수처럼 32개의 퍼팅을 하는 (10타 줄이는) 방법은 다음과 같다.
- 아이언 샷을 프로와 같은 접근율로 붙여 놓아 후속 퍼팅에서 ------ 2타 줄임
- 어프로치를 프로와 같은 접근율로 하여 퍼팅에서 -------------- 2타 줄임
- 퍼팅, 프로처럼 똑바로 쳐서 ------------------------------- 2타 줄임
- 퍼팅, 프로처럼 거리 맞추어 ------------------------------- 2타 줄임
- 퍼팅, 프로처럼 Break을 읽어 ----------------------------- 2타 줄임
* 이 골퍼가 순수하게 퍼팅(방향성, 거리, Break 읽기) 항목만을 프로선수처럼 잘하면 대략 6타를 줄일 수 있다고 보면 된다.

c) 우선순위 (중요도)

(중요하지 않은 것을 붙잡고 있으면 별 효과가 없다.)

정타 맞추는 것 vs 코스 매니지먼트(안전하게 공략, 공격적으로 공략) 어느 것이 초보자에게 중요한가?
확률적으로 봤을 때, 정타 못 치는 사람에게 코스 매니지먼트는 거의 무의미하다고 하겠다.

어떤 일을 하든 (예로, 시험공부, 업무 처리, 요리하기) 먼저 해야 하는 것과 나중에 해야 하는 일의 순서가 있다.
골프를 배우는 것에도 우선순위가 있다.
첫째는 먼저 해야만 나중의 것을 할 수 있는, 순서가 결부된 항목들에 대한 것이며, 두 번째는 투자 대비 능력 향상에 효율 차이를 따져야 하는 항목이다.

105타 타수대 실력 골퍼가 안정적으로 95타가 빨리 되는 방법은 우선 정타 타점을 맞추고, 방향성을 어느 정도 갖는 것이다. 더하여 퍼팅을 잘하면 90타가 될 것이다.

95타 타수대가 안정적으로 85타가 빨리 되는 방법은 드라이버 방향성 제어 능력을 갖추고, 아이언 트러블 대응 능력, 쇼트 어프로치 정타 & 거리 컨트롤 능력을 갖추는 것이다. 여기에 부단히 퍼팅 능력을 향상한다면 80타가 될 것이다.

85타 타수대가 안정적으로 싱글 플레이어가 되는 방법은 퍼팅 능력 전체를 키우고, 아이언 샷 메이킹 능력, 쇼트·미들 어프로치 다양한 샷 구사 능력을 갖추는 것이다. 그리고 상황(조건) 판단 능

력을 키워야 한다.

 * 초보 골퍼, 하급 골퍼가 갖는 첫 번째 착각은 연습장에서 볼만 잘 맞히면 골프 실력이 무한정 향상될 것이라는 생각이다.
 볼 잘 맞히면 95타까지는 실력 향상되나, 이후 더디게 된다. 95타 정도를 치는 평균 수준의 골퍼가 10년, 20년 그 실력 수준에 머물러 있는 경우, *"볼을 잘 맞히지 못해 실력이 늘지 않는 것이다."* 라고 생각하고 열심히 더 잘 맞추는 연습을 하는 경우가 있는데, 그 효과는 제한적이다.
 10년 했는데, 안되면 같은 방식으로 10년 더한다고 된다는 보장은 거의 없을 것이다.

만약 95타 실력의 골퍼가 1,000시간의 연습을 하는데, 계속 비거리 늘리는 것, 정타 맞추는 것에 투자했다면 실력향상 기대 효과는 1~3타 정도 될 것이고, 아이언 트러블 대응 능력, 드라이버 방향성 향상, 쇼트 어프로치 뒤땅 토핑 방지에 투자했다면 6~9타 정도의 실력향상이 있게 될 것이다.

골프 연습에 있어서 지극히 당연한 이야기임에도 불구하고, 우선순위와 중요도가 무시되는 경향이 강하다. 그 이유는 아마도 *"이것만 되면(잘하면) 실력향상이 될 것이다."* 라는 반복되는 미디어 노출에서 사고(생각)가 '긍정'이라는 언어에 빨려들어 선입견, 편견, 착각, 오해의 틀에 박히게 된 때문일 것이다.

C-3) 영향

a) 확률의 합

여러 개별확률은 합해져서 결과(Output) 확률을 만든다. 확률은 막연한 결과 예측을 현실화해주고, 현재 수준을 알고 어떤 방법이 적당한지 개선할 답을 빨리 찾게 해준다. 또 한계를 인지하여 헛고생을 안 하게 해준다.

　　ex) {근력(A)} + {스윙 효율(B)} = {비거리(C)} --- $P_C = P_A \times P_B$

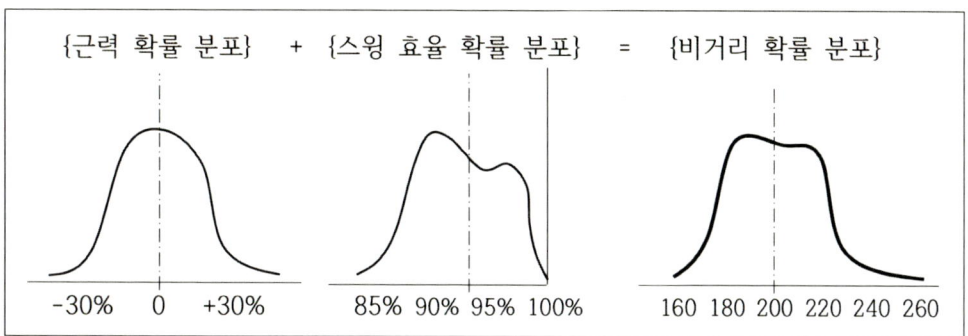

그림 5.C.4　근력 + 스윙 효율에 따른 비거리 확률 분포 (예시)

b) 상관관계

태풍의 영향으로, 금리 인상의 영향으로, 기후 변화의 영향으로 *"OOO 하게 되었다."* 또는 *"OOO 하게 될 것이다."* 라는 이야기를 자주 듣는다. 이것은 큰 사건부터 아주 소소한 이야기까지 해당한다.

'되었다'라는 과거 형태나, '될 것이다'라는 미래 형태가 100% 연관성을 갖는 것은 아니고, 확률적으로 어떤 타당한 가능성을 갖는다는 의미이다.

"센 바람의 영향으로 오늘 Score가 좋지 않았다." 100% 바람 때문일까?
"그립을 잘못 잡아 미스샷이 발행했다." 100% 그립 때문이라 할 수 있는가?
"스웨이를 많이 해 뒤땅이 났다." 뒤땅의 원인이 100% 스웨이 때문일까?
"Out to In 다운스윙이 되어 슬라이스 났다." --- 과연?
"어프로치 힘이 들어가 뒤땅을 냈다." --- 과연?
"스트로크 템포가 빨라 Hole cup 좌측으로 지나갔다." --- 과연?

위의 것들은 Input이 Output에 영향을 준 것은 맞다고 할 수 있지만, 그 결과가 전적으로 언급된 내용에 100% 기인하였다고는 할 수 없다.
하지만 그 관계가 100%인지? 50%인지? 10%인지? 상관관계의 연관성 비율을 알아야 문제를 해결할 대상을 확정할 수 있다.

^ 쇼트 퍼팅 Hole in 되지 못하고 방향이 벗어난 이유
^ 쇼트 어프로치 뒤땅 토핑이 발생한 원인
^ 드라이버 페이스 면이 직각으로 맞지 않은 이유
^ 아이언 타점이 정타에 형성되지 않은 원인
^ 웨지 거리가 짧았던 이유
^ 오른 팔꿈치 안쪽에 염좌가 발생한 부상 원인

위의 결과들은 몇 가지의 복합된 원인이 영향을 주어 발생한 현상(결과물)이라 하겠다. 그렇지만 그중에서 골퍼 자신에게 가장 큰 영향을 주는 것을 알아야 한다.
나쁜 결과를 축소하고, 좋은 결과를 키우기 위해서는 Output에 영향을 크게 변화시키는 Input을 관리해야 한다. (원인 분석의 파레토 도와 같은 것임)

* 비유 : 시험 성적 올리기 위해서는 비중이 큰 국·영·수 공부에 더 주력하고, 혹시 이것 중 특정 과목의 성적이 나쁘다면, 그 과목에 더욱더 집중해야 같은 노력 대비 성적향상이 클 것이다. 잘 하고 있는 과목을 더 잘하려고 해 봐야 효과는 미미할 것이다.

위의 이야기는 상식적이며 쉬운 내용이지만, 유독 골프에 있어서는 영향의 상관관계를 이해하고 판단할 수 있는 것들이 부족하고, 어느 것이 얼마만큼의 비중을 가졌는지 판정하기가 쉽지 않다. 이유는 아마도 골퍼 각자의 조건(클럽, 근력, 실력), 연습 환경, 라운드 환경, 지식이 각기 다르기 때문일 것이다. 그리고 어릴 적 감으로 골프를 배웠던 많은 교습가가 가지고 있는 사고방식의 투영일 수도 있다.
그래서 효율적인 실력향상 및 유지를 위하여 **첫째**로는 보편적인 영향에 대한 가치 판단, **둘째**로는 각 개인의 조건에 따르는 상대적인 영향 판단을 할 필요가 있다.

c) 다중 연관관계

어떤 일을 단순하게 생각한다면, A=B, C=k*D, E≠F처럼 해석하려 할 것이고, 그것의 관계 성립 여부를 파악하려 할 것이다.

그러나 세상사 돌아가는 이치와 같이 골프에서도 단순한 연관관계가 성립하는 경우는 드물다고 하겠다.

ex. 1) 스웨이 되면 뒤땅 날 가능성이 크다. 그런데 스웨이를 하면서 뒤땅이 거의 나지 않는 골퍼도 있다. 단지 동작 메커니즘에 따른 가능성 이야기이다.

이것을 수학적 식으로 표현하면 다음과 같다.

백스윙 스웨이 ≈ 다운스윙 왼 무릎 하중 증가
 왼 무릎 하중 ≈ 1 / 왼 무릎 폄 양
 왼 무릎 폄 양 ≈ 토핑 가능성, (1/왼 무릎 폄 양) ≈ 뒤땅 가능성
∴ 뒤땅 ≈ $k_1 * k_2 * k_3$ * 백스윙 스웨이 --- (k_1, k_2, k_3는 상관계수)

ex. 2) 왼손 검지에 힘주면(힘 들어가면) 큰 훅 발생 가능성이 크다.

이것을 수학적 식으로 표현하면 다음과 같다.

왼손 검지 힘 ≈ 손목 각 위로 꺾임
 손목 각 ≈ 자연 로테이션 증가
 자연 로테이션 ≈ 페이스 닫힘
 페이스 닫힘 ≈ 훅
∴ 훅 ≈ $P_1 * P_2 * P_3$ * 왼 검지 힘 --- (P_1, P_2, P_3는 상관계수)

위 내용은 좀 복잡한 표현이지만, 어떤 변수(Input)와 그것이 영향을 주는 중간 과정들(Process, Mechanism), 그리고 결과 (Output)을 알아야 효과적인 교정, 개선을 할 수 있다는 것이다.

 * 골프 스윙 동작의 이해에 있어서, '변수 ≈ 결과'의 1차원적인 설명이 대부분이다. 그리고, 몇몇 경우는 좀 더 고급스러운 설명인 것 같은 신뢰감을 주기 위하여 덧붙여 포장된 말들이 있는데, 본질과 거리가 있는 수박 겉핥기식의 내용인 경우가 많다. (ex. 과학적으로, 헤드 무게, 중력, 낙하, 힘 빼기, 던지기, 고정, …)

오히려 이런 말들은 골퍼들의 사고가 진리에 접근하는 것을 방해하는 작용을 하기도 한다.

골프에서 변수와 그 연관성은 단순하지 않은데, 이유는 결과를 만드는 과정이 본서의 *3권에 기술*된 것처럼 꽤 높은 지식수준이 요구되기 때문이다.

d) 기대 (기댓값)

복권을 사서 1등에 당첨될 기대를 한다.

당첨 확률이 1/1,000,000이고, 한 게임을 샀다면 당첨 기댓값은 0.000001이다.

〈퍼팅 성공 확률 기댓값 비교 예시〉

골프 퍼팅에서 다음의 기댓값을 생각해 보자.

문제 1) 퍼팅 그린 Break 읽는 능력이 좋은 사람과 그렇지 못한 사람이 있다. 3m 거리, Break 5컵, 스트로크 방향성 오차 ±1.5°인 골퍼가 **Break을 완벽하게 읽고 퍼팅**할 때 Hole in 확률은 35%이다. --- *(1권 1장 9절 참조)*

Break 잘 읽는 사람은 ±0.5컵(10%) 오차와 잘 읽지 못하는 사람은 ±1컵(20%) 오차를 가지고 있다고 하면, 이 두 골퍼의 Hole in 확률 차이는 얼마나 될까?

(단, 오차의 도수분포는 정규분포를 따른다고 가정한다.)

〈풀이〉

잘 읽는 사람 Break 읽는 오차를 각도로 계산 : atan(54/3000) = 1.03°

총 오차의 합 = (1.5^2 + 1.03^2)^0.5 = 1.82°--- 분산의 합 공식

Z-값 = 0.69 / 1.82 = 0.38

도수분포 값 = 0.35197

∴ 성공 확률(P) = 100% x (1-0.35197 x 2) = 29.6%

잘못 읽는 사람 Break 읽는 오차를 각도로 계산 : atan(108/3000) = 2.06°

총 오차의 합 = (1.5^2 + 2.06^2)^0.5 = 2.55°--- 분산의 합 공식

Z-값 = 0.69 / 2.55 = 0.27

도수분포 값 = 0.39358

∴ 성공 확률(P) = 100% x (1-0.39358 x 2) = 21.3%

계산의 결과로부터 대략 3m 거리 Break이 좀 심한(많은) 경사 조건으로 Break을 완벽히 읽는 사람 Hole in 확률 35% 대비, 10% 읽기 오차와 20% 읽기 오차를 가지는 골퍼의 Hole in 확률은 각 29.6%와 21.3%로 계산된다.

20회를 했다면 성공 개수는 '7 vs 5.9 vs 4.3'이다.

* 위 문제는 타격 방향 오차와 Break 읽기 오차가 표준정규분포를 따른다는 가정이다. 만약 한쪽으로 편향된 타격, 한쪽으로 편향된 Break 읽기 상태라면, Hole in 확률은 급격히 나빠진다. 거의 Hole in 되지 않을 것이다.
ex) 시뮬레이션 게임에서 기계의 Zero setting이 1° 틀어진 상태에서 5m 똑바로 치는 퍼팅을 하면 거의 들어가지 않는다.

문제 2) 위 문제에서 **Break이 2.5컵으로 보통 정도 되는 것으로 줄였을 때**. Break 잘 읽는 사람 ±0.25컵(10% 오차)과 Break 잘못 읽는 사람 ±0.5컵(20% 오차)의 Hole in 확률은?
(단, 오차의 도수분포는 정규분포를 따른다고 가정한다.)

〈풀이〉
잘 읽는 사람 Break 읽는 오차를 각도로 계산 : atan(27/3000) = 0.52°
 (똑바로 치는 능력 vs Break 읽는 능력 ≈ 3 : 1)
총 오차의 합 = $(1.5^2 + 0.52^2)^{0.5}$ = 1.59°--- 분산의 합 공식
Z-값 = 0.69 / 1.59 = 0.43
도수분포 값 = 0.33360
성공 확률(P) = 100% x (1-0.33360 x 2) = 33.3%

잘못 읽는 사람 Break 읽는 오차를 각도로 계산 : atan(54/3000) = 1.03°
 (똑바로 치는 능력 vs Break 읽는 능력 ≈ 3 : 2)
문제 1)의 Break 잘 읽는 사람과 같은 계산 : 퍼팅 성공 확률 29.6%

계산의 결과로부터 대략 3m 거리 2.5컵 Break 경사 조건으로, Break을 완벽하게 읽는 사람 Hole in 확률 35% 대비, 10% 읽기 오차와 20% 읽기 오차를 가지는 골퍼의 Hole in 확률은 각각 33.3%와 29.6%로 계산된다.

위 계산 결과로 18 Hole 전체 퍼팅에서 넣을 수 있는데 Break을 잘못 읽어 Hole in 하지 못한 퍼팅 개수는 2회 정도로 추정할 수 있다.
이것이 Break 더 잘 읽어서 Hole in 할 수 있는 기댓값이 된다.
 * 3-퍼팅 방지까지 생각하면, Break 읽는 능력은 대략 3타 정도의 기대 효과가 있다고 하겠다.

Remarks

#1. Break이 거의 없는 퍼팅 라인에서는 똑바로 치는 능력이 절대적으로 중요하다.

#2. 어떤 Break을 갖는 퍼팅에서, '똑바로 치는 능력 오차 vs Break 읽는 능력 오차'를 서로 비교하면, 오차가 큰 값 항목의 영향을 더 받는다.

#3. 잘 읽고 똑바로 쳐서 들어가는 퍼팅도 있고, 잘못 읽고 잘못 쳐서 들어가는 퍼팅도 있다.
　(A) 잘 읽고 똑바로 잘 쳐서 들어가는 퍼팅 확률 계산은,
　　'= (Hole in 폭 / 퍼팅 오차) 확률 * (Hole in 폭 / 읽기 오차) 확률'로 계산된다.
　(B) 잘못 읽고 잘못 쳤는데 들어가는 퍼팅 확률 계산은,
　　'= 두 가지 합의 총 성공 확률 - (A) 확률'로 계산된다.

문제 3) 궁금증 해결 차원에서, 문제 1)에서 Break 잘못 읽는 골퍼의 퍼팅 성공 확률은 21.3%이다. (3m 거리, Break 5컵, 똑바로 치는 스트로크 오차 ±1.5°= 0.73컵, Break 잘못 읽은 오차 ±20% = 1컵 = 2.06°)
Break 잘못 읽었는데, 잘못 쳐서 Hole in 된 것은 얼마인가?

〈풀이〉
스트로크 방향 오차로 성공할 확률 : 35%

못 읽은 것 Hole in Z-값 = 0.69°/2.06° = 0.33
도수분포 = 0.37070
성공 확률(P) = 100% x (1-0.37070 x 2) = 25.9%

똑바로 잘 치고 잘 읽어서 들어간 확률 = 35% x 25.9% = 9.065%
∴ 못 읽고 못 쳤는데 들어간 퍼팅 확률 = 21.3% - 9.065% = 12.235%
　(9.065% + 12.234% = 21.3% 〈--- 성공 확률 합)
* 이 경우는, 잘 읽고 잘 쳐서 들어간 것보다 못 읽고 못 쳤는데 들어간 비율이 더 높다.

문제 4) 하나 더, 궁금증 해결 차원에서, 문제 2)에서 Break 잘 읽는 골퍼의 퍼팅 성공 확률은 33.3%이다. (3m 거리, Break 2.5컵, 똑바로 치는 오차 ±1.5°= 0.73컵, Break 잘 읽은 골퍼의 오차 ±10% = 0.25컵 = 0.52°)

Break을 잘 읽지 못했는데, 잘못 쳐서 Hole in 된 것은 얼마인가?

〈풀이〉
스트로크 방향 오차로 성공할 확률 : 35%

못 읽은 것 Hole in Z-값 = 0.69°/0.52° = 1.33
도수분포 = 0.09176
성공 확률(P) = 100% x (1−0.09176 × 2) = 81.6%

똑바로 잘 치고 잘 읽어서 들어간 확률 = 35% × 81.6% = 28.6%
∴ 못 읽고 못 쳤는데 들어간 퍼팅 확률 = 33.3% − 28.6% = 4.7%
* 이 경우는, 잘 읽고 잘 쳐서 들어간 비율이 대부분을 차지한다.

문제 5) 퍼팅 거리가 멀어질 때의 Break 읽는 능력 차이에 따른 퍼팅 성공 확률을 비교해보자. 3m, 6m, 9m 퍼팅 거리 경우 Break 읽는 능력 차이 '10% 오차 vs 20% 오차'에 따른 성공 확률을 비교하라.

〈풀이〉
(A) 3m Break 2.5컵, 타격 방향성 ±1.5°, Break 읽는 능력 10%(±0.25컵) vs 20%(±0.5컵) --- 성공 확률 33.3% vs 29.6% 〈--- 문제 2) 값
  * 평균오차 각 합은 잘 읽는 사람 1.59°, 못 읽는 사람은 1.82°이다.

(B) 6m, Break 5컵, 방향성 ±1.5°, Break 읽는 능력 10%(±0.5컵) vs 20%(±1컵) --- 성공 확률 17.4% vs 15.1%
  * Z-값 : 0.345 / 1.59 = 0.22 vs 0.345 / 1.82 =0.19

(C) 9m, Break 7.5컵, 방향성 ±1.5°, Break 읽는 능력 10%(±0.75컵) vs 20%(±1.5컵) --- 성공 확률 12% vs 10%
  * Z-값 : 0.23 / 1.59 = 0.145 vs 0.23 / 1.82 =0.126

결론적으로는,
첫째 : 퍼팅 타격 방향성이 확보되지 않은 상태에서 Break 읽는 능력의 차이는 퍼팅 성공률에 아주 큰 영

향을 미치지는 못한다. 따라서 상급자가 되기 위해서는 먼저 똑바로 치는 능력을 확보해야 한다.

둘째 : 다양하게 타격 방향성과 Break 양 & 읽는 능력을 설정하면, 확률 계산으로 모든 상태의 퍼팅 성공률을 비교하는 것이 가능하다는 것이다.

#4. 아무리 똑바로 치는 능력이 탁월해도, Break 있을 때 제대로 못 읽으면, 또는 아무리 Break을 잘 읽어도 똑바로 치는 능력이 떨어지면, Hole in 확률은 크게 좋아지지 않는다.

거리 정확도와 함께, 두 조합의 방향성 확률은 '$(As^2 + Ar^2)^{0.5}$ = 합계 오차'로 계산되기 때문이다. 부족한 것, 오차 큰 것을 먼저 개선해야 효과가 크다. 막연하게 똑바로 치기, Break 읽기, 거리 맞추기 연습을 하는 것은 비효율적이라고 할 수 있다.

정규분포 엑셀 함수(NORM.DIST)를 이용하면 다양한 타격 방향, Break, 거리 정확도 조건의 성공 확률을 손쉽게 계산할 수 있다.

* 퍼팅 분석기 및 시뮬레이션 게임 기능에 Data를 확률적으로 분석하여, 골퍼에게 항목별 Hole in 비중(오차 발생 원인 비중 = 품질 요인 분석)을 알려주어서, 더 부족한 부분을 먼저 연습하게 해주는 기능이 포함될 것이다.

기준을 설정하여 퍼팅 세부 능력을 점수로 표현하는 것(점수화)도 가능하다.

〈Par 3, Par 4, Par 5 실력별 Score〉

Long game 샷 시행 횟수가 보통 Par 3은 1회, Par 4는 2회, Par 5는 3회이다.

하급자에게는 여러 번의 시행 횟수는 마이너스 요소로 작용하고, 상급자에게는 여러 번의 시행 횟수가 플러스로 작용하여 앞선 Shot의 실수를 회복(Recovery)해 주는 기능과 기회로 사용된다.

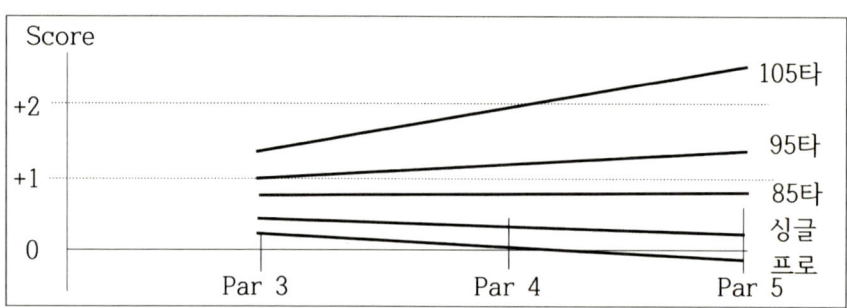

그림 5.C.5 실력별 Par 3, Par 4, Par 5 기대 Score

Par 5 Hole은 프로, 싱글 골퍼에게는 기회의 Hole이고, 95타, 105타대 골퍼에게는 3번 이상을 쳤을 때 실수의 확률만 높아지는 실수와 싸움하는 Hole이 되는 것이다.

Par 3 Hole은 프로, 싱글 골퍼에게는 한 번의 Long game 결과로써 어느 정도 Score가 결정되기 때문에 Par 4, Par 5보다 Score가 조금 좋지 않은 결과를 보이고, 반대로 95타, 105타대 골퍼에게는 한 번의 잘한 샷으로 어느 정도 Score가 결정될 수 있어서 Par 4, Par 5보다 Score가 좋게 보인다.

  * Par 5 Hole이 쉽고 Score가 잘 나온다면, 거의 상급자에 해당한다고 볼 수 있다.

⟨드라이버 티샷 OB 가능성⟩

드라이버 평균 방향성이 A-골퍼 ±10m, B-골퍼 ±15m이고, 코스 폭이 ±20M(총 폭 40m)이다. 14회 티샷에서 A-골퍼와 B-골퍼의 OB 발생하는 횟수를 추정하면?

14 Hole 코스 좌우 모두 OB 구역이라면, 표의 계산과 같이 두 골퍼는 드라이버 방향성에서 4타(OB 개수 * 2) 정도의 차이를 보일 것이다. (단, 다시 치는 티샷도 OB 가능성이 같은 확률로 존재하여 그만큼 벌타는 증가하게 된다.)

코스 좌우 구역이 해저드라면, 두 골퍼는 드라이버 방향성에서 2타 이상의 차이를 보일 것이다.

드라이버 방향성 오차 영향 계산	A-골퍼 (±10m)	B-골퍼 (±15m)
Z-값 = 코스 반 폭 / 방향성	2	1.33
Z-값의 도수분포	0.02275	0.09176
한 샷의 OB 날 확률(P) = 100% * 도수분포 * 2	4.55%	18.35%
14번 티샷, OB 개수 = 14 * P /100	0.64 개	2.57 개

더군다나, Center에 페어웨이를 두고, 그 좌우 구역은 러프이므로 드라이버 Run이 짧아 긴 거리를 남기게 되고, 아이언 치기도 어렵게 되는 트러블 상황에서 2nd 샷을 하게 되므로, 추가적인 타수 손실이 있다고 봐야 한다. 따라서 드라이버 방향성 차이로 인한 타수 차이는 4~8타 차이를 보인다고 봐야 한다.

  * 위와 같은 이유로 드라이버는 거리보다 방향성이 더 중요하다고 하겠다. 실제 경험으로도 Score가 그렇게 나타난다. 대략 0.5°(1.5m) 방향성 오차는 비거리 10m 값어치에 해당한다.

cf) 시뮬레이션 게임은, 퍼팅에서 거리와 방향 정보를 주어서 5타, 2nd 샷 트러블 제약 조건이 완화되어 4타, 그린 공략 정보를 알게 해주어서 3타 정도 유리한 면이 있어서 **대략 전체 12타 정도**는 실전 라운드보다 좋은 기록을 한다. 단, 게임 프로그램마다 차이는 보일 수 있다.

e) 변수와 기댓값 변화

어떤 결과를 만드는데 여러 개의 변수가 작용한다.
큰 예로써, 집값이 오르는데, 주식이 내리는데, 공부 성적이 오르는데, 골프 실력이 향상되는 데는 여러 요인이 작용하는 것과 같다.

- 퍼팅 잘하는 데는 큰 변수 3ea, 세부 변수는 수십 가지
- 드라이버 비거리 늘어나는데, 큰 변수는 3~4가지, 세부 변수는 수십 가지
- 아이언 방향성 70여 가지 변수
- 타점에 영향을 주는 것 40여 가지 변수

만약 혹자가 *"이렇게 하면 뒤땅이 완화된다."* 라고 하여 그것을 Test 해보니, 5회/10번 뒤땅 나던 것이 3회/10번 뒤땅으로 줄어들었다면 이것은 효과가 있는 것인가? 그리고 얼마만큼 궤도 상승이 있는 것일까? 뒤땅을 정타 타점에서 5mm 내려간 궤도라 정의하고, 역으로 계산하면 표준 편차를 구할 수 있을 것이며, Test 후의 결과가 얼마만큼 개선된 것인지 판단할 수 있다. 그리고 통계적으로 혹자의 Tip이 유의미한지, 무의미한지 판정할 수 있다. 여기에서는 보통 미지의 변수 개수가 결과에 더 큰 영향을 준다.

골퍼가 컨트롤 할 수 없는 변수가 달랑 1~2개인데, 위의 결과가 나왔다면 이것은 효과가 없는 것으로, 즉 우연의 일치에 따른 것이라 기각될 수 있다.
반대로 제어 안되는 변수가 20개인 하급 실력자에게서 위의 결과가 나왔다면, 이 TIP은 유의미한 것이 되고 매우 유용하다고 용인할 수 있는 것이다.

골프를 하면서, 잘하기 위하여 클럽(퍼터) 교체, Setup 변화, 백스윙 교정, 다운스윙 변경을 시도한다.
이런 개선을 위한 노력에는 전문가 또는 비전문가의 조언이 큰 역할을 한다.
그런데 과연 그런 조언들이 좋은 효과를 볼 수 있는가에 대해서는, 일반 골퍼는 자신의 현실(현재 수준)을 기준으로 판단해야 한다.

모르는 제어 안되는 변수 10개가 있는데, 하나의 Solution을 찾았다면, 그리고 이것이 비중 있는 해결책이라면, 개선 효과는 10~20% 정도 될 것이다.

기대치에 훨씬 못 미치는 상태이지만 이것은 대단히 큰 효과이다.

그리고 효용은 있으나, 그리 비중이 없는 해결책을 적용하였다면, 겨우 2~5% 정도 개선 효과를 보일 것이다. 그래도 이것은 주요 변수들이 제거되고 나면 중요한 변수 자리로 올라서게 된다.

* 어떤 것에서, 하나를 바꿔서(교정해서) 50% 정도가 좋아지는 경우는 프로선수나 싱글 플레이어에게서나 가능한 일이라고 생각해야 한다.

반대로 생각하면, 평균 수준 골퍼에게는 어떤 실력이 50% 좋아지게 하는 방법은 없는 것이다.

f) 편향

어떤 것이 한쪽으로 치우친 경우는 문제가 심각하다. 확률적으로 성공 가능성을 급감시킨다. 편향의 원인을 빨리 찾아 교정해야 한다.

- **방향성** 좌향 또는 오른쪽으로 치우친 경우
- **타점** 상, 하, 힐, 토우 한쪽에 치우친 경우
- **탄도**가 원치 않게, 높거나 낮게 한쪽으로 치우친 경우
- 특정 클럽 뒤땅 또는 토핑 한쪽 경향을 보이는 경우
- 특정 클럽 거리 짧거나 긴 한쪽 경향을 보이는 경우
- 퍼팅 한쪽으로 방향성이 치우쳐 타격 되는 경우
- 퍼팅 한쪽으로 Break이 치우쳐 읽히는 경우
- 퍼팅 길거나 계속 짧은 거리로 읽히는 경우
- 퍼팅 세게 치거나 계속 짧게 치는 경우

편향 문제는 일반 품질 향상에 비해서 원인 찾기가 쉽다.

g) 분석 (홀 스코어 분석)

이 항목에서는 홀 스코어가 만들어지는 상황을 분석해 본다.

홀 스코어가 쌓여 전체 스코어가 된다. 구체적으로 홀 스코어는 다음과 같이 정형화된 형태로 만들어진다.

-. (+)2 : 일반 골퍼에게 가장 안 좋은 Score다.

* 싱글 플레이어가 되기 위해서는 이 Score 발생 원인을 집중적으로 분석하고, 'No Double Score'가 만들어지도록 해야 한다. 'Double'을 줄이는 홀 플레이가 되어간다면, +3, +4가 발생하는 것도 함께 줄어들게 될 것이다. 원론적인 이야기지만, 전체 홀에서 Double score 이상을 만들지 않으면 싱글 플레이어는 그냥 쉽게 될 수 있다.

- 3-On, 3-퍼팅 (40%) : 한 홀에서 작은 실수 3회가 복합된 경우이다.
    ex. 1) 드라이버 부정확 + 2nd 샷 부정확 + 어프로치에 이은 퍼팅 실수
    ex. 2) 드라이버 해저드 + 어프로치 실수 + 퍼팅 실수
- 4-On, 2-퍼팅 (40%) : 한 번의 큰 실수를 한 경우에 발생한다.
    ex. 1) 2nd 샷 벌타(큰 실수) + 부실한 어프로치 or 퍼팅
    ex. 2) 코스 벙커, Heavy 러프에서 처음에 제대로 대처하지 못한 경우
    ex. 3) 티샷 큰 실수
    ex. 4) 드라이버 or 2nd 샷 부정확 + 어프로치 큰 실수(토핑, 뒤땅)

-. (+)3 : 절망(희망이 끊어짐)을 안기는 Score다. (+)2 상황에 더하여 선택(판단) 오류와 불운이 조금 연관된 상황에 해당한다.
   - 4-On, 3-퍼팅 : 한 번의 큰 실수와 작은 실수를 함께 했을 때 나타난다.
       ex. 1) 드라이버 OB or 2nd 샷 OB + 그린 공략 실패
       ex. 2) 드라이버 OB or 2nd 샷 OB + 3-퍼팅
   - 어프로치 반복 : 2nd 샷 그린 공략 실패 후, 반복된 어프로치 실수
       ex. 1) 그린사이드 벙커에서 처음에 나오지 못한 경우
       ex. 2) 1st 어프로치에서 토핑으로 그린 반대편으로 넘어간 경우
       ex. 3) 1st 어프로치 뒤땅 + 2nd 어프로치 부정확 + 3-퍼팅

-. (+)4 ~ : 좌절(그만하고 싶은 생각)을 느끼게 하는 Score다. 스윙 이론을 먼저 해결해야만 이 스코어는 발생하지 않을 것이다.
   - 연속된 2회 이상의 롱게임 미스샷
   - 어프로치에서 토핑으로 홈런이 된 경우
   - 무리한 선택과 불운이 결부된 경우

-. (+)1 (Bogey) : 큰 미스 1회의 경우, 작은 미스 2회의 경우, 작은 미스 3회 상태 후에 한가지를 잘한 경우 등에 해당하는 Score이다.
    * 샷 구사 능력과 연습량에 의해서 Bogey 상황이 Par로 점점 바뀔 것이다.

-. 0 (Par) : 미스가 없는 경우, 또는 작은 미스 후 한가지를 잘한 경우

-. (-)1 (Birdie) : 2회의 Good 만든 경우, 행운이 함께한 경우

C-4) 판정

옳은 판정만 있는 것이 아니고, 판정에도 오판이 있다.

a) 경우의 수
  (티샷 OB 없는 날)

주사위를 한 번 던져 6이 나올 확률은 1/6이다.
주사위를 6번 던져 6이 나오는 총개수의 확률은 1/6 * 6 =1회이다.
6이 한 번 이상이라도 나올 확률은 한 번도 나오지 않을 확률이 $6C0 \times (1/6)^0 \times (5/6)^6 = 0.335$
이므로 76.5%이다.

드라이버 OB가 발생할 확률이 10%라면, 10번 치면 평균적으로 1회의 OB가 발생할 것이고, 한 번도 나오지 않을 확률이 이항분포 계산으로 $10C0 \times 0.1^0 \times 0.9^{10} = 0.349$이므로 1회 이상 OB가 발생할 확률은 65.1%이다.

마찬가지로 드라이버 OB(&해저드) 발생확률이 20% 되는 골퍼가 10번 쳤을 때,
  OB 발생하지 않을 확률 $10C0 \times 0.2^0 \times 0.81^0 = 0.107$ ---- 10.7%
  OB 1회 발생할 확률 $10C0 \times 0.2^1 \times 0.8^9 = 0.268$ ---- 26.8%
  OB 2회 발생할 확률 $10C0 \times 0.2^2 \times 0.8^8 = 0.302$ ---- 30.2%
  OB 3회 이상 발생할 확률 1-(0.107 + 0.268 + 0.302) = 0.323 ---- 32.3%이다.

* 어떤 골퍼가 라운드할 때, 티샷에서 OB 해저드 벌타 발생을 2~3회 하는 사람이라면, 드라이버 벌타 발생확률이 대략 20% 되는 것이며, 어쩌다가 (열 번에 한 번꼴로) 티샷 OB 해저드가 없는 플레이를 했다고, 드라이버 티샷 능력이 향상되었다고 보기는 어려우며, 운이 좋았다고 생각해야 한다.
온그린율이 70%인 골퍼가 18홀 모두 On 할 경우는 '0.7^18 = 0.0016, 1회/614라운드'이다. 매 라운드 목표이지만, 수년 또는 평생에 한 번 나올까 말까 한 확률이다.
온그린율이 50%인 골퍼는 '0.5^18 = 0.0000038, 1회/262144라운드' 해야 18홀 모두 On green 할 수 있는 확률이다. 3 천년 골프 치면 1회 가능하다.
cf) 20~30년 후쯤 본 서적의 가치가 모든 골퍼의 실력향상에 영향을 주어 많은 골퍼가 가끔

100% 온그린하는 라운드를 가질 수도 있을 것이다.

b) 실력과 연습법

쇼트 퍼팅 연습을 하면서 2m 거리에서 5ea를 모두 성공해야 다음 연습으로 넘어가겠다고 마음먹고 연습을 하는 경우가 있다.

(1m 5ea 모두 성공 -> 1.5m 5ea 모두 성공 -> 2m 5ea 모두 성공)

A 골퍼 : 2m 퍼팅 75% Hole in 실력 보유

B 골퍼 : 2m 퍼팅 50% Hole in 실력 보유

"도전 ~~~"

A, B 골퍼가 2m 퍼팅 5ea를 연속으로 모두 성공할 수 있는 평균 시도 횟수는?

A 골퍼 : $5C0 \times 0.75^5 \times 0.25^0 = 0.24$

한번 시도해서 성공할 확률은 24%, 따라서 평균 4.2회 시도하면 5ea를 연달아 모두 성공할 수 있다.

B 골퍼 : $5C0 \times 0.5^5 \times 0.5^0 = 0.031$

한번 시도해서 성공할 확률은 3.1%, 따라서 평균 32회 시도하면 5ea를 연달아서 모두 성공할 수 있다.

B 골퍼는 A 골퍼보다 8배 많은 시도를 해야 한다.

1회 시도에 1분이 소요된다면, A 골퍼는 4분 만에 끝낼 수 있지만, B 골퍼는 30분 동안 해야 2m 연습 과정을 끝낼 수 있다.

어떤 실력 차이는 연습 목표와 방법을 수정되게 함을 알아야 한다. B 골퍼는 2ea를 연속 성공($0.5^2 = 0.25$)하면 다음으로 넘어가야 같은 연습 시간을 갖게 되는 것이다.

c) 가설과 검증

'A는 B이다.', 'A는 B일까?'라는 무수히 많은 가정을 하고 확인을 하는 Test를 한다.

Test 전에 어떤 논리를 세워 정의한 것이 가설이다.

Test를 했는데, 아직 불명확한 상태도 가설 단계이다.

-. 틀린 가설을 세워서 Test를 했다면 낭비일 수도 있고, 그것이 아니라는 깨달음을 얻었으니, 소득이 있다고 생각할 수 있다. 생각의 차이이다.

-. 검증의 방법이 잘못되어서 가설을 명제로 판정하는 오류가 있다. Test 환경(조건) 차이에 기인한 것으로써, '골프 스윙 기계 vs 사람', '서로 다른 스윙 동작 형태', '다른 클럽 사양' 등에 의해 만들어지는 결과를 곧이곧대로 보고 믿으면 오류가 발생한다.

-. 판정의 오류에 의해 만들어진 답을 정답으로 인식할 수 있다.

〈가설 검증 - 통계 확률〉
(심화한 내용)
(연구 논문에 결론을 도출하기 위해 사용되는 것)

가설을 검증하기 위하여 Test를 한다. 시행 횟수가 있다. 검증 기준이 있다.
시행 횟수에 따라서 Z-값이 달라진다.
가설 검증 판정 절차는 다음과 같다.
^ 새로운 가설을 세운다.--- 대립 가설의 개념이다.
   귀무가설 : 기존과 같다.
   대립 가설 : 기존과 다르다.
^ Z-값 = (시행된 것의 평균-기준값)/(시행된 것의 표준 편차/√시행 횟수)
^ Z-값으로 정규분포표에서 도수분포 구하여, 신뢰 수준과 비교한다.
^ 신뢰 수준(90%, 95%, 99%) 또는 유의 수준 α(±5%, ±2.5%, ±0.5%)와 같은 검증 기준에 따라 판정한다.

Test 값의 도수분포가 신뢰 구간 내에 있으면, 즉 '1 - 도수분포 = P값'이 유의 수준(α)보다 크면, 새로운 가설은 기각한다. 채택하지 않는다는 이야기다. 우연의 일치이며 효과(차이) 있다고 단정하기 어렵다는 이야기다. 여전히 기준값은 같다고 판정한 것이다.
   cf) 확률 용어에서 기각은 '인정하지 않는' '채택하지 않는'의 의미다. 반면 법률용어의 기각은 '거부 = 요청을 승인하지 않음'의 의미이다.

Test 값의 도수분포가 신뢰 구간 밖에 있으면, 즉 '1 - 도수분포 = P값'이 유의 수준(α)보다 작으면, 새로운 가설은 기각하지 않는다. 채택한다는 이야기다. 새로운 가설을 인정한다는 이야기다. 효과가 있다고 보는 것이다.

Remarks

#1. 골프에서 무수히 많은 가설이 존재한다. 골퍼는 그것들을 Test 해서 기각 또는 채택할 것인지를 결정한다.
기각되는 가설은 헛수고한 것이다. 단, 깨달음은 얻는 것이 된다.
* 아니라고 깨달았어도, 다시 시도하는 예가 다반사이다. 노력의 낭비가 있다.

#2. Test 해서 가설을 검증하는 방법이 있지만, 이치에 맞지 않는 것은 Test 할 필요 없이 배제할 수만 있다면 헛수고를 하지 않을 것이다.

#3. 가설에는 애당초 성립하지 않는 가설도 있다.
ex) *"피니쉬를 잘 잡으면 스윙이 좋아진다.", "피니쉬를 잡고 몇 초 동안 있으면 스윙이 좋아진다."*
이들 이야기는 마치 피니쉬를 못 잡아서 스윙이 안 좋은 것으로 오해를 불러일으키게 한다. 스윙이 안 좋으니 피니쉬가 안 좋은 것이다.
피니쉬는 최종 단계의 Output인데, 선행 단계를 고치게 할 수는 없다. 성립하지 않는 가설이라 하겠다.
* 비유 : 좋은 대학 가면 공부 잘하는 것이 아니고, 공부 잘하면 좋은 대학 갈 수 있는 것이다.

d) 스윙 교정, 새로운 기술 습득으로 실력향상

4권 3장 6절에서 골퍼의 상하 정타 능력 그리고 그것을 제어하는 변수의 '제어 불가한 개수'에 따른 교정 실력향상 정도를 설명하였다.

상급자, 교습가, 프로가 어떤 것을 변화시켜, 즉 변수 1ea를 바꿔가며 타점 변화, 방향성 변화, 탄도 변화, 헤드 스피드 변화 등을 설명하며 시범을 보일 때, 설명하는 내용과 70%~90% 정도의 일치율을 보이곤 한다.
그러나 중급자, 하급자가 그것을 똑같이 해보면 겨우 55%~60% 정도 일치한다. (기준값이 50%이므로 실제 5~10% 교정)
이때 이들 일반 골퍼는 그 Tip을 의심하게 되고, 심지어는 더욱더 나은 획기적인 뭔가가 없나 하고 다른 것을 찾으려 하기도 한다.

상급자와 하급자는 실력이 달라서, 즉 제어할 수 있는 변수의 개수가 달라서, 어떤 교정에서 나타나는 Output이 다르게 보일 뿐이다.

상급자의 70~90% 일치율은 하급자의 55~60% 효과(일치율 상승)와 같은 비중을 차지하는 동급의 확률이다.

그림과 같이 어떤 변수 하나를 개선했을 때, 기존에 제어되는 사항이 적으면 적은 향상 결과를 보이고, 제어되는 것을 많이 보유했다면 개선 효과는 크다.

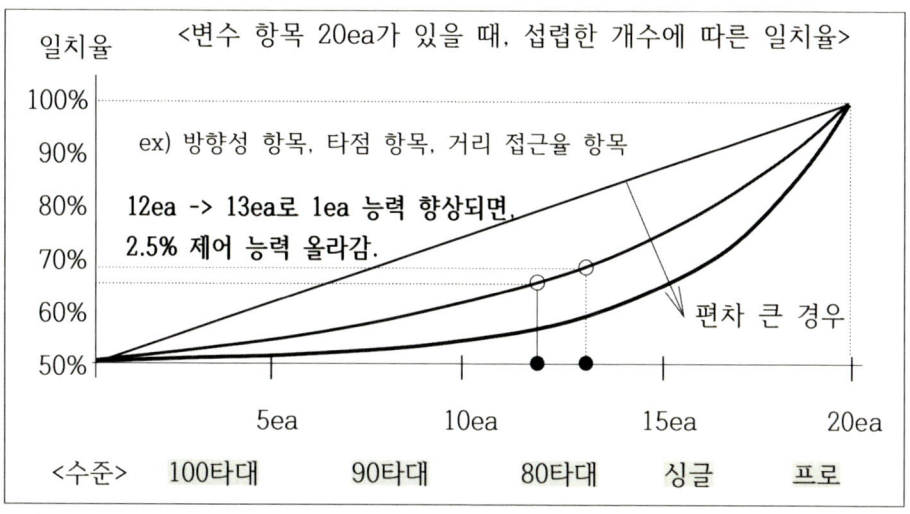

그림 5.C.6 변수 정복 개수에 따른 성공률 증가 (실력향상 변화 예시)

Remarks

#1. 많은 일반 골퍼들이 획기적인 실력향상 방법을 찾고 있으나, 그런 것은 없다고 보는 것이 맞을 것이다.

#2. *본 C-4)에서* 설명하는 것들을 이해하기 위하여, 골프 확률은 골프 이론에 종사하는 사람들을 위한 하나의 분야로 정착되고 체계화되어 교육되는 것이 필요할 것이다.

    cf) 확률은 생산 현장에서 품질관리를 위해 요긴하게 사용되고 있다.

e) 판정의 오류

옳은데 틀린다고 판정(판단)하는 것을 '1종 과오'라 한다.
틀린 데, 옳다고 채택하는 것을 '2종 과오'라고 한다.

보통 1종 과오를 확인하기 위하여 신뢰도 95% 검증, 2종 과오를 확인하기 위하여 유의 수준 5%로 검증한다.
때에 따라서는 80% 신뢰 수준(유의 수준 20%)으로 검증하는 것도 있다.
검증하는 수준에 따라서 기각/채택이 결정된다. 정하기 나름이다.

골프에서 **1종 과오**는 손에 잡힌 좋은 방법을 놓고 다른 것을 찾게 된다. 발전, 개선, 실력향상이 더디게 된다. 그리고 아주 먼 길을 돌아가게 되는 결과를 만든다.

골프에서 **2종 과오**는 현상 유지이다. 계속 잘못 알고, 잘못하고 있게 된다.
슬럼프, 부상에서 빠져나오지 못하고 장기간 상태가 지속된다. 오히려 다른 멀쩡한 것들을 미스샷의 범인으로 지목하여 그것들을 안 좋은 모양으로 몰고 가게 될 수 있다. 노력하면 노력할수록 더 나빠질 가능성이 크다.

* 비유 : 적절한 비유인지? 드라마의 친자 확인 유전자 검사에서, 검사 시료, 방법, 절차가 잘못되어서,
  - 친자인데, 친자가 아닌 것으로 검사되는 경우가 1종 과오에 해당 --- 또 다른 불행의 시작, 오해, 수많은 혼란 따른다. 결국 친자임이 확인된다.
  - 친자가 아닌데, 친자로 검사되는 경우가 2종 과오에 해당 --- 당분간 현상 유지되나, 언젠가는 진실이 밝혀지는 상황이 온다.

생산 현장의 품질관리, 판매전략에서 영업 분석 등에서 1종 과오(오류) 또는 2종 과오(오류)가 발생하면, 긴 시간을 허비하고 막대한 비용이 들어가듯, 골프에서도 마찬가지다.
생각의 오류, 판정의 오류는 무지에서 나오기도 하지만, 어떤 경우에는 선입견, 선입관, 편견, 착각(무의식적 행위), 오해, 욕심으로부터도 발생한다.

f) 골프에서 가치 판정

새로운 스윙 기술을 접하게 되어 그것을 시행해 보았다.
결과는 어떻게 나타나고, 어떤 가치 판정을 해야 하는가? 에 대한 이야기다.

ex. 1) 새로운 방향성 제어 Tip 적용 :

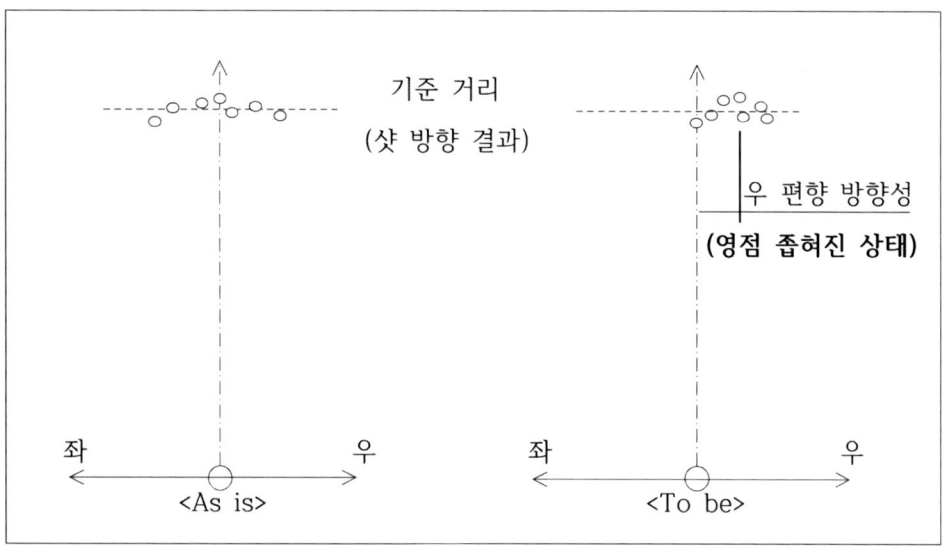

그림 5.C.7 새로운 Tip 가치 평가 (방향성)

그림의 'To Be'는 방향성 제어하는 어떤 Tip을 실시했더니 나타난 낙구 지점이다. 결과는 똑바로 가지 않고 우측으로 편향되는 방향성을 가졌는데, 영점 상태는 좋다고 할 수 있다.
이 샷은 유용한가? 답은 매우 유용한 것이다.
즉 이용 가치, 활용 가치가 있다. 일부 골퍼는 슬라이스 난다고 배제해 버리는, 가치 없는 것으로 판정하는 '1종 과오' 판정을 할 수도 있다.

   cf) 그럴싸한 내용으로 만들어진 골프 영상 2,000개를 모아 정리하여 탐독하는데, 그중에 1,990개가 2종 과오에 해당하는, 즉, 답이 아닌데 답으로 착각한 내용이라면, 골프 실력이 향상될 수 있겠는가? 골프 실력에는 가치 판별력도 중요하게 작용한다.

ex. 2) 새로운 스윙 동작으로 비거리를 늘리려 한다.

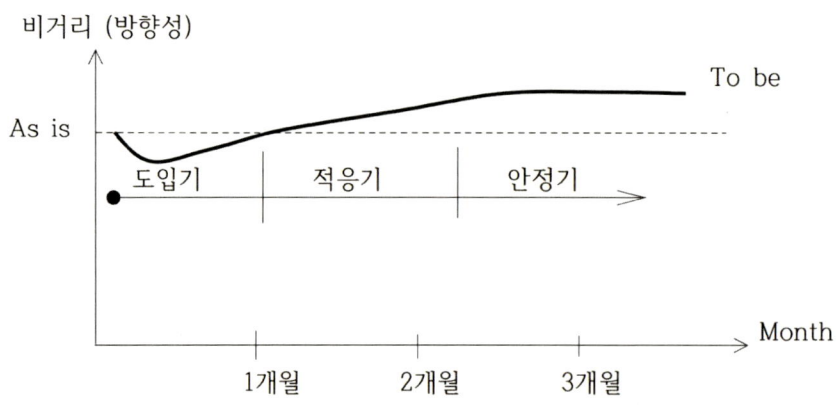

그림 5.C.8 새로운 비거리 향상 기술 적용에 필요한 시간

비거리 늘리기에 꼭 필요한 스윙 동작 (ex. 오른 팔꿈치 외회전, 오른 무릎 오금 굽히기, 무릎 폄 리듬)을 시도하니, 처음에는 별반 효과가 없거나, 오히려 기존보다 거리도 줄고 방향성도 좋지 않은 것 같다.

그러나 몸에 신경 회로가 형성되고 나니, 거리도 늘어나고, 일관성도 좋아지고, 몸에 부담도 줄어 들었다.

이 스윙 동작은 매우 유용한 동작임에도 불구하고, 일부 골퍼는 초반에 제어하기 어려움을 느껴 배제해 버리는 1종 과오를 범할 수 있다.

상당수의 스윙 기술은 연습장에서 바로 좋은 결과를 보이지 않고, 1~3개월의 수련이 필요함을 잊어서는 안 된다.

이런 형태를 보이는 골프 기술은 오른 무릎 오금 굽힘, 컷 샷, 펀치 샷, 오른 무릎 폄 샷 적용, 스웨이 교정, 손 감각 억제하는 퍼팅 스트로크, 컷 샷 어프로치 등 많은 수를 차지한다.

g) 우연의 일치

(실력향상 - 안되는 날에서 답을 찾자.)
(어떤 것이 유난히 안 되었다면, 그것에서 답을 찾을 수 있다.)

우연히 더 잘되는 날도 있다.
우연히 더 안되는 날도 있다.

우연히 어떤 것을 얻어 실력이 향상되기도 한다. 반대로 엉뚱한 것을 적용하는 바람에 실력이 급락하기도 한다.

어쩌다가 어떤 동작 변경으로 답을 찾을 수 있다. 이것을 계기로 하나의 골프 기술(Logic)을 습득하게 된다. 상급자일수록 답을 줄 확률은 높고, 하급자일수록 그냥 지나치게 될 가능성이 크다.
하급자는 잘되는 날에서 답을 찾으려 하고, 상급자는 안되는 날에서 답을 찾는다.

　* 지식(방법)의 서핑 또는 우연한 계기로 책, 영상, 칼럼으로부터 실력이 일취월장하기를 기대한다. 그렇지만 일반 중하급 골퍼에게서는 그런 우연이 긍정으로 작용하기를 기대하는 것은 거의 낙타가 바늘구멍으로 지나가는 것을 기대하는 것과 같다.
　특별히 더 안되었던 날, 그 원인을 찾아 교정하면, 효과는 배가 되고, 깨달음은 오래 간직될 것이다. 실패한 것에서 답을 집요하게 찾아야 한다.

h) 체감

좋아졌다. 얼마나 좋아진 것을 좋아졌다고 할 것인가?
나빠졌다. 얼마나 나빠진 것을 나빠졌다고 할 것인가?
도움이 되었다. 0.1% 도움이 되었다면, 도움이 된 것인가? 아닌가?

체감이란 뇌가 느끼는 감각인데, 어떤 비교 기준 없이 현상(결과)에 대하여 평가한 느낌이다.
골프에서는 의외로 구체적인 비교 기준이 없이 체감으로 평가되는 항목이 많다. 아마도 기준을 설정하기가 모호하기 때문일 것이며, 증명하기도 난감하기 때문일 것이다. 그리고 각기 상대적이면서 개인적인 특성이 강한 이유도 있다.

체감상, 신빙성이 떨어지고 신뢰가 상실된 골프 레슨 이론 영상이 쏟아져나와도, 각자 생각이 다르다는 논리를 펴고 그러니 각자 판단에 맡기는 것으로 갈음되는 것이 현실이다.
이상한 판례가 계속 만들어지면서 서로 답처럼 포장한다.

　* '쉽다.'와 '어렵다.'라는 표현을 많이(자주) 사용한다. 기준이 정해진 것은 아니다.

i) 제거와 소거
(다른 관점에서 품질 향상)

제거는 없애는 것이다.
소거는 지워 없애는 것이다.

90타 골프 실력의 타수 분포는 좌측 그림과 같다.

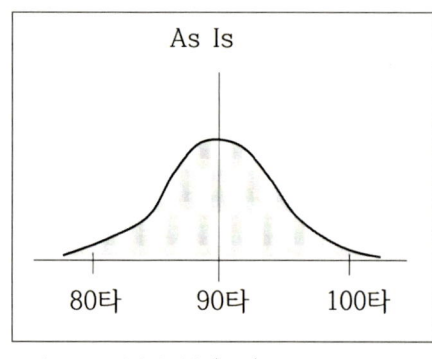
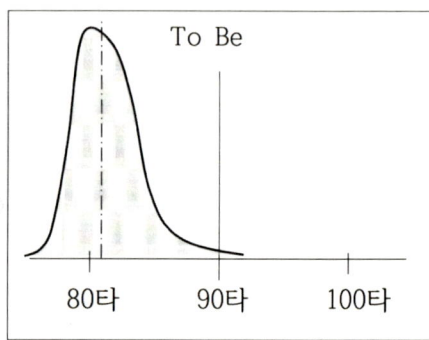

그림 5.C.9 실력의 상승 (소거)

만약 81타 이상을 치게 했던 미흡한 기술들을 하나씩 터득하여 없앤다면, 우측 그림과 같이 골프 실력은 향상될 것이다.
실력이 일거에 향상될 수는 없다. (단, 무너지는 것은 일거에 무너질 수 있음)
부족하고 부실했던 것들은 차근차근 하나씩 제거와 소거하는 단계를 거쳐야 한다.

C-5) 선입견, 선입관, 편견, 착각, 의심
(오판은 왜 발생하는가?)

a) 선입견

'마음속에 고정된 생각', 대상 인식에서 그릇된 인식과 타당성이 모자란 상태에서의 평가가 원인이 되는 지식이나 이해의 틀을 말한다.
선입견이 틀에 박히면 엉뚱한 형태의 고정관념이 된다.

골프에서 해가 되는 선입견들 :

- **스윙 동작에서 보이는 것, 들리는 것, 느끼는 것이 그 순간의 것이라 여기는 생각**
    골프 다운스윙은 약 0.2sec에 이루어지는 것으로써, 각각의 신경 전달 및 자극 인식 시간과 비교하면 느끼는 것은 한참 과거에 이루어진 것이다.
    * 비유 : 하루 태양의 위치와 비교하면, 오후에 오전의 것을 인지하는 것과 같으며, 오후에 그 날 오전의 일을 제어할 수 없다는 걸 알아야 한다.

- **많이 움직이는 것 위주로 본다. 많이 움직이는 것이 크고 중요한 것이라는 생각**
    보일락말락 작게 움직여도 질량이 크면 큰 에너지이다.
    몸(70kg)이 1cm 위로 움직인 에너지는 $70 \times 0.01 = 0.7 \text{kgf·m} = \underline{7 \text{ N·m}}$이고, 클럽 헤드 200g이 3m 위로 이동한 에너지는 더 작은 $0.2 \times 3 = 0.6 \text{kgf·m} = \underline{6 \text{ N·m}}$이다.
    * 테이크어웨이 오른 팔꿈치 눌러주기 - 오른 골반 접기 - 왼 어깨 Braking - 오른 무릎 오금 굽힘 - 오른 팔꿈치 외회전 같은 것에 초점을 맞출 수 있어야 한다.

- **속도를 느끼려는 의지**
    속도는 느끼기 어렵다. 겨우 귀로 듣는 소리가 속도를 간접적으로 추측하게 하는 것이다.
    인체의 감각 기관은 속도를 느끼는 것이 없다. (피부에 느끼는 공기 흐름 정도, 천천히 눈앞에서 움직이는 시각적 이동량을 속도로 환산)
    손과 몸에 느껴지는 것은 가속도(힘)이며, 이것을 느끼려 해야 한다.

- **스윙하고 있는 몸의 움직임을 모두 직접 제어할 수 있다고 생각하는 것**
    반사신경은 제어하는 것이라기보다는 고려해야 하는 것이다.
    그리고 Feedback 날 신경은 대략 0.15sec 이후에나 의지와 무관하게 뇌가 스스로 평가하여 반응하는 것이다.

- **사람마다 동작의 느낌이 같다는 생각**

    사람마다 신경계가 조금 달라서 다른 느낌이며, 보이는 것, 들리는 것도 경험이 다르고, 감각이 달라 서로 같지 않다.

    * 필요한 것은 미리 준비(신청)해야 한다. 다운스윙에서 필요한 손목 강도는 백스윙 감속 동작에서 확보해야 한다.

- **In to Out 스윙 궤도는 슬라이스를 방지하는 것으로 생각**

    In to Out 다운스윙 궤도를 갖게 되면 힘을 쓰는 몸의 형태상 원심력가속도 성분이 커져 클럽 헤드가 선행되는 조건이 만들어지는 것일 뿐이다. 그리고 그 힘(성분)으로 속도가 더 빨라지는 것도 만들어지는 것이다.

    In to Out 궤도에서 원심력가속도 성분이 커지지 않으면 오히려 슬라이스는 증폭된다.

- **백스윙 오른 힙 턴과 왼 무릎 회전 많이 하면 큰 백스윙 된다는 생각**

    부족해도 손해지만, 과한 것은 더 큰 문제를 초래한다. 시점도 중요하다.

- **연습장 인조 매트에서 볼을 가격하는 것과 필드 잔디에서 볼을 가격했을 때 같거나 비슷하다고 생각하는 것**

    잔디 조건에 따라 다양한 샷의 필요성을 인식하지 못하는 일반 골퍼가 제법 많은데, 잔디 저항, 잔디 낌 프라이어, 지면 저항 등 실제 다양한 차이가 발생한다.

b) 선입관

'미리 하는 주관적 판단', 어떤 특정 대상에 대하여 실제 체험(경험)에 앞서서 가지는 주관적 가치 판단을 말한다.

보통 그럴싸한 말들은 사기꾼이 현혹할 때 사용한다. 쉽고 단순한 그럴싸한 말들은 실제로 답이 아닐 가능성이 크다고 하겠다.
고대 그리스의 권위 있는 철학자는 *"만물의 근원이 물, 불, 흙, 공기의 4가지다."* 라고 했다는데, 현 세대에서는 얼마나 우스꽝스러운 말인가?

골프에서 해로운 선입관들 :

- **하면 금세 잘할 것 같다. 쉽게 될 것 같다.**
  10년, 20년 열심히 해도 보기 플레이어를 벗어날 수 없는 경우가 많다.

- **뭐 하나만 잘 깨달으면 (고치면, 바꾸면) 잘 될 것 같다.**
  이런 경우는 매우 드물다. 그리고 잘못된 수많은 것 중 하나를 찾기마저도 어렵다.

- **헤드 무게로 떨어트려 쳐라!**
  중력에 의해서 클럽 헤드가 땅바닥으로 떨어진다. 그 가속도는 1g이다. 말은 그럴싸하다. 그러나 다운스윙은 그 20배가 되는 몸의 회전력으로 클럽 헤드를 바닥으로 내려가게 한다. 그리고 40g가 넘는 원심력가속도 성분력으로 가속되는 것이 릴리즈 구간이다.
  골프에서 보통 헤드 무게라고 하는 것은 가속에 저항하는 관성력을 뜻하며(법선력인 원심력을 헤드 무게로 볼 수도 있음), 릴리즈 구간에서 땅바닥으로 떨어지는 무게는 원심력의 회전 가속 성분력을 의미하고, 임팩트 전에 느끼라고 하는 것은 적정한 손목 회전력 사용으로 만들어지는 헤드의 가속 관성력을 의미한다.
  * 중력에 의해서 사과가 바닥으로 떨어지는 것과 클럽 헤드가 내려와 볼을 때리는 것은 전혀 다른 형태이다.

c) 편견

'**편향적 견해**', 어떤 사물, 현상에 대하여 그것에 적합하지 않은 의견이나 견해를 가지는 태도
  * 한쪽으로 치우친 생각, 거시적인 안목이 없이 일부 한 가지 측면만 고려하는 상태

골프에서 편견들 :

- **A는 X가 옳다고 하고, B는 Y가 옳다고 한다.**
  거의 모든 교습이론에 본인이 옳고 남은 틀렸다는 문구가 한두 개씩은 있는 것 같다. 그들이 골프 스윙을 해석할 수 있는 능력이 있는 것인지부터 생각해 볼 일이다.
  ex) 어떤 이는 오른팔을 쓰라 하고, 다른 이는 왼팔을 쓰라고 한다. 양쪽 다 편견이 있는 것이라 할 수 있다.

- **논리적(수학적) 접근은 거부하고(싫어하고) 쉬운 팔 동작, 몸 동작에 집착하고 그것으로 잘 해 보려 한다.**

골프가 그렇게 해서 잘될 수 있는 것이었으면, 좀 열심히 하는 거의 모든 일반 골퍼가 싱글 플레이어가 되었을 것이다.

ex) 아마도, 교습에서 과학적, 수학적, 역학적 접근을 꺼리게 된 이유는 그동안 불완전한 형태의 설명 그리고 큰 도움 안 되는 특정한 것의 설명에 그것들이 주로 인용된 결과로 생각할 수 있다.

쉽게 이야기하면, 과거의 과학적, 수학적, 역학적으로 골프 해법을 설명한 것들이 별로 도움이 안되었다는 것으로 귀결될 수 있다는 것이다.

d) 착각

(무의식적 행동, 욕망이 현실을 지배) (의식적 착각과 무의식적 착각)
(시간 개념의 착각)
("*착각은 자유다*"라는 말이 있는데, 아마 골프처럼 착각이 많은 것은 없을 것이다.)

어떤 사물이나 현상을 실제와 다르게 지각하거나 의식하는 행위를 말한다.
매우 안타깝고 불행한 일이다.

골프에서 착각들 :
- **골프 스윙 동작에서 많이 하는 착각은** '수동 vs 능동 개념'**의 혼동**인데, 만들어지는 것을 직접 하는 것으로 생각하고 그렇게 하라고 설명한다는 것이다. 그러나 수동을 능동으로 여기는 순간 헛소리만 남게 된다.

- **골프에서 시간 개념 착각 :**
    ^ 0.2sec 짧은 다운스윙 동안 할 수 있는 것과 없는 것의 분간
    ^ 감각신경 인지 시간 0.1sec 무시
    ^ 새로운 신경 전달 체계 생성에 필요한 기간 3개월 무시
    ^ 기억과 감각의 망각(손실) 상태 무시
    ^ 하룻저녁 지난 것의 인과관계를 깨닫기 힘듦 (몇몇 골프 부상)

- **속도와 가속도(≈힘) 착각**
    외력 및 저항이 없는 곳에서도, 움직임(속도)을 단순히 힘으로 생각하나, 움직임의 변화가 가속도이며 이것이 힘이다.

헤드 속도는 결과물이고 가속도는 사용된 힘이 만드는 변위와 시간의 조합이다. (a = 2s/t^2)

- 세게 치면 멀리 갈 것이라는 환상을 버리지 못한다.
그러나 세게 스윙하면, 결과적으로 신경 제어의 부정확으로 정타 확률이 거의 1/3로 줄어들어 평균 비거리는 감소하게 될 가능성이 크다.
또한 세게 스윙하여 급가속 되면서 그립 힘이 증가하여 오히려 릴리즈 안되어서 헤드 스피드를 증가시키지 못할 가능성도 크다.

- 이것저것 많이 배우고, 많이 연습하면 잘 칠 것이라 여긴다.
그러나 이것저것 많이 하면, 망가지고 다칠 가능성이 커진다고 봐야 한다.
올바른 스윙을 하라고 하지만, 올바른 스윙이 무엇인지부터 알아야 한다.

- 보이는 것 위주로 설명되어, 보이지 않는 것이 중요하다는 생각을 못 한다.
그러면서, 보이지 않는 것에 대한 골프 동작은 거의 모두 '느낌'이라는 용어로 대체해버리는 경향이다. 더 깊이 생각할 기회도 얻지 못한다. 보이지 않는 것은 무시 대상으로 취급되기도 한다. 그러나, 골프 스윙에서 답은 보이지 않는 것에서 찾아야 한다.

- 신중하고 감각을 잘 느끼며 섬세하게 퍼팅 스트로크하면, 더 똑바로 더 정확하게 칠 수 있을 것이라 여긴다.
그러나 퍼팅 스트로크는 손에 온 심혈을 기울여 쳐봐야 오히려 방향과 거리 편차가 더 증폭될 가능성이 크다.
퍼팅의 첫 번째 요소는 손의 감각을 느끼지 않으려 해야 하는 것이다.

- 볼이 놓여있는 잔디 라이가 얼마나 큰 결과의 차이를 만드는지 간과한다.
2nd 샷 및 어프로치에서 첫 번째로 고려해야 할 사항은 볼이 놓여있는 잔디 라이다.

- 골프에서 근력 사용 착각 :
골프 스윙을 처음 배우면서 동작에 초점이 맞춰지고, 근력에는 여유가 있다. 근력 사용량은 70%, 80%, 85%, 90%로 점점 증가하여 최대 근력 사용량에 도달한다. 100% 스윙을 하는데, 왼 골반 오른 골반 왼팔 오른팔 모두를 다 강하게 사용하여 휘둘러 스윙하려 한다. 멈추지 않고 연습한다. 그러나 이 방식은 오차를 키울 뿐, 개선될 여지가 거의 없다.
가볍고 조금 약하게 치고자 할 때는 4ea 회전력 사용하고, 100% 샷은 Cross 회전력 2ea 조합이 사용되어야 한다는 것을 인지하지 못하도록, 처음 배우는 과정이 착각하게 만드는 사항이다.

- 백스윙, 몸통의 꼬임을 유지하는 것이 장타 치는 방법이라고 여긴다.

그러나 다운스윙 초반 옆구리는 풀어져야 (상·하체 분리) 하체 회전량이 키워지며, 어깨 회전이 사용될 때 하체 Stopping이 잡히면서 몸통 꼬임이 다시 확 키워져 헤드 스피드를 늘릴 수 있다.

백스윙에서 꼬임을 아무리 크게 하여 그 꼬임을 유지하면서 다운스윙 해 봐야 헛심만 잔뜩 쓰는 꼴이다.

이 착각은 아마도 백스윙 꼬임이 하도 강조되어 만들어지는 사항일 것이다. 백스윙 몸통 꼬임의 중요도가 1이라면, 다운스윙 상·하체 분리 후 다시 힘 쓰는 것의 중요도는 10 정도라 할 수 있다.

단, 왼쪽 '등(어깨)~위팔~아래팔~손(손목)'의 꼬임은 유지되어야 한다. 특히 왼 손목 강도는 백스윙 감속 동작에서 형성시켜 놓아야 한다.

- 실력향상(저하)의 상대성 : 하나 배우면 실력이 일취월장할 것으로 생각한다.

이것이 보통의 평균 수준 골퍼가 실력향상이 더디게 나타나는 이유이다. 90타 골퍼가 참신한 기술 하나를 습득했다면, 실력은 크게 향상되지 않는다. 겨우 0.5타 이내의 작은 향상이 기대될 뿐이다. 한마디로, 표시가 잘 나지 않는다. 반면, 110타 골퍼는 2타 이상의 실력향상이 기대된다.

거꾸로, 75타 골퍼가 중요한 한 가지를 놓쳤다면(한 가지가 무너졌다면) 2타 이상을 잃을 가능성이 있다.

어떤 기술 습득에 있어서, 수준별로 그 영향은 상대적이라고 할 수 있다.

- 모든 스윙은 같다는 착각 :

겉모습만 그렇지 100% 스윙은 근력 한계에 있다.

95% 스윙은 손목 한계와 무릎 폄 한계에 여유치가 있다.

95% 스윙 미스샷은 단순 동작 오류 사항이 주류인데, 100% 미스샷은 근력 한계 때문에 발생하는 것이 상당수다. (ex. 캐스팅, 배치기 형태 뒤땅)

- 그립 돌려 잡기 착각 :

그립 돌려 잡으면 (특히 세워 잡은 경우) 모양대로 방향성이 형성될 것이라고 단순히 생각하는데, 더 큰 미스샷만 양산한다.

e) 의심

'상대방을 이상하게 여기는 것', '이야기에 의문을 품는 것'

특정 대상을 이상하게 여기는 감정을 말한다. 경험 또는 사실과 다르다고 생각하는 것이다. 의심에는 부정적인 뉘앙스가 있으나, 긍정적인 의심도 있다.
보통, 일반적인 의심은 해가 될 수 있고, 합리적인 의심은 득이 될 수 있다.

골프에서 의심들 :

- **많은 골퍼는 어떤 Tip, 이론 등에 대해 의심부터 하는 경향이 있다.**

  이것은 아마도 장기간에 걸쳐 많은 것을 해봤는데, 안되었던 경험이 쌓이고 쌓여 만들어진 불신과 같은 것이다. '양치기 소년' 이야기와 같다.
  아울러 골프가 그렇게 단순하지 않다는 것도 어느 정도 알게 된 것이다.
  만약 골프가 단순한 것들인데, 그것을 그렇게 열심히 해왔는데도 못하고 있다면, 자신은 거의 바보와 비슷하게 된다. 그런데도, 아이러니하게 많은 일반 골퍼들은 계속해서 단순하고 쉬운 Tip들을 찾는다.
  실제, 적은 노력으로 골프를 잘 할 수 있기 위해서는, 본서에 나와 있는 정도의 내용을 파악하고 있어야 하는 것 같다. (단, 어렸을 때부터 온종일 몸으로 골프를 배운 경우는 제외)

- **교습가는 어떠한 Tip도 믿음을 갖지 않는(의심부터 하는) 일반 골퍼를 싫어하는 것 같다.**

  믿음은 과거의 경험으로부터 만들어지는 신뢰인데, 오해에 기인한 불신일 수도 있다. 일반 골퍼는 무수히 많이 해봤는데 안되었던 경험이 있다.
  배우고자 하는 사람은 어떤 것을 익혀야 하는지 알아야 하고, 가르치고자 하는 사람은 무엇이 필요한지를 알아야 해결될 사안이다.
  아울러 가르치고자 하는 사람과 배우고자 하는 사람 모두 (*"이렇게 해야 하고, 이러면 안 되고"*와 같은 주입식보다는) 골프의 근본 진리에 대해 생각해봐야 한다.

f) 집착 (고집, 아집)

집착은 확률 용어는 아니다. 확률을 거스르겠다는 생각의 하나가 집착이다.
집착이란 한곳에 몰두하는 것으로, 긍정보다 부정의 요소가 많은 행위를 계속하려는 의지를 의미한다. 안되면 무조건 되게 해보겠다는 사고이다.

골프에서 발전을 저해하는 집착들 :

- **퍼팅, 똑바로 맞추겠다는 단순 의지**
  의지가 신체의 반사신경과 Feedback 반응을 이길 수는 없다. 그것에 대응하고, 그것을 이용해야 한다.

- **웨지, 잘 내려찍어 치겠다는 마음**
  웨지 플레이를 잘하는 방법은 쓸어치기를 잘해야 한다.

- **아이언, 항상 똑바로 같은 거리를 보내려는 노력**
  골프는 스윙의 결과를 이용하는 것이지, 교각살우(矯角殺牛)처럼 억지로 만드는 것이 아니다.

- **우드, 이것저것 Control 해서 유용하게 이용하겠다는 생각**
  우드는 크라운 헤드 모양 때문에 양력의 영향을 받으므로 생긴 대로 놓고 스윙해야 한다.

- **드라이버, 팔과 손목을 조정해서 똑바로 맞게 하겠다는 의지**
  원심력, 릴리즈, 샤프트의 변형은 상체 동작만으로 제어되는 것 아니다. 팔과 손으로 페이스를 조절할 수 있는 양은 일부에 지나지 않는다.
  하체를 이용해야 안정적인 제어가 가능하다.

g) 현혹과 유혹

눈에 보이는 것에 한정한 것으로 그럴싸하게 말로 홀린다. 현혹하는 것이다.

이렇게 해봐라, 또는 저렇게 해보라고 유혹한다. 100문장 이야기를 마디마디 분석해보면, 엉터리 이야기가 99가지다. 자주 반복해서 접했던, 단편적인 단순 스윙 요령들은 그것만 하면 다 될 것 같은 현혹을 만든다.

골프는 하나하나 집요하게 파서 결론에 도달해야 완전히 습득되는 특징을 가지고 있다.

C-6) 명제

수학에서 배웠던 명제는 참(T)과 거짓(F)을 명확하게 판별할 수 있는 문장이나 식을 의미한다.

a) 같은 사안 다른 결론

A는 *"이것이 맞는다고 한다."*
B는 *"이것은 틀리고 저것이 맞는다고 한다."*
C는 *"이것도 저것도 틀렸다고 말한다."*
D는 *"글쎄? 맞을 수도 있고, 틀릴 수도 있다고 말한다."*

누구의 말, 주장이 맞을까?
아마도 평가의 기준(입장, 경험, 지식, 목적 등)이 서로 달라서, 각자 다른 결정을 한 것일 수도 있다. 인문과학에서는 많은 사항이 애매할 수 있겠지만, 자연과학에서는 대부분 뚜렷하게 옳고 그름이 존재한다.

골프는 인문과학의 범주에 속하는지? 자연과학의 범주에 속하는지?
역학적, 생물학적 내용이므로 자연과학의 관점에서 봐야 할 것이다. A, B, C, D 누군가 한 명은 맞고, 나머지 3명은 틀린 것이다.

b) 골프에서 옳고 그름, 참과 거짓

"올바른 스윙을 하면 잘 맞고, 잘못된 스윙을 하면 미스샷이 발생한다."
"올바른 동작을 해야 한다. 잘못된 동작을 하면 안 된다."
위의 문구는 매우 자주 접하는 말(설명)이다.

당연한 이야기이므로 생각하거나 해석할 가치가 없다. 이런 말은 골퍼에게 도움이 전혀 안된다. 단순한 포괄적 명제에 지나지 않기 때문이다.
이 말에 덧붙여 뭔가를 설명한다면, 포괄적인 이야기를 던져 놓고, 그다음의 어떤 근거나 합당함이 없는 이야기도 함께 당연하게 받아들여 달라는 의도가 내포된 것이다.

"올바른 스윙은 ooo 이유로 이런 것이다.", *"잘못된 동작은 xxx 때문에 이런 것이다."* 라는 문구에

대해서 옳고 그름을 따져보면서 배워야 한다.

* 화자가 말하는 '올바른 스윙'이란 단순히 '스윙에 도움이 될 수 있는 것'이란 의미이고, 진짜 '그것이 올바르다'라는 의미는 아니다.

"이런 동작은 토핑이나, 뒤땅이 날 수 있다."
"이렇게 하면 페이스가 열리거나 닫혀 맞을 수 있다."
위 문구는 이럴 수도 있고, 저럴 수도 있다는 식의 표현들인데, 좀 무책임한 이야기같다. 어떤 Input에 양(+)과 음(+) 정반대 결과가 나타날 수 있다는 표현으로, 드문 현상이다. 이런 설명, 표현이 들어 있는 교습 창은 오히려 골퍼들에게 혼란을 가중하지 않을까 하는 생각이 든다.

c) 새로운 것의 습득
(골프는 5차원 운동)

"이렇게 한번 해보세요!", "이렇게 되게 해보세요!"
골프의 100% 스윙은 매우 짧은 시간에 이루어지는 극한의 신체 관절 동작이다.
'한 번 해보고 아니면 말고' 식의 접근은 배제하고, 그 필요성과 가치를 명확히 따져봐야 한다.

골프 스윙 만들기에서 '밑져야 본전'은 거의 없다고 보면 된다. 도움이 되는 것이 아니면, 근육 신경 제어 회로에 쓰레기 파일과 같은 불필요한 저장이 이루어지고, 기존의 동작에 흐릿함을 연출하게 될 가능성을 키우는 것이다.

ex) 프레젠테이션에서 불필요한 장표 한 장이 중간에 삽입되었다고 가정해보자. 청중들은 웅성거리며, "저게 뭐지!" 하는 반응을 보여 PT의 완성도를 떨어트릴 것이다.

많은 골프 이론들이 있고, 조건(클럽, 코스)이 변하면서 스윙 이론도 변하고 있다. 이론 중에는 상반되기도 하고, "내 것이 맞고 다른 것은 틀리다."라는 표현도 있다.
단순한 접근으로 따지면, 옳고 그름에 혼란을 일으킬 수 있지만, 가장 기본이 되는 원리, 원론(그것은 물리학, 역학, 생물학, 수학에 기반을 두는 것)에 입각하게 되면, 변하지 않는 절대 진리, 즉 참 명제에 도달하게 될 것이다.

많은 교습 영상에서 동작에 주안점을 두고, 그것도 작은 에너지의 큰 변위에 주안점을 두고 골프 스윙을 설명하고 있다. 그리고 변위 이외의 물리량은 거의 사용하지 않는다. 아마도 힘의 크기, 시간의 물리량을 설명하려 한다면, 어렵고, 지루하고, 그림(View)이 안 이쁘게 될 것이기 때문이다. 그러나 성인이 되어 골프를 배우는 일반 골퍼가, 골프 스윙과 플레이 방법을 이해하고, 빠른 습득을 하려 한다면, 스윙 물리량(변위, 힘의 크기, 시간)에 관심을 가져야 할 것이다.

골프는 3차원 공간에 시간이 포함된 4차원 운동이며, 인체 감각·운동신경이 작용하는 4.5차원 또는 5차원 운동이다. '5차원 = 3차원 공간 + 2차원 시간'

스윙 동작은 시행 횟수(연습)에 따라 신경회로의 운동 제어프로그램이 차츰차츰 생성되고, 완성되고 난 후 그 가치를 판단할 수 있을 것이다.

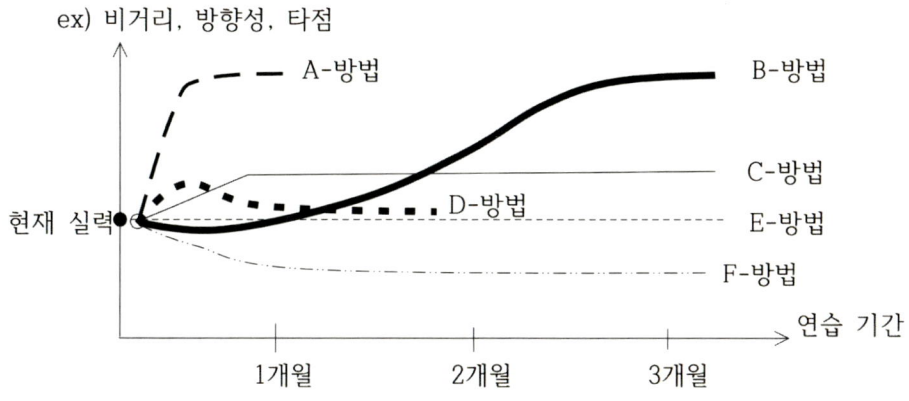

그림 5.C.10 골프 새로운 방법(Tip)의 적용과 실력향상

골프 Tip 중에는 그림과 같이 시간에 따라서 가치 진행이 다를 수 있다.
 ^ A-방법 : 많은 일반 골퍼들은 이런 방법을 찾기 원하지만, 이런 것은 거의 없다고 보면 된다.
 ^ B-방법 : 장시간의 연습(Training)을 요구하지만 연마하면 실력향상에 큰 도움이 되는 것이다.
 ^ C-방법 : 약간의 도움이 되는데, 발전(쓰임새) 한계에 일찍 직면하게 되는 것이다. 이후 다른 발전 요소에 방해로 작용할 수도 있다.
 ^ D-방법 : 일시적으로 도움이 될 것처럼 보이지만 결국 도움이 안되는 것이다.
 ^ E-방법 : 별 효과가 없어 시간 & 노력만 허비하는 것이다.
 ^ F-방법 : 퇴보를 주는 것이다.

골프 스윙에는 다양한 방법들이 있다. 특이한 스윙 폼을 가지는 세계 정상급 선수들도 상당수이다. 스윙 폼이 아름다운 것보다는 필요한 샷의 다양성과 일관성을 만들 수 있느냐가 관건이고, 그들은 자신의 스윙 폼으로 그것을 달성한 것이다.

골퍼마다 입장의 차이는 다음과 같다.
- 현재 부분별로 실력(능력)이 차이가 있다. 따라서 개선해야 하는 것도 다르다.
- 현재 구사하는 샷(스윙)의 방법이 다르다. 따라서 적용해야 하는 방법(방향)도 다를 수 있다.
- 신체조건(체격, 근력, 신경 반응), 클럽 사양, 스윙 크기가 다르다. 따라서 스윙 형태(패턴)도 다르게 가져야 할 것이다.

이런 차이들로 인해서, 최종적으로 적절한 스윙(다양한 샷)을 찾아내서 적용하는 것은 골퍼 각자의 몫이 되고, 교습가, 교습서, 교습 영상 등에서 제시하는 방법은 단지 포괄적인 측면에서 참고 사항이 되는 것이다.

d) 성장 (실력향상)

연습을 안 하면 그 정도에는 차이가 있지만, 골프 실력은 점점 하락한다. 기본 가닥이 있다면 하락 정도는 적을 것이나, 이론 없이 몸으로만 체득하였을 때 그 하락 정도는 클 수 있다.

골프 실력은 새로운 것을 습득하는 과정에서 그림과 같이 잠깐 하락했다가 성장하는 패턴을 반복한다. 탈피와 비슷한 과정이다.

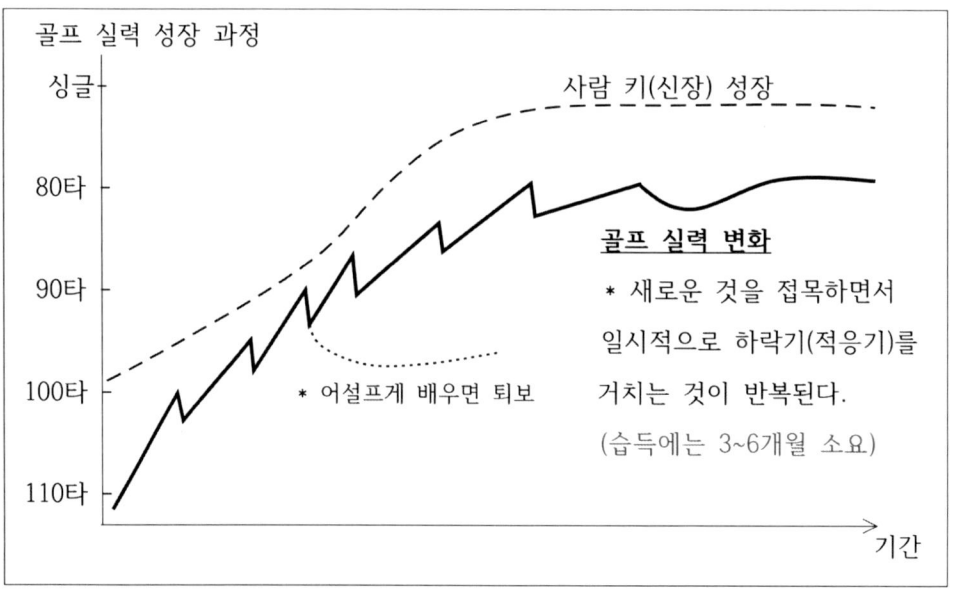

그림 5.C.11 골프 실력 성장 과정

새로 어떤 기술을 배울 때, 어설프게 배우면 전체 실력이 향상되기는커녕 도리어 저하된다. 배울 때는 예외 조항까지 빠트리지 말고 야무지게 배워야 한다.

e) 어떻게 하면 잘할 수 있을까?

똑같은 공부량에도 어떤 사람은 성적이 좋고, 어떤 사람은 만족하지 못하는 수준이다. 방법에 맞게 효율적으로 하느냐? 아니냐? 차이일 것이다.

* 요령이나 운도 작용한다. 제한된 시간 때문에 시험에 나올만한 가능성, 확률이 있는 부분을 족집게식으로 하고, 운 좋게 그것이 맞아떨어지는 경우다.

보통의 이야기로는 공부해서 시험 잘 보려면 *"단편적인 암기 위주보다는 전체를 이해하고 체계를 잡고, 정리할 수 있어야 합격한다."* 라고들 말한다. 또 *"효율적으로 해야 한다."* 라고 함축적으로 말한다.

골프도 마찬가지다.

골프는 단편적인 것으로 해결될 게임이 아니다.
추천하는 가지가지 골프를 잘하게 하는 것들, 잘 할 수 있는 방법이라고 하는 것들이, 실제 맞는 명제(True)인지? 아닌지? 즉 착각은 아닌지? 오류가 있는지? 다른 시각(각도)으로 한번 바라보고, 먼저 깊이 있게 생각하고 평가해서 취사선택할 수 있어야 하고, 그다음에, 그것이 숙달되어야 한다.

최종적으로는 업무매뉴얼과 같이 골프 매뉴얼이 자신의 머릿속(뇌) 또는 손바닥(노트)에 있어야 좋은 게임을 계속할 수 있을 것이다. 그리고 시험 문제의 내용을 알고 있는 것과 그 문제를 푸는 것에 차이가 있듯이, 골프도 알고 있다고 잘 할 수 있는 것은 아니고, 그것이 연습 되고 몸에 내재하여 거의 무의식적으로 선택, 실행될 수 있어야 한다는 사실을 적시해야 한다.

f) 의미
(싱글 플레이어 조건)

싱글 플레이어가 되는 것은 일반 골퍼의 희망 사항이다. 이것은 마음과 의지만으로는 안 된다. 수치상으로 안정적인 싱글이 되기 위해서는 다음이 필요하다.

- 어프로치 50% 성공률 :
  ^ 쉽고 평범한 (퍼터 사용, 칩샷, 피치샷) 쇼트 어프로치 : 60% 이상 Save
  ^ 어려운 (Bunker, Heavy lough, 특수 트러블, 미들 거리) 어프로치 : 30 ~ 40% Save
  ^ 최소한 트러블에서 +2를 만드는 큰 실수는 없어야 함
  * 쇼트 퍼팅 능력 있어야 함

- 12m(40ft) 이상 긴 거리 퍼팅에서 2/3 Save, 1/3 이하 3-퍼팅 :
  ^ 짧은 거리는 거의 놓치지 않아야 3-퍼팅 방지 가능함
    * 쇼트 퍼팅 능력 있어야 함
  ^ Hole 진행 과정에서 그린 빠르기 변화를 판독할 수 있어야 함.

- 평균 벌타 구역 1ea 정도 :
  ^ 코스 매니지먼트 되어야 가능함
  ^ 방향 제어 능력 있어야 함 (릴리즈 제어 능력, 회전력 사용조합 구별)

- 온그린 10ea 이상 :
  ^ 어느 정도 드라이버 거리 나오고, 페어웨이 확보되는 것이 필요함
  ^ 거리 제어 능력 있어야 함
  ^ 탄도(백스핀) 어느 정도 높아야 함

- 어떤 조건에서도 뒤땅 토핑은 없어야 함 :
  ^ 정타 능력 있어야 함
  ^ 잔디 라이, 경사 라이 처리능력 있어야 함

'싱글 플레이어 = 온그린율 + 어프로치 성공률 + 쇼트 퍼팅 성공률 ≥ 180%'

일반 골퍼에서, 현시점 싱글 플레이어는 대략 5% 정도, 또는 그 미만이다.
50% 정도가 싱글 플레이어가 된다면 아마 더 즐겁고 행복한 골프 라운드가 될 것이다.

g) 영향

A가 방향성에 40% 영향을 미친다. A를 하면 방향성 40%를 해결한다.
B가 방향성에 40% 영향을 미친다. B를 하면 방향성 40%를 해결한다.
A와 B를 신의 경지로, Zero 오차로 제어하면 남은 방향성 오차는?
답은 20%가 아니다. $1-(0.4^2 + 0.4^2)^{0.5} = 0.43$, 43%가 남게 된다.
골프는 한 가지 변수에 의해서 결과가 만들어지는 것이 아니기 때문에, 막연히 단순하게 생각하는 향상만큼 이루어지지 않는다.

롱게임 스윙에서, a 오동작하면 +5타 손실, b 동작을 하면 +5타 손실, c 동작을 하면 +5타 손실이라고 했을 때, a+b+c를 하면 몇 타 손실일까?
답은 +15타가 아니고, $\sqrt{(a^2 + b^2 + c^2)^{0.5}} = 8.7타$ 손실이다.
보통 복합 영향은 분산의 합 개념으로 작용한다.

h) 영향 평가

새로운 샷, 새로운 동작을 스윙에 접목하거나 사용하기 위해서는 의약품의 효과와 부작용 시험처럼 다음과 같은 항목들에 대한 영향 평가를 해야 한다.
- Normal 샷의 결과 변화 확인, 결과의 일관성에 대한 정도 확인, 실제 **헤드 스피드, 탄도&스핀, 방향성, 타점, 동작 일관성(제어 특성), 부상** 6가지 항목을 평가해야 함 :

    ex) 오른 팔꿈치를 몸에 붙이는 백스윙 동작은 (팔꿈치 높이가 낮고 손목 각이 커) 뒤땅에 감기는 Hook 구질
- 클럽별 사용 득실 확인 :

    ex) 눌러 치기 샷에서 롱 아이언은 '왼 골반 + 오른팔 회전력 조합'으로 타격해야 탄도 높일 수 있음
- 경사 라이별 사용 가부 확인 :

    ex. 1) 컷 샷은 왼발 오르막 (체중 이동 안 되어 왼손에 힘 들어가) 뒤땅
        발끝 오르막 (토우 바닥이 지면에 먼저 들어와) 토우 뒤땅

    ex. 2) 눌러 치기 샷은 발끝 내리막 (체중 이동 안 되어) 매우 낮은 탄도
- 잔디 라이별 적용 가부 확인 :

    ex) 다운블로 샷은 잔디에 떠 있는 볼일 때 거리 감소 및 방향 부정확
        (페어웨이 벙커에서도 같은 부정확한 결과)

- 바람 상태에 따른 효과 변화 확인 :
    ex) 다운블로 샷은 탄도 낮고 스핀 많아서, 강한 맞바람에서 효과 거의 없음

cf) 위의 하면 안 되는 것에 반하여, 궁합이 잘 맞은 조건의 샷이 있다.
- 컷 샷은 평지뿐만 아니라, 왼발 내리막에서 타격에 효과적이다.
- 힙 턴 샷(힘 빼고 힙 턴 많이 하는 샷)은 왼발 오르막에서 타격에 효과적
- 오른 팔꿈치를 높이 드는 백스윙 샷은 발끝 오르막에서 뒤땅 완화 효과

실력이 늘어날수록 구사하는 샷의 수가 많아지는데, 새로운 동작과 샷을 습득하면서, 그만큼 많은 Test가 필요하게 된다.

한두 가지 샷만 사용하는 경우는 그것 영향만 확인하면 되는데, 10가지 샷을 구사하는 경우, '**샷 종류 10 x 클럽별 5종 x 경사 5종 x 잔디 라이 4종 x 바람 2종 ≈ 2,000가지 경우의 수**'가 발생할 수 있다. 다 검증할 수는 없으므로, 되는 것과 안되는 것, 도움이 되는 것과 해가 되는 것의 판단에 시행착오를 최소화하고, 위의 예와 같은 핵심적인 사항을 빨리 파악해야 한다. 핵심은 미스샷 경험에서 빨리 파악할 수 있다.

  * 테스트에서, 특성을 파악하는 것에는 서너 번의 실전을 거쳐야 전반적으로 알 수 있다. 선수는 겨우내 연습하여 시즌에 사용하는 데 반해, 일반 골퍼는 전날 연습장에서 연습하고 다음 날 필드에서 적용하려는 마음인데, 당연히 좋은 결과를 얻기는 힘들다고 봐야 한다. 골프 샷에 예외와 의외성이 있다는 것을 인정하려는 마음이 꼭 필요하다.

i) 향상 의미

*"50% 향상되었다."*라는 의미는 두 가지다.
① 단순 비교 수치가 50% 좋아지게 변했다.
- 성공률 20% ---〉 40% ---〉 80%
- 방향성 각도 오차 10° ---〉 5°---〉 2.5°
- 접근율 80% ---〉 88.3% ---〉 93.1% (면적 중심 비교)
- 타수 +20타 ---〉 +10타 ---〉 +5타
- 가격이 50% 올랐다/내렸다.
② 확률 분포가 50% 좋아지게 변했다. 〈--- 이것이 골프에서 향상의 의미
- 확률 분포의 표준 편차 Z값 0.67 ---〉 1.15 ---〉 1.54
- 20명 중에 11등에서 6등으로 올랐다. 3등에서 2등으로 올랐다.

C-7) 골프에서 나비 효과, 증폭 작용

나비 효과란 나비의 날갯짓으로 만들어진 작은 공기 흐름 변화가 커다란 태풍(돌풍)을 만들 수 있다는 것으로써, 작고 사소한 변화가 원인이 되어서 이후 예상하지 못한 커다란 변화를 일으킬 수 있다는 뜻이다.
혼돈이론(카오스이론)에서 초깃값의 미세한 차이에 의해 결과가 완전히 달라지는 현상을 말한다. 처음 상태가 확률적으로 Zero의 가능성이 아니었다는 것이다.

반도체 회로에서 작은 입력값들이 증폭을 거쳐 커다란 Output을 만들고, 제어 회로에서 미세한 초기 입력 조건 차이가 큰 동작 차이를 만드는 것과 비슷하다.
나비 효과를 만드는 것들은 원치 않는 결과를 만들기도 하고, 원하는 결과를 쉽게 만들어 줄 수도 있다. 따라서 그것들에 대한 이해를 더욱 확실히 해둘 필요가 있다.

  * 뭐 하나 바꾸어서 골프 실력이 확 좋아지기를 기대하는 것이 일반 골퍼의 심리이고 희망 사항이자 큰 착각이다. 아마도 골프에는 그런 것이 거의 존재하지 않을 것이다.
  수백 가지의 세부 능력들이 조금씩 또는 하나하나 상승했을 때 상급자가 될 수 있는 것이다.

다음은 본서의 복습 차원에서 정리 해 보는 것으로써, 골프에서 작은 어떤 동작 하나를 바꾸었는데, 그것이 나비 효과를 발생시켜서 큰 변화의 움직임과 결과를 만드는 것들이다. 좋은 것도 있고 나쁜 것도 있다.

  - 테이크어웨이에서 팔을 펴면서 손을 눌러주고 돌려주면,
    ^ Setup에서 주었던 삼두박근의 Tension이 유지되어 이후 백스윙 감속과 다운스윙 가속 회전이 원활해짐
    ^ 왼 어깨 들림 방지, 어깨 모임
    ^ 손목 스냅 극대화
    ^ 백스윙 가속에서 손 악력 커지는 것을 완화
    * 했을 때와 안 했을 때는 천당과 지옥 차이의 샷감 변화

- 이른 오른 골반접기를 하고, 백스윙 후반부(끝부분) 왼팔이 뻗어지게 오른 팔꿈치 들어주면 (드라이버)
  ^ 어깨 턴 증가
  ^ (손목) Over swing 감소
  ^ Casting 완화, 래깅 증대 --- 헤드 스피드 증가, 훅 감소, 궤도 상승
  * 왼 어깨 Brake 잡으면서 왼팔이 뻗어지게 만드는 것

- 백스윙 후반부(끝부분) 왼팔이 뻗어지게 오른 팔꿈치 들어주면 (롱 아이언)
  ^ 왼팔 꼬임 증가 --- 헤드 스피드 증가
  ^ Over swing 감소
  ^ 헤드 열림 완화 --- 슬라이스 완화

- 백스윙 왼발 살짝 눌러주며 시작하면 (95% 이하 스윙)
  ^ 왼 무릎 폄 강화 --- 뒤땅 완화
  ^ 손목 스냅 강화 --- 임팩트 가속 강화, Push 발생

- 엄지~검지 V자 그립
  ^ 손목 회전력 더 사용됨
  ^ 타격 로프트 각 증가 (롱 아이언 탄도 높이기에 필수)

- 손가락 힘 변경(Setup 오른손 엄지 살로 누름, 왼손 검지 꽉 쥠)
  ^ 손목 각 증대
  ^ 자연 로테이션 증가 --- 훅 또는 악성 훅 발생 (Bad)

- 낮고 긴 테이크어웨이 (롱 클럽)
  ^ 캐스팅 발생 환경 증대 --- 페이스 닫힘, 뒤땅 (Bad)
  ^ 스웨이 발생 환경 증대 --- 왼 무릎 폄 약화, 뒤땅 (Bad)

- 백스윙, 왼 무릎 이동량
  ^ 접근 각 줄임 ≈ 로프트 각 & 탄도 & 백스핀 낮춤
  ^ 너무 민감해서 왼 무릎 이동량을 제어 용도로 사용할 수 없음 (Bad)
  * 백스윙 감속 동작이 방해되어 손목 강도 확보 안 됨.

- 다운스윙 시작에서, 어깨 기준으로 팔이 조금 들린 경우
   (오른손 4th & 3rd 손가락 악력 약할 때, 백스윙 탑 손을 높이 들려 할 때, 왼팔 꼬이지 않을 때, 다운스윙 시작 수평 체중 이동 강하게 하려 할 때)
   ^ 힙과 몸통 턴이 약해진다. --- 후행 분절의 방해, Brake 기능 약화
   ^ 손목 스냅 약해진다. --- 오른 어깨 회전이 미리 사용됨
   ^ 백스핀만 많이 걸리고 거리 안 나간다. --- 자연 로테이션 감소
   * 세게 치는 연습을 하고 난 다음 날 이 현상은 발생할 가능성 크다.
   훅 교정법이라고 사용하면 샷감을 잃게 된다.
   cf) 양 팔꿈치를 안쪽으로 모으고, 팔을 내려 몸에 붙게 하는 다운스윙 시작하는 모양이 되면 스냅은 바로 다시 살아난다.

- 턱을 당기는 어드레스
   ^ 하체 쿠션 세팅 기능 --- 페어웨이 벙커에서 뒤땅 방지
   ^ 어깨를 모아주는 기능
   ^ 힐쪽으로 타점 이동 --- 섕크 유발(Bad)
   * 주의 : 턱을 너무 많이 당기면 다시 하체 폄이 부실해 진다.

골프에서 응급 처치라는 말이 있다. 나쁜 것을 나쁜 것으로 잡는다는 이이제이(以夷制夷)와 비슷한 것인데, 이것은 임시방편일 뿐이다.
이것을 근본적인 해결책이라고 착각하는 순간에 골프 실력의 발전은 기대할 수 없게 될 것이다.
나쁜 나비 효과를 만드는 것의 사용에는 주의가 필요하다.
그리고 과유불급(過猶不及)도 생각해야 한다. 좋은 나비 효과를 만드는 것이라고 과하게 사용하면 부작용으로 피해를 보게 되므로 적당한 사용량을 인지해야 한다.
"기본에 충실해야 한다." 라는 말과 같이, 골프 스윙에서는 *본서 3권 1장~7장 내용*을 기본으로 해야 한다. 기준값(Even 값)을 찾고 내재시켜야 한다.

C-8) 신페리오 확률 (New Perio Method 좋은 점수 얻는 법)

(Par 3, Par 5 Hole에서 좋은 Score를 기록하라. 이것 1타가 0.4타 줄임)

단체 대회에서, 모든 참가자에게 좀 더 공정하게 입상의 기회를 주기 위하여, 핸디캡 스코어를 반영하는 신페리오 방식이 적용되는 때가 많다.

⟨신페리오 핸디캡 산정과 타수 계산법⟩

1st : 18 Hole 중에 12개 Hole을 선정하여 핸디캡 산정을 한다.
- Hole 선정 :
  보통 전후반 각 Par 3 1ea, Par 4 4ea, Par 5 1ea를 선정 × 2 = 48타
- 핸디캡 산정 = {(선정 Hole에서 친 타수 x 1.5) - 72} × 0.8

2nd : 신페리오 타수 계산 = 본인 Score − 핸디캡 산정값

신페리오 타수가 좋게 나오게 하기 위해서는 Par 3 와 Par 5 Hole의 점수가 좋아야 한다. 이유는 이들 Hole이 핸디 산정에 적은 비율로 포함되어 핸디 산정값이 높게 되는 효과가 있기 때문이다. 결론적으로는 Par 4보다 Par 3 & 5 Hole 들에서 1타를 적게 칠 때마다, 확률 계산적으로 0.4타를 줄일 수 있게 된다는 것이다.

⟨증명⟩

A-골퍼와 B-골퍼 똑같이 +20(92타)을 쳤는데, 신페리오 타수 확률은 다음과 같다.

A-골퍼(92타) : Par 3 & Par 5 = All 0,   Par 4 = All +2
B-골퍼(92타) : Par 3 & Par 5 = All +2,   Par 4 = 8ea는 0 & 2ea는 +2

- A-골퍼의 신페리오 스코어 확률 :
  핸디 산정 = {(48+(0+0+0+0+2+2+2+2+2+2+2+2)) × 1.5 - 72} × 0.8 = 19.2
          = (0+0+0+0+2+2+2+2+2+2+2+2) × 1.5 × 0.8 = 19.2
  신페리오 스코어 = 92-19 = 73 (+1타)

- B-골퍼의 신페리오 스코어 확률 :
  핸디 산정 = (2+2+2+2+0+0+0+2/2+0+0+0+2/2) x 1.5 x 0.8 = 12

신페리오 스코어 = 92-12 = 80 (+8타)

* Par 4에서 '+2'를 친 Hole이 선정될 확률 80%, '0'을 친 Hole이 선정되지 않을 확률이 80%이므로 반반 즉 '2/2=1'로 핸디 산정에 Hole 타수를 넣어서 계산하면 된다.

〈원리〉

위 계산에서 A & B 골퍼 똑같이 +20(92타)을 쳤지만, A-골퍼는 Par 3과 Par 5를 극단적으로 잘 친 경우로, 거꾸로 Par 4를 못 쳤다는 이야기인데, 더 못 친 Par 4의 Score가 신페리오 핸디캡에 많이 산정되어서 신페리오 스코어가 좋게 나오는 것이다.

+20타를 친 A & B 골퍼 Case를 비교하면, (-)3 ~ (+4)로 **7타 차이** 만든다.

같은 방식으로, +10(82타)을 친 경우, (-)1.5 ~ (+2)로 **3.5타 차이**를 만든다.

원리는 선정 Percentage 차이 때문이다. 잘 친 Hole이 선정 안 돼야 좋다.

- Par 4 선정 안 될 가능성 : 2ea / 10ea ---------- 20%
- Par 3 & Par 5 선정 안 될 가능성 : 4ea / 8ea --- 50%

약간의 행운이 필요하지만, 실제 신페리오 방식에서 상위권에 오르려면 절대적으로 Par 4보다는 Par 3 & Par 5 Hole의 Score가 더 좋아야 한다.

등수가 신페리오 산정 방식이라면, 등수는 거의 Par 3 & Par 5 Hole의 성적 대결이라고 보면 된다.

Remarks

#1. Par 3 & Par 5 모든 Hole을 모두 잘 쳤다면 좋은 신페이오 성적이 나올 확률은 70% 정도 이상을 기대해 봐도 된다. 나머지 30%는 선정 운이다.

참가 인원과 타수에 따라서 가능성은 달라지지만, 8개의 Par 3 & 5 Hole의 성적에 따라, 신페리오 상위 25% 권 기대 가능성은 대략 다음 같이 생각할 수 있다.

8ea 모든 홀 잘 쳤다면, 상위 성적 가능성 대략 70%
1~2홀 못 쳤다면, 상위 성적 가능성   대략 50%
3~4홀 못 쳤다면, 상위 성적 가능성   대략 30%
5~6홀 못 쳤다면, 상위 성적 가능성   대략 10%
7~8홀 못 쳤다면, 상위 성적 가능성   대략 5%

* 반대로 이야기하면, Par 3 & 5 Hole을 못 쳤다면, 신페리오 좋은 성적을 기대할 필요는 거의 없다는 것이다.

#2. Score 별 신페리오 타수: 1타에 0.2타수 증가 (1.5x0.8=1.2 계산식 때문)

- All '0' 친 경우 :

  신페리오 핸디캡 = (0 x 12) x 1.5 x 0.8 = 0

  신페리오 타수 = 72 - 0   = 72타

- 81타(+9), 즉 반절을 +1 친 경우 :

  신페리오 핸디캡 = (0.5 x 12) x 1.5 x 0.8 = 7.2 = +7

  신페리오 타수 = 81 - 7   = 74타 (+2)

- All '+1', 90타(+18)를 친 경우 :

  신페리오 핸디캡 = (1 x 12) x 1.5 x 0.8 = 14.4 = +14

  신페리오 타수 = 90 - 14   = 76타 (+4)

- All '+2', 108타(+36)를 친 경우 :

  신페리오 핸디캡 = (2 x 12) x 1.5 x 0.8 = 28.8 = +28.5

  신페리오 타수 = 108 - 28.5   = 79.5타 (+7.5)

#3. 후반 두 번째 Par 5 Hole이 신페리오 핸디캡 산정에 포함되리라는 생각에, 위의 A-골퍼가 일부러 0(Par) 대신, +5타를 쳤다면, 신페리오 Score는?

  핸디 산정 = (0+0+0+5+2+2+2+2+2+2+2+2) x 1.5 x 0.8 = 25.2

  신페리오 스코어 = (20+5)-25 = +0 (72타) --- 1타 줄이는 효과

  * 82타이든, Even이 그랬든, 효과는 (-)1타로 미미하다. 인위적 조작 불요.

#4. 전반 첫 홀과 후반 마지막 홀이, 신페리오 핸디캡 산정 홀로 선택되지 않을 가능성이 크다면, 이 두 홀은 (무조건) 잘 쳐야 한다.

또한, 만약 경기 규칙상 멀리건이 1개 주어진다면, 이것은 Par 3 또는 Par 5 Hole에서 사용하여야 한다. Par 4 Hole에서는 잘 쳐봐야 큰 효과가 없다.

#5. (심화) 예제 문제) 다음 결과에서 신페리오(New Perio) 핸디캡 산정 홀은?

4명 골퍼의 스코어와 신페이오 핸디캡은 다음과 같다.

(궁금증 해소 차원) --- 4명 Hole 별 타수와 신페리오 점수를 알고 거꾸로 산정된 홀 알아내기

  (+)11을 친 A-골퍼가 (-)2타가 된 내역

골퍼\Hole	1	2	3	4	5	6	7	8	9	10	11	12	13	14	15	16	17	18	점수	핸디캡	최종
Par			3	5	3		5				5		3			3	5		(점수-핸디캡=최종)		
A 골퍼	2	0	1	0	1	0	0	1	1	0	1	0	2	1	0	1	0	0	+11	13.2	69.8
B 골퍼	0	2	-1	1	0	0	0	1	3	0	1	0	2	0	0	1	0	0	-1 +9	3.6	77.4
C 골퍼	1	0	1	0	1	1	0	0	1	0	3	1	0	1	1	3	0	1	+15	15.6	71.4
D 골퍼	2	0	0	0	1	0	1	0	1	0	0	0	0	2	1	1	1	0	+10	9.6	72.4

<풀이>
◇ 기대 핸디캡 : 점수 x 2/3 x 0.8 x 1.5 --- (A-골퍼 점수 11의 기대 핸디캡 : 8.8)
(B-골퍼 점수 9의 기대 핸디캡 : 7.2)

A-골퍼 최고 점수를 만드는 핸디캡 산정 점수 조합 :
 파3 2개 Hole 점수 --- 1+1
 파5 2개 Hole 점수 --- 1+0
 파4 8개 Hole 점수 --- 2+2+1+1+1+1+0+0 = 8
        합계 11
 핸디캡 11 x 1.5 x 0.8 = 13.2 <------ 운이 좋게 못 친 홀 만 모두 선정된 경우
 결과로부터 미지 홀 : 파5에서 파를 한 3개 홀, 파4에서 파를 한 4개 홀
        즉 7, 10, 18번에서 2개 및 4, 6, 15, 17번에서 2개 미지

C-골퍼(A-골퍼와 홀별 Score가 유사한 패턴) 핸디캡 계산
 핸티캡 15.6 = Y x 1.5 x 0.8 --------- Y = 13
 파5는 A & C-골퍼 같음
 선정되지 않은 12번 파3 홀에서 C-골퍼가 +1을 쳤으므로, 핸디캡 산정할 점수 13을 만들기 위해서는, B-골퍼의 선정된 파4 합계 점수는 +9가 되어야 한다.
  - 확인된 파4 Hole 1, 8, 9, 11, 13, 14 => 1 + 0 + 1 + 3 + 0 + 1 = 6
  - 미 확인된 4, 6, 15, 17에서 두 홀 +3을 만드는 조합은 6과 17 홀 (0 + 3)이다.

B-골퍼 핸디캡 점수로 검증 :
 핸디캡 3.6 = Y x 1.5 x 0.8 --------- Y = 3
 0 + (-1 또는 0̶)+ 0 + 0 + 1 + 3 + 1 + 0 +0 + 0 + 0 + (-1 또는 0̶) = 3
 위 합계가 3이 나오려면 Par 5홀은 3번과 18번 홀이 선정되어야 한다.
 * 운이 없게 잘 친 버디 홀이 선정됨.

D-골퍼 핸디캡 점수로 검증 :
 핸디캡 9.6 = Y x 1.5 x 0.8 --------- Y = 8
 선정 확인된 Hole Score : 2 + 0 + 1 + 0 + 0 + 1 + 0 + 0 + 2 + 1 + 1+ 0 = 8

위 검증으로부터 핸디캡 산정 홀은 1 3 5 6 8 9 11 13 14 16 17 18번이 된다.

C-9) 그린 공략의 최적 에이밍

(최적의 에이밍 지점은 어디를 봐야 하나?)
(90% 접근율의 80타대 : 1°, 2°, 4° 에이밍 법칙)

그린을 공략할 때, 중 핀에 그린 주위에 위험 요소가 없다면, 핀을 직접 공략하는 에이밍을 하면 된다.
그러나 그린 모양, 그린 주위 상황과 핀 위치에 따라 Hole 난도가 달라진다.
이럴 때, 혹자는 *"그린 중앙을 보라."* 라고 한다. 득실 관계는?
결론은, 가벼운 고려 요소 1°, 중간 방해 요소 2°, 심각한 위험 요소 4° 에임 바꿔준다.

a) 에이밍 선정에 필요한 Data

그린(핀) 공략 지점을 선정하기 위해서는 다음의 환경적인 것과 골퍼 실력이 연관된다.

-. 환경 :
  남은 거리
  깃대 위치 (좌우 핀, 앞뒤 핀, 그린 크기/모양, 그린 경사)
  위험 요소 배치 (벙커, 해저드, 기타 벌타 환경)

-. 실력 :
  거리별 샷의 홀 접근율 (방향, 거리)
  거리별 어프로치 성공률
  거리별 어프로치 빅 미스 확률
  거리별 2-퍼팅 확률(3-퍼팅 확률)
  거리별 버디 확률
  그린 주위 벙커샷 실력

-. 기타 :
  탄도와 백스핀(Run)
  바람
  그린 경사, 그린 빠르기

b) 최적의 공략 목표지점 확률 계산

위의 연관 사항을 수치화하고, 정확도를 표준정규분포로 구간별 나누어서, 목표지점을 바꿔 겨냥하는 경우별로 예상 Score를 구할 수 있다.

90대 타수 거리 100m, 접근율 90% (≈ 80대 타수 정도의 실력에서 거리 140m, 접근율 93%), 퍼팅이 어프로치보다 20% 정도 유리하다는 조건에, 그린 크기는 지름 20m, 우측 핀 5m일 때, 예상 Score가 대략 다음과 같이 <u>0.18타</u>이다.

계산은 정규분포표를 이용하여 보간법으로 대략 계산한 것이다.

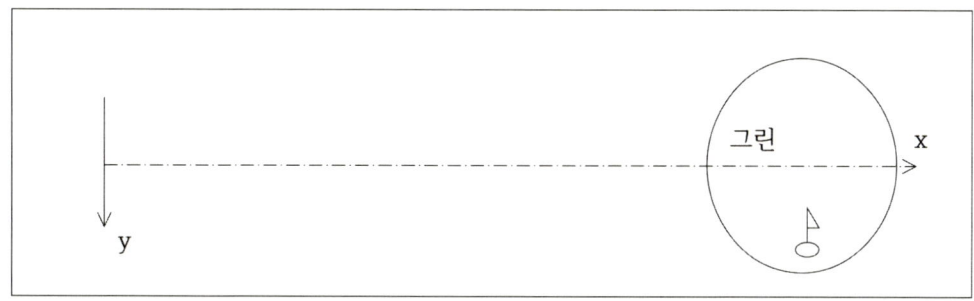

그림 5.C.12 그린 공략 예상 Score (위험 요소 없는 경우 = 핀 직접 공략)

위 그린 조건에서, 핀 우측 10m에 해저드가 있으면, 어떤 공략을 해야 할까?

그림 5.C.13 그린 공략 (해저드 있는 경우)

핀을 직접 보고 공략하면, 아래 계산과 같이 예상 Score는 0.56타 정도이다.
해저드에 빠질 확률이 16% 정도 된다. 해저드가 있으면 +0.38타 증가한다.

핀 좌측 7.5m를 겨냥하여 쳤을 때의 예상 Score는 0.34타 정도이다.
이때 해저드에 빠질 확률은 4% 정도 되나, 먼 거리의 퍼팅과 어프로치가 될 가능성이 커지기에 그것에 대한 계산도 함께해준 것이다.
목표 지점(에이밍)을 바꾸어서 얻는 최적의 Score이다. 최적 에이밍이다.

핀을 직접 공략										핀 우측 10m에 해저드가 있을때				
방향오차	20m이상	17.5	15	12.5	10	7.5	5	2.5	0	2.5	5	7.5	10	12.5	15	17.5	20m이상
Z-값	2	1.75	1.5	1.25	1	0.75	0.5	0.25	0	0.25	0.5	0.75	1	1.25	1.5	1.75	2
도수분포	0.023		0.067		0.159		0.309		0.5		0.309		0.159		0.067		0.023
사이 도수	0.023	0.044		0.092		0.15		0.191		0.191		0.15		0.092		0.044	0.023
Save확률	25	35		70		90		112		112		70		-200		-200	-200
곱	0.575	1.54		6.44		13.5		21.392		21.392		10.5		-18.4		-8.8	-4.6

100m 예상 스코어 ------>   43.447 43.355 0.092   0.159 물에 빠질 확률 16%
                                   0.5646

7.5m 좌측 목표로 할때										핀 우측 10m에 해저드가 있을때				
방향오차	20m이상	17.5	15	12.5	10	7.5	5	2.5	0	2.5	5	7.5	10	12.5	15	17.5	20m이상
Z-값	1.25	1	0.75	0.5	0.25	0	0.25	0.5	0.75	1	1.25	1.5	1.75	2	2.25	2.5	2.75
도수분포	0.107		0.227		0.401		0.5	0.401	0.5	0.227		0.107		0.04		0.012	0.003
사이 도수	0.107	0.12		0.174		0.198		0.174		0.12		0.067		0.028		0.009	0.003
Save확률	25	35		70		90		112		112		70		-200		-200	-200
곱	2.675	4.2		12.18		17.82		19.488		13.44		4.69		-5.6		-1.8	-0.6

100m 예상 스코어 ------>   56.363 46.233 10.13   0.04 물에 빠질 확률 4%
                                   0.3351   <---------- 핀 직접 보는 것 보다 0.22타 좋은 Score

그림 5.C.14 그린 공략, 해저드 있는 경우 최적 에이밍 (엑셀 Sheet 예시)

만약, 핀 좌측 2~3m 정도를 목표로 했다면, 해저드에 빠져서 손실을 보는 타수는 조금 증가할 것이다.
만약, 핀 좌측을 7.5m보다 더 보면, 해저드에 빠질 가능성은 적어지지만, 그만큼 긴 퍼팅과 어프로치에서 손해를 보게 된다.
두 가지를 고려한 최적의 에이밍이 대략 좌측 7.5m 내외가 되는 것이다. 이것은 아이언 접근율에 관계되며, 접근율이 높으면 에이밍 변경 값은 작아진다.

c) 어느 정도가 최적의 에이밍인가? (2, 4, 8 에이밍 법칙)

공략 지점과 예상 Score는 방향(거리) 분포 확률과 그곳에서의 Save 확률, 두 가지의 조합으로 계산되는 것이다. 이것을 그림으로 표현하면 다음과 같다.

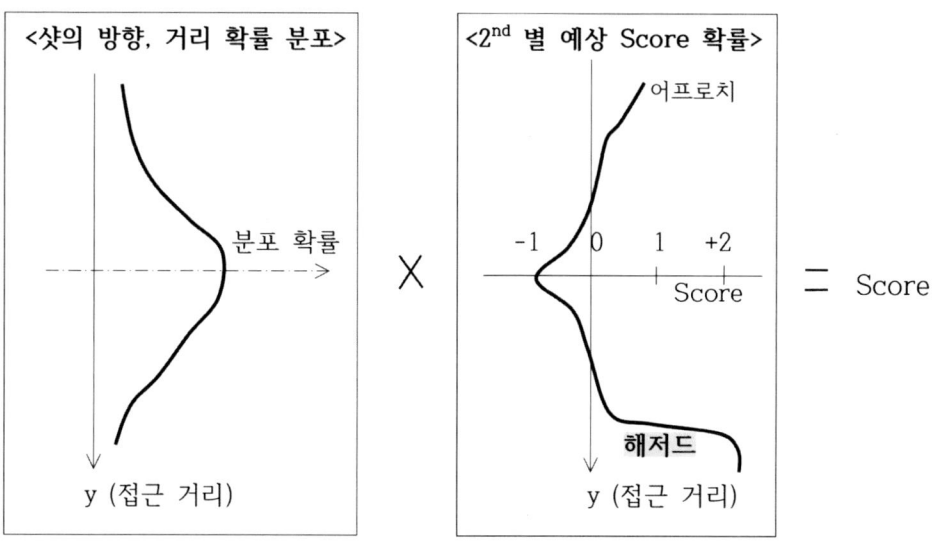

그림 5.C.15 예상 Score는 Σ(두 확률의 곱)

그린 주위 형태에 따라서, 고려해야 할 사항은 대략 다음과 같다.
실력(접근율), 위험 요소의 배치, 그리고 핀까지의 거리에 따라서 다양한 결정이 필요하나, 이것저것 생각이 많으면 미스샷 가능성이 커지므로 단순하게 생각하는 Logic이 필요하다.

다음은, 80타대 아이언 접근율 140m(93%) ∾ 90타대 100m(90%) 정도의 상황에 대한 것으로 그보다 정교하다면, 에이밍을 더 공격적으로 가져갈 수 있다.

Ⓐ 약한 위험 고려 사항이 있을 때
　- 핀의 위치 (앞 핀, 뒤 핀, 좌우 핀)
　- 핀 주위 경사

에이밍은 반대편으로 0.7~1도 방향, 또는 1.3~1.7% 거리 정도를 고려해 준다.
2m 또는 2 yard로 통일해서 생각하면 편할 것이다.
약한 고려 사항은 Score에 큰 영향 주지 않는다. 겨우 1~2% 성공률 차이이므로 심각하게 생각할 필요 없다. 오히려 샷에 집중하는 것이 낫다.

Ⓑ 중간 위험 고려 사항이 있을 때
　- 벙커 위치
　- 포대 그린 법면

에이밍은 반대편으로 1.5~2도 방향, 또는 2.5~3.5% 거리 정도를 고려해 준다.
4m 또는 4 yard 정도가 된다.
핀 근처 벙커는 그린 난도를 20% 정도 키우는데, 에이밍 변경을 활용하면 난도 상승을 10% 정도 낮출 수 있다.

ⓒ 중대 고려 사항 있을 때
- 해저드
- OB

에이밍은 반대편으로 3~4도 방향, 또는 5~7% 거리 이내 정도를 고려해 준다.
대략 거리로는 7~8m 될 것이다.
단, 위험 구역이 멀리 있으면, 에이밍 변경 거리는 그만큼 줄여 준다.
그린 근처의 핀에 영향을 주는 벌타 구역 존재는 그린 난도를 40% 정도 어렵게 하는 작용을 한다.
에이밍을 적절히 변경하면, 그 난도 상승을 반(20%) 정도로 줄일 수 있다.

Remarks

#1. 위 수치를 간략히 표현하면, 1°, 2°, 4° 에이밍 법칙이다.
   (2, 4, 8m 거리로 기억해도 되고, 2, 4, 8 yard로 기억해도 될 것 같다.)
   * 단, 실력에 따라서 반(50%)으로 줄일 수도 있고 125%를 적용할 수도 있다.

#2. 막연하게 그린 중앙을 보거나, 또는 너무 과하게 목표지점을 바꾸는 것은 긴 거리의 퍼팅과 어프로치가 남게 되어서, 버디 개수는 급감하고 보기 스코어가 늘어날 수 있다.

#3. Shot과 무관하게, 에이밍으로 볼 수 있는 손실(이득)은 평균 0.1타/Shot 정도 된다. 18회 Shot을 하니, 수준에 따라서 0~2타의 Score 차이가 그린 공략 에이밍 때문에 결정되는 것이다. (더 많은 것처럼 보여도 나머지는 샷 실수임)
   치고 나서 공략 방향 결정을 잘못했었다고 후회해봐야 소용없다.
   골프는 샷과 스트로크 실력이 다가 아니고, 목표도 잘 잡아야 한다.
   * 비유 :
   ^ 시험 잘 보는 것, 실력이 100%가 아니다. 아는 문제 나오는 행운과 출제 범위 대비 공부한 영역의 관계가 연관된다.
   ^ 인생과 일도 능력이 다가 아니고, 방향 설정이 성과에 중요한 역할 한다.

^ 골프의 해저드, OB 구역과 같이, 인생에서도 가면 안 되고 조금 피해서 가야 하는 방향이 있다.

#4. 어드레스 하면서 목표지점을 변경하면, 다음과 같은 미스샷이 유발된다.
- 방향 번복 => 정렬 자세 흐트러짐
- 스윙 세기로 거리를 줄이는 번복 => 스핀아웃
- 거리를 키우는 것으로 마음 바뀌면 => 손목(상체) 과도 사용 슬라이스

목표지점을 확실히 결정하고 루틴에 들어가야 한다. 그러기 위해서는 자신만의 단순 적용 Aiming logic이 필요하다. 위험 구역의 정도에 따라서 2, 4, 8m (yard) 반대쪽을 목표로 보는 것이다.

#5. 라운드에서 의외로 고민이 많고, 그것의 결과로 발생하는 손실(공략 실패 또는 미스샷 유발)이 많은 것이 공략 목표지점 설정이다.
* 핀 공략 지점을 학습하는 프로그램이 출시되어 도움을 줄 수 있을 것이다.

그것은, 다양한 실전 형태의 그린 모양과 핀 위치에 따라서, 자신의 샷 정확도와 어프로치 & 퍼팅 능력을 Input하고, 공략 목표지점을 찍으며 Save 확률과 예상 타수를 알려주는 것이다. 그리고 어느 곳이 최적의 공략 지점인지를 깨닫게(알게) 해줄 것이다.

#6. 이중 위험 구역 : 좌측에 해저드, 우측에 벙커가 있다면, '(8+4)/2 - 4 = 2' 우측 2m를 에이밍 해야 한다.

#7. 각 라운드에서, Ⓐ 깃대 공략, Ⓑ 그린 중앙 공략, Ⓒ '거리&방향 2, 4, 8 에이밍 법칙'을 적용하여 결과를 비교해보는 것도 좋을 것이다.

템포, 타이밍, 리듬, 밸런스

골프에서 다음과 같은 말을 자주 듣는다. (사용한다.)
"퍼팅 스트로크 템포를 일정하게 하라."
"임팩트 타이밍을 맞춰라."
"스윙 템포가 빠르다. 템포를 늦춰라. 템포를 일정하게 하라."
"스윙 리듬이 맞아야 한다."
"밸런스를 잡아라."

혹자가 이런 말을 한다면, 대단한 고수처럼 느껴지며 유식하기도 하고, 마치 득도(통달)한 사람처럼 생각된다.
그렇다면, 대체 템포, 타이밍, 리듬, 밸런스는 무엇인가?
그리고 위에서 언급한, 자주 듣는 표현(말)은 맞는 이야기인가? 아니면, 모호함이나 모순이 있는 표현인가?

템포, 타이밍, 리듬에는 시간이라는 차원이 있음을 알아야 한다.

* 문장과 단어에는 고유의 의미와 뜻이 있다. 언어는 살아 있어 그 의미와 뜻이 변한다고는 하지만, 그 의미와 뜻을 더 명확하게 알고 있다면, 그것이 사용된 설명과 말에 혼란과 오해를 최소화할 수 있을 것이다.

D-1) 템포

a) 템포(Tempo)의 정의

음악에서 곡의 빠르기 혹은 속도를 뜻한다.
BPM(Beats Per Minute)이며, 1분당 박자라는 뜻이다. 예로,
  알레그로 – 빠르게 120~168 BPM
  모데라토 – 적당히 108~120 BPM
  안단테 – 걷는 속도 76~108 BPM

Remarks

#1. 음악의 템포와 클럽 CPM(Cycle Per Minute) 주기에는 다음 관계가 있다.
  알레그로 x 2 = 클럽 'SR' 'S' 'XS' 강도 CPM
  모데라토 x 2 = 클럽 'R'   강도 CPM
  안단테   x 2 = 클럽 'L' 'A'   강도 CPM

#2. 자극과 신경 반응 동작에서 Tempo :
  - 자극 전달에서 생성된 감각을 뇌가 인지하는 데 걸린 시간
  - 운동신경의 Feedback 시간(주기) = 자극으로부터 운동신경의 반응 시간

b) 골프에서 템포

골프에서 템포는 **어떤 동작의 시간 길이**를 뜻한다. 국부적인 의미로는 동작의 ± 오차를 말한다.
  - 프리샷 루틴 템포
  - 스윙 템포 (백스윙 템포, 다운스윙 템포)
  - 퍼팅 스트로크 템포 (백스트로크 템포, 다운스트로크 템포)

템포가 **더 빠르다면**, 동작의 생략, 부실 동작이 발생할 가능성이 크며, 클럽 CPM과 신경 전달 시간이 해당 동작에서 불일치가 발생하여 힘이 다른 형태로 사용된다. 결과는 스피드 저하, 타점 & 방향성이 달라진다.
템포가 **보다 느리면**, 동작 순서의 변화, 동작의 비효율이 나타날 가능성이 크며, 마찬가지로 클럽 CPM과 신경 전달 시간이 해당 동작에서 불일치가 발생하여서 힘이 다른 형태로 사용되어 진다.

스윙의 결과도 달라진다.

스윙 템포를 맞춘다는 것은 두 가지를 의미한다.
(A) 일정한 스윙 템포를 갖는 것이다.

이것은 일정한 힘의 사용 형태를 말한다.

스윙 크기와 스트로크 크기는 인위적으로 조절 가능한데, 회전력의 진행 템포에 따라서 힘의 사용 형태가 의지와는 다르게 변한다.

* 동작 중심축 높이 선정 및 하체 폄 대장 근육 선정에 따라서 몸통 회전력 진행 시간이 달라지는데, 동작 중심축을 어깨에서 먼 허벅지에 두면 느리게 진행되고, 어깨와 가까운 명치에 두면 빠르게 진행된다. 하체 폄 대장 근육을 허벅지에서 장딴지로 옮기면 릴리즈 동작은 느려지고, 힙으로 옮기면 빨라진다.

(B) 스윙 템포가 클럽 강도 사양(탄성 변형)에 맞는 것. 그리고 자극의 인지, 신경 명령 전달시간과 맞는 것이다.

신경에 관계된 시간은 거의 불변이다. 단, 신경의 전달 속도는 대략 100m/sec으로서, 신체의 먼 곳과 가까운 곳의 신경 전달 시간은 5/1000초 정도의 시차가 발생하리라는 것을 예상할 수 있다.

클럽의 강도(CPM)는 선택되는 것이고, 잡은 그립의 길이에 따라서 ±5 CPM이 변하고, 이것은 다운스윙 시간 5/1000초 (대략 0.005sec)에 해당한다.

Remarks

#1. 골프 스윙에서 Tempo를 맞춘다는 것은 0.005초 ~0.001초 이야기다.

±0.001초가 어긋나면, 목표에서 거리 1m, 방향 1° 정도가 벗어날 것이고, ±0.005초가 어긋나면 5~10m 정도 접근율 차이를 만들 것이다.

#2. 인간의 동작 명령 신호 전송 주기는 대략 0.007~0.010초 정도이다. 이것으로 더 작은 시간(스윙 템포 ≈ 시간 오차)을 맞추어야 한다.

* 비유 : 칼로 돌을 자르는 것이 아니고, 돌로 칼을 잘라야 하는 상황이다. 따라서 의지만으로는 맞추는 것이 안 된다. 특별한 지식과 지혜가 필요하다.

클럽 사양이 스윙 형태와 근력에 맞고, 각 분절이 제때 사용되는 환경을 만들어줘야 한다.

D-2) 타이밍

a) 타이밍(Timing)의 정의

타이밍이란 시간(Time)의 공간적 순간(시점)을 말한다. Time point이다.

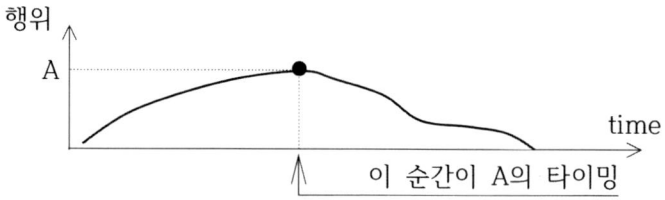

그림 5.C.13 그린 공략 (해저드 있는 경우)

ex. 1) 야구, 투수가 던질 공에 타자가 배팅해 볼이 오는 시간에 맞추는 것
ex. 2) 연인의 고백, 좋아한다고 고백할 타이밍이다.
ex. 3) 주식, 그 주식을 매수/매도할 타이밍이다.

b) 골프에서 타이밍

골프에서 타이밍은 **어떤 동작 또는 형태의 시점**을 말한다.

-. 백스윙에서 손목 코킹 타이밍 :
  빠른 코킹 타이밍 --- 슬라이스, 토핑
  느린 코킹 타이밍 --- 훅, 뒤땅

-. 백스윙에서 왼 무릎 움직이는 타이밍 :
  이른 시점 움직임 --- Full, 훅
  느린 시점 움직임 --- Push, 슬라이스

-. 다운스윙 전환 하체 턴 타이밍 :
  빠른 턴 --- 슬라이스, 토핑
  느린 턴 --- 훅, 뒤땅

-, 다운스윙 무릎(하체) 익스텐션 타이밍 :
   빠른 폄 --- 훅, 토핑, 힐 타점
   느린 폄 --- 슬라이스, 뒤땅, 토우 타점

-. 다운스윙 코킹 풀어지는 손목 릴리즈 타이밍 :
   빠른 릴리즈 --- 훅, 뒤땅
   느린 릴리즈 --- 슬라이스, 토핑

* 릴리즈 타이밍을 결정하는 것은 4가지가 있다. 이것이 골프 스윙의 50% 정도를 결정한다고 보면 된다.

① 클럽 샤프트의 진동 CPM 변위 주기 --- 클럽 사양에 따라 고정된 값.
   단, 그립 길이 조절에 따라 ±0.005초 이내 변동.

② 다운스윙 초기 가속의 Feedback 반응 --- 신체 신경계 고유의 값.
   단, 다운스윙 초기 전환 형태에 따라 변함.

③ 뇌의 동작 메모리에 의해 만들어지는 근육 회전력 사용 순서
   ^ 기본 동작 메모리 --- 고유의 값
   ^ 백스윙 감속(오른 골반 접기 ~ 왼 어깨 Brake) 시점에 따라 후행 동작과 Tempo 차이 발생 --- 손목 강도 변화 ≈ 팔 밑면 근육 강도 변화
   ^ 하체 회전과 폄으로부터 만들어지는 순차적인 분절 회전 --- 릴리즈 시점(타이밍)은 하체 근육 선택적 사용에 따라 ±0.005초 정도 변동, 동작 중심축 높이 및 몸통의 경직도에 따라서 ±0.01초 정도 변동

④ 릴리즈 시점, 클럽 헤드에 걸리는 힘의 상태 변화 --- 원심력과 그 가속력 성분 크기가 샤프트의 길이에 곱해져 만들어지는 손목을 푸는 모멘트 값 대비하여 손목이 견디는 Load 허용 값 관계에 따라서 릴리즈 시점(타이밍)이 변한다.
   만약 샤프트 길이를 1.5% 길게 그립을 잡으면, $1.015^2=1.03$, 즉 손목이 견디는 한계치 이내에서 스윙할 때, 힘의 평형 측면에서 3% 타이밍이 빨라지는 조건으로, 시간으로는 0.15sec x 0.03 = 0.0045sec 빠르게 풀어지게 힘이 작용 될 수 있다. 그리고 길게 잡을 때 릴리즈 시작 타이밍에 영향을 주는 전체적인 것들은 다음과 같다.
   ^ 돌아가는데 손목이 버티기 힘들고,

^ 돌리는 시간은 늘어나려 하는데,

^ 풀어지려는 릴리즈 힘 평형은 이른 타이밍에 도달한 조건 되어,

^ 래깅 유지하기 어려운 조건이 된다.

^ 샤프트를 길게 잡아서 탄성 진동 릴리즈 타이밍은 느려진다.

* 1.015^2에서 제곱을 한 이유는 지숫값 계산으로써, 'Moment arm(영향 1) + 원심력 속도(영향 2) - 반지름(영향 1) = 영향 2' 정도가 되기 때문이다.

Remarks

#1. *"임팩트 타이밍을 맞춰라."* 라는 말은 골프 스윙에서 맞는 표현이라고 할 수는 없다. 만약 볼이 움직이고 있다면 맞는 표현이나, 정지해 있는 것이기 때문이다.

휘청거리는 샤프트가 똑바로 되는 시점에 볼을 맞히라는 의도라면 맞다.

몸(골반, 어깨, 팔)이 돌아가는 특정 각도 위치에 맞히라는 의도라면 맞다.

#2. 임팩트에서 손목의 펴진 모양, 손의 진행 위치, 팔꿈치의 펴진 모양을 맞추는 것은 모양의 시점과 임팩트 시점을 맞추는 것이기 때문에 두 개가 맞춰지는 시점을 의미하므로, 이것은 타이밍의 하나이다.

#3. 퍼터를 제외한 나머지 클럽 사양에서, 들쭉날쭉한 사양을 가지면 안 된다.

모든 클럽의 CPM, 헤드 무게, 스윙 웨이트는 정렬된 상태에 있어야 한다. 그래야 일정하고 제어되는 릴리즈 타이밍을 만들 수 있다.

* 드라이버는 약한 클럽, 우드는 강한 클럽, 아이언은 약한 클럽, 웨지는 무거운 클럽으로 제각각 구성되어 있다면, 각각의 스윙 템포와 타이밍을 다르게 가져가야 하는데, 그것은 엄청난 비효율이며, 그렇게 할 수 있는 여력을 갖기는 힘들다.

cf) 퍼터 길이(무게) & 강성이 타격감에 어느 정도 영향이 있다. 퍼터 강성이 스트로크에 미치는 영향은 따로 연구해봐야 할 사안이다.

D-3) 리듬

a) 리듬(Rhythm)의 정의

리듬은 음악에서 일정한 박자나 규칙에 따라서 음의 장단(길고, 짧음), 강약(크고, 작음) 등이 반복될 때의 그 규칙적인 음의 흐름을 말한다.
문학에서 리듬은 운율을 말한다.
실생활에서 리듬은 수면 리듬, 식생활 리듬, 생체 리듬, 시간의 반복사용 등을 말한다.
〈음악에서 장단 음표〉

표기	𝅝	𝅗𝅥	𝅘𝅥	𝅘𝅥𝅮	𝅘𝅥𝅯	𝅘𝅥𝅰	𝅘𝅥𝅱
이름	온음표	2분음표	4분음표	8분음표	16분음	32분음	64분음	124분음
박자(120BPM)	4	2	1	0.5	0.25	0.125	0.0625	0.0312
시간(sec)	2	1	0.5	0.25	0.125	0.06	0.03	0.015
스윙 시간			합 = 백스윙		합 = 다운스윙		합 = 릴리즈	

표 5.D.2 장단 음표와 골프 스윙 시간 비교

〈음악에서 빠르기, 박자, 장단, 강약의 악보〉

그림 5.D.3 음악 악보 리듬 (음의 길이와 강약)

b) 골프에서 리듬

골프 스윙은 일회성 동작이나, 스윙의 형태가 같다고 하면 **몸의 각 부분 움직임의 조합**을 리듬이라고 말할 수 있다.

몸의 모든 부위와 클럽의 탄성 움직임까지 포함하여 리듬을 표현한다면, 오케스트라 연주와 같은 것이다. 골프 스윙을 2초짜리 악보처럼 표현하는 것도 가능하겠다. 36회 샷을 했다면, 수백 개의 근육 수축 상태가 36번의 리듬 형태로 표현되는 것이다.

골프 스윙에서 대표적인 리듬은 다음과 같다. **어떤 것(어떤 것들)의 변화하는 항목이 2개 이상 있고, 그것(들)의 시간과 크기의 조합**이 리듬이다.
- 양 무릎의 움직임(상/하, 앞/뒤, 전방/후방) 리듬, 힘의 변화 리듬
- 그립 힘의 변화(좌/우, 손가락) 리듬
- 퍼팅 스트로크 가속, 감속 형태를 만드는 힘의 사용 리듬
- Kinematic sequence (각 분절 회전) 회전력 사용 형태
 * 단순한 말로 "스윙 리듬이 맞아야 한다, 좋아야 한다."라는 것은 실제로 너무 포괄적이며, 거창한 말이다. 먼저 각각의 세부 리듬이 전체 스윙 동작과 조화로운 것인지 구분하여보는 것이 좋을 것이다.

골프에서 가장 큰 힘이 사용되는 동작은 폄이다.
오른 무릎 움직임 리듬, 왼 무릎 움직임 리듬, 척추 폄 리듬이 어우러져 전체 폄 리듬을 만든다. 그림은 시간 흐름에서 3가지 항목의 상하 리듬 변위이다.
 * 그림의 변위 그래프를 두 번 미분하면 가속도가 되고, 이것에 움직이는 질량(몸 부위)을 곱하면 힘이 된다.

3개의 폄 동작이 조화롭게 이루어져야, 좋은 음악 연주처럼, 멋진 스윙 동작이 만들어지고, 기본적인 스윙 일관성과 균형이 갖춰지게 될 것이다.

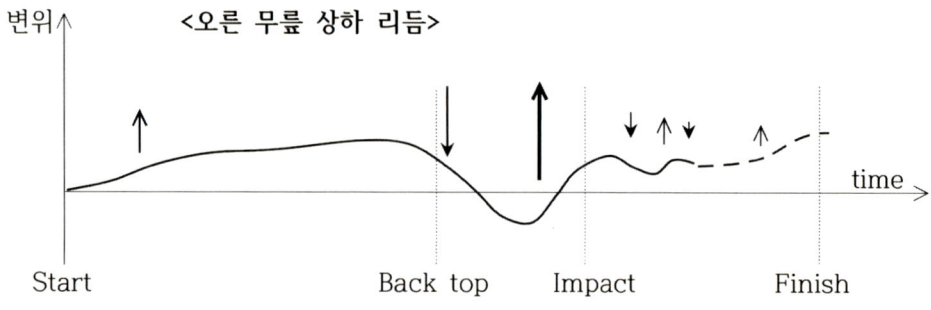

그림 5.D.4 오른 무릎 상하 리듬

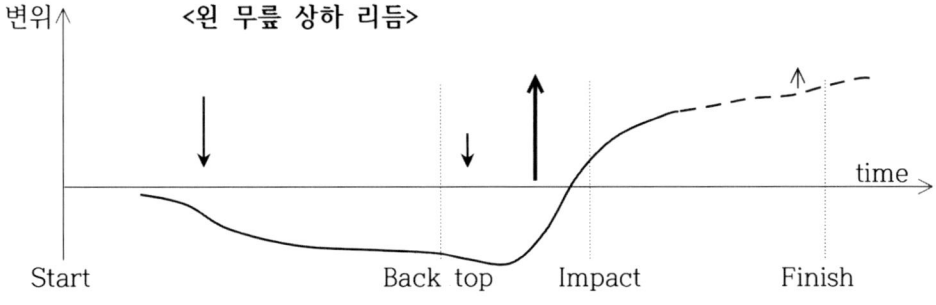

그림 5.D.5 왼 무릎 상하 리듬

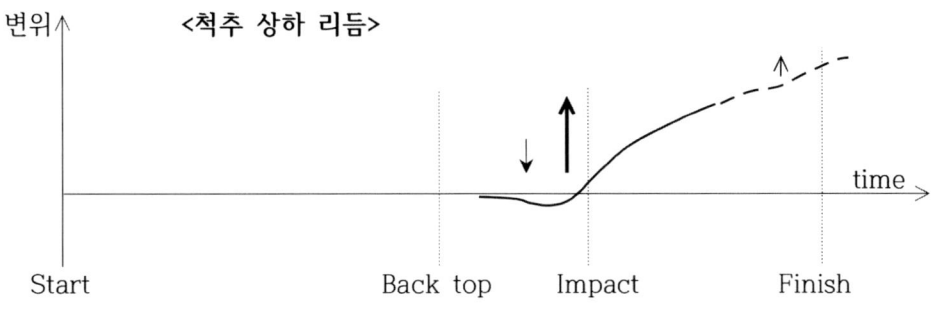

그림 5.D.6 척추 폄 리듬

팔에는 오른 팔꿈치 굽힘과 폄이 있고, 백스윙에서는 가속 동작보다 감속 동작이 더 중요한데, 그림과 같이 오른 골반 접기 ~ 왼 무릎 감속 ~ 왼 어깨 Brake 동작이 리듬을 형성한다.

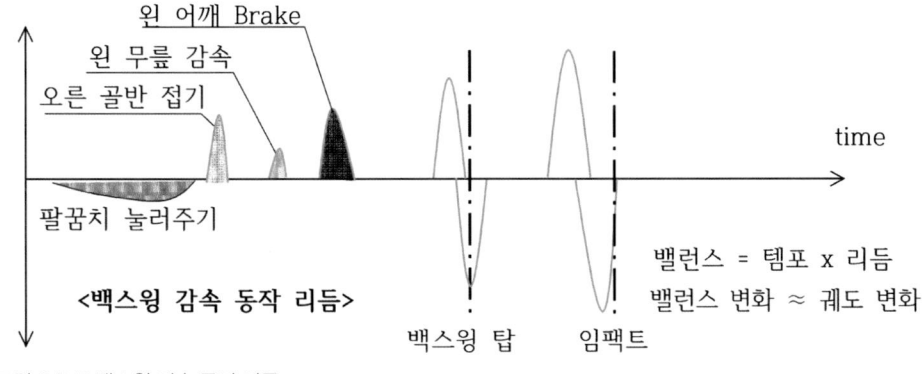

그림 5.D.7 백스윙 감속 동작 리듬

부록 D | 템포, 타이밍, 리듬, 밸런스   331

D-4) 밸런스 (균형 = 맞는 비율)

a) 밸런스(Balance)의 정의
보통 두 개(또는 그 이상)의 어떤 물리량 차이를 말한다.
    무게의 밸런스
    식단 영양소의 밸런스(식생활)
    일의 분배
    야구에서 투·타 밸런스
    축구에서 공격과 수비 밸런스
    시간 안배
    * 일상생활에서 밸런스의 의미는 한정된, 또는 설정된 양에서, 이것을 효율적으로 나누는 개념으로 사용된다.
    역학에서 밸런스는 평형(Equivalent) 개념으로 같은 크기란 의미로 사용된다.

b) 골프에서 밸런스
골프 스윙 동작에서 밸런스는 두 가지 의미로 사용된다.
-. **첫째**는 몸의 밸런스를 맞추는, 즉 **스윙 자세가 흐트러지지 않도록 하는 것**을 말한다.
    이것은 몸이 준 힘과 그것으로부터 발생한 몸의 관성력, 지면 반력, 클럽의 관성력, 원심력 힘들이 연속된 시간에서 상하, 좌우, 앞뒤 평형 상태를 이루는 것을 뜻한다.

-. **둘째**는 **적절한 분배와 가동 개념**으로 사용된다.
    "좌우 하체 밸런스를 맞춰라." 초기 하중 분배, 체중 이동량, 동작 중 무릎 폄 양 등의 차이에 따른 궤도, 타점, 페이스 각이 달라지므로, 좌우 힘(받는 양, 쓰는 양)의 상태를 적절하게 조절하라는 의미이다.
    ^ <u>체중 이동 밸런스(양)</u>   : 체중 이동이 많이/적게 이루어지는 것
    ^ <u>체중 이동 밸런스(시점)</u> : 체중 이동이 빠르게/느리게 이루어지는 것
    ^ <u>앞뒤(발끝, 뒤꿈치) 체중 이동</u> : 체중의 발끝, 뒤꿈치 분포상태 변화
    ^ <u>상체와 하체의 회전 변위 비율</u> : 상체와 하체가 돌아가는 양
    ^ <u>상체와 하체의 회전력 사용 비율</u> : 회전이 강하게/약하게 이루어지는 것
    ^ <u>왼손, 오른손 그립 악력 분배</u> : 원심력에 대응하는 양손 악력의 분배 상태

^ 왼팔 주도, 오른팔 주도 스윙 : 양팔의 스윙 회전력 기여/전달/전환 상태

Remarks

#1. 우리가 흔히 듣는 *"밸런스를 잡아라."* 라는 것의 의미는, 자세를 흐트러지지 않게 하라는 것이며, 스윙 중 각 힘의 평형 상태를 맞춰보도록 하라는 의미이다.

밸런스를 잡기 위해서는 무엇 때문에 밸런스(평형)가 깨졌는지, 국부적으로 어떻게 하면 그것이 맞춰지고, 전체 밸런스도 맞게 되는지를 알아야 한다.

즉 Key point를 알아야지, 막연하게 *"잘해야지"* 식으로 접근하면 해결책을 찾기는 쉽지 않을 것이다. 골퍼 스스로(혼자서) 방법과 답을 찾아내기는 쉽지 않다. 수십 가지 연관관계를 이해해야 하기 때문이다. 때론 유능한 관찰자의 코칭을 받을 필요가 있다.

밸런스에는 다음과 같이 의외의 인과관계 사항이 있다.

ex) 가장 먼 쪽인 왼 하체의 펌이 릴리즈에서 손목의 회전력 사용에 가장 큰 영향을 준다. 하체 펌 타이밍이 회전력 사용 밸런스에 영향을 준 경우이다.

　* 백스윙 왼 무릎 이동이 임팩트 Loft 각(탄도, 백스핀)에 영향을 준다.

ex) 백스윙 왼 어깨를 내린다고 내려지는 것이 아니다. 살짝 올렸다가 후반부에 내리면 잘 내려진다. 몸의 앞뒤 밸런스가 어깨의 상하 리듬에 영향을 준 경우이다.

ex) 손목 강도는 다운스윙 전환에서 지지, 중반에서 끌고 내려오기, 릴리즈에서 손목 턴에 필요한 만큼 힘의 밸런스가 백스윙에서 형성되어야 한다.

#2. 조화(Harmony)는 음악에서 화음, 화성을 뜻하며, 서로 잘 어울리게 하는, 즉 어우러지게 하는 것을 의미한다.

골프 스윙에서 힘의 사용과 움직임이 조화롭게 되어 가장 효율적인 타격이 이루어지는 것이 희망이지만, 이런 추상적인 생각은 골프 스윙과 라운드에 별로 도움이 안 될 것이다.

다양한 실전 플레이에서 사용할 수 있는 유용한 동작이 가장 좋은 골프 스윙이라 하겠다.

명칭의 사용
(방향, 신체, 클럽, 용어)

골프는 대략 'Setup(0°) - 백스윙 (-90°) - 임팩트(30°) - 피니쉬(100°~)' 위치로 몸통이 회전되는 동작이다.
몸은 회전하여 방향이 바뀌는데, 몸을 기준으로 방향을 정하여 말을 한다면, 좌표 방향이 계속 변하게 되어 혼란스럽다.
따라서, 가능한 한 고정된 절대좌표 개념으로 명칭을 정할 필요가 있다.

골프 스윙을 말할 때, 골퍼 자신을 기준으로 생각할 수도 있고, 관찰자나 교습가 관점에서 방향을 생각할 수도 있다. 그래서 가능한 한 절대좌표 개념으로 설명될 필요성이 있다.

같은 신체 부위라도, 말하는 사람에 따라서 다른 이름 용어로 사용되어 긴가민가하는 경우가 있다.

클럽의 부위별 이름, 클럽 헤드의 운동 중 만들어지는 각도는 막연하게 느껴질 수 있어서, 보편적으로 정의된 모양을 그림으로 표시하여 시각적으로 인지하고 있을 필요성이 있다.

본서의 특기 이외 앞/뒤, 좌/우 방향은 오른손잡이 기준이다.

몸의 회전과 이동 및 **클럽 샤프트의 변형**으로 헤드 각도가 시시각각 변할 때, 타격 각도 즉 클럽 헤드의 페이스 각(z-축 회전) & 로프트 각(y-축 회전)이 바뀌는데, 이것을 수치상으로 계산하는 것이 오일러 각도 변환이다.
이것은 삼각함수(sin cos tan)의 행렬 변환을 이해해야 하므로 까다롭고 어렵다. 시각적으로 눈에 보일락말락 한 면각 변화에 대해서, 계산하는 방식이 있음을 알고, 경향을 이해하는데 참조될 수 있을 것이다.

E-1) 좌표 방향의 정의

a) 좌표

방향을 그림과 같이 x, y, z로 표기하면 간단하고, 통일되게 표현할 수 있다.

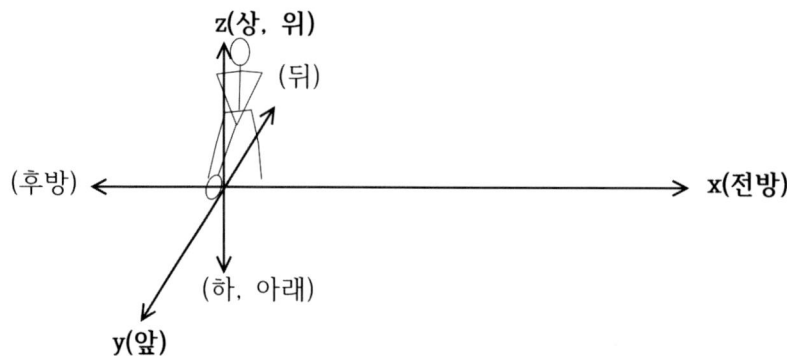

그림 5.E.1 좌표 방향 규정 (Setup 기준)

<u>전방</u> : Forward --- x   후방 : Backward --- (-)x
<u>앞</u> : Front ------ y   뒤 : Back ------- (-)y
<u>위(상)</u> : Up -------- z   아래(하) : Down ------- (-)z

* 앞·뒤에 대해서 사용되는 다양한 명칭이 있어 혼란스러운데, Setup 기준으로 통일하는 것이 좋을 것 같다. 단, 수학적 계산과 프로그램 사용에 있어서는 y와 (-)y축 부호 확인이 필요하다.

b) 시계 방향의 표현

① Setup 시계 (세워진 시계)

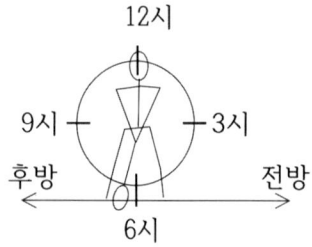

그림 5.E.2 Setup 자세 세워진 시계 방향

백스윙 크기와 분절 위치 및 다운스윙 분절 위치를 이야기할 때, Setup 시계를 사용한다.

② 회전 방향 (통상의 시계 방향)

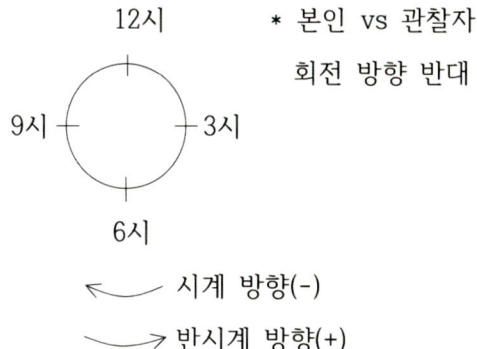

그림 5.E.3 회전 방향 시계

③ 전방 시계 (세워진 시계)

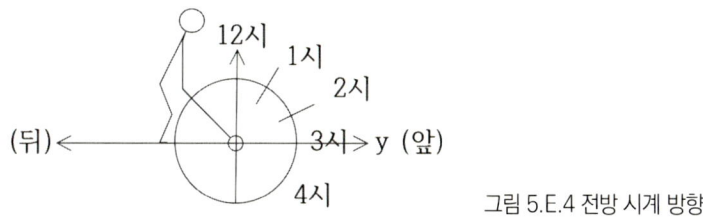

그림 5.E.4 전방 시계 방향

"*1시 방향으로 클럽 헤드를 던져라.*"라는 말에서 1시 방향은 어디를 말하는 걸까?
이때는 그림과 같은 후방에서 전방을 바라본 모양에서의 세워진 시계를 가정한다. 즉, '전방 시계' 기준 시각을 말한다.

  * 골프 동작에서 다양한 시계의 시간 방향 설명이 있다. 화자가 어떤 시계를 말하는지 듣는 사람 처지에서는 헷갈릴 때가 많다. 골치 아픈 상황이다.

cf) 그림의 전방 시계 1시 방향으로 클럽 헤드를 던지려 하면, 손이 들어 올려져서 뒤땅(Sky ball) 발생 가능성이 크다. 그림에서 4시 방향 또는 바닥에 수평으로 놓인 시계의 1시 방향을 보고 던져야 한다.

E-2) 신체 부위 명칭

자주 사용되는 신체 부위 명칭 및 관절 동작은 다음과 같다.

a) 몸 부위 명칭

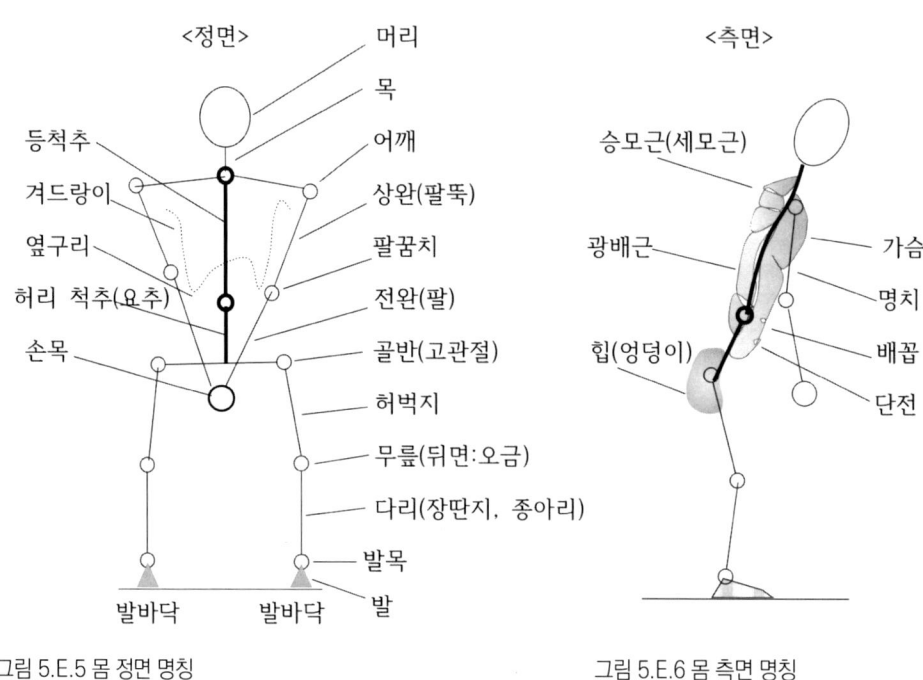

그림 5.E.5 몸 정면 명칭 그림 5.E.6 몸 측면 명칭

b) 손 부위 명칭

손 관절 움직임의 명칭은 다음과 같다.

- 굽힘 : Flexion --- 손가락 굽힘, 손목 힌징 (안으로 꺾음)
- 폄 : Extension --- 손가락 폄, 손목 젖힘 (밖으로 꺾음)
- 내회전 : Pronation ---- 안으로 돌림
- 외회전 : Supination --- 밖으로 돌림
- 요측 편위 : Radial deviation --- 손목 코킹
- 척측 편위 : Ulnar deviation ---- 손목 폄

* 왼 손목 보잉 = 손목 굽힘 + 손목 외회전 + 척측 편위
　왼 손목 커핑 = 손목 젖힘 + 내회전

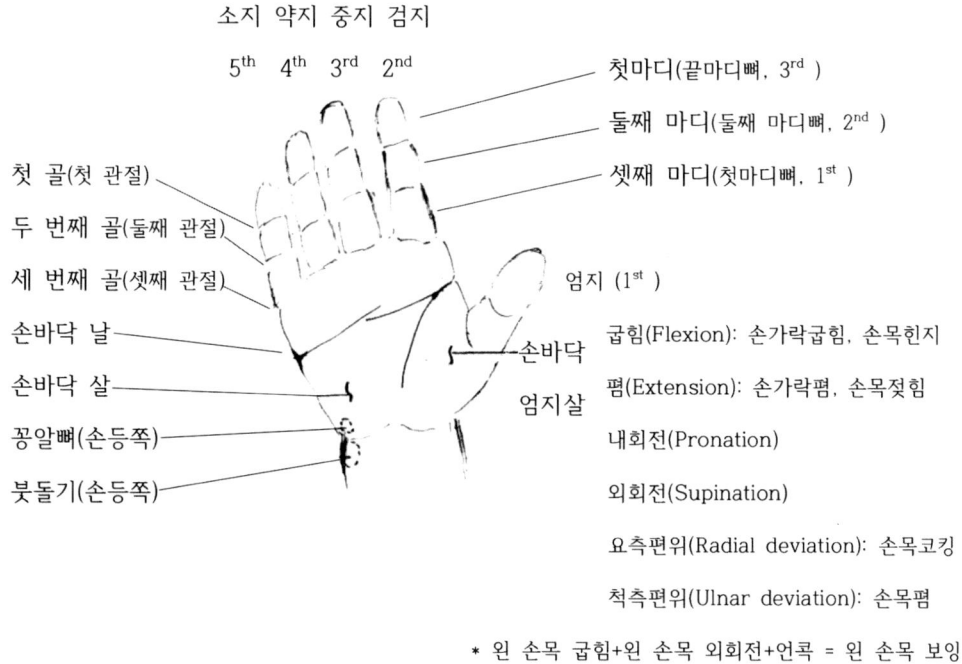

그림 5.E.7 손 부위 명칭(오른 손바닥)

Remarks

#1. 의학 전문 용어를 써서 설명하면 유식해 보이지만, 무슨 이야기인지 알아먹기 힘들고, 일반 상식적인 말을 사용해가며 설명하면, 장황하고 헷갈리는 것이 몸 관절 움직임이다.

#2. 손목을 움직이는 근육은 전완에 있고, 힘줄이 손바닥 & 손등뼈에 연결된 구조로 되어 있다.

#3. 손목으로 샷을 제어하려는 것은 가장 어려운 제어 방법이며, 일반 골퍼가 사용하는 것은 추천하지 않는다.
　손목 모양 및 손목 동작으로 골프 다운스윙을 제어하려는 형태는 비유하자면, 300km/h로 달리는 경주용 차(레이싱 카)를 일반 도로에서 운전하려는 것과 같다.
　그림처럼 복잡한 손목-손 구조로 강하고 빠른 동작을 잘 제어할 수 있겠는지? 자신에게 반문해 보자.

E-3) 클럽 부위 명칭

a) 아이언 클럽 명칭

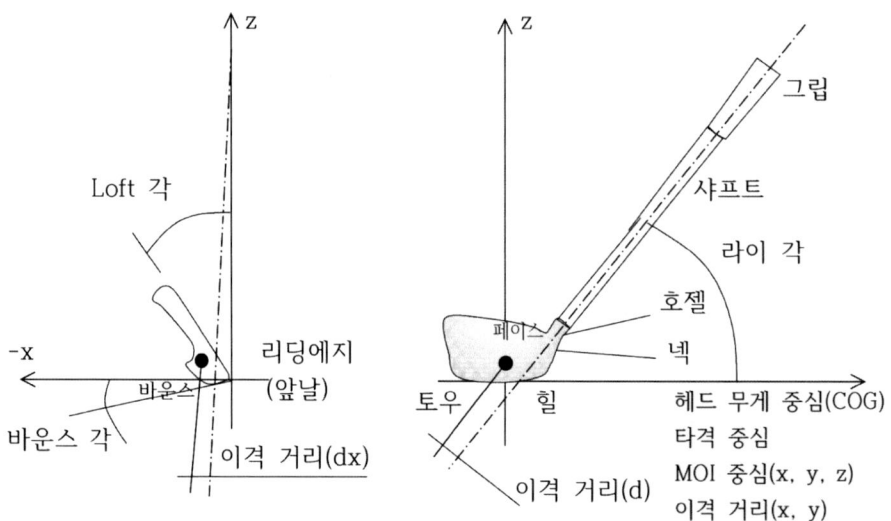

그림 5.E.8 아이언 클럽 명칭

b) 크라운 헤드 클럽 명칭

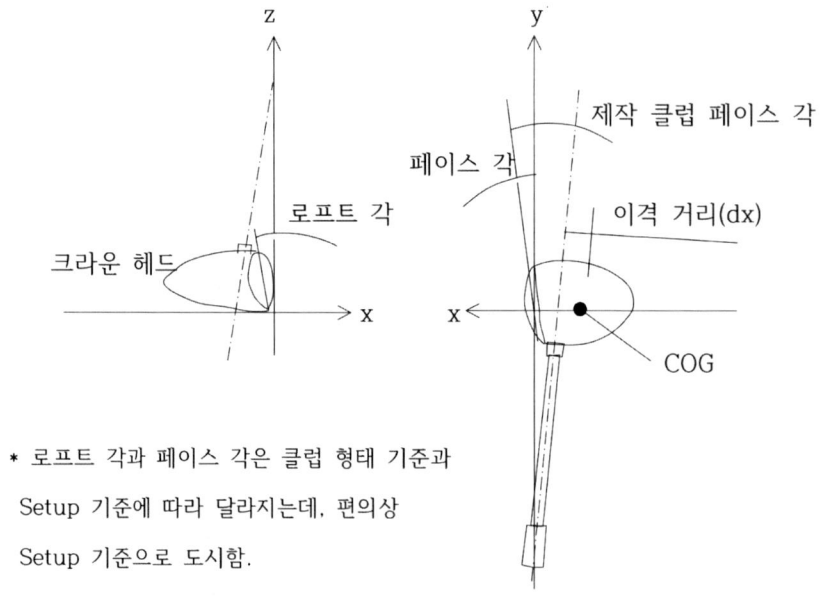

* 로프트 각과 페이스 각은 클럽 형태 기준과 Setup 기준에 따라 달라지는데, 편의상 Setup 기준으로 도시함.

그림 5.E.9 크라운 헤드 클럽 명칭

E-4) 타격 각도(Angle)

볼의 발사각, 스핀, 속도는 헤드 스피드, 접근 각, Loft 그리고 충돌계수(Smash factor), 면 마찰계수, 클럽의 동적 헤드 변형값에 의해서 결정된다.

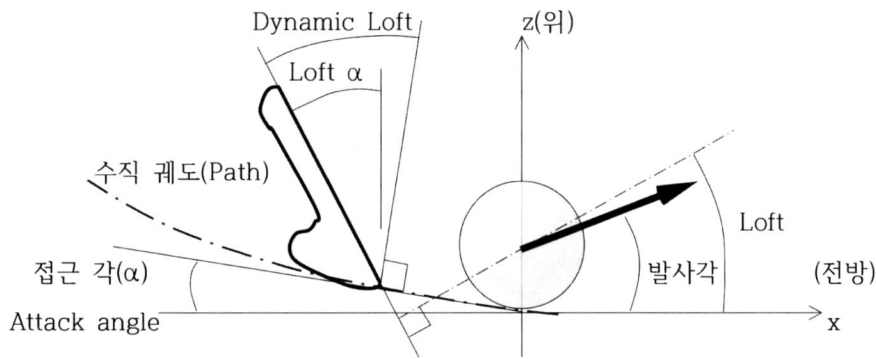

그림 5.E.10 타격 각도 (ELEVATION)

출발 방향 비구 각과 Side spin은 측면 접근 각(클럽 방향각), 궤도 페이스 각의 조합과 면 마찰계수, 동적 헤드 변형값에 의해서 결정된다.

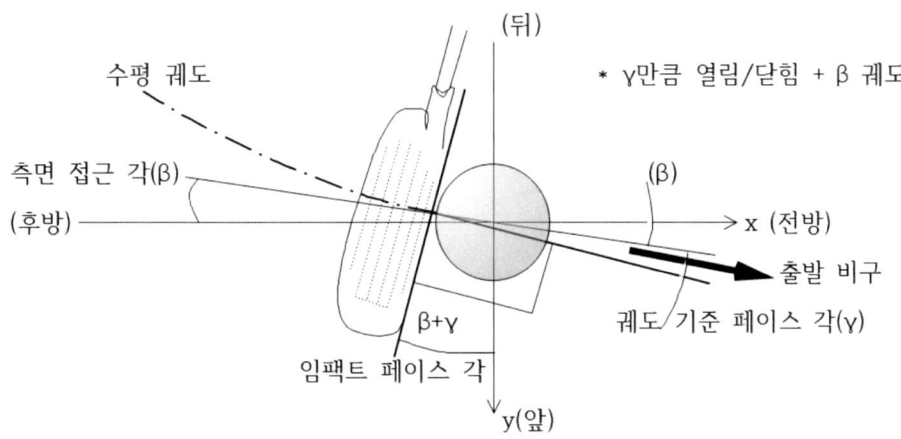

그림 5.E.11 타격 각도 (PLAN)

＊볼이 날아가는 방향, 휘어지는 양, 탄도는 눈에 보이는 것으로써, 충돌과 유체역학적 비행 내용은 본서에서 다루지 않음. 눈으로 보고 이해하면 되고, 이것은 결과물이며, 굳이 어려운 것을 골퍼가 해석하고 공부할 필요 없을 것이다.

E-5) 비구 방향성

a) 구질

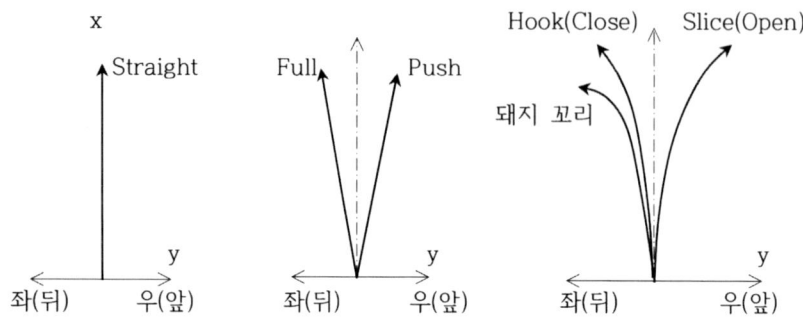

그림 5.E.12 비구 방향 구질

- 드로우(Draw) : Push + Hook
- 페이드(Fade) : Full + Slice

b) Push, Full의 방향각(방향 오차 각)

Push와 Full은 측면 접근 각(β)에 의해서 만들어지며, 흔히 In 또는 In to Out path와 Out 또는 Out to In path라고 한다.

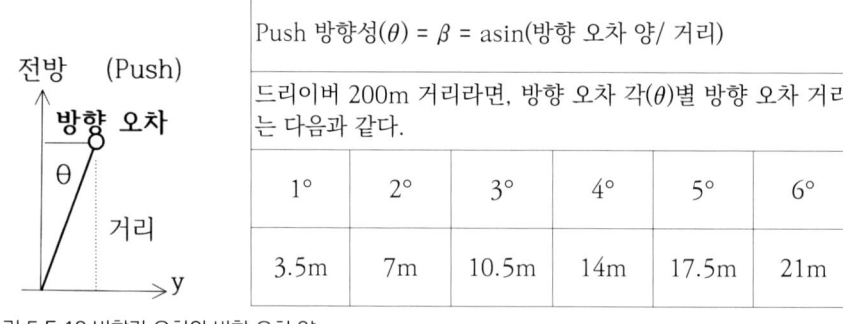

Push 방향성(θ) = β = asin(방향 오차 양/ 거리)					
드라이버 200m 거리라면, 방향 오차 각(θ)별 방향 오차 거리는 다음과 같다.					
1°	2°	3°	4°	5°	6°
3.5m	7m	10.5m	14m	17.5m	21m

그림 5.E.13 방향각 오차와 방향 오차 양

- Push : In to Out 궤도 + No side spin과 함께 우향 출발
- Full : Out to In 궤도 + No Side spin과 함께 좌향 출발

c) Open/Close 타격에서 방향각(방향 오차 각)

궤도 기준으로, 페이스가 열린/닫힌 상태면 출발 방향 비구 각과 Side spin이 생긴다.

'출발 방향 비구 각 〈 궤도 대비 페이스 각 〈 방향 오차 각' 관계가 된다.

ex) 비구 각 vs 페이스 각 vs 방향각 관계 예시 :
드라이버 (2° 열려 맞는 경우) : 1.5° 〈 2° 〈 6°
아이언 (2° 열려 맞는 경우) : 1.3° 〈 2° 〈 4°
* 방향각은 Side spin의 크기와 체공시간에 관계된다.

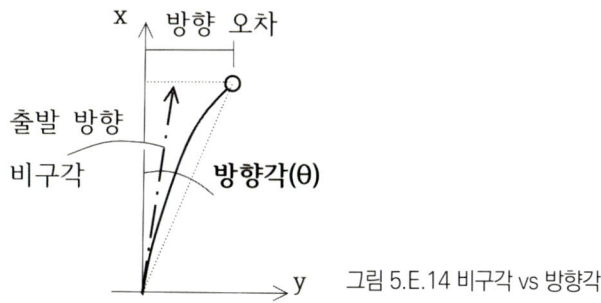

그림 5.E.14 비구각 vs 방향각

E-6) 타점과 궤도

타점은 타격 시에 볼이 페이스 면에 맞는 위치이다.
궤도(Path)는 클럽 헤드가 움직이는 길이다.

a) 타점의 표현
클럽 헤드에 볼이 맞는 위치에 대한 표현이다.
-. 정 타점 :
 - 스위트 스폿에 맞는 경우
 - 원하는 위치에 맞는 경우 --- 얇게, 두껍게, 힐 타점, 토우 타점

-. 상 타점 : 정 타점보다 위에 맞는 경우, 보통 펌이 약했을 때 발생
 - 뒤땅 발생
 - Sky ball 발생

-. 하 타점 : 정 타점보다 아래에 맞는 경우, 펌이 강했을 때 발생
 - 토핑 발생
 * 잔디, 모래 저항, 뒤땅의 확률을 줄이려고 일부러 얇게 맞추는 경우

-. 힐 타점 : 안쪽에 맞는 경우 --- (A) 반사신경과 관련되어 나타나는 손목 캐스팅에 연관, (B) 오른 팔꿈치가 올라가 손이 큰 궤적을 그릴 때
 * 의도적인 토우 타점보다는 힐 타점이 안정적인 플레이를 할 수 있음

-. 토우 타점 : 바깥쪽에 맞는 경우 --- (C) 잡아당기는 동작 형태에서 발생, (D) 오른 팔꿈치가 낮고 몸에 붙는 경우 손이 작은 궤적을 그릴 때

-. 토우 상 타점 : 힘의 사용과 관련되어 스윙 궤도가 불안정한(제어되지 못하는) 형태의 타점 --- ex) 하체 펌이 약한 배치기 경우, 손목 강도 대/소

-. 힐 하 타점 : 손목 코킹/래깅 각에 연관 --- ex) 캐스팅 + 왼 어깨 사용

-. 과도한 힐 타점 = 샹크 : 오른 무릎/골반/어깨/손이 앞쪽으로 나가는 경우

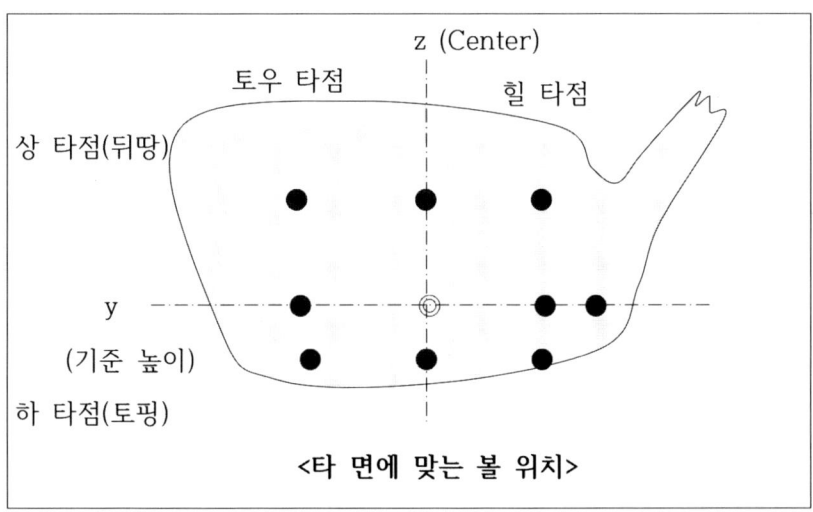

그림 5.E.15 타점 (클럽 헤드에 볼이 맞는 위치)

b) 궤도의 표현

볼 기준으로 클럽 헤드가 회전하는 형태의 표현이다.

- 아래로 돌 때 = 상 타점 = 두꺼운 궤도
- 위쪽으로 돌 때 = 하 타점 = 얇은 궤도
- 멀리 돌 때 = 힐 타점
- 가까이 돌 때 = 토우 타점

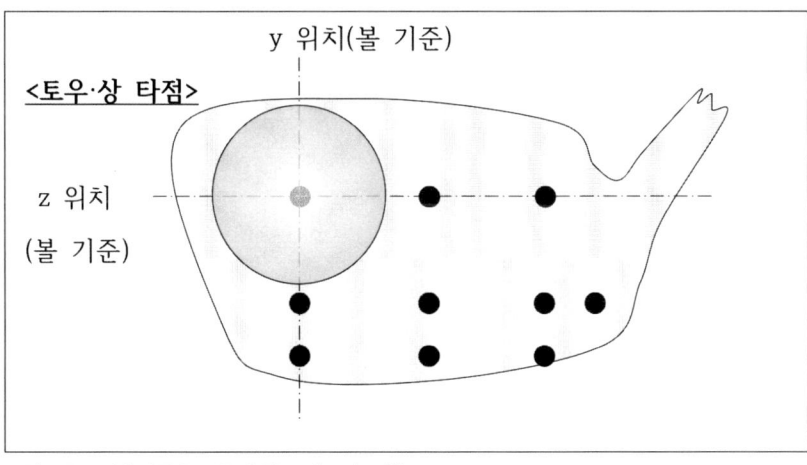

그림 5.E.16 볼 기준으로 클럽 헤드 궤도의 표현

E-7) 용어

본서에 쓰인 용어의 의미와 뜻은 다음과 같다.

a) 릴리즈

백스윙 코킹 되고, 다운스윙 래깅 된 손목~샤프트 각이 원심력가속도 성분이 사용되며 펴지는 구간을 말한다. 릴리즈 시작 직후부터 손목 회전력도 사용된다. 릴리즈 시점은 그 시작 지점을 말한다.

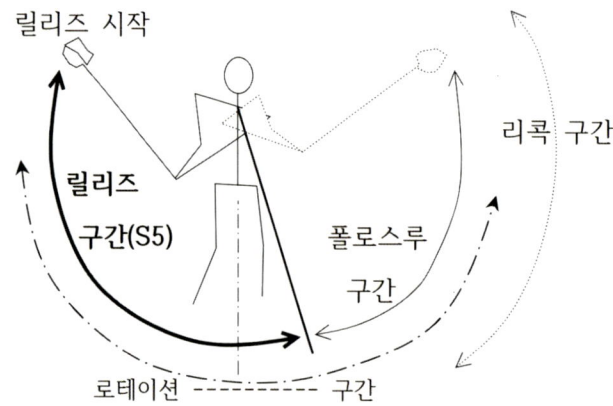

그림 5.E.17 릴리즈 구간

cf) 팔과 손목 돌리는 것(돌아가는 것)은 로테이션이라 하고, 그 구간은 로테이션 구간이라고 한다.

일부 사람들은 임팩트 후에 손목 돌아가는(돌리는, Spinning) 구간을 릴리즈라고 하는데, 릴리즈는 *"풀다"*라는 뜻으로, 임팩트 이후에는 릴리즈 되는 것은 거의 없다고 봐야 한다. (단, 핸드포워드 때문에 그림처럼 조금 있음)

릴리즈와 로테이션을 명확히 구분해서 사용해야, 골프 스윙의 기본 원리 설명이 헷갈리지 않는다. 이것의 구분이 없으면, 내용이 그냥 두리뭉실해진다.

b) 스윙 구간

편의상, 백스윙 구간을 3구역으로, 다운스윙 구간을 5구역으로 나눈다.
릴리즈 구간을 S5 (5/4) 구간으로 정의한다.

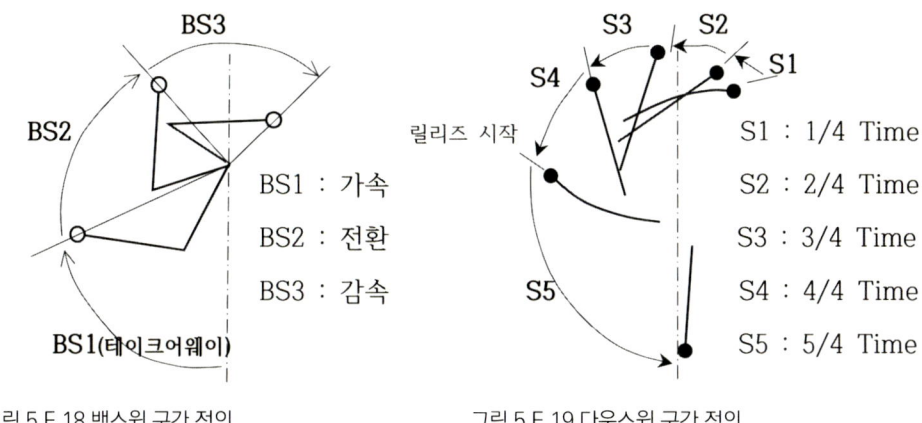

그림 5.E.18 백스윙 구간 정의   그림 5.E.19 다운스윙 구간 정의

c) Setup vs Address

-. Setup(준비 자세) : 볼을 치기(스윙하기) 위한 준비 자세를 만드는 것.
-. 어드레스(Address) : 클럽 헤드를 지면에 내려놓는 자세. 준비 자세 취하기
 "스윙하기 위하여 마지막 준비 자세를 취하다."라는 의미이다.

d) Turn vs Rotate(Rotation)

다음 용어들은 모두 회전의 의미가 있지만, 그 형태에 따라서 용어가 구분되어 사용된다.

-. Body turn : 몸통 회전, Turn은 몸의 한 부분이 회전하는 것을 말한다.

-. Shaft(클럽 헤드) Rotate : 샤프트 축을 기준으로 클럽 헤드, 손목이 회전하는 것. 어떤 기구의 회전 움직임에는 'Rotating'이란 용어를 쓴다.

-. Tilt : 좌우로 기우는 것. 기울여 정렬시킨다는 의미

-. Roll : 앞뒤로 도는(구르는) 것

-. Spin : 자전 모양, 축 방향에서 봤을 때 팽이처럼 도는 것

e) 어깨, 팔꿈치, 손목

-. **오른** 팔꿈치 플라잉 엘보 = **왼** 팔꿈치 치킨윙 = 들리는 팔꿈치
   = 밖으로 빠지는 팔꿈치

  * 백스윙, 오른 팔꿈치가 플라잉 엘보 되면, 왼 손목이 밖으로 꺾이는 커핑
  손목이 커핑되면 어깨가 들리는 모양, 어깨가 들리면 손목이 커핑되는 모양

-. 커핑 vs 보잉 ≈ Open COG vs Close COG (백스윙 탑 만드는 손목 모양)

f) 변화와 변형

-. 변화 : 물리량의 변화, 5감의 변화
  ex) 길이, 각도, 속도, 색, 맛, 온도
  * 재료 역학적으로는, 탄성 변형(휨, 비틀림)은 **변화**에 해당하고, 소성 변형(영구 변화)은 **변형**에 해당한다.
-. 변형 : 형태가 변하여 원래로 돌아오지 않은 (복원되지 않은) 것
  * 본서에서는 이해의 편의를 위하여 탄성 휨과 비틀림을 편의상 모양이 변화된 것의 의미로 '변형'으로 표현함.
-. 선형적 변화(연속적 변화) : 의미상 1차 방정식 형태로 인식되는 경향이 있는데, 곡선으로 변하는 것을 포함한 연속적으로 변하는 형태를 뜻한다.
  * 보통, 일반 골퍼들은 Input과 Output의 관계가 1차 방정식 형태의 선형적인 것으로 생각하려는 경향이 강하나, 실제 변화는 동작의 상호 간섭과 신경 반응 및 샤프트 변형이 함께 작용하여 2차 방정식, 3차 방정식, 4차 방정식 형태의 변화가 대부분이다. 이는 모자라거나 과해도 문제가 되는 상황을 연출한다.
  골프 설명에서 *"이럴 수도 있다.", "저럴 수도 있다."*라는 가능성의 표현은 넓은 범위의 Input에서 Output이 다차 방정식 형태 또는 비선형적 변화를 보이기 때문이다.
-. 비선형적 변화(불연속적 변화) : 디지털식 변화 또는 특정 구간, 어떤 한계치를 넘었을 때, 엉뚱하게 급변하는 양상을 보이는 것이다.
  골프 동작에서는 반사신경과 Feedback 신경 반응의 작용으로 나타난다.

E-8) 오일러 각도 공식 (각 변환)
(매우 심화한 내용 - 참조만)

클럽 돌리고, 그립을 전방으로 밀고(핸드포워드), 샤프트를 세우고/내리고, 헤드를 뉘고/세우고 했을 때 페이스 면의 각도 변화는 어떻게 될 것인가?
눈으로 보면 대충 어떻게 Loft 각과 페이스 각이 변하는지 그 모습을 가늠할 수 있는데, 상세하게 알고자 했을 때는 계산을 해보아야 한다.

보조 기구 중에 페이스 면에 마그네틱으로 부착하는 Bar가 있다.
이 Bar는 3차원 각 변화를 보여 준다. Bar는 기준 Vector와 같다.

그림 5.E.20 마그네틱 Bar 지시 방향

a) 오일러 각도 계산이란?

2차원, 3차원 좌표에서 물리량을 가지고 있는 것(Vector)의 회전에 따른 x , y, z 값의 크기 변화를 표현하고 계산하기 위하여 만들어진 공식이다.
3차원 회전은 세 방향의 삼각함수 변화를 계산해야 한다.

* 오일러 공식 삼각함수의 변위 계산으로써, 전기, 전력, 전자기, 제어, 통신, 진동에서 시간에 대한 파형의 변화를 정의하는 것으로 광범위하게 사용된다. 교류 전류, 교류 전압, 저항의 변동, 유도전류, 주파수 파형 등이 삼각함수 변화를 하기 때문이다.

$e^{ix} = \cos x + i \sin x$

$e^{-ix} = \cos x - i \sin x$

(삼각함수의 y축을 복소수화, 자연로그 e의 도입, 미적분으로 차원 변환)

이것은 공과대학 전문과정의 내용으로써, 고등학교 수학보다 훨씬 난도가 높으므로, 골프를 하면서 굳이 이런 것 알 필요는 없다.

참고로, 고등학교 이과에서 수학을 가장 비중 있게 취급하는 이유가, 그것이 밑바탕이 되어야 이런 공학 분야의 전문과정을 소화할 수 있기 때문이다.

예로, 구조물의 탄성 변형(ex. 샤프트 휨) 및 열전달은 4차 방정식 해석이다.

b) 골프에서 오일러 각도 변환 계산

골프를 깊이 연구하는 사람들은, 각도 변화 영향을 계산으로 확인 해 볼 필요가 있는데, 다음과 같은 사항들이다.

- 그립 돌려 잡은 각에 따른 (A1) 로프트 각 변화, (A2) 페이스 각 변화
- 손의 선행, 후행에 따른 (B1) 로프트 각 변화, (B2) 페이스 각 변화
- 그립 길이 조절에 따른 라이 각 변화로 만들어지는 (C1) 로프트 각 변화, (C2) 페이스 각 변화
- 경사지에서 라이 각 변화 때문에 만들어지는 (D1) 로프트 각 변화, (D2) 페이스 각 변화
- 샤프트의 휨 변형에 따른 (E1) 로프트 각 변화, (E2) 페이스 각 변화
- 샤프트의 비틀림 변형에 따른 (F1) 로프트 각 변화, (F2) 페이스 각 변화
- 퍼팅 손목 꺾임에 따른 (G1) 퍼터 페이스 각 변화. (G2) 로프트 각 변화

Remarks

#1. 위 사항은 단 몇 줄로 나열했지만 상세하게 원인, 변화, 영향을 서술한다면 책 한 권의 분량은 족히 넘을 것이다.

#2. 구분 동작으로 보여주는 레슨 영상에서, 손의 선·후행, 몸 회전의 대·소로 방향성과 탄도를 설명한다. 이것은 큰 착각을 만들 수 있다. 비유하자면, 한쪽 다리로만 걸으면서, 이것이 걷는 것이라고 설명하는 것과 비슷하다. 골프에서 방향성과 탄도를 결정하는 것의 50% 정도는 몸과 손/샤프트의 기하학적 모양이고, 나머지 50%는 샤프트의 휨과 비틀림 변형(휨, 비틀림, 진동)에 의한 것이다.

3차원 각도 변환은 다음과 같이 각 축에서 [3 × 3] x [1 × 3] 행렬로 계산할 수 있다. (심화 내용이니, 참조만)

x-축으로 γ 회전 : $[X1\ Y1\ Z1] = \begin{bmatrix} 1 & 0 & 0 \\ 0 & \cos\gamma & -\sin\gamma \\ 0 & \sin\gamma & \cos\gamma \end{bmatrix} * \begin{bmatrix} X \\ Y \\ Z \end{bmatrix}$

y-축으로 θ 회전 : $[X1\ Y1\ Z1] = \begin{matrix} \cos\theta & 0 & \sin\theta \\ 0 & 1 & 0 \\ -\sin\theta & 0 & \cos\theta \end{matrix} * \begin{matrix} X \\ Y \\ Z \end{matrix}$

z-축으로 β 회전 : $[X1\ Y1\ Z1] = \begin{matrix} \cos\beta & -\sin\beta & 0 \\ \sin\beta & \cos\beta & 0 \\ 0 & 0 & 1 \end{matrix} * \begin{matrix} X \\ Y \\ Z \end{matrix}$

심화 문제) 로프트 각 45°, 라이 각 63°인 클럽을 발끝 오르막 경사지 15°에 헤드 바닥을 평행하게 놓았다면, 변화된 로프트 각과 페이스 각은? (단, 클럽 길이, 페이스 등의 자세는 실제 조정하지만, 일단 변경하지 않은 상태로 계산한다.)

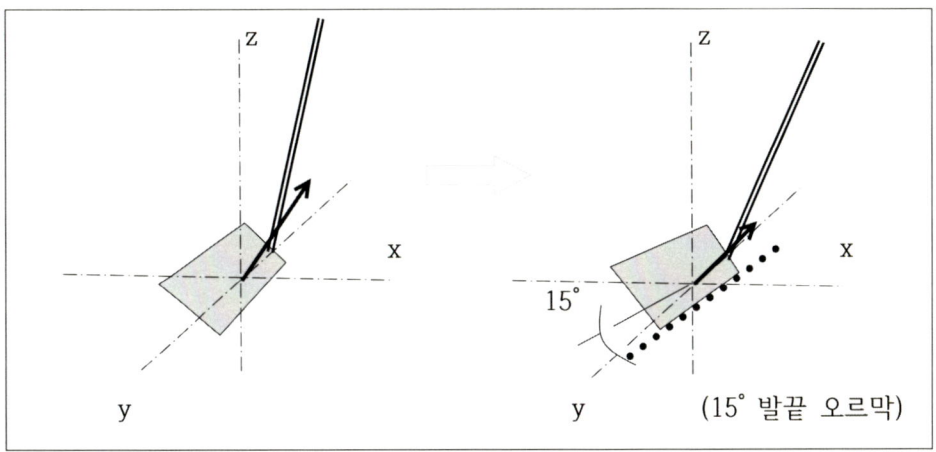

그림 5.E.21 15° 라이 각 변화에 따른 로프트 & 페이스 각 변화

계산 순서 :

① 기준 Vector 크기 :
  X = cos(로프트 각)
  Y = 0
  Z = sin(로프트 각)

② x축을 기준으로 -15도 회전 : 위의 x-축 γ 회전 행렬 공식 사용하여,
  [X1, Y1, Z1]을 구한다.

③ 구해진 [X1, Y1, Z1]으로부터, 로프트 각과 페이스 각 계산 :

로프트 각 = atan(X1/Z1) ---〉 45°가 44.01°로 변함

페이스 각 = atan(Y1/Z1) ---〉 0°가 14.51°로 닫힘

X1	Y1	Z1	-15	(경사 ɣ(15°) 회전)		X/Y/Z	
0.71	0.18	0.68	1	0	0	0.71	cosα
			0	cosɣ	-sinɣ	0.00	
			0	sinɣ	cosɣ	0.71	sinα

각도로 계산		
45.00	10.55	43.08

로프트각 & 페이스각 계산	
로프트 각 = atan(X1/Z1)	44.01
페이스 각 = atan(Y1/Z1)	14.51

그림 5.E.22 엑셀을 이용한 각도 변화 행렬 계산 (경사 라이 각 변화)

Remarks

#1. 경사지에서 이런 계산을 하여 Shot을 하지는 않는다. 경험으로 대응한다.

발끝 오르막 경사라면, 에이밍 조정하고, 그립 길이를 조금 짧게 잡고, 페이스도 조금 열리게 해서 페이스 각의 닫힘 양을 줄이는 Setup을 할 것이다.

그리고 뒤땅 완화 목적(덤으로 감기는 것도 줄임)으로 가볍게 잡고 힙 턴을 많이 하는 샷을 구사할 것이다.

발끝 내리막이라면, 에이밍 조정하고, 하체를 견고히 하여 턴을 줄일 것이다.

#2. 혹자가, 페이스에 마그네틱 Bar를 면에 직각으로 부착하고서, 라이 각을 변화시켰을 때, Bar가 가리키는 방향이 좌측, 우측으로 변하는 것을 볼 수 있다. Bar를 기준 벡터라고 생각하면 된다.

#3. 발끝 오르막, 발끝 내리막에서는 라이 각이 변하여 페이스 각이 바뀌는데, 표와 같이 Loft가 큰 클럽은 페이스 각이 크게 닫히고, Loft가 작은(세워진) 클럽은 페이스 각 변화가 상대적으로 작다.

실전에는 Setup을 바꿔 일부 상쇄하고, 스윙 방식으로 조금 더 상쇄한다.

* 발끝 오르막 경사가 심한 짧은 거리 웨지 샷에서는 우향으로 에이밍 조정을 많이 해주어야 한다는 것을 표에서 확인할 수 있다.

오르막 경사\클럽 Loft	30도 Loft 클럽	45도 Loft 클럽	60도 Loft 클럽
5도 오르막 페이스 각 닫힘	2.88° (29.91°)	4.98° (44.89°)	8.58° (59.91°)
15도 오르막 페이스 각 닫힘	8.70° (29.15°)	14.51° (44.01°)	24.15° (59.13°)
25도 오르막 페이스 각 닫힘	13.71° (27.95°)	22.91° (42.19°)	36.20° (57.50°)

* 괄호 속은 변화된 Loft 각

표 5.E.23 발끝 오르막 경사에서 페이스 각, 로프트 각 변화

#4. 위 표의 ( )속 값은 바뀐 Loft 각이다. 오르막&내리막 경사 모두 약간 감소한다. 오르막이든 내리막이든 Vector의 상사점이 내려오기 때문이다.

발끝 오르막이든 발끝 내리막이든 탄도가 조금 낮아진다.

특히 심한 발끝 오르막에서 좀처럼 탄도를 높이기 어려운 이유 중의 하나가 이 Loft 감소 현상이 작용하고, 헤드 스피드가 작은 것과 손목 각이 꺾여 로테이션 많은 것이 함께 작용하기 때문인데. 억지로 띄우려 하면 미스샷 발생한다.

#5. 내리막에서 페이스 각 변화는 같은 양인데, 반대로 열리는 각이다.

실제 스윙에서는 자세 변화와 그립 길이 변화 때문에 계산과 같지는 않다.

#6. 각도 변화 계산 예 : 한 번 계산으로 되지 않고, 다음과 같이 몇 단계의 과정이 필요하다.

(A) 그립 돌려 잡을 때 행렬 계산 순서 : 기준 벡터 계산[X, 0, Z] -> x-축으로 라이 각만큼 세움 -> z-축으로 그립 돌림 -> 다시 x-축으로 라이 각만큼 넘

(B) 핸드포워드 할 때 행렬 계산 순서 : 기준 벡터 계산[X, 0, Z] -> x-축으로 라이 각만큼 세움 -> y-축으로 핸드포워드 -> 다시 x-축으로 라이 각만큼 넘

(C) 샤프트 비틀림 & 휨 양 각도 변화 계산 : (A) & (B)와 같은 계산 순서

퍼팅 Setup 자세 및 스트로크에서 손 위치에 따른 면 각 변화도 이와 같다.

* 계산 절차 비유 : 육각 큐브 맞추기에서 한 칸을 맞추는 절차와 같다.

연습장 vs 시뮬레이션 게임 vs 필드 차이점

골프 연습장, 시뮬레이션 게임, 필드의 차이점을 알 필요가 있다.
연습장에서만 볼을 잘 치는 사람을 '장프로'라고 하는데, 이 골퍼들은 실제 필드에 나가면, 잔디 라이 트러블, 경사 라이 트러블, 거리 컨트롤, 방향 컨트롤이 잘 안된다는 이야기다.

골프는 Normal swing에서 볼 잘 맞춘다고 무조건 잘되는 것이 아니다. 이것은 필요조건일 뿐, 충분조건이 아니다.
많은 교습 영상에서 '골프의 기본'에 대해 말하는 내용은 볼을 잘 때리는 동작을 만드는 방법에 대한 설명이라고 할 수 있다. 물론 실전에 관한 내용도 있다. 실전에서 골프를 잘 할 수 있는 방법에 대한 설명은 *"타이거 우즈, 골프 마이 게임, 2022년 방송"* 수준(내용) 정도는 되어야 하지 않을까? 하는 생각이 든다.

* 골프 기술은 *"모든 스윙은 같은 형태이다."*라는 말처럼 통합 의도를 가지면 절대 안 된다. 마음속으로 *"No! No! No!"*를 외쳐보자.
골프 스윙은 같지 않다. 골프 스윙은 하나하나 구분, 분리, 분류하는 것이 필요하다. 100~105% 스윙과 95% 스윙은 같지 않다. 70% 스윙은 전혀 다르다. 어프로치와 퍼팅은 완전히 다른 동작이다.
연습장에서 Shot 연습을 할 때, 간혹 엉뚱하게도 모든 스윙 형태가 같을 것이라는 착각에 빠진다.

다음 표는 골프 연습장(연습장 인조 매트가 있는 실외), 골프 시뮬레이션 게임, 필드 플레이 3가지 조건에 따른 차이점을 열거한 것이다. 그 차이를 알아야 구분하고 대응 방법 구별이 가능해질 것이며 실전 라운드에 강해질 것이다.

표 5.F.1 연습장, 시뮬레이션 게임, 필드 차이점

NO	항목	야외 연습장	시뮬레이션 게임 (스크린 게임)	필드
1	시야	Setting 됨	Setting 된 Room	다양함
2	청각(방해 요소)	볼 치는 소리	제약 없음	바람 소리, 기타 잡음 * 뇌활용 저하됨
3	촉각	인공적인 상태	제약 없음	추위, 더위, 바람, 비 * 뇌의 운동신경 지배 능력 저하됨
4	샷 에이밍 정보	매트, 기둥, 표식 기준	매트선 기준	에이밍을 만들어야 함
5	낙구 지점 정보 공략 지점 정보	-	화면 Data 참조	한정된 자료 및 기억
6	낙구 바운스 예측	-	예측 가능	어렴풋하고 유동적
7	그린(퍼팅) 정보	-	화면 정보 참조 * 거리 + 방향 정보 제공 + 에이밍 기준 = 퍼팅 능력의 40% 정도 제거된 조건 (= 6~7타 편한 조건)	거리, 높낮이, 방향, 빠르기, 그린 변화 * 유동적 & 착시 현상 * 고저, 좌우 경사 읽기 중요 * 코스, 그린 정보를 주는 통신기기가 발달하여 활용할 수 있는 문명 혜택 조건 ※ **읽기능력 학습 필요**
8	그린 밖 퍼팅 구현	-	어려움	창의적인 예측과 판단 필요
9	벙커 구현	매트에서는 구현 어려움 (벙커를 갖춘 곳이면 연습)	모래 경도, 저항, 폭발, 모래에 묻힘, 발바닥이 묻힌 변화 구현 어려움(다름)	모래 경도, 저항, 경사, 묻힘 다양함 스탠스 조건 다양함 ※ **다양한 연습 필요함**
10	쇼트어프로치 구현	매트에서는 구현 어려움 (쇼트 게임 갖춘 곳이면 연습)	가장 편안한 조건	잔디 라이, 지면 상태, 경사 조건, 공략조건 다양함 ※ **다양한 샷 필요함**
11	코스 잔디 라이	매트 --- 코스와 다름	매트 --- 코스와 다름	다양한 잔디 조건 ※ **다양한 타법 필요함**

12	코스 경사 라이	보통 평 매트 한정된 연습 조건	경사판으로 10° 내외 경사 구현	다양한 경사 조건 ※ **다양한 샷 필요함**
13	바닥 상태, 잔디 저항 (잔디 조밀도), 러프의 깊이, 플라이어 현상, 지면의 뒤땅 구현, 지면 평탄도	◎ 인조 매트라 잔디 성질과 다름 〈구현 안 되는 것〉 - 깎인 조밀한 잔디 - 질긴 러프 - 깊은 러프 - 떠 있는 볼 - 플라이어 ◎ 지면(땅) 성질 다름 〈구현 안 되는 것〉 - 디봇 저항 - 땅의 반발 - 지면 저항	<---	◎ 뒤땅 손실 민감함 * 양잔디에서 접근 각 큰 것이 유리 ◎ 조밀하며 잘 깎인 잔디 위 볼은 다운블로로 타격 되어야 함. ◎ 디봇 저항 ◎ 바운스의 지면 튐 ◎ 리딩 에지에 의한 지면 파고듦 ◎ 컷 샷의 지면 절단 ◎ 토핑에 의한 볼의 잔디 파고듦 ◎ 떠 있는 볼의 눌림 ◎ 러프의 다양한 저항 형태 ◎ 플라이어 발생 ※ **다양한 샷 필요함**
14	그린 주위 잔디 낙구 스핀과 바운스	-	A사 : 금잔디 Base B사 : 양잔디 Base * Factor로 조정	골프장별, 잔디별, 계절별, 날씨별 다양하고 유동적임 ※ **운이 작용함**
15	퍼팅의 거리, 방향성 변화	보통 타격 매트에서 연습하지 않고, 타석 매트에서 연습 * 타격 매트는 볼이 잠겨, 그린 주위의 에이프런과 비슷한 조건임	◎ 타격 매트의 깊이가 있어서, 굴려 치는 타법보다는 수평 타격이 우수한 결과를 주는 것으로 인식됨 ◎ 타법 구현 어려움 ◎ 바닥 이물질, 요철 구현 어려움 ◎ 바람, 물기, 잔디 성장 등의 그린 변화 없음	◎ Roll을 주는 타격을 해야 방향성과 거리감 좋음 ◎ 기후, 시간 변화, Hole에 따라 그린 상태 다름 ※ **타격 Roll 중요성 인식 및 스트로크 방법 적용 필요함.**
16	퍼팅 바닥 경사	평지 조건 퍼팅 연습을 주로 하게 되어. ◎ 4대 경사에 따른 Setup 변화와 그 영향을 간과하게 된다. ◎ 퍼팅 라이에 따라서 달라지는 스트로크, Roll 양, Roll에 따른 Break 특성 변화를 간과하게 될 수 있음 (그린 갖췄으면 연습)	<---	◎ 라이 경사가 있어 Setup 및 스트로크에 영향받음 ◎ 오르막 내리막 경사 Roll 양 변화 ◎ 측 경사에서 Roll에 따른 Break 변화

17	그린 밖 퍼팅	(그린이 갖추어진 연습장이라면) 그린 밖에서 Roll을 줄이는 수평 타격 연습	-	◎ 잔디를 지나가면서 Roll 생성되도록 수평 타격 필요 * 타격 Roll 주면 잔디 속으로 박힘 ◎ 커진 Roll로 그린에 진입하여 Break 감소 ◎ 창의적인 사고
18	샷의 거리, 방향, 스핀 정확도	뒤땅 반영 약함 (1/3 정도 반영)	뒤땅 반영 약함 ---(1/4 수준) 방향 반영 약함 ---(2/3 수준) 토핑 거리 반영 약함 ---(1/2 수준) 토우 힐 타점의 거리 손실 반영 약함 ---(1/2 수준)	◎ 미스샷(타점 실수)일 때, 거리와 방향 오차 극명함 ◎ 잔디/바닥 저항에 의한 거리 & 방향 변화 ◎ 타법에 따른 스핀 변화 ◎ 바람 영향
19	미들 어프로치 샷의 잔디, 지면 영향	(매트) ◎ 디봇 구현 어려움 ◎ 뒤땅 구현 어려움 * 큰 뒤땅이 더라도 100% 가까이 거리 나가는 현상, 실제로는 50% 정도 거리	(매트) ◎ 디봇 구현 어려움 ◎ 뒤땅 구현 어려움 * 큰 뒤땅이더라도 90% 가까이 거리 나가는 현상 ◎ 토핑에서 거리, 스핀 부정확	◎ LW, 뒤땅 토핑인 경우, 실제 큰 뒤땅 1/2 정도 거리 나가고, 토핑에서는 2~3배 거리 나간다. ※ 볼 라이(잔디, 지면)에 따라서, 확률을 높이기 위하여 다양한 샷이 필요함
20	스윙 영점 조정	반복적인 같은 스윙으로 영점이 잡힌 상태 * 잘 치는 것처럼 인식될 수 있음	일회성 타격	일회성 타격
21	퍼팅, 바닥 방향성 영점	-	주기적인 기계 Zero Setting 필요함. ex) ±0.5°를 Zero로 설정될 수 있는 오류 가능성	-
22	그린 빠르기 vs Over run	방향성 위주 연습 타격 세기 연습	몇 종류 그린 빠르기 (빠르기 감각 느낌)	느릴 때 : 짧은 Over run 빠를 때 : 긴 Over run ※ O-R 차이 인지해야

23	체력적 부담	1~2시간 자유로운 조건	2~3시간 편히 앉아서 경기하는 조건	4~5시간 육체적, 환경적 피로와 정신 집중, 심리적 압박 조건 * 18홀 동안 똑같은 정신적, 육체적 좋은 상태 유지하기 힘들다.
24	특기 (장점)	- 반복적인 샷 연습 - 시간적 제약조건 없음 ※ **동작과 샷 만들기에 적합**	- 기후, 환경 제약조건 없음. 편안함 - 샷 결과 Data가 바로 확인됨 ※ **플레이 운영 및 마인드 컨트롤 체득하기에 적합**	골퍼 성격에 따라서, 암암리에 라이 개선 위반 행위 (부정 행위)

Remarks

#1. 일반 골퍼는 (특히 필드 횟수가 적은 골퍼에 있어서) 실전에서 골프를 잘하기가 여간 힘든 것이 아니다. 연습장 매트에서 뒤땅과 필드에서 뒤땅이 많은 차이를 보이는 것은 가장 극명한 사항이다.

매트 위에서는, 잔디 라이(바닥 조건 포함)를 극복할 수 있는 다양한 샷의 필요성을 인식하기는 쉽지 않은데, 일단 그것을 알게 되는 순간 골프 실력이 한 차원 향상될 가능성이 있으며, 다음과 같은 새로운 시작 단계에 들어선다.

- 컷 샷의 유용성을 알았을 때 활용하는 연습을 하여 확률을 높인다.
- 컷 샷이 통하지 않는 조건(오르막 경사)을 알았을 때 또 다른 방법을 찾게 된다.
- 잔디의 저항 특성을 알았을 때, 정확도를 높이기 위한 방법을 찾는다.
- 그린 위, 타격 Roll 대소에 따라서 Break 변화 경험은 스트로크 형태에 신경을 쓰기 시작하게 된다.

#2. 골프에서 거리와 탄도보다는 뒤땅 토핑을 만들지 않는, 타점(상하 타점) 제어 능력이 더 중요하다.

타이트한 양잔디 페어웨이에서는 뒤땅 완화를 위하여(조밀한 페어웨이 잔디 위에서는 잔디 저항 감소를 위하여) 다운블로 타격하는 것을 최우선으로 고려해야 한다.

#3. 시뮬레이션 게임을 잘하게 되면 필드 플레이와 구별되어야 하는 다른 점에 대하여, 매우 중요한 사항인데도 불구하고 등한시할 가능성 있다. 생각, 즉 사고의 오류에 빠질 수 있다는 이야기다.

구별되어야 할 중요한 것으로써 다음 사항이 있다.

- 매트 조건 vs 잔디 라이 조건의 차이를 인식하지 못하면, 필드에서 통하지 않는 샷을 선택할 수 있다. 연습장이나 시뮬레이션 게임에서 중요도가 거의 없던 잔디 라이가, 실제 필드에서는 첫 번째로 중요한 요소가 된다.

- 경사 라이에 대처하지 못하면 타격 정확도와 방향성이 현저히 떨어진다.
- 퍼팅 Roll을 무시할 수 있다.

　시뮬레이션 게임의 퍼팅 매트에서는 Roll을 많이 주는 퍼팅 스트로크를 하면 거리 정확도와 퍼팅 방향성이 저하될 수 있다. 그래서 Roll을 안 주는 수평 타격 형태의 퍼팅을 선호할 수 있는데, Roll이 없는(작은) 퍼팅은 필드 그린에서는 거의 통하지 않을 것이다.
- 거리 컨트롤이 쉽지 않다는 것을 간과하게 된다.

#4. 95타 실력의 Shot making을 구사할 수 있는 골퍼가 시뮬레이션 게임에서는 언더파 점수를 기록할 수도 있다. 즉 기본 샷만 구사할 수 있으면 언더파 점수가 가능하다. 시뮬레이션 게임 조건(환경)이 요구하는 Shot making과 그린 위 퍼팅 기술은 95타 정도로도 충분한 플레이를 할 수 있기 때문일 것이다.

반면 필드는 다르다. 표에서와 같은 다양한 상황 대처 능력이 있어야 한다.

#5. 일반 골퍼는, 천당과 지옥을 오갈 수 있는 양잔디 미들 어프로치의 어려움에 대하여 인지해야 한다.

그 조건이 얼마나 정교한 샷과 기술이 필요한 것인지 안다면, (평균 남성 기준) 그린까지 거리 220m~240m에서 우드 클럽을 쉽게 선택하지는 못할 것이다.

cf) 금잔디 평지 페어웨이 50m 거리 샷은 연습장 및 시뮬레이션 게임 매트에서 치는 50m 타격 난이도와 거의 비슷하다고 볼 수 있다. 그러나 **타이트한 잔디 라이**가 되면 연습 매트보다 대략 4배는 어려운 조건이 되고, 더하여 경사지에 있다면 8배는 어려운 조건이 된다.

실력이 빨리 성장하는 골퍼는 차이를 구별할 줄 알고, 그것에 대한 대응책을 재빨리 수립하는 사람이다.

아쉬움

마지막 홀
라운드가 끝나갈 때면 항상 아쉬움이 남는다.
다음을 기약한다.

한 번뿐인 인생은 아쉬움 없이 살고 싶다.

선물(Present)

골프는 참 어렵다고 합니다.
지난 과거를 돌이켜보면, 실제로 모래밭에서 바늘 찾기처럼 어려웠습니다.
16년 골프 연구한 결과로 이 책을 완성했지만, 돌이켜보면 실제 14년은 거의 문외한이나 다름없었으며,
뜬구름 잡는 골프를 접하고 했던 것 같습니다.

다음은 대여섯 번 이상의 매우 긴 시행착오 끝에 알게 된 사항입니다.

- 첫째 : 가장 어려웠던 쇼트 아이언 핸드포워드 눌러 치기 타법 개념(Logic) 이해
    - <--- 다음 세 가지를 다 알고 적용해야만, 쇼트 아이언 탄도만 높고 거리가 안 나가는 문제를 해결할 수 있었다.
    - Ⓐ 그립을 1~2cm 짧게 잡으면 1~2cm 핸드포워드가 되나, 1~2° 열린다.
    - Ⓑ 위 Ⓐ에 더하여 다운스윙 2/4구간에서 오른 옆구리를 2cm 접었다가 5/4구간에서 척추를 펴면 2cm 정도 더 핸드포워드 타격이 된다. 그러나 탄도는 마음대로 안 된다.
    - Ⓒ 위 Ⓑ에 더하여 '오른 골반 & 왼팔' 회전력 조합을 사용하면 원하는 낮은 탄도의 다운블로 핸드포워드 타격이 된다. 더불어 오른 골반이 더 자연스럽게 회전된다.
    - * 돌이켜 생각해 보면, 어드레스에서 손을 전방에 두는 자세가 핸드포워드 구사 방법이라는 설명은 너무나도 어처구니가 없었다.
- 둘째 : 로브샷 어프로치 개념(Logic) 이해
    - <--- 아주 단순하게도, 이것은 어깨 대신 오른 옆구리 회전 동작으로 만들어졌다.
- 셋째 : 좌측으로 당겨지는 퍼팅의 주요 원인
    - <--- 착시 때문에 좌측으로 가지는 않고, 의도하지 않은 근육 신경 반응의 결과물이었다.

만약 소중한 사람이 헛고생 안 하고 골프를 쉽고 빨리 배우는 방법을 물어본다면, 이 책을 추천하십시오.
이 책을 소유한 것만으로도 행복한 골퍼라 할 수 있습니다.
여러분의 소중한 사람에게 이 책을 선물해 주세요.

From : _____   To : _____

골프 표준참고서 (5권 클럽 & 부상, 부록)
Golf, Standard Practice Pt. 5 CLUB & INJURY, SUPPLEMENT

인 쇄 2025년 01월 03일
발 행 2025년 01월 10일

지은이 최원규
발행인 서정환
펴낸곳 신아출판사
주 소 전주시 완산구 공북 1길 16(태평동 251-30)
전 화 (063) 275-4000·0484
팩 스 (063) 274-3131
이메일 sina321@hanmail.net   essay321@hanmail.net
출판등록 제465-1984-000004호
인쇄·제본 신아문예사

저작권자 ⓒ 2025, 최원규
이 책의 저작권은 저자에게 있습니다. 서면에 의한 저자의 허락 없이 내용의 일부를
인용하거나 발췌하는 것을 금합니다.
COPYRIGHT ⓒ 2025, by Choi Wongyoo
All right reserved including the rights of reproduction in whole or in part in any form.
저자와 협의, 인지는 생략합니다.
잘못된 책은 바꿔 드립니다.

ISBN 979-11-94595-07-6 04690
ISBN 979-11-94595-02-1 04690 (세트)

값 25,000원

Printed in KOREA